安徽省贸易发展研究报告2010

◆ 张庆亮 邢孝兵
◆ 武云亮 陈阿兴
等 编著

安徽师范大学出版社

图书在版编目（CIP）数据

安徽省贸易发展研究报告：2010/张庆亮等编著．—芜湖：安徽师范大学出版社，2010. 7
ISBN 978 - 7 - 81141 - 000 - 6

Ⅰ.①安…　Ⅱ.①张…　Ⅲ.①商业经济—经济发展—研究报告—安徽省—2010
Ⅳ.①F727.54

中国版本图书馆 CIP 数据核字（2010）第 139290 号

安徽省贸易发展研究报告 2010

出 版 人：张传开
责任编辑：胡志恒
装帧设计：王　芳

出版发行：安徽师范大学出版社
芜湖市花津南路　　邮政编码：241003
发 行 部：0553 - 3883578　email：asdcbsfxb@126.com
经　　销：全国新华书店
印　　刷：芜湖新欣传媒有限公司
版　　次：2010 年 7 月第 1 版
印　　次：2010 年 7 月第 1 次印刷
规　　格：787 × 1092　1/16
印　　张：27.375
字　　数：463 千
书　　号：ISBN 978 - 7 - 81141 - 000 - 6
定　　价：62.00 元

序

当人类文明步入商品经济时代，贸易便成为人们生活中必不可少的一部分。尤其在经济全球化和科学技术特别是信息技术突飞猛进的今天，国际分工更趋细化，贸易因此也获得了飞速的发展，世界贸易额占世界经济的比重已超过了3/5，人们吃、穿、住、行、用的绝大多数产品都是通过交换即贸易而得，贸易已成为一国乃至世界经济发展的重要引擎和提高人民生活水平的重要手段。从当前来看，国内贸易和对外贸易在促进经济发展方式转变、引领产业结构升级、加快自主创新、创造有效需求、转变生活方式等方面发挥着越来越重要的作用。如何通过贸易活动，拉动内需、拓展外需，已经成为国内各级政府乃至世界各国所关注的重要问题。

2009年，金融危机的扩散和蔓延阻断了世界经济持续发展的进程，绝大多数国家和地区经济陷入低迷状态，而我国却取得了令人瞩目的发展成就。安徽省面对来势凶猛的金融危机，积极采取各种有效举措，克难而进、化危为机，全省经济总量达到10 052.9亿元，比2008年增长12.9%，首次跨入"GDP万亿元俱乐部"。从国内贸易和对外贸易来看，社会消费品零售总额达到3 527.8亿元，比2008年增长19%，进出口156.4亿美元，比2008年下降22.5%，较最大降幅收窄15.3个百分点。这些都为2010年全省经济发展打下了良好基础。

2010年，安徽经济发展机遇与挑战并存，国际金融危机尚未结束，欧洲债务危机烽烟再起，全省经济面临的国际形势依然严峻；国家级的皖江城市带承接产业转移示范区获批实施，跻身全国首批3个技术创新工程试点省之一，为全省经济发展带来了难得的机遇。要实现全省GDP增长10%以上的目标，作为连接生产与消费的桥梁和纽带，贸易的作用不容小觑。因此，要继续落实好国家扩大消费有关政策，加快消费品和生产资料等流通体系的建设，着力营造良好的消费环境，加快建立扩大消费的长效机制，持续扩大有效需求。同时，要继续把保市场、保份额作为进出口工作的中心任务，加快外贸发展方式转变，力争实现外贸的稳中有升。

在这种大背景下，由安徽财经大学国际经济贸易学院教师完成的《安徽省贸易发展研究报告2010》的发布非常必要和及时。该报告在全面分析安徽省2009年贸易发展的总体情况的基础上，对17个地市贸易发展情况进行了评价和分析，并对零售、服务贸易、电子商务等专门问题进行了研究，总结较全面，分析较深入，对企业、政府和研究部门的工作人员具有一定的指导和借鉴作用。难能可贵的是，该报告开创性地将内外贸结合在一起进行研究，这在国内尚属首次，在内外贸一体化的大趋势下具有一定的现实意义。由于是首次尝试性进行贸易研究，存在一定不足在所难免，希望在今后的报告中进一步完善，为推动安徽贸易发展乃至全省经济社会发展做出更大的贡献。

安徽省商务厅　于　勇

2010年4月23日

目录

总论

分论

专　论

第一章　国际金融危机下的安徽经济

2008年9月以来，由美国次贷风波引发的国际金融危机导致世界经济陷入低迷。这场"百年一遇"的金融危机，不仅导致全球大量金融机构破产倒闭，也使得世界主要国家实体经济相继陷入衰退。由于金融危机导致居民财富缩水、经济增长率下降和失业率上升，美国、日本和欧洲等发达国家和地区出现了国内需求萎缩，贸易保护主义重新抬头。这给高度依赖国际市场的中国经济带来了严重冲击，中国出口贸易经历了亚洲金融风暴以来最为剧烈的波动。商务部统计数据显示，自2008年11月份以来，中国出口贸易已经连续11个月下降，月均降幅高达17.9%。对于地处中部的安徽省而言，尽管对外依存度远低于全国平均水平，但随着近年来对外开放水平的不断提升，安徽经济也不可避免地受到国际金融危机的冲击。

第一节　国际金融危机下安徽宏观经济运行态势分析

一、生产总值维持高位增长，但增速趋缓

自2004年以来，安徽省国民经济进入持续快速发展时期，地区生产总值一直保持两位数增长，2007年GDP增长率达到了创纪录的13.94%，比全国高0.64个百分点。此后，由于受国际经济环境、特别是国际金融危机，以及国内宏观调控等因素的影响，经济增长率虽然继续维持高位，但增幅有所回落。2008年，GDP增长率为12.7%，同比回落1.24个百分点；2009年，GDP增长率为12.9%，较2008年回升0.2个百分点，但比2007年仍低1.04个百分点。由表1.1可以看出，2008年和2009年生产总值增长率波动的主要来源是第二产业和第三产业。2008年，第二产业增加值增长率为16.41%，增幅较2007年回落3.12个百分点，其中，工业增加值增幅回落3.42个百分点；第三产业增加值同比增长10.95%，增幅较2007年回落1.29个百分点。

2009年，第二产业和第三产业增长率较2008年分别小幅上升0.39和0.15个百分点。

表1.1 2007—2009年安徽省地区生产总值及其构成

单位：亿元；%

	2007年		2008年		2009年	
	金额	同比	金额	同比	金额	同比
生产总值	7 364.18	13.94	8 874.17	12.70	10 052.9	12.90
第一产业	1 200.18	3.60	1 418.08	6.20	1 495.6	5.00
第二产业	3 289.12	19.53	4 137.35	16.41	4 902.8	16.80
工业增加值	2 562.70	21.72	3 259.71	18.30	4 064.2	17.40
第三产业	2 874.88	12.24	3 318.74	10.95	3 654.5	11.1

资料来源：2007年、2008年数据来自《安徽统计年鉴》（2009）；2009年为初步核算数据，来自2009年安徽省国民经济和社会发展统计公报。

分季度来看（见图1.1），从2007年第一季度到2008年第二季度，安徽地区生产总值同比增长率基本呈稳定上升趋势，由2007年第一季度的12.9%，上升到2008年第二季度的14.2%，并达到本轮经济周期的峰值。此后，地区生产总值同比增长率连续三个季度下降，到2009年第一季度达到谷底，为11.6%。从2009年第二季度开始，地区生产总值同比增长率逐季小幅回升，但截至2009年第四季度，GDP增长率仍然显著低于危机前水平。

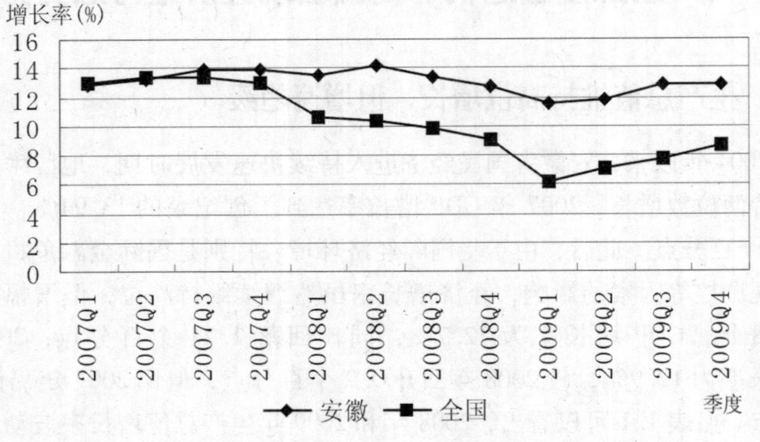

图1.1 2007—2009年安徽和全国季度GDP增长率

资料来源：国家统计局网站（www.stats.gov.cn），安徽统计信息网（http://www.ahtjj.gov.cn）。

此外，对比全国 GDP 增长趋势可以看出，这一时期安徽省季度 GDP 增长率的变化趋势与全国情况基本一致，但安徽省的波动程度较轻，且对危机反应具有更为明显的滞后效应。

作为地区生产总值波动的主要来源之一，安徽工业生产在这一时期也经历了大体相同的波动过程（见图 1.2）：工业增加值同比增长率从 2007 年第一季度的 19.5%，上升到 2008 年第二季度的 24.9%；此后逐季放缓至 2009 年第二季度的 16.2%；之后虽然小幅回升，但仍然没有回复到危机前的水平。

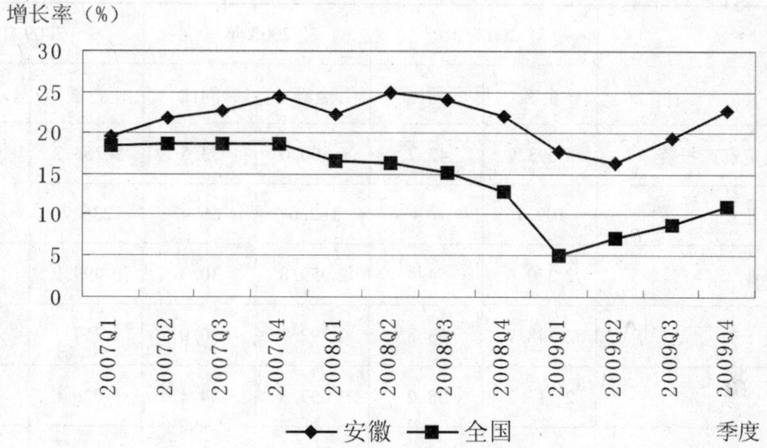

图 1.2　2007—2009 年安徽和全国工业增加值增长率

资料来源：国家统计局网站（www.stats.gov.cn），安徽统计信息网（http://www.ahtjj.gov.cn）。

二、固定资产投资规模持续扩大，但增幅呈回落趋势

近年来，伴随地区经济规模的快速发展，安徽省全社会固定资产投资额也保持着高速增长势头，固定资产投资增长率从 2003 年的 30.4%，上升到 2007 年的 43.7%。此后，在国家宏观调控政策以及随后发生的国际金融危机的影响下，固定资产投资增幅大幅回落：2008 年为 33.5%，同比回落 10.2 个百分点；2009 年为 36.2%，增幅较 2008 年小幅回升 2.7 个百分点，仍比 2007 年低 7.5 个百分点。分产业来看（见表 1.2），第一产业固定资产投资增幅波动最为剧烈，但由于其绝对数小，对全社会固定资产投资总额增幅的影响不大；第二产业，特别是其中的工业固定资产投资额增幅波动是这一时期全社会固定资产投资总额增幅下降的主要来源；第三产业固定资产投资额增幅变化不大，但其中的房地产开发投资增幅波动比较剧烈，并成为影响全社

会固定资产投资总额增幅的重要因素之一。

值得注意的是，安徽省“861”行动计划续建、新开工项目投资增幅持续增加，在一定程度上减缓了全社会固定资产投资增长率下降的趋势。2007 年该项目完成投资 1 809. 3 亿元，较上年增长 20. 7%；2008 年完成投资 2 417. 6 亿元，同比增长 33. 6%；2009 年完成投资 3 675. 7 亿元，同比增长 52. 6%。①

表 1. 2 2007—2009 年安徽省固定资产投资情况

单位：亿元;%

	2007 年		2008 年		2009 年	
	金额	同比	金额	同比	金额	同比
全社会固定资产投资	5 093. 7	43. 7	6 800. 0	33. 5	9 263. 2	36. 2
第一产业	109. 7	6. 4	182. 6	66. 4	236. 7	29. 6
第二产业	2 270. 6	54. 4	2 959. 8	30. 3	3 999. 9	35. 1
工业	2 148. 7	53. 8	2 792. 7	30. 0	3 717. 1	33. 1
第三产业	2 713. 3	38. 2	3 657. 5	34. 4	5 026. 6	37. 4
房地产开发	775. 6	39. 9	1 362. 7	51. 6	1 669. 8	22. 5

资料来源：2007 年、2008 年数据来自《安徽统计年鉴》（2009）；2009 年为初步核算数据，来自 2009 年安徽省国民经济和社会发展统计公报。

分季度来看，图 1. 3 给出 2007—2009 年安徽和全国固定资产投资额的季度同比增长率趋势。与全国“稳中趋升”的趋势不同，这一时期安徽省全社会固定资产投资额增幅持续回落，从 2007 年第一季度的峰值 58. 1%，下降到 2009 年第二季度的谷底值 32. 7%，此后小幅回升至 2009 年第四季度的 36. 2%。

① “861”行动计划是安徽省围绕经济发展实施的一个计划。该计划是围绕省委、省政府确定的全面建设小康社会起步阶段建设 8 大重点产业基地和 6 大基础工程的任务，在 2004 年至 2007 年实施一批支撑性、牵动性较强的重大项目，以带动全省经济快速发展，进一步提高全省基础设施和基础产业整体水平，增强全省经济发展后劲和竞争力，实现到 2010 年国民生产总值达到 1 万亿元的战略目标（这一目标已于 2009 年提前实现）。

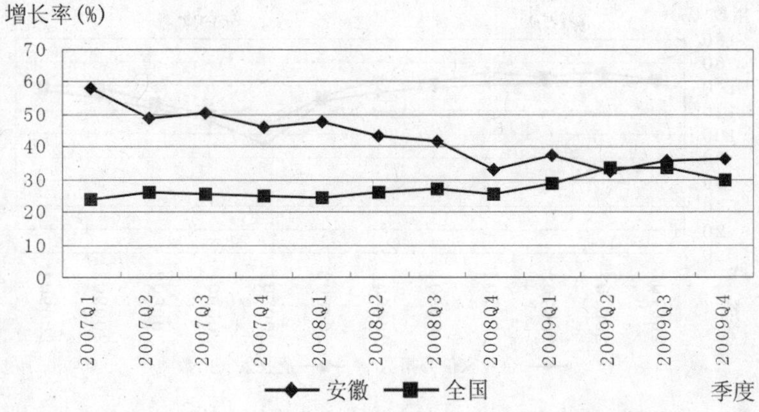

图 1.3　2007—2009 安徽与全国固定资产投资额增长率

资料来源：国家统计局网站（www. stats. gov. cn），安徽统计信息网（http：//www. ahtjj. gov. cn）

三、景气指数经历了 2005 年以来最大幅度的波动

企业景气调查是通过对部分企业负责人定期进行问卷调查，根据他们对企业经营状况及宏观经济环境的判断和预期，编制景气指数（主要是企业家信心指数和企业景气指数），从而准确、及时地反映宏观经济运行和企业经营状况，预测经济发展的变动趋势的一种调查统计方法。其中，企业家信心指数，又称宏观经济景气指数，是根据企业负责人对企业外部市场环境与宏观政策的认识、看法、判断与预期而编制的指数，用以综合反映企业负责人对宏观经济环境的感受与信心。企业景气指数，也称企业综合生产经营景气指数，是根据企业负责人对本企业综合生产经营情况的判断与预期而编制的指数，用以综合反映企业的生产经营状况。[①] 图 1.4 描绘了 2007 年第一季度至 2009 年第四季度安徽省景气指数及其波动情况。从图中可以看出，这一时期安徽省景气状况大致经历了三个阶段。

---

① 这两种指数都以 100 为临界值，范围在 0 ~ 200 之间，指数高于 100，表明经济状态趋于上升或改善，处于景气区间；指数低于 100，表明经济状态趋于下降或恶化，处于不景气区间。

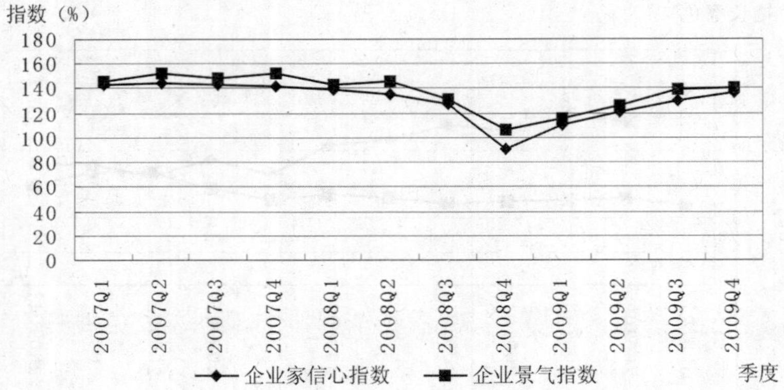

图 1.4　2007—2009 年安徽省企业景气指数波动情况

资料来源：安徽统计信息网（http：//www. ahtjj. gov. cn）。

第一阶段（2007 年第一季度至 2008 年第一季度）处于中高度景气区间，且景气指数波动较小。企业家信心指数最高为 2007 年第二季度的 144. 8，最低为 2008 年第一季度的 139. 3；企业景气指数最高为 2007 年第四季度的 153，最低为 2008 年第一季度的 143. 3。

第二阶段（2008 年第二季度至 2008 年第四季度）景气指数高位回落，企业家信心指数跌入不景气区间。由于国际金融危机的不断扩散和蔓延，加上此前国家宏观调控、人民币升值、原材料及能源购进价格上涨等多重因素对经济的影响逐步显现，企业利润空间被大幅挤压，企业生产经营遭遇一定困难，企业家对宏观经济走势的信心开始下降，整体生产经营状况也不乐观，企业家信心指数和企业景气指数双双从高位回落。到 2008 年第四季度，企业家信心指数跌至 90. 8，同比下降 51. 7 点，为 2000 年以来的新低；企业景气指数跌至 106. 9，同比下降 46. 1 点，处于景气边缘。

第三阶段（2009 年第一季度至 2009 年第四季度）景气指数触底回升，并重回中高度景气区间。随着国家一揽子经济刺激计划的实施，安徽省经济景气状况在 2008 年第四季度见底后，于 2009 年第一季度出现反弹：企业家信心指数回升至 109. 9，环比上升 19. 1 点，重新步入景气区间；企业景气指数升至 115. 9，环比上升 9 点。此后三个季度继续延续升势，到 2009 年第四季度，企业家信心指数升至 136. 4，环比上升 6. 1 点，同比上升 45. 6 点；企业景气指数升至 140. 9，环比上升 2 点，同比上升 34 点。作为宏观经济运行趋势的重要先行指标，景气指数的全面回升表明安徽经济已经初步克服国际金融危机的影响，逐步运行到平稳发展的正常区间。

以上对2007年第一季度至2009年第四季度安徽省总体经济运行情况的分析表明，国际金融危机对安徽经济的确造成了较大的负面影响，但与全国相比，影响较轻，滞后效应更为明显。究其原因，可能是因为安徽省外贸依存度较低：2008年全国进出口贸易占GDP的比重为58.78%，而安徽省仅为15.99%。由于进出口贸易是金融危机对实体经济的主要传递渠道之一，较低的外贸依存度显然有助于抵御金融危机的负面影响。

第二节　国际金融危机下安徽国内贸易发展趋势分析

2004以来，伴随着国民经济的快速发展，安徽省国内贸易也持续保持两位数的高速发展势头。2007年，全省社会消费品零售总额达到2 403.73亿元，同比增长18.4%，比全国高1.6个百分点。2008年，实现社会消费品零售总额2 965.55亿元，同比增幅达到创纪录的23.4%，较全国高1.8个百分点。2009年，由于国际金融危机的滞后效应逐步显现，国内贸易增速有所回落，全年实现社会消费品零售总额3 527.8亿元，同比增长19%（比全国高4.5个百分点），增幅回落4.4个百分点（比全国少回落1.7个百分点）。

表1.3　2007—2009年安徽省社会消费品零售总额

单位：亿元;%

	2007年		2008年		2009年	
	金额	同比	金额	同比	金额	同比
社会消费品零售总额	2 403.73	18.4	2 965.5	23.4	3 527.8	19.0
一、按销售地区分						
市	1 325.0	19.8	1 635.0	23.7	1 938.2	18.4
县及县以下	1 078.7	16.9	1 330.5	23.0	1 589.6	19.6
二、按行业分						
批发业	320.94	20.8	393.61	19.7	465.3	19.6
零售业	1 711.24	17.7	2 104.03	22.4	2 493.0	18.3
住宿和餐饮业	342.80	20.7	433.3	25.6	529.1	22.0
其它行业	28.75	10.9	34.6	26.3	40.5	15.9
三、限额以上商品零售类值						
粮油、食品、饮料、烟酒类	87.15	30.1	119.48	37.1	152.9	24.7
服装鞋帽、针、纺织品类	63.20	33.7	75.23	19.0	90.5	17.5
日用品类	17.72	17.2	24.15	36.2	30.4	20.9
家用电器和音像器材类	61.34	25.3	70.01	14.1	79.9	14.7
中西药品类	60.43	42.2	75.04	24.2	94.3	23.6
石油及制品类	99.74	29.6	132.66	33.0	156.4	17.7
汽车类	87.24	50.3	121.48	39.3	186.8	40.3

资料来源：安徽统计信息网（http://www.ahtjj.gov.cn/）。

分地区看，2009 年城市消费品零售额 1 938.2 亿元，同比增长 18.4%，增幅回落 5.3 个百分点；县及县以下农村零售额 1 589.6 亿元，同比增长 19.6%，增幅回落 3.4 个百分点。农村市场增速首次高于城市，主要得益于国家实施的大规模“家电下乡”计划。自该计划推行以来，安徽省商务厅积极组织生产和流通企业开展“家电下乡”活动，农村市场家电销售增长迅猛，全年共销售冰箱、彩电、洗衣机等九大类家电下乡产品 186.4 万台，销售额达 37.6 亿元，[①] 占县以下农村市场商品零售额的 4.3%。

分行业看，批发、零售贸易业和住宿餐饮业是拉动国内贸易增长的主要因素：2009 年安徽省实现批发零售贸易额 2 958.2 亿元，同比增长 18.5%，对社会消费品零售总额增长的贡献率达到 83.6%；住宿餐饮业实现零售额 529.1 亿元，同比增长 22%，是消费市场中增长幅度最高的行业。而其他行业零售额增长率下降幅度最大，同比增幅回落 10.4 个百分点。

分商品类型看，在限额以上批发和零售业零售额中，受国际金融危机冲击较大的产品是石油及制品类、日用品类和粮油食品饮料烟酒类，2009 年这三类商品零售额同比增长率分别为 17.7%、20.9% 和 24.7%，增幅分别回落 15.3 个百分点、15.3 个百分点和 12.4 个百分点；服装鞋帽、针、纺织品类和家用电器、音像器材类产品国内贸易额受国际金融危机影响较小，增幅仅分别回落 1.5 个百分点和 0.6 个百分点；而汽车类、家用电器和音像器材类两类产品国内贸易额增幅分别上升 1.0 个百分点和 0.6 个百分点。

分月度来看，图 1.5 汇报了 2007 年 1 月至 2009 年 12 月安徽省社会消费品零售总额月度增长率变化趋势。从图中可以看出，这一时期安徽省国内贸易大致经历了三个发展阶段：第一阶段（2007 年 1 月至 2008 年 9 月）国内贸易增长率呈持续上升趋势，社会消费品零售总额月度增长率从 2007 年 1 月的 12.0%，上升至 2008 年 9 月的 24.9%；第二阶段（2008 年 10 月至 2009 年 3 月）国内贸易增长率急速下降，社会消费品零售总额月度增长率从 2008 年 10 月的 24.8%，下降为 2009 年 3 月的 15.8%，达到危机以来的最低点；第三阶段（2009 年 4 月至 2009 年 12 月）国内贸易增长率呈小幅回升趋势，社会消费品零售总额月度增长率从 2009 年 4 月的 16.5%，上升至 2009 年 12 月的 20.1%。

---

① 白海星，何涛．安徽：家电下乡　农民受惠［N］．经济日报，2010－02－11（6）．

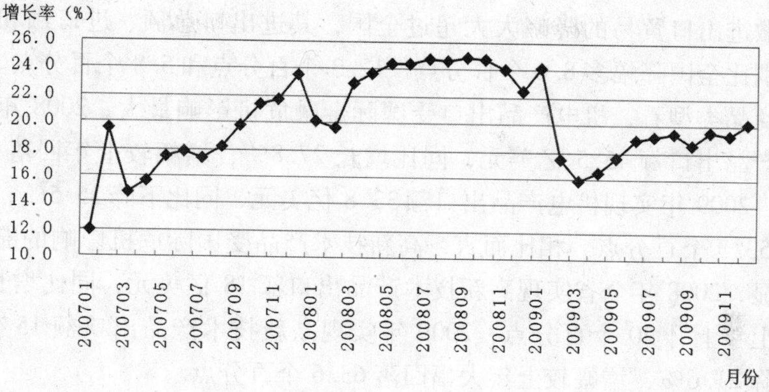

图 1.5 2007—2009 年安徽省社会消费品零售总额月度增长率
资料来源：安徽统计信息网（http://www.ahtjj.gov.cn）。

由上面的分析可以看出，国际金融危机对安徽省国内贸易造成了一定程度的负面影响，但总体而言，其影响程度比较小，且存在显著的滞后效应。究其原因，一是与进出口贸易相比，金融危机对国内贸易的影响是间接的；二是国际金融危机爆发后，中国政府及时出台了一揽子经济刺激计划，特别是实施了一系列旨在增加国内消费需求的政策措施，如节能补贴政策、“家电下乡”政策等等，这些政策的实施为安徽省国内贸易的振兴起到了重要支撑作用；三是与全国相比，较低的外贸依存度也使得国际金融危机对安徽经济以及国内贸易的负面效应相对较小。

第三节 国际金融危机下安徽进出口贸易发展趋势分析

进入新世纪以来，安徽省进出口贸易持续保持高速增长势头。2007 年，全省实现进出口贸易总额 159.3 亿美元，同比增长 30.1%，比全国高 6.6 个百分点。其中，进口贸易增长 31.3%，较全国高 10.5 个百分点；出口贸易增长 29%，较全国高 3.3 个百分点。2008 年，受国家宏观调控、人民币升值和美国次贷危机等因素的综合影响，安徽进出口贸易增速有所放缓，但仍然保持较高增长速度，进出口总额、进口额和出口额分别增长 28.3%、27.6% 和 28.8%，分别比全国高 10.5 个百分点、9.1 个百分点和 11.6 个百分点。此后，由于美国次贷危机演变为国际金融危机并加速向实体经济蔓延，安徽进出口贸易受到严重冲击，2009 年首次出现了负增长：进出口总额同比下降 22.5%，其中进口额同比下降 23.5%，出口额同比下降 21.8%。值得注意的是，安徽进出口贸易的降幅大大超过全国，其进出口总额、进口额和出口额降幅分别比全国降幅多8.6个百分点、12.3个百分点和5.8个百分点。

分商品类型看，机电产品出口受国际金融危机影响最大，2008年全省实现机电产品出口额45.5亿美元，同比增长27.8%，增幅较上年回落25.1个百分点；2009年实现机电产品出口额33.8亿美元，同比下降25.5%，增幅大幅回落53.3个百分点。相比而言，高新技术产品受国际危机影响的滞后效应更为明显，2008年全省实现高新技术产品出口额18亿美元，同比增长42%，增幅较上年上升20个百分点；2009年实现高新技术产品出口额15亿美元，同比下降21.6%，增幅较上年大幅回落63.6个百分点。

表1.4　2007—2009年安徽省进出口贸易情况

单位：亿美元；%

	2007年		2008年		2009年	
	金额	同比	金额	同比	金额	同比
进出口总额	159.3	30.1	204.4	28.3	156.4	-22.5
进口	71.1	31.3	90.8	27.6	67.5	-23.5
出口	88.2	29.0	113.5	28.8	88.9	-21.8
按商品类型分						
机电产品	35.6	52.9	45.5	27.8	33.8	-25.5
高新技术产品	12.4	22.0	18.0	42.0	15.0	-21.6
按贸易方式分						
一般贸易	65.1	29.6	84.2	29.3	65.9	-21.7
加工贸易	21.8	26.5	25.7	17.7	17.6	-31.3
按企业性质分						
国有企业	28.2	28.2	33.4	18.5	25.6	-23.2
外商投资企业	26.0	24.1	31.9	22.7	22.4	-29.9
民营企业	34.0	33.9	48.2	41.7	40.9	-15.4
按目标市场分						
亚洲	33.9	14.7	43.6	28.7	35.1	-19.6
欧洲	24.5	55.3	29.3	19.6	18.4	-37.3
北美洲	13.2	20.3	16.9	27.7	14.7	-13.2
非洲	7.6	29.2	11.3	48.3	10.8	-4.3
拉丁美洲	7.5	55.7	10.6	40.4	8.0	-24.9
大洋洲	1.4	10.0	1.8	24.9	1.9	5.8

资料来源：安徽统计信息网（http：//www.ahtjj.gov.cn/）。

分贸易方式看，加工贸易受国际金融危机的影响较一般贸易更大，且滞后效应较短。2008 年全省加工贸易出口额为 25.7 亿美元，同比增长 17.7%，增幅回落 8 个百分点；2009 年加工贸易出口额仅为 17.6 亿美元，同比下降 31.3%，增幅大幅回落 49 个百分点。2008 年全省一般贸易出口额为 84.2 亿美元，同比增长 29.3%，增幅仅回落 0.3 个百分点；2009 年一般贸易出口额为 65.9 亿美元，同比下降 21.7%，增幅较上年大幅回落 51 个百分点。

分企业性质看，外商投资企业和国有企业出口较早受到国际金融危机的影响，民营企业出口受金融危机冲击的滞后效应更为明显。全省外商投资企业 2008 年实现出口额 31.9 亿美元，同比增长 22.7%，增幅回落 1.4 个百分点；2009 年实现出口额 22.4 亿美元，同比下降 29.9%，增幅大幅回落 52.6 个百分点。全省国有企业 2008 年实现出口额 33.4 亿美元，同比增长 18.5%，增幅回落 9.7 个百分点；2009 年实现出口额 25.6 亿美元，同比下降 23.2%，增幅较上年大幅回落 41.7 个百分点。全省民营企业 2008 年实现出口额 48.2 亿美元，同比增长 41.7%，增幅反而上升 7.8 个百分点；2009 年实现出口额 40.9 亿美元，同比下降 15.4%，增幅较上年大幅回落 57.1 个百分点。

分出口市场看，受国际金融危机影响最大的是欧洲市场，其次为拉丁美洲市场，再次是亚洲和北美洲市场。2008 年全省对欧洲市场出口额为 29.3 亿美元，同比增长 19.6%，增幅回落 35.7 个百分点；2009 年对欧洲市场出口额仅为 18.4 亿美元，同比下降 37.3%，增幅大幅回落 56.9 个百分点。2008 年全省对拉丁美洲市场出口额为 10.6 亿美元，同比增长 40.4%，增幅回落 15.3 个百分点；2009 年对拉丁美洲市场出口额为 8 亿美元，同比下降 24.9%，增幅较上年大幅回落 65.3 个百分点。2008 年全省对亚洲市场出口额为 43.6 亿美元，同比增长 28.7%，增幅上升 14 个百分点；2009 年对亚洲市场出口额为 35.1 亿美元，同比下降 19.6%，增幅较上年大幅回落 48.3 个百分点。2008 年全省对北美洲市场出口额为 16.9 亿美元，同比增长 27.7%，增幅上升 7.4 个百分点；2009 年对北美洲市场出口额为 14.7 亿美元，同比下降 13.2%，增幅较上年大幅回落 40.9 个百分点。2008 年全省对非洲市场出口额为 11.3 亿美元，同比增长 48.3%，增幅上升 19.1 个百分点；2009 年对非洲市场出口额为 10.8 亿美元，同比下降 4.3%，增幅较上年大幅回落 52.6 个百分点。2008 年全省对大洋洲市场出口额为 1.8 亿美元，同比增长 24.9%，增幅回落 14.9 个百分点；2009 年对大洋洲市场出口额为 1.9 亿美元，同比增长 5.8%，增幅较上年回落 19.1 个百分点。

分月度来看，图1.6给出了2007年1月至2009年12月安徽省进出口贸易月度增长率变化趋势。从图中可以看出，这一时期安徽省进出口贸易大致经历了三个发展阶段：第一阶段（2007年1月至2008年10月）进出口贸易保持高速增长，但月度增长率波动较大，进出口总额、进口额和出口额月度平均增长率分别为34.4%、35.6%和34.1%；第二阶段（2008年11月至2009年7月）进出口贸易由持续多年的正增长转为负增长，且降幅呈逐月扩大趋势，进出口总额、进口额和出口额月度平均增长率分别为-20.5%、-33.5%和-26.6%，较前一阶段分别大幅下降59.4个百分点、69.1个百分点和60.6个百分点；第三阶段（2009年8月至2009年12月）进出口贸易降幅逐月收窄，进口贸易转而出现正增长，进出口总额、进口额和出口额月度平均增长率分别为-14.1%、2.8%和-7.5%，较前一阶段分别回升6.4个百分点、36.3个百分点和19.1个百分点。

总体而言，此次国际金融危机对安徽省进出口贸易造成了较大程度的负面冲击，目前虽有回升迹象，但金融危机的影响短期内不可能完全消除。

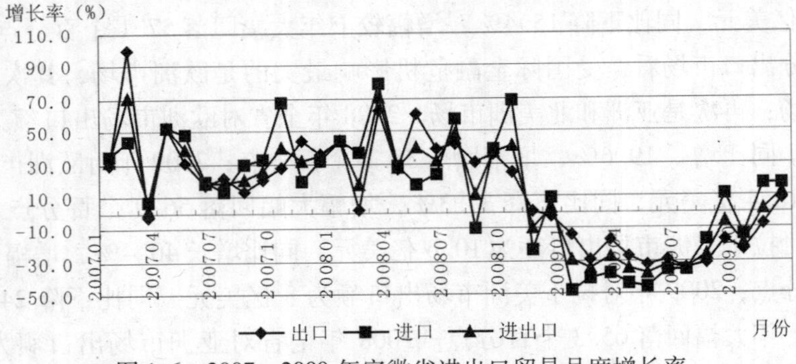

图1.6　2007—2009年安徽省进出口贸易月度增长率

资料来源：安徽统计信息网（http：//www.ahtjj.gov.cn）。

第四节　国际金融危机下安徽外资流入趋势分析

近年来，安徽省利用外资规模持续扩大，增长势头迅猛。从协议外资来看，2007年全省协议外资金额35.7亿美元，同比增长42.8%；2008年，受国际金融危机和人民币升值等因素的综合影响，安徽省利用外资规模增速大大放缓，协议外资金额20.6亿美元，同比下降33.2%，比上年大幅回落76个百分点；2009年协议外资金额20.9亿美元，同比增长1.6%，比上年回升34.8个百分点。从实际利用外资来看，2007年全省实际利用外资30亿美元，同比增长 115.2%，比全国高 101.6 个百分点；2008 年实际利用外资 34.9 亿美元，同比增长 16.4%，比全国低 7.2 个百分点；2009 年实际利用外资 38.8 亿美元，同比增长 11.3%，比全国高 13.9 个百分点。

表 1.5　2007—2009 年安徽省外商直接投资情况

单位：亿美元；%

	2007 年		2008 年		2009 年	
	金额	同比	金额	同比	金额	同比
合同项目数（个）	520	-12.2	256	-49.4	303	18.4
协议外资金额	35.7	42.8	20.6	-33.2	20.9	1.6
实际利用外资	30	115.2	34.9	16.4	38.8	11.3

资料来源：安徽统计信息网（http://www.ahtjj.gov.cn/）。

分月度来看，图 1.7 给出了 2007 年 1 月至 2009 年 12 月安徽省实际利用外资月度增长率变化趋势。从图中可以看出，这一时期安徽省实际利用外资额同样经历了三个发展阶段：第一阶段（2007 年 1 月至 2007 年 12 月）实际利用外资额保持倍数增长，月度平均增长率为 157.7%；第二阶段（2008 年 1 月至 2008 年 12 月）实际利用外资额增长率急剧下滑，并首次出现负增长，月度平均增长率为 51%，较前一阶段大幅下降 106.7 个百分点；第三阶段（2009 年 1 月至 2009 年 12 月）实际利用外资额增长率继续下滑，月度平均增长率为 7.6%，较前一阶段下降 43.4 个百分点。可见，此次国际金融危机对安徽省外资流入的影响仍在延续。

图 1.7　2007—2009 年安徽省实际利用外资月度增长率

资料来源：安徽统计信息网（http://www.ahtjj.gov.cn/）。

第五节　影响2010年安徽经济发展的主要因素

回首2009年，面对国际金融危机的冲击，安徽省积极贯彻落实“扩内需保增长”的政策措施，各项宏观经济指标先后出现企稳回升迹象，经济运行质量显著改善：地区生产总值继续维持高速增长，并突破万亿大关，成为中国第14个“万亿大省”；财政收入大幅增加，全年财政收入占GDP的比例为15.4%，同比提升0.4个百分点；宏观经济景气指数逐季回升，并重回景气区间等等。从微观层面看，全年规模以上工业企业实现利润514.9亿元，较上年增长50.1%；规模以上工业企业亏损面为15.7%，同比下降5.8个百分点；亏损企业亏损额57.1亿元，较上年下降35.2%。[①] 展望2010年，下列因素将会对安徽经济发展产生影响。

一、国际环境总体趋于好转，但不确定因素仍然较多

经历了一年多的经济衰退之后，目前，国际金融形势已经有所改善，但国际金融危机的影响不可能在短期内消除。这是因为，一方面，当前的复苏是疲弱的、非平衡的，美、欧等国银行信贷危机、负债率上升等问题的解决还需要较长时间，世界经济的全面复苏尚待时日，部分国家主权债务风险加大，成为新的全球经济金融不稳定性因素；另一方面，金融危机导致的全球性经济衰退，将不可避免地带来国际政治经济格局的演变，以及世界经济结构、产业结构的重大变化，促使美国等发达国家逐步改变超前和过度消费模式，提高国内储蓄率，这将使其消费能力难以恢复到危机前的水平。[②] 因此，安徽经济发展面临的外需下降问题短期内难以改变。

二、国内物价面临上涨压力，通货膨胀风险加大

一方面，为应对国际金融危机，世界主要经济体在2009年均实行了超宽松的货币、财政政策，这在促使世界经济止跌回升的同时，也加大了资产泡沫和通胀风险，从而加剧了中国输入型通货膨胀风险；另一方面，随着国家

① 程利华．2009年全省经济运行情况和2010年展望［EB/OL］. www. ahtjj. gov. cn/news/open. asp? id = 32265 2010 - 3 - 11.

② 王宝伟．金融危机对我国外贸的影响及对策［J］. 宏观经济管理，2009（10）：13—17.

一揽子经济刺激政策特别是 4 万亿经济刺激计划的实施，在实体经济反弹的同时，CPI、PPI 和原材料购进价格指数等均在 2009 年最后几个月出现上升势头；此外，南北旱情引发农产品价格上涨，铁矿石等大宗进口原材料价格上涨等等，都将使中国经济面临不断加大的通货膨胀风险，并给未来安徽经济的发展带来负面影响。

三、皖江城市带建设纳入国家发展战略，为安徽经济跨越式发展带来重大机遇

2010 年 1 月 12 日，国务院正式批复《皖江城市带承接产业转移示范区规划》，安徽沿江城市带承接产业转移示范区建设纳入国家发展战略，成为全国第一个以产业转移为主题的区域发展规划。规划的实施将促进安徽进一步扩大对内、对外开放，通过大规模主动承接产业转移，积极参与泛长三角区域发展分工，有利于加快构建现代产业体系，转变经济发展方式，加速新型工业化和城镇化进程，实现跨越式发展。

参考文献：

［1］白海星，何涛．安徽：家电下乡　农民受惠［N］．经济日报，2010－02－11（6）．

［2］程利华．2009 年全省经济运行情况和 2010 年展望［EB/OL］．www.ahtjj.gov.cn/news/open.asp？id＝32265 2010－3－11．

［3］王宝伟．金融危机对我国外贸的影响及对策［J］．宏观经济管理，2009（10）：13－17．

第二章　安徽省贸易发展总体分析

安徽省，简称“皖”，为中国内陆省份，东邻江苏、浙江，北接山东，是承接沿海发达地区经济辐射和产业转移的前沿地带，西有湖北、河南，南有江西，是中国实施西部大开发、中部崛起发展战略的桥头堡，具有独特的承东启西、连南接北的区位优势。以省会合肥为中心，共有17个地级市，44个市辖区，5个县级市，56个县。全省南北长约570千米，东西宽约450千米，总面积13.96万平方千米，约占中国国土面积的1.45%。2009年全省GDP迈入全国万亿元俱乐部，同时全省商务经济在“保增长、保稳定、保民生”的实践中，交出了一份来之不易的答卷。许多经济指标攀升，其中，社会消费品零售总额突破3 500亿元，增长19%，高于全国3.5个百分点；进出口总额实现156.4亿美元，较最大累计降幅收窄10.7个百分点；利用外资47.5亿美元，增长15.1%；对外经济合作完成16.2亿美元，增长33.4%，对外投资市场扩大到44个国家和地区。

第一节　安徽省贸易发展现状

新中国成立60年来，特别是改革开放30年来，安徽省经济实力、市场环境得到了大幅提升和改善，商务经济从无到有、从小到大，倍道兼行，奋力拼搏，取得了跨越式大发展，贸易产业为全省经济实现平稳较快增长发挥了重要作用。2009年，商务经济拉动全省GDP增长约4个百分点，带动社会就业超过1 000万人，对全省经济增长的贡献效果显著。

一、国内贸易发展现状

（一）国内贸易市场运行平稳，规模持续增长

安徽省国内贸易持续快速发展，市场规模不断扩大，城乡居民消费和工农业生产需求得到了保障，同时居民消费水平明显提高。全省社会消费品零

售总额从2003年的1 373.3亿元增加到2009年的3 527.8亿元以上，年均递增13%以上，高于全省GDP年均增长速度，见图2.1。同时反映居民消费结构升级的交通通信、教育娱乐、医疗保健类支出在城乡居民消费支出中的比重大幅提高，家用汽车、钢琴、电脑等成为城镇居民的消费热点，农村居民家庭彩电、冰箱、空调、摩托车、移动电话等耐用消费品拥有量迅速增加。

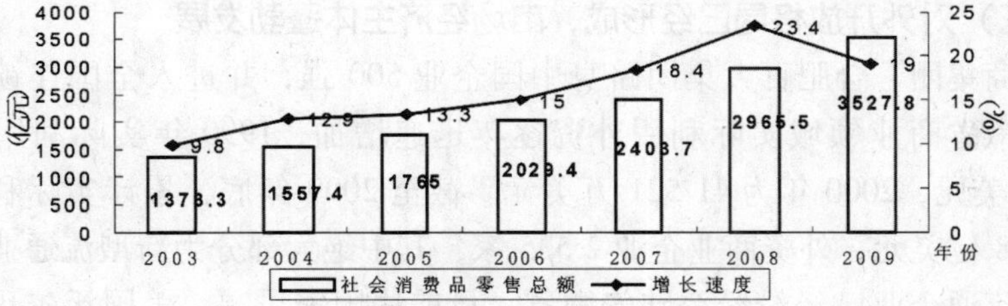

图2.1　最近7年安徽省社会消费品零售总额及增长情况

2009年全年社会消费品零售总额3 527.8亿元，比上年增长19%。分城乡看，城市消费品零售额1 938.2亿元，增长18.4%；县及县以下消费品零售额1 589.6亿元，增长19.6%。分行业看，批发和零售业零售额2 958.2亿元，增长18.5%；住宿和餐饮业零售额529.1亿元，增长22%；其他行业零售额40.5亿元，增长15.9%。限额以上批发零售业零售额中，建筑及装潢材料类比上年增长89.1%，五金、电料类增长31.4%，机电产品及设备类增长45.1%，汽车类增长40.3%，家具类增长2.7倍，文化办公用品类增长21.7%，体育、娱乐用品类增长26.4%，粮油、食品、饮料、烟酒类增长24.7%，服装鞋帽、针纺织品类增长17.5%，化妆品类增长20.1%。①

（二）流通现代化水平明显提高，消费品结构得到优化

流通现代化是以电子信息、自动化、现代营销和管理等技术在流通领域的广泛应用为基础，以流通设施、流通体制、流通方式和组织形式创新为主要内容的流通结构优化和产业升级过程。改革开放以来，安徽省流通现代化步伐加快，水平显著提高。全省新型业态不断出现并迅速发展。连锁经营、物流配送、电子商务、特许经营等新型流通方式和超市、便利店、购物中心等新型业态快速发展。同时先进流通经营与以信息技术为主要内容的各种先进经营管理技术不断应用推广。近年来，合肥、芜湖等地以信息化带动传统商业的改造，推广先进流通经营与管理技术，发展现代流通，绝大部分大中

---

① 安徽省统计局.2009年安徽省国民经济和社会发展统计公报［R］.2009.

型商场都建立了销售时点管理系统（POS），一大批流通企业建立了管理信息系统（MIS），积极应用电子数据交换系统（EDI）、全球卫星定位系统（GPS）和互联网（INTERNET）等现代信息技术，推进企业信息化建设和电子商务，管理水平提高了，流通费用下降了，面貌大为改观，出现了一批现代化水平较高的大型流通企业。

（三）对外开放格局已经形成，市场经济主体蓬勃发展

徽商集团、合肥百大集团跻身中国企业 500 强，并进入全国连锁企业百强。安徽省商业领域实际利用外资逐年迅速增加，1990 年实际利用外资为 5 027万美元，2000 年为 41 521 万美元。截至 2009 年底，累计实际利用外资约 214.8 亿美元，外资商业企业 2 535 家，其中绝大部分为新型流通业态，国内知名流通企业已经纷纷登陆安徽省。目前法国家乐福、美国沃尔玛、德国麦德龙等世界 500 强及国际知名商业零售企业已在安徽省投资设立商业网点 38 家，呈现出市场主体多元化、多种经济成分竞技、共生共荣的生动局面。同时连锁经营、物流配送、电子商务等现代流通方式迅速发展。合肥、芜湖、安庆、阜阳等成为区域性物流中心。

（四）城乡流通体系不断完善，消费环境日益优化

安徽省作为全国唯一农村商品流通改革和市场建设试点省，到 2009 年底已累计建设连锁农家店超过 17 000 个、农村商品配送中心 290 个，覆盖所有乡镇和 30% 以上的行政村；建设了 5 个国家级大型农产品批发市场和 4 个大型农产品流通企业，改造了 50 个省级重点农产品批发市场，建设了 44 个农产品出口示范基地，培育了 30 个省级农副产品绿色批发市场，全省最大的合肥周谷堆农产品批发市场交易规模位居全国前列，初步建立了包括农资、日用品、农产品销售以及市场运行监控等方面的农村现代商品流通网络。城市商业网点更加有序、均衡，大型超市、专业店、购物中心等新型业态加快发展，拥有 5 000 平方米以上的大中型商业网点 300 多个，交易额亿元以上的商品市场近 130 个，总交易额超过 1 100 亿元，创建了 20 个以上国家级、110 多个省级商业示范社区，商业服务功能不断完善。

二、对外贸易发展现状

（一）安徽省进出口总额逐年增大，出口市场形成多元化格局

改革开放后，安徽外贸进入持续快速发展阶段。安徽省自营进出口业务始于 1977 年，从当年 335 万美元发展到 2009 年进出口 156.4 亿美元，年均增

长超过20%。与此同时，涌现出了一批居于全国同行前列、具有一定国际影响力的龙头企业。通过充分利用国际、国内两种资源，铜陵有色金属集团已经发展成为全球第五位大型铜冶炼企业，安徽叉车集团进入世界叉车行业十强，奇瑞汽车股份有限公司连续6年蝉联国内乘用车企业出口量冠军，成为民族自主汽车品牌的旗舰企业、"中国创造"的标志性样板，加上马钢、佳通、JAC、美菱等全省进出口过亿美元企业达到30家，培育了汽车、钢材、轮胎、冰箱等18个出口过亿美元拳头产品，充分展示了安徽的产业基础实力。这些企业和产品在参与国际市场竞争中自身不断发展壮大，已成为安徽走向世界的新名片。但是，2009年是世界和中国经济最困难的一年，安徽省外贸面临国内外经济下行的巨大压力。全年安徽省进出口总额156.4亿美元，居全国第十四位，同比下降22.5%，其中出口88.9亿美元，下降21.8%；进口67.5亿美元，下降23.5%。2009年末，安徽外贸快速下滑势头得到遏制，开始止跌回升，进出口季度环比持续增长，11月开始单月同比止跌回升。全省进出口值居中部第二位，比位居第一的湖北省少15.8亿美元，比位居第三的河南省多22亿美元。

安徽省对外贸易规模持续扩大，出口商品结构逐步优化，出口市场呈现多元化分布。1978年安徽省商品仅出口到香港、朝鲜、日本和前苏联4个国家和地区。随着对外开放的深入，外贸也在不断扩展贸易伙伴，到1990年出口市场达143个，但仍集中在香港、日本、美国和西欧。到2009年底，出口市场增加到200多个国家和地区，遍及世界五大洲，出口市场多元化格局初步形成。①

（二）实际利用外资方兴未艾，发展势头强劲

从1984年首家外商投资企业落户安徽省以来，全省利用外资取得了积极成效，发展不断加快。利用外资从1984年的1 870万美元发展到2009年的47.5亿美元，累计实际利用外资214.8亿美元。同时，2009年全省实有外商投资企业超过3 000户。外商投资领域不断拓宽，从过去一般性加工工业扩展到先进制造业、基础设施、服务业等多个行业。2008年香港东亚银行进入安徽省，标志着金融业利用外资取得零突破。外商以并购方式和从沿海转移方式投资安徽省不断增多，其中联合利华日化有限公司整体从上海搬迁至安徽就是最典型的代表。境外世界500强进驻步伐也明显加快。2009年，一些国

① 资料来源：中华人民共和国商务部网站（http：//www. mofcom. gov. cn.）。

际和亚洲知名企业纷纷来皖投资或增资，主要有佳通轮胎（中国）投资有限公司（新加坡）、金光纸业（中国）有限公司（印度尼西亚）、丽华鞋业贸易有限公司（中国香港）、香港信义集团（玻璃）有限公司、华润雪花啤酒（中国）投资有限公司（中国香港）、香港宝丽金集团有限公司、航嘉（香港）集团有限公司、比塞洛斯国际公司（美国）、美国麦王环保能源集团以及全球种业龙头企业——美国先锋种业。截至2009年底，已有联合利华、日立、西门子、ABB、沃尔玛、家乐福等48家境外世界500强企业在安徽省设立生产基地和分支机构。随着安徽省区位、产业、科教、资源等方面的优势日益凸显，安徽省越来越成为跨国公司投资兴业的战略首选区之一。①

（三）对外经济合作业务发展迅速

安徽省对外投资与合作始于1983年，工程承包和劳务合作营业额从最初59.3万美元跃升到2009年的16.16亿美元，业务遍及亚洲、非洲、欧洲、美洲、加勒比海及南太平洋等70多个国家和地区。对外承包工程从最初的“借船出海”、分包承建建房、修路等劳动密集型产业，走向自主经营、总承包方式承建冶金、石化、建材、水利、电力、通讯等技术、资金密集型产业。合肥水泥设计院、外经建设集团、建工集团、中铁四局、安徽水利、中冶华天等一批外经企业，在项目业主所在国享有很高的知名度，承建的项目有的成为该国标志性建筑。

安徽省对外投资起步较晚，但近年来发展较快，截至2009年，共有80多家企业在境外设立125家境外企业（机构），累计协议对外投资额2.76亿美元，实际对外投资1.65亿美元，覆盖39个国家和地区。具有对外承包工程经营资格的企业75家，累计完成营业额30.3亿美元；对外劳务合作累计完成营业额6.9亿美元，累计派遣各类劳务人员6.5万人，遍布日本、新加坡等70多个国家和地区。境外投资由最初在境外设立贸易公司向境外资源开发、境外加工、境外技术研发延伸，投资主体也逐渐由国有和国有控股企业转变为国有、民营等多种所有制形式并存，初步形成了投资主体多元化、市场多元化、行业多样化的对外投资新格局。② 2009年全省对外经济合作新签合同额103 014万美元，完成营业额161 606万美元，外派劳务14 620人，月

---

① 资料来源：安徽省发展改革委网站（http：//www. ahpc. gov. cn）、安徽省商务厅网站（http：//www. ahbofcom. gov. cn）。

② 资料来源：“安徽60年发展成就”系列新闻发布会关于“安徽商务经济60年跨越式大发展”报告。

末在外人数 24 059 人，同比分别增长 -32%、33.4%、14.7%、13.6%。其中：对外承包工程新签合同额 98 077 万美元，完成营业额 149 363 万美元，外派劳务 10 830 人，同比分别增长 -32.2%、38.5%、18.9%。对外劳务合作新签合同额 4 937 万美元，完成营业额 12 243 万美元，外派劳务 3 790 人，同比分别增长 -23.3%、-5.8%、6.4%。对外投资新批境外企业（机构）37 家。协议对外投资额 14 679 万美元，实际对外投资 5 415 万美元，分别同比增长 89.1%、2%。①

第二节　安徽省地市商务经济发展情况分析

一、确立指标体系

本文运用多元统计学中的因子分析法对安徽省 17 个地级市的商务经济发展情况进行分析。通过选择一定数量有代表性的指标体系进行测度和评价，定量地表现商务经济所包含的主要方面。指标选取主要遵循系统性、指标数量适中性、灵活可操作性原则，使得选取的指标能科学全面地反映地市商务经济的主要内涵，能够易于收集和计算，减少主观臆断的误差，保证合理、公正、客观。根据以上三个原则，我们构建了商务经济评价指标体系，数据来源于《安徽统计年鉴》(2009)（见本章附录表 1）。

二、安徽各地市商务经济发展情况因子分析

（一）因子分析的基本思想

通过变量的相关系数矩阵内部结构的研究，找出能够控制所有变量的少数几个随机变量去描述多个变量之间的相关关系，但在这里，这少数几个随机变量是不可观测的，通常称为因子。然后根据相关性的大小把变量分组，使得同组内的变量之间相关性较高，但不同组的变量相关性较低。

因子旋转，在实际应用因子分析中出现了难以解释的现象，根本原因是模型同实际数据的矛盾，而其直接原因表现在因子对变量的贡献不明确。于是设想在不改变因子协方差结构的情况下，通过旋转坐标轴来实现这一目的。

---

① 资料来源：安徽省商务厅网站（http：//www.ahbofcom.gov.cn）。

（二）指标数据因子分析过程

1. 将数据标准化，并判断数据是否适合因子分析

表 2.1 KMO and Bartlett's 检验

Kaiser-Meyer-Olkin Measure of Sampling Adequacy.		.715
Bartlett's Test of Sphericity	Approx. Chi-Square	335.523
	df	105
	Sig.	.000

由表 2.1 可知，KMO 统计量为 0.715 > 0.7，因子分析的效果比较好，在由 Bartlett 球形检验统计量为 335.523，自由度为 105，相应的概率 Sig 为 0.000，因此，可以认为相关系数矩阵与单位阵有显著差异，各变量的独立性假设不成立，故因子分析的适用性检验通过。

2. 计算因子负荷矩阵

表 2.2 中，第一列是因子编号，以后三列组成一组，每组中数据项的含义依次是特征根值，方差贡献率和累计方差贡献率。第二组数据项描述了因子解的情况，由于指定提取 3 个因子，3 个因子共解释了原有变量总方差的 84.948%。总体上，3 个因子反映了原有变量的大部分信息，因子分析效果较理想；第三组数据描述了经过旋转后最终因子解的情况，显示因子旋转后累计方差比没有改变，但重新分配了各个因子解释原有变量的方差，改变了各个因子的方差贡献，使得因子更易于解释。

表 2.2 总体方差解释

因子编号	初始特征值			提取因子总体方差载荷			旋转后总体方差载荷		
	特征值	方差贡献率（%）	累计贡献率（%）	特征值	方差贡献率（%）	累计贡献率（%）	特征值	方差贡献率（%）	累计贡献率（%）
1	8.022	53.479	53.479	8.022	53.479	53.479	6.710	44.736	44.736
2	3.580	23.869	77.348	3.580	23.869	77.348	4.855	32.367	77.103
3	1.140	7.600	84.948	1.140	7.600	84.948	1.177	7.844	84.948
4	.90	96.060	91.008						
5	.532	3.548	94.556						
6	.326	2.174	96.730						
7	.228	1.523	98.253						
8	.130	.870	99.123						

续表

因子编号	初始特征值			提取因子总体方差载荷			旋转后总体方差载荷		
	特征值	方差贡献率（%）	累计贡献率（%）	特征值	方差贡献率（%）	累计贡献率（%）	特征值	方差贡献率（%）	累计贡献率（%）
9	.047	.310	99.433						
10	.044	.292	99.725						
11	.014	.093	99.817						
12	.013	.084	99.902						
13	.008	.050	99.952						
14	.005	.033	99.985						
15	.002	.015	100.000						

由图 2.2 可见，第 1 个因子的特征值很高，对解释原有变量的贡献最大；第 4 个以后的因子特征值都较小，对解释原有变量的贡献很小，因此提取 3 个因子是适合的。

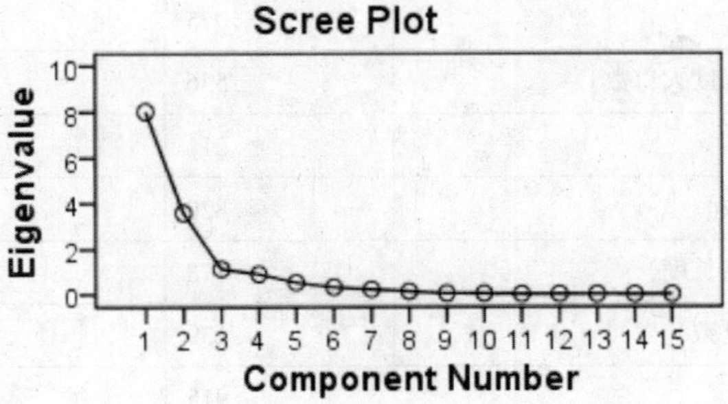

图 2.2　碎石图①

采用主成分法计算的因子载荷矩阵可以说明各因子在各变量上的载荷，即影响程度。但为了使载荷矩阵中系数向 0—1 分化，对初始因子载荷矩阵进行旋转，旋转后的因子载荷矩阵如表 2.3 所示。从表中可以看出，社会消费品零售总额、进出口总额、实际利用外资、市场设施和市场化发展水平、就业人数、公共交通运营数、接入网光缆线路长度、固定资产投资在第一个因子上有较高的负荷，其意义代表商务经济的发展状况，可解释为贸易产业发展状况；人均 GDP、人口、人均财政收入、大专以上教育程度人口数、每万人专业人员数在第二个因子上有较高的负荷，其意义代表经济实力，可解释

① 以特征值大小排列的原始变量序号为横轴，特征值为纵轴的加连线的散点图。

为经济实力；人均城市道路面积、城市人口密度在第三个因子上有较高的负荷，其意义代表资源情况，可解释为资源竞争力。

表2.3　旋转后的因子载荷矩阵

变量	公共因子		
	1	2	3
X_1（人均GDP）	.161	.932	.100
X_2（人口）	.448	-.782	-.035
X_3（人均财政收入）	.318	.909	.106
X_4（社会消费品零售总额）	.987	-.067	.048
X_5（进出口总额）	.739	.609	.151
X_6（实际利用外资额）	.801	.475	.246
X_7（人均城市道路面积）	-.081	-.204	.868
X_8（市场设施和市场化发展水平）	.886	.183	.000
X_9（就业人数）	.975	.120	.077
X_{10}（大专以上教育程度人口数）	.546	.728	-.113
X_{11}（城市人口密度）	.211	.281	.488
X_{12}（公共交通运营数）	.820	.377	.046
X_{13}（接入网光缆线路长度）	.778	-.386	-.181
X_{14}（每万人专业人员数）	.139	.938	-.129
X_{15}（固定资产投资）	.915	.277	.090

Extraction Method：Principal Component Analysis.

Rotation Method：Varimax with Kaiser Normalization.

a. Rotation converged in 4 iterations.

3. 计算因子得分，对安徽省各市商务经济发展进行综合评价

第一步，为了考察各地市的商务经济发展状况，并对其进行分析和综合评价，采用回归法求出因子得分函数，spss11.0输出的函数系数矩阵（见表2.4）。

表 2.4　函数系数矩阵

变量	公共因子		
	1	2	3
X_1	-.040	.205	.046
X_2	.132	-.214	-.019
X_3	-.012	.189	.046
X_4	.172	-.085	.004
X_5	.079	.088	.079
X_6	.095	.049	.164
X_7	-.035	-.075	.768
X_8	.140	-.017	-.043
X_9	.156	-.041	.023
X_{10}	.049	.139	-.148
X_{11}	-.003	.034	.407
X_{12}	.113	.032	-.008
X_{13}	.167	-.138	-.175
X_{14}	-.035	.217	-.153
X_{15}	.135	.000	.031

Extraction Method: Principal Component Analysis.

Rotation Method: Varimax with Kaiser Normalization. Component Scores.

由系数矩阵将三个公因子表示为 15 个指标的线性形式。因子得分的函数为：

$$F1 = -0.040X_1 + 0.132X_2 - 0.012X_3 + 0.172X_4 + 0.079X_5 + 0.095X_6 - 0.035X_7 + 0.140X_8 + 0.156X_9 + 0.049X_{10} - 0.003X_{11} + 0.113X_{12} + 0.167X_{13} - 0.035X_{14} + 0.135X_{15}$$

$$F2 = 0.205X_1 - 0.214X_2 + 0.189X_3 - 0.085X_4 + 0.088X_5 + 0.049X_6 - 0.075X_7 - 0.017X_8 - 0.041X_9 + 0.139X_{10} + 0.034X_{11} + 0.032X_{12} - 0.138X_{13} + 0.217X_{14} + 0.000X_{15}$$

$$F3 = 0.046X_1 - 0.019X_2 + 0.046X_3 + 0.004X_4 + 0.079X_5 + 0.164X_6 + 0.768X_7 - 0.043X_8 + 0.023X_9 - 0.148X_{10} + 0.407X_{11} - 0.008X_{12} - 0.175X_{13} - 0.153X_{14} + 0.13X_{15}$$

第二步，计算综合得分，对各地市进行排名。

由于 3 个因子在较大程度上反映了原变量的大部分信息，其累计贡献率为 84.948%，因此可用因子的方差贡献率作为综合评价的权重。于是 3 个因子按照各自的方差贡献率加权相加为综合评价得分：$F = 0.535F1 + 0.239F2 + 0.076F3$

通过计算可以得到综合得分，并求出各地区的商务经济发展综合排名（见表 2.5）。

表 2.5 安徽省地市商务经济发展综合排名

地市	F1	F2	F3	综合得分	排名
合肥市	3.571 12	0.862 54	0.478 13	2.153 032	1
芜湖市	0.070 60	0.856 59	0.885 62	0.309 803	2
马鞍山市	−0.380 19	1.696 84	1.025 90	0.280 109	3
铜陵市	−0.713 40	2.131 05	−0.798 66	0.0669 52	4
安庆市	0.565 10	−1.016 83	−0.955 26	−0.013 29	5
蚌埠市	−0.122 80	0.015 06	−0.364 30	−0.089 79	6
阜阳市	0.454 56	−1.350 29	−0.423 81	−0.111 74	7
淮北市	−0.445 41	0.396 15	0.103 28	−0.135 77	8
巢湖市	−0.055 32	−0.597 86	−0.003 91	−0.172 78	9
淮南市	−0.346 55	0.522 66	−1.514 54	−0.175 6	10
宣城市	−0.276 01	−0.110 03	−0.583 59	−0.218 31	11
六安市	0.130 82	−0.952 80	−1.036 76	−0.236 52	12
滁州市	−0.130 42	−0.772 41	−0.058 14	−0.258 8	13
亳州市	−0.472 46	−1.036 77	2.743 21	−0.292 07	14
宿州市	−0.221 32	−0.873 54	0.076 45	−0.321 37	15
黄山市	−0.719 59	0.309 46	−0.389 56	−0.340 62	16
池州市	−0.908 71	−0.079 81	0.815 94	−0.443 22	17

由表 2.5 可以看出，安徽省商务经济发展综合排名前四名为合肥市、芜湖市、马鞍山市和铜陵市，排名的后三名为宿州市、黄山市和池州市。

合肥市商务经济发展在全省排名第一位，综合得分为 2.153，排名第二位的芜湖市综合得分仅为 0.309，而排名最后一位的池州市综合得分为 −0.443。

由此也看出安徽省各地市商务经济发展较为不平衡。

合肥市、芜湖市、马鞍山市和铜陵市四市综合得分为正值，其余十三个市综合得分均为负值，负值说明商务经济发展水平仍然较低。

另外，从三个因子的得分来看，三个因子得分均为正值的只有合肥、芜湖两市，其余各市三个因子得分中均有负值存在。[①] 特点如下：

(1) 合肥市商务经济发展处于绝对领先地位，排名第一，综合得分为2.153，而排名第二位的芜湖市综合得分仅为0.309。作为安徽省省会，合肥市是国家区域性交通枢纽，全国重要的科研教育基地、现代制造业基地、科技创新及高新技术产业化基地和现代服务基地，区域旅游会展中心、商贸物流中心、金融信息中心、全省加速崛起的增长极和创新极、参与泛长三角区域发展分工的先行区。因而，合肥市商务经济发展处于全省领先地位是其实力的体现。

(2) 各市商务经济发展较为不平衡。排名前四位的地区为合肥市、芜湖市、马鞍山市和铜陵市，综合得分均为正值，其余城市综合得分均为负值。该四个城市由于独特的区位优势，良好的发展基础，吸引了越来越多的国内外资源、产业向其集聚，成为全省发展速度最快、投资环境最佳、创新能力最强的区域。其中马鞍山市，位于长江下游南岸、安徽省东部，具有临江近海、紧靠长江三角洲的区位优势，是安徽的“东大门”，皖江第一站。芜湖市，位于安徽省东南部，长江与青弋江交汇处。铜陵市，位于安徽省中南部，长江中下游南岸。它们以得天独厚的地缘优势和良好的经济发展基础，吸引了众多外来资金和产业的集聚，招商引资取得良好效果，对外贸易蓬勃发展，商务经济发展水平较高。其他城市商务经济发展水平较低。

(3) 皖北地区商务经济发展水平普遍较低。皖北地区城市包括蚌埠市、阜阳市、淮北市、淮南市、亳州市和宿州市，分别排名为第六、第七、第八、第十、第十四和第十五，且其综合得分值均为负值，说明整个皖北地区商务经济发展实力不强，且与上面四市（合肥市、芜湖市、马鞍山市、铜陵市）的发展水平差距较大。

---

① 这个现象反映出各城市在指标优势上的异同，希望该结论对各地市有一定的参考价值；同时也提醒指标体系涵盖范围较广，对各地市不一定完全公正，这也是在以后的研究中有待改进的地方。

第三节　安徽省贸易发展建议

安徽省经济发展总体向好，面临着许多有利机遇，但发展的复杂性和易变性依然存在，保持经济平稳较快发展仍面临较大的压力，要善于把握新形势下商务经济发展的新机遇，充分估计新形势下商务经济发展的新挑战，切实理清新形势下商务经济发展的新思路，切实处理好扩内需与稳外需、扩增量与优结构、“引进来”和“走出去”的关系。以扩大国内消费和保持外贸稳定增长为重点，加快提升利用外资水平和“走出去”步伐，统筹国际国内两个市场、两种资源，进一步推动商务经济科学发展。

同时，由对安徽省17个地市商务经济综合发展状况评价分析可知，全省各地市商务经济发展不平衡，合肥和沿江三个地区（芜湖市、马鞍山市和铜陵市）商务经济发展水平较高，其他地市发展水平普遍较低。

鉴于此，安徽省贸易发展建议如下。

一、开放创新与加快经济发展方式转变，促进区域协调发展

（一）准确把握皖江城市带承接产业转移示范区定位，推动沿江两岸联动发展

国务院正式批准实施《皖江城市带承接产业转移示范区规划》（以下简称《示范区规划》）。这是党中央、国务院着眼于中部崛起和区域协调发展全局作出的重大战略部署，更是安徽省发展史上千载难逢的重大战略机遇。皖江指长江安徽段，皖江城市带包括合肥、芜湖、马鞍山、铜陵、安庆、池州、巢湖、滁州、宣城九市以及六安市金安区、舒城县，是中部崛起的重点开发区域。建设皖江城市带承接产业转移示范区，是加快经济发展方式转变、促进区域协调发展的战略举措。

1. 全方位融入长三角地区，将皖江城市带承接产业转移示范区建成合作发展的先行区

示范区建设的重要任务是创新跨区域联合开发方式，探索新的合作模式和机制。应进一步加强与沿海省市特别是长三角地区的分工合作，加快形成与长三角地区优势互补、分工合理、错位发展的产业格局，同时密切与中西部地区的联系，构筑全方位、宽领域、多层次开放新格局。坚持一体化发展这个核心，深化皖江城市带内部的横向联合，推动各市竞相发展、错位发展、

合作发展，辐射带动省内其他地区发展，增强区域整体竞争力。

2. 加快转变经济发展方式，将皖江城市带承接产业转移示范区建成科学发展的试验区

坚持把转变发展方式摆在突出位置，加速经济转型升级，努力形成投资消费出口相协调、三次产业发展相协调、人口资源环境相协调的发展新格局。充分发挥皖江地区综合优势，建成中部地区重要的增长极。借助国家级示范区品牌建设，皖江地区应立足现有基础和优势，遵循产业转移规律，进一步创新体制机制，促进各种要素加速集聚，快速扩张规模，推进结构升级，不断增强综合经济实力，使皖江城市带成为长三角拓展发展空间的优选区、长江经济带协调发展的战略支点、中部地区经济发展的重要引擎。

（二）加快推进合芜蚌高新技术产业带建设，实现区域经济协调发展

合芜蚌自主创新试验区建设成效初现。围绕培育新兴产业，制订三市新兴产业发展规划，确定26个重大项目。围绕装备制造、电子信息、生物技术、新能源新材料等领域谋划了一批省级工程研究中心和工程实验室。华强文化科技产业园、京东方液晶显示器、蚌埠光伏基地一期、非晶硅太阳能电池等一批重大项目相继开工建设。合肥市成为国内为数不多的国家级电子信息产业基地，芜湖市成为全国唯一的国家级汽车电子产业基地，为今后合芜蚌及全省电子信息产业的加快发展奠定了坚实基础。

在未来一段时间内，合芜蚌自主创新试验区建设具有极好的机遇。国家出台刺激经济的宏观政策明确把支持自主创新作为一大重点，要求以自主创新为依托促进经济结构、产业结构优化升级，安徽省要切实把握这一难得机遇，梳理规划合芜蚌综改区自主创新的方向、项目和载体，加大对产学研战略联盟及其自主创新项目的投入，改革完善科技成果转化和产业化过程中的体制机制，建设合芜蚌高新技术产业带，以促进合芜蚌自主创新综合配套改革试验区建设，辐射带动合芜蚌周边地区，带动整个皖北地区商务经济的发展，实现区域经济协调发展。

（三）推进合肥经济圈建设，培养安徽核心增长极

合肥经济圈建设核心在于一体化发展，要突出重点合作共赢。既要着眼长远整体规划，又要立足当前循序渐进，从有基础、有条件地方先做起来。要加强基础设施建设，逐步实现交通设施、通信网络、供水供电等方面的全面接轨，促进资源要素合理高效流动。要在做大特色产业的同时，以产业对接、合作、转移为重点，构筑跨区域的产业链，加快形成分工明确、布局合理的产业体系。要加快建设一批现代物流园区，完善流通基础设施，推动体制机制的创新和对接，促进区域市场一体化。要统筹推进环境保护和节能减排，加快转变发展方式，不断提高经济圈发展的可持续性。合肥市作为安徽省省会，其经济实力、商务经济发展水平等都处于绝对领导地位。因此，要推进合肥经济圈建设，就需要加快发展合肥中心城市，推进周边地区快速融入发展，全面加快经济圈一体化建设进程。加快市场体系建设，充分发挥合肥中心城市枢纽作用和综合服务功能，加快合肥区域性金融中心建设，加强与长三角等周边市场的对接，共建统一开放的大市场。强化体制机制创新保障，打破行政区划壁垒，推进资源整合和发展平台共建共享。

二、加快建立统一有序的国内市场，为商务经济的发展提供良好的环境

要促进商务经济健康发展，必须为商务经济的发展创造一个良好的内部发展环境。为此，今后相当长时期应该将整顿和规范市场秩序作为工作的重点。

（一）创造条件扩大内需和启动消费

1. 大力培育市场热点

紧紧围绕安徽省优势产业和产品，突出消费对全省经济的拉动，着力巩固和发展消费规模大、带动性强、对地方经济贡献大的消费热点，努力扩大汽车、住房、旅游、通讯等重点领域的消费规模，优化消费结构。把扩大消费与满足居民需要结合起来，大力发展文化娱乐、体育健身、家庭劳动社会化等成长型服务消费。充分挖掘中高收入者的消费潜力，发展面向中高收入群体的享受型消费。加大政府支持力度，促进农村居民和城市低收入家庭的发展型消费，推动农村和城市低收入者消费升级。

2. 努力增加城乡居民收入

健全市场就业机制。继续实施积极的就业政策，大力发展劳动密集型产业，努力创造就业岗位，加大就业援助力度，全面消除城镇零就业家庭。建立工资增长机制。严格执行最低工资制度，并随着经济发展逐步提高最低工资标准，引导企业建立和完善职工工资正常增长机制。落实各项支农惠农政策，稳步提高农民收入。改革收入分配制度，提高劳动报酬在分配中的比重，加强收入调节，加大对低收入者转移支付力度，扩大中等收入者的比重，缩小居民收入差距。

3. 完善社会保障体系

进一步完善城镇低保制度，全面推行农村低保制度，建立家庭赡养与国家救济相结合的农村养老保障制度，建立健全城乡居民社会福利、社会救济和社会互助体系。积极扩大城镇职工基本养老保险、基本医疗保险、失业保险和工伤保险的覆盖面，提高保障水平，逐步将非公有制企业、个体工商户、失地农民和进城农民工纳入社会保障范围。全面推进以大病统筹为主的新型农村合作医疗。

4. 保障基本公共服务

加大对农村义务教育的支持力度，扩大农村教育资源共享水平。合理布局城市义务教育资源，不断提高义务教育质量。建立家庭困难学生专项补助，加大对困难学生的资助力度。有效配置医疗卫生资源，加大政府公共医疗卫生投入，加快建设乡镇卫生院和城市社区卫生服务中心。科学制定和实施城镇住房建设规划，鼓励发展满足居民自住需求的中低价位、中小套型普通商品住房，保障最低收入住房困难家庭的廉租住房需要。

5. 加强消费设施建设

在大中城市统筹规划商业区、购物中心、步行街等商业设施，加快城市专业市场改造升级换代，合理布局超市、便利店、连锁店、仓储式商店、专卖店、折扣店等城市新型消费网络。合理规划布局农村市场体系，继续推进“万村千乡市场工程”、“双百市场工程”建设。继续改造农村电网，加快乡村公路建设，支持大型流通企业向农村延伸经营网络，积极推进农村改厨、改厕、改水工程。继续实施农村广播电视“村村通”、“户户通”工程，推进农村电视、电话、宽带“三线合一”，扩大农村文化消费和信息消费。

6. 加大消费的财政和金融支持

各级政府要保持合理地价，减免住房交易中由消费者承担的有关税费。进一步完善“汽车下乡”和“家电下乡”政策，积极开展汽车、家电以旧换新活动，对安徽省出口量大以及在全国市场占有率高的汽车、家电企业给予政策支持和奖励。

加快建立消费信用平台，利用现有的征信系统，构建覆盖全省的消费征信体系。大力发展消费信贷，适当降低消费信贷门槛，改进消费信贷服务方式，推动消费信贷由以住房、汽车等为重点逐步延伸到旅游、教育、家庭耐用品等更多领域，大力推广信用卡、贷记卡、个人支票等消费信用工具，提高城乡居民信贷消费水平。对就业能力强、信用程度高、预期收入稳定的群体，适当扩大授信额度。加大对消费品生产和流通企业的金融支持，对农业产业化龙头企业、连锁经营企业给予仓单质押、商标权质押贷款等信贷支持。

7. 强化消费市场监管

加大市场经济秩序整顿力度，加强商品质量监管，严厉打击贩卖假冒伪劣商品的行为，确保消费安全。健全消费者权益保护，完善消费者保护的规章制度，建立良好的消费环境。

（二）为外贸企业创造良好发展环境

1. 加大对出口企业资金支持

在目前试点县基础上，扩大中小出口企业统借统还业务试点范围，增强对中小出口企业优惠贷款支持。增加省中小进出口企业专项担保资金规模，在原有反担保物基础上扩大到股权担保，提高出口信用保险保费补贴标准。对中小出口企业参加国际展会给予展位费、宣传推介费、人员费用补贴；建立良好的外贸管理和服务体系。外贸管理部门要提高效率，为外贸企业创造宽松的经营环境。加强对企业指导，及时兑现出口退税，积极推进“属地报关、口岸验放”的快捷通关方式，提高外贸服务能力和水平；支持出口企业应对贸易摩擦。深入研究国际贸易摩擦的新特点，建立和完善政府、中介组织和企业分工合作的贸易摩擦应对机制。加强对企业、行业组织应对反倾销、反补贴、保障措施和贸易壁垒的指导与服务，建立应对贸易摩擦的公共服务平台，对企业应对贸易摩擦的涉外法律案件费用给予补贴。

2. 扩大外贸规模

未来一段时间内安徽省外贸要抓住国际市场回暖的时机，着力扩大外贸规模，优化外贸结构，促进外贸增长方式转变。实施“科技兴贸”战略。加快高新技术产品出口，建立高新技术产品出口基地，培育生物医药、电子信息、新材料、环保等高新技术出口商品。充分运用高新技术改造传统出口产业，提高轻工、纺织服装、农业等传统产业出口竞争力。实施大外贸发展战略。支持具有一定规模的外贸企业做大做强，形成具有较强竞争力的外贸集团。支持中小外贸企业发展，大力发展私营外贸企业，形成安徽外贸发展新的生力军。在稳步发展一般贸易的同时，积极承接沿海加工贸易转移，促进加工贸易转型升级。积极发展国际旅游、国际运输、技术输出、对外中介服务以及国际劳务输出等服务贸易，提高服务贸易比重。实施以质取胜和品牌战略，提高出口商品的质量、档次和附加值，增强出口竞争力。实施市场多元化战略。在巩固欧、美、日、东盟等传统出口市场的同时，努力扩大新兴市场份额。加大进口力度，鼓励进口稀缺资源、先进技术装备和关键零部件。

三、优化贸易区域空间布局，提升各地市招商引资水平

按照新的区域经济关系，统筹考虑产业、城镇和生态空间，促进产业与城镇互动发展、经济与生态协调发展，加快形成产业合理布局、错位发展和城市功能完善、各具特色的空间开发格局。着力培育各地市特色贸易产业基地，支持一批符合条件的开发区转型升级，鼓励一批开发区跨区合作共建。完善现代城镇体系，做大做强中心城市，提升其综合服务和辐射带动功能。积极推进城乡一体化进程，加快县城和中心镇建设。同时要提升各地市招商引资水平。各地市应结合本地比较优势，科学确定产业承接重点，更新招商观念，创新承接方式，认真谋划重大招商项目，促进由引资向选资、引智转变。利用好世博会、徽商大会等重要平台，主动出击，加强与长三角地区对接。坚持把招商引资与提高可持续发展能力结合起来，统筹产业承接与生态建设，严格产业准入条件，促进集约化发展。

参考文献：

［1］安徽省统计局，国家统计局安徽调查总队 . 2009 年安徽省国民经济和社会发展统计公报［R］. 2009.

［2］安徽省统计局 . 安徽统计年鉴［R］. 2004—2009. 北京：中国统计出版社，2004—2009.

［3］安徽省商务厅公众网 . http：//www. ahbofcom. gov. cn/.

附录:

表 1　指标体系及数据（2008 年）

地区	人均 GDP（元）	人口（万人）	人均财政收入（元）	社会消费品零售总额（万元）	进出口总额（万美元）	实际利用外资额（万美元）	人均城市道路面积（平方米）
	X_1	X_2	X_3	X_4	X_5	X_6	X_7
合肥市	34 204	501	3 306	5 883 634	769 769	99 378	16. 39
淮北市	16 178	205	858	892 224	1 0942	8 938	10. 13
亳州市	6 865	511	216	1 606 004	11 070	5 993	31. 03
宿州市	8 164	569	245	1 413 521	8 627	7 207	15. 81
蚌埠市	13 575	321	768	1 915 515	39 429	21 021	12. 50
阜阳市	5 480	836	229	2 376 219	18 329	4 295	13. 77
淮南市	18 832	229	1 242	1 338 741	13 554	6 346	9. 90
滁州市	11 626	412	640	1 543 896	70 273	9 113	16. 76
六安市	7 610	609	371	1 981 734	33 261	8 791	8. 20
马鞍山市	49 671	128	3 383	105 973	7 334 576	41 669	15. 30
巢湖市	10 493	412	561	1 511 775	44 793	19 894	15. 73
芜湖市	32 482	228	2 357	2 031 959	203 634	50 685	16. 46
宣城市	14 873	258	998	1 407 380	56 074	11 626	12. 33
铜陵市	44 028	73	3 219	706 324	347 219	16 170	11. 39
池州市	12 106	143	1 120	665 013	10 846	10 608	23. 18
安庆市	11 480	560	627	2 417 555	53 269	15 486	12. 46
黄山市	16 846	140	1 129	904 234	17 864	11 768	16. 60

资料来源:《安徽统计年鉴》(2009)。

续表

地区	市场设施和市场化发展水平①（个）	就业人数②（限额以上）	大专以上教育程度人口数（人/十万）	城市人口密度（人/平方千米）	公共交通运营数（辆）	接入网光缆线路长度（万芯千米）	每万人科技人员数（人）	固定资产投资（万元）
	X_8	X_9	X_{10}	X_{11}	X_{12}	X_{13}	X_{14}	X_{15}
合肥市	35	95 398	12 102	3 898	2 547	22. 95	288	11 955 071
淮北市	7	5 317	6 604	5 951	992	4. 26	176	1 743 842
亳州市	2	6 288	2 887	4 105	260	7. 76	119	897 579
宿州市	0	11 648	3 289	2 764	319	11. 22	140	1 422 419
蚌埠市	7	8 958	6 072	3 066	649	7. 93	198	1 766 479
阜阳市	16	18 916	2 878	2 159	566	10. 83	119	1 260 120
淮南市	6	8 412	5 786	942	975	7. 60	283	1 712 274
滁州市	6	12 049	1 982	1 062	295	11. 32	119	2 691 881
六安市	3	11 386	3 053	2 976	258	15. 33	134	1 922 630
马鞍山市	7	10 679	5 578	5 064	508	5. 66	276	3 100 935
巢湖市	12	9 313	3 310	2 008	249	9. 76	139	2 572 148
芜湖市	5	12 419	4 714	4 212	892	8. 82	257	4 447 168
宣城市	7	8 296	4 601	1 898	122	9. 09	159	3 245 816
铜陵市	7	4 301	9 158	2 314	406	3. 27	366	1 384 249
池州市	1	4 265	2 928	901	151	5.99	184	1 119 089
安庆市	4	17 888	3 992	1 920	288	24. 12	149	3 328 662
黄山市	0	4 043	5 811	580	419	6. 19	208	1 819 031

资料来源：《安徽统计年鉴》(2009)。

① 将2008年各地市亿元商品交易市场个数作为衡量指标。

② 就业人数数据包括2008年各地市限额以上批发零售贸易、餐饮企业从业人数。

第三章　合肥市贸易发展分析

合肥是安徽省省会，全省政治、经济、文化、科教、商贸、交通和信息中心，全市辖4个市辖区，3个县，行政辖区总面积为7029.48平方千米。2009年，全市实有户籍人口491.43万（含四区三县），常住人口510万。2009年，面对严峻复杂的国内外宏观经济形势，合肥全市上下全面贯彻落实中央和省扩大内需的各项政策和一揽子计划措施，坚持扩内需与稳外需相结合，保增长与调结构相结合，谋创新与促发展相结合，抓经济与重民生相结合，有效克服了国际金融危机的冲击，经济继续保持平稳较快发展。初步核算，2009年合肥市生产总值2102.12亿元，按可比价格计算，同比增长17.3%，增速明显高于全国、全省，已连续6年保持在17%以上。在全国26个省会城市中，GDP总量名列第十五位，增速继续位居第一。

第一节　合肥市贸易发展现状

一、国内贸易现状

（一）社会消费品零售总额平稳增长

2009年，在国家搞活流通扩大消费的各项政策的支持下，合肥市消费品市场呈现供销两旺态势，市场规模继续发展壮大。全年实现社会消费品零售总额703.4亿元，同比增长19.6%，增速回落5.9个百分点，稍高于全国省会城市18.5%的平均增长速度，名列第八位，而在中部省会城市第三位，仅有南昌、长沙增幅高于合肥，分别增长20%、19.7%。

同时社会消费品零售总额的增速与固定资产投资额增速的差距逐步缩小，消费对经济增长的拉动作用明显增强。合肥社会消费品零售总额的增速大幅落后于全社会固定资产投资额的增速，特别是2006年，这一差距达到历年最高的48.0个百分点，2007年二者的差距为36.9个百分点，2008年二者的差距为 14.8 个百分点，而 2009 年社会消费品零售总额的增速与固定资产投资额增速的差距进一步缩小为 14.7 个百分点。工业、投资、消费等多驾齐驱促进经济实现跨越式发展的模式逐步成形。

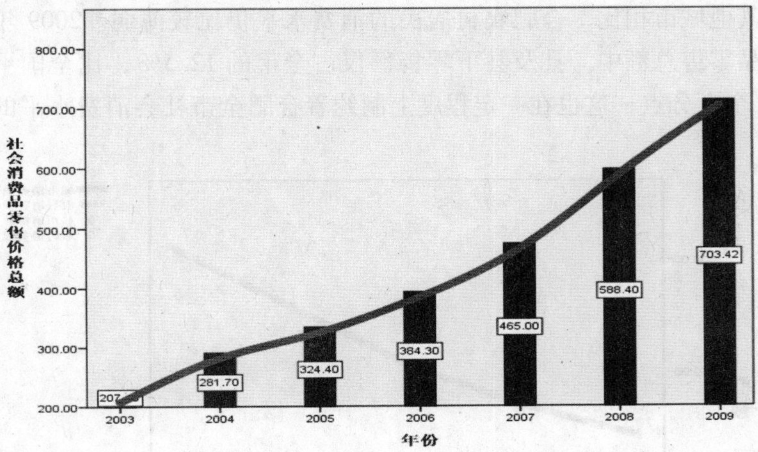

图 3.1　2003—2009 年合肥市社会消费品零售总额趋势图

资料来源：2003—2009 年合肥市国民经济和社会发展统计公报。

表 3.1　2003—2009 年合肥市固定资产投资额与社会消费品零售总额变动表

	固定资产投资额（亿元）	固定资产投资增长率（%）	社会消费品零售总额（亿元）	社会消费品零售总额增长率（%）	增速率差
2003	255.11	51.20	207.43	12.30	38.9
2004	361.48	41.70	239.77	15.60	36.1
2005	495.27	36.40	324.39	15.10	21.3
2006	824.8	66.50	384.31	18.50	48
2007	1 310.43	58.90	469	22.00	36.9
2008	1 838.64	40.30	588.36	25.50	14.8
2009	2 468.42	34.30	703.42	19.60	14.7

资料来源：2003—2009 年合肥市国民经济和社会发展统计公报。

（二）城乡消费同步增长

自 2005 年以来，合肥消费品市场呈现城乡市场同步发展，农村快于城市的新格局。2009 年，在“家电下乡”、“农超对接”、“汽车下乡”等政策驱动下，农村市场实现零售额达到 88.96 亿元，同比增长 23.6%。而城市消费市场实现零售额620.12亿元，仅增长19.1%，合肥农村市场的销售增速首次超越城市4.5个百分点。农村市场的较快增长，表明合肥农村消费品市场正在升温，城市主导消费的状况正在逐步改变为城乡市场发展并驾齐驱。不过，与全国其他城市相比，合肥农村居民的消费水平仍比较薄弱。2009年全市社会消费品零售总额中，县及县下零售额仅占全市的12.5%，比全国平均水平低19.6个百分点，这也在一定程度上制约着合肥全市社会消费水平的进一步提高。

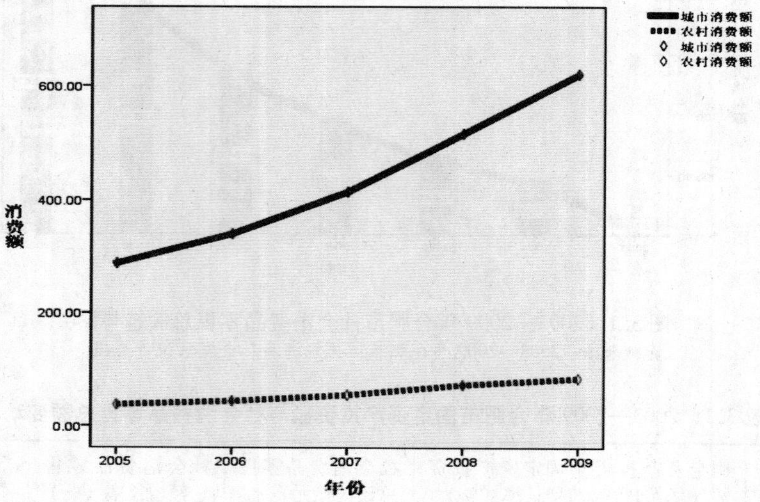

图3.2　2005—2009年合肥市城乡消费品市场变动趋势图

资料来源：2005—2009年合肥市国民经济和社会发展统计公报。

（三）消费结构升级明显

随着合肥城乡居民收入水平稳定提高，消费结构逐步向提高生活水平、提升生活品质等方面转变，消费热点不断向中高档商品转移。一是汽车销售在市场消费中的龙头地位更加显著。2009上半年全市限额以上企业汽车类实现零售额增长36.1%，零售额60.4亿元，较上年增长28.2%。由此带动与汽车销售相关的产品石油及制品类实现零售额比上年同期增长32.9%。汽车、石油及制品类零售额占限上零售额的比重从2008年的31.7%上升到目前的38%。二是家用电器销售回暖。自2008年年底以来，全市限额以上企业家用电器销售呈现下滑趋势，随着“家电下乡”政策稳步推进以及房地市场回暖的影响，家用电器和音像器材类零售额从2009年2月份同比下降33.7%上升到2009年6月份增长24.3%。上半年，家用电器类共实现零售额11.8亿元，

增长 6.5%。截至 6 月 30 日，全市网上备案共销售下乡家电产品 3.34 万台，销售金额 0.6 亿元，实际销售额约为 1.5 亿元。“家电下乡”政策的实施，使农村市场购买力得以释放，1—6 月农村市场实现零售额 35.4 亿元，增长 23.1%，增幅超过城市 3.7 个百分点。三是金银首饰、化妆品类成为消费市场新的拉动力。金银珠宝类实现零售额 4 亿元，同比增长 30.8%；化妆品类实现零售额 2.9 亿元，同比增长 26.9%。

（四）住宿餐饮业引领发展，批发和零售业支撑发展

随着人们生活方式和消费观念的转变，旅游和在外就餐的次数大大增加，有效刺激了餐饮市场的繁荣活跃。而随着合肥承接长三角产业转移战略的实施，合肥也吸引了大量外地客商来肥投资洽谈，给住宿餐饮业带来了难得的商机。仅 2009 年上半年，合肥全市住宿和餐饮业实现零售额 40.7 亿元，增长 21.6%，增幅高于批发业 1.6 个百分点，高于零售业 2.2 个百分点。而 2009 年全年住宿餐饮业零售额 87.92 亿元，增长 17.2%，创历史新高。

从消费市场中的各行业看，批发零售业占居主导地位，对消费品市场的快速发展起了重要的支撑作用。2009 年，合肥市大中型商场、超市和批发市场充分发挥扩大商品销售、拉动消费的主渠道作用，按照全省“佳节购物季”活动的总体安排，利用节假日（黄金周、小长假）纷纷开展商品让利促销活动，扩大消费市场。全年限额以上的商业批发零售业实现零售额 232 亿元，增长 19.4%，占零售额的比重为 71.1%。

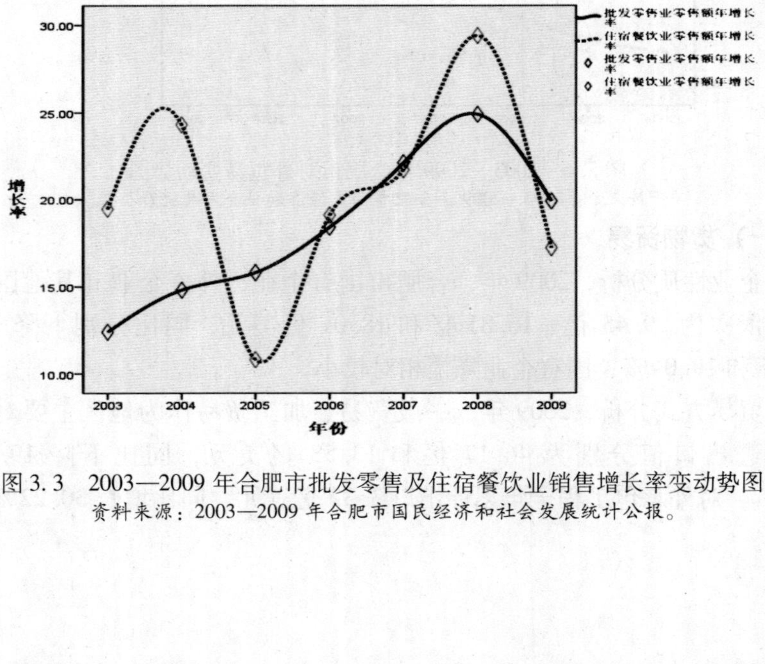

图 3.3　2003—2009 年合肥市批发零售及住宿餐饮业销售增长率变动势图

资料来源：2003—2009 年合肥市国民经济和社会发展统计公报。

二、对外贸易现状

近年来，合肥的对外贸易快速增长。2005—2008 年，全市进出口总值分别为41.83 亿美元、48.76 亿美元、62.48 亿美元、77.08 万美元，年均增长21.75%，对外经济总量和增幅均位列全省首位，成为拉动经济增长的重要力量。同时，对外贸易净出口分别达到14.06 亿美元、19.38 亿美元、23.53 亿美元、31.54 亿美元，年均增速24.33%。2009 年，受国际金融危机冲击，合肥地区进出口总额仅为64.28 亿美元，比上年下降16.6%，其中出口44.48 亿美元，下降18.1%。进出口、进口、出口同比降幅继续小幅收窄并低于同期全省降幅。而出口增幅省会第十，降幅小于省会和中部省会城市平均0.1 和12.2 个百分点。

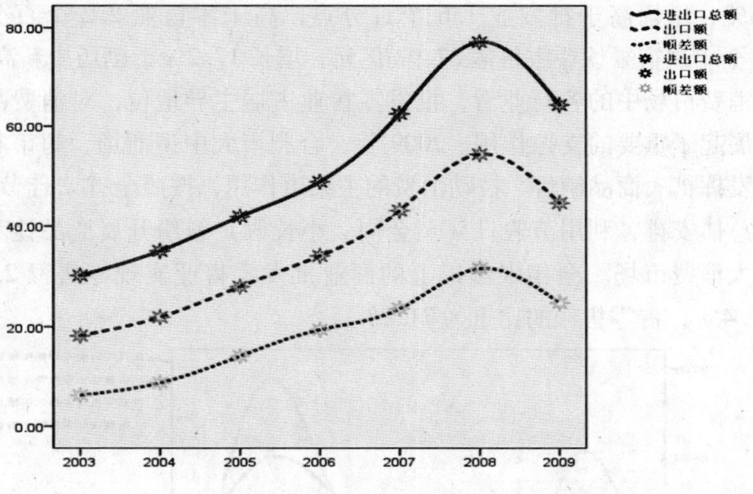

图3.4　2003—2009 年合肥市对外贸易变动势图

资料来源：2003—2009 年合肥市国民经济和社会发展统计公报。

（一）货物贸易

从企业性质分析，2009 年，合肥市国有企业、外资企业和其他国内企业外贸值依次为29.45 亿、16.81 亿和18.01 亿美元，同比分别下降7.48%、26.85%和19.09%，国有企业降幅相对较小。

从贸易方式分析，2009 年，一般贸易、加工贸易作为地区主要对外贸易形式，进出口值分别为46.17 亿和13.58 亿美元，同比下降19.18%和15.40%。对外承包工程全年累计出口3.32 亿美元，同比增长30.22%，增幅较大。

从商品类型分析，2009 年，合肥市进出口机电产品超过 21 亿美元，占全市进出口总值的 1/3。其中 60% 为普通机电产品，但同比降幅较大，接近 30%，电气仪器类和精密仪器类机电产品进出口保持稳定，并出现了小幅的同比增长。其它主要进出口商品如塑料橡胶、化学品、钢材及钢铁制品下降幅度都较大。汽车出口形势比较严峻，出口 2.86 亿美元，同比下降 31.55%。纺织品出口降幅有限，纸浆进口增幅同比则大幅提升。机电产品、高新技术产品出口分别下降 22.9% 和 26.7%。其中，橡胶轮胎、电冰箱、货运机动车辆等主要出口商品分别下降 18.2%、20.6% 和 50%。

（二）服务贸易

合肥市“走出去”的步伐逐步加快，对外经济合作稳步推进。2005—2008 年，合肥 22 个投资主体累计设立境外投资企业 30 家，累计投资总额 2 723万美元，占全省对外经济合作业务的 60% 左右。2009 年，合肥对外经济合作取得显著成果，全年对外经济合作新签合同额 5.3 亿美元，比上年下降 57%，完成营业额 12.2 亿美元，比上年增长 30%，外派劳务人员 9 641 人，增长 13%。合肥市“走出去”领域进一步拓宽，对外经济合作业务扩展到资金密集、技术含量较高的对外工程总承包项目，在境外的投资呈现出生产加工、资源开发、设立研发中心等多种方式共同发展的良好形势。

（三）外商直接投资

从合肥市外商直接投资额变动势图可以看出，2005 年以来，全市实际利用外资额快速增长，四年累计实际利用外资 46.4 亿美元，年均增长 39.6%；2005 年实际利用 4.1 亿美元，2007 年达到 10.067 亿美元，特别是 2008 年，在生产成本上涨以及此后的金融危机冲击下，合肥外商直接投资额达到 7.73 亿美元，而实际利用外资额也突破 12 亿美元大关，比 2007 年增长 18.6%，均创历史最好水平，这无疑为合肥经济早日走出金融危机低谷注入一支强心剂。而在 2009 年合肥全年新批外商投资企业 59 户，实际利用外资 13 亿美元，增长 8.4%。其中，外商直接投资 8.57 亿美元，增长 11%；工业实际利用外资 5.86 亿美元，增长 34%。全年共有 5 家境外世界 500 强企业在合肥市注册了 6 家外商投资企业。累计已有 51 家世界 500 强企业来肥投资。外商投资领域逐步扩大，电信、物流、商业等现代服务业利用外资取得突破。投资方式日益多元化，外资开始以并购、BOT、TOT 等方式进入合肥。投资结构进一步优化，外资投向扩展到高附加值、高技术和资金密集型产业。

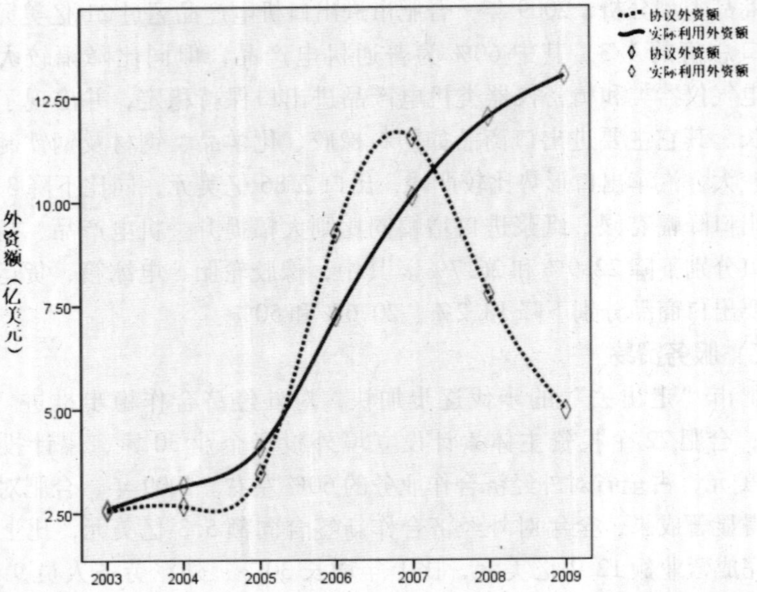

图 3.5　2003—2009 年合肥市外商直接投资额变动势图

资料来源：2003—2009 年合肥市国民经济和社会发展统计公报。

第二节　合肥市贸易环境与贸易特色

一、贸易环境

（一）独特的区位和交通优势

一方面，合肥是省会城市，政府机关、高校科研院所密集，发展商贸流通业有着先天的优势与需求，而近年来不断完善的城市基础设施，也为合肥形成区域贸易中心提供了良好的基础和条件。另一方面，合肥区位独特，紧邻长三角经济圈，是沿海的腹地、内地的前沿。以合肥为圆心、半径 500 千米范围内，覆盖着中国东、中部 7 省 1 市，近 102 万平方千米、5 亿人口，是中国经济实力最强、消费能力最足的经济区域之一。另外，便利的交通也为合肥成为区域性商贸物流中心创造了条件。合肥市交通便利，公路、铁路四通八达。淮南线贯穿全境、合九、京九、宁西铁路在此交汇；合肥骆岗机场为国家一级大型机场，目前开通国内航线 28 条，到上海只需 40 分钟，到北京、深圳、香港也只要 1 个多小时。而合宁、合武快速铁路的建成通车，使得合肥到南京只需45分钟，到上海、武汉只需2个多小时，大大减少了运营成本。

合肥濒临全国五大淡水湖之一面积达780平方千米的巢湖，具有得天独厚的临湖发展优势，“十一五”期间，合肥确立了构造“141”城市发展战略，即在合肥规划区范围内构建一个主城、四个外围城市组团、一个滨湖新区的总体空间框架。为加快构筑合肥“1个主城、4个副中心、1个滨湖新区”的现代化大城市框架，逐步实施城市形态由单中心、高集聚向多中心、组团式转变，由“环城时代”向滨湖城市的转变，推进现代化滨湖城市建设。合肥近期把滨湖新城道路畅通工程、生态环境改造工程、新老城区建设工程、文化设施建设工程、大型基础设施建设工程等作为重点建设工程，鼓励投资者以独资、合资等多种方式投资或以BOT、TOT、BT等方式融资合作，参与城市基础设施项目的建设和管理。

（二）承接长三角产业转移政策优势

2005年以来，合肥通过“三大推进”建设，改善投资环境，积极承接产业梯度转移，加快融入长三角经济圈。尤其是2008年以来，合肥市出台了第一、二、三产业和科技创新的振兴政策，2009年又出台了工业企业的奖励政策，形成了以“4+1”政策为轴心的全方位的外资企业发展政策支持体系，极大地激发了外资企业投资合肥的热情。2009年，全年新批外商投资企业59户，实际利用外资13亿美元，增长8.4%。其中，外商直接投资8.57亿美元，增长11%；工业实际利用外资5.86亿美元，增长34%。全年共有5家境外世界500强企业在合肥市注册了6家外商投资企业。世界500强企业已有10多家入驻合肥，并取得良好的投资绩效，如可口可乐、美泰克公司、三洋电机、日立建机株式会社、三菱重工、联合利华公司、ABB、统一集团和麦德龙等。合肥作为“加工贸易梯度转移重点承接地”的地位也逐渐获得国外投资者的广泛认可，成为中西部地区外商投资新的集结地。

（三）制造业基地及支柱产业集群初步形成，为贸易发展提供强力产业支撑

“十一五”时期，在“工业立市”战略的指导下，大力发展工业经济，取得显著成效。2009年，规模以上工业企业实现主营业务收入2 279.63亿元，比上年增长25.5%；实现利税205.6亿元，增长52.6%，其中利润总额115.1亿元，增长80.6%；企业亏损面16.6%，同比减少0.6个百分点，亏损额为9.6亿元，下降27.3%；工业经济效益综合指数为289.7%，比上年提

高27.8个百分点。而汽车、装备制造、家用电器、化工及橡胶轮胎、新材料、电子信息及软件、生物医药和食品及农副产品加工等八大产业共实现增加值530.27亿元，增长27.1%。其中，汽车、家用电器两大产业分别实现增加值84.67亿元和147.96亿元，增长37.7%和58.7%；电冰箱、洗衣机、彩色电视机、空调器产量分别为1 270.09万台、991.96万台、315.37万台和519.28万台，增长37.4%、40.5%、47.6%和186.8%；汽车产量39.06万辆，增长53.9%。汽车整车产量居全国城市第五位，家用电器综合生产能力居全国第三位，打造了一批如江淮汽车、美菱冰箱、荣事达洗衣机、海尔电器、日立挖掘机、佳通轮胎和合力叉车等国内外知名品牌，"合肥制造"初具规模。基于制造业与商贸流通业之间的产业关联效应，合肥制造业的强劲发展为贸易拓展提供了物质基础，拓宽了商贸业的成长空间，提升了商贸业的发展速度。因此，"合肥制造"也日益成为"合肥贸易"的强力引擎，并在二者良性互动的基础上，助推合肥贸易业的进一步发展。

（四）居民收入上升和城市化进程的契机

居民收入水平是影响贸易发展的重要因素，因为收入水平的高低是影响消费需求的最根本因素，而消费需求对贸易的发展具有反作用，消费需求旺盛会带动贸易的发展，消费需求低迷则限制贸易的发展。所以，居民收入水平通过约束消费需求而制约贸易的发展水平。基于此，合肥近年来城乡居民收入水平的稳步上升为消费潜力释放创造了条件，也为商贸发展创造了契机。2009年，合肥全年城镇居民人均可支配收入17 158元，增长10.1%；全年农民人均纯收入6 065元，增长13%；人均生活消费支出3 714元，增长0.3%。城镇居民人均可支配收入和农民人均纯收入增幅分居中部省会城市第1和第2。其中，城镇居民人均可支配收入高于省会和中部省会城市平均增幅0.5个百分点和1.7个百分点；农民人均纯收入高1.8个百分点与2.3个百分点。而居民收入的增加也极大地促进了消费支出的增加，2009年合肥城镇居民人均消费性支出12 695元，增长8%，其中居住类支出增长56.3%，家庭设备用品及服务支出增长22.1%，旅游支出增长62.5%。这些都为国内贸易的进一步拓展提供了契机。

另外，合肥城市化进程的加快，也为贸易发展提供了难得的机遇。2009年，全年完成市政基础设施投资261.71亿元，比上年增长14.3%。市政道路、桥梁等公共设施累计完成投资221.39亿元，同比增长10.8%。全年完成了801项城建工程，建成道路708.3千米、桥梁87座，完成污水管网建设长度335千米。南岗公路、疏港公路等城市出入口道路建成通车，长江西路、裕溪路、南北一号线等三座高架桥及轨道交通一号线试验段全面开工，合肥火车站改造、新桥国际机场建设顺利进行，畅通一环、改造二环等路桥工程加快推进。这些基础设施的完善进一步提升了合肥的城镇人口承载能力，也为合肥贸易的持续快速发展创造了机会。

二、贸易特色

（一）超大型交易市场和重点批发零售贸易企业集聚，带动效应明显

合肥大型交易市场较多，近年来，合肥市亿元市场在扩大规模、加大资源整合、提升品牌形象、创新营销模式等方面有了新的突破和发展，市场总体规模得到进一步扩大，经营门类更加齐全。目前已形成了包括生产资料和生活资料在内、综合市场和专业市场相结合、以批发市场为主导、零售市场为主体的多层次、多门类的商品市场体系。其中，成立于2000年的安徽省徽商钢材市场，市场总占地面积400亩，总体规划分为交易区、仓储区、办公区和剪切中心。其中交易区占地4万平方米，交易席位800间；仓储区占地16万平方米，铁路专用线4200米，货场配置龙门吊10台，室内库行吊2台，总起重吨位260吨，年仓储吞吐能力200万吨；剪切中心占地6.7万平方米，年剪切能力22万吨，年成交额达到206亿元，牢固确立了省内行业领军地位。在《2009中国商品交易市场统计年鉴》中，安徽省徽商钢材市场荣登“2008年全国商品批发市场百强”榜，位居全国百强批发市场第30位。而合肥周谷堆农产品批发市场，成交量、成交额也逐年增加，2009年市场成交额突破百亿元，跻身全国商品批发市场百强。市场也逐步形成以本省特色农产品品种为主加外省调入的品种形成多品种、价格平稳、交通便捷、服务周到、收费低廉等优势，使市场辐射范围不断扩大，场内农产品平均日成交量近600万公斤、成交额2500多万元，并形成了“买全国、卖全国”的流通局面，成为区域重要的农产品集散中心、价格形成中心、信息发布中心，作为踞皖之中的“大菜篮子”，合肥百大集团周谷堆市场为推动农产品大流通，丰富城市农副产品供应等方面发挥着重要作用。

而从重点批发零售贸易企业发展来看，合肥目前拥有营业收入10亿元的重点批发零售贸易企业30余家，而且除烟草、石油外其他重点批发零售贸易企业基本都集中在合肥。重点批发零售贸易企业的发展带动效应明显，在扩大就业、推动相关产业发展方面发挥了重要作用。如商之都集团旗下的安徽

国生电器有限责任公司、安徽商之都红府超市有限责任公司、安徽商之都糖酒有限责任公司在批发、零售贸易领域都取得了不俗的业绩。这些在安徽省乃至全国都具有一定知名度的大型百货公司，推动了合肥零售贸易的繁荣，并带动了淮河路步行街、长江路等地的一大批私营企业以及餐饮业的健康发展，形成了合肥市最具特色的购物休闲中心。

（二）休闲观光农业发展势头强劲，形成规模及品牌

近年来，合肥把休闲观光农业作为农业主导产业之一来培育，结合新农村示范镇、示范村建设，大力开发整合山、水、园、林、庄等旅游资源，加强与全市大旅游的联结整合，开辟乡村旅游精品线路，举办各种农业观光节、采摘节、品尝节和会展等活动，评选星级乡村旅游接待点，不断拓展农业的休闲观光功能，精心打造适应市场需求的“农家乐”旅游产品。休闲观光农业发展势头强劲，乡村旅游成为黄金周旅游的最大亮点。

目前已形成一批各具特色的农业观光园、产业园、生态家园，如合蚌路、森林大道、环湖大道、曹庵三角带和北三环大道沿线形成的集高效种养、游览观光、休闲垂钓、农家娱乐于一体的生态旅游农业走廊；以紫蓬山、舜耕山和四顶山为核心的集旅游休闲、园艺观赏、动植物资源保护于一体的风景旅游基地；环巢湖、岱山湖、双凤湖的水乡特色旅游胜地。

（三）出口产品结构优化，形成产业核心竞争优势

合肥市出口规模在不断扩张的同时，出口结构也在不断优化。一是作为支柱产业的汽车、家用电器制造、新材料等已成为合肥出口的主力。如江淮汽车公司的轻卡出口量连年位居全国第一，车桥座椅、锻件等汽车零部件出口份额也在不断攀升。二是传统产品出口继续强势增长。多年来出口较早进入国际市场的产品如分马力电机、密封件、工业轴承等已形成较强国际竞争力。

（四）服务外包业务初具规模

2008 年，经国家商务部、信息产业部、科学技术部批准，安徽省合肥市正式成为“中国服务外包基地城市”，成为继成都、西安、上海、深圳、大连等第一批和第二批“中国服务外包基地城市”之后，第 14 个“中国服务外包基地城市”。经过近几年的快速发展，合肥服务外包业已初具规模，服务外包业务成为合肥对外经济发展的一大亮点，也成为合肥承接长三角产业转移，与长三角经济接轨的新兴产业。目前已形成 3 个服务外包示范区，分别是国家级经济技术开发区、国家级高新技术产业开发区软件园和安徽服务外包产

业园。2009年底，拥有各类服务外包企业近108家，服务外包产业实现总产值4亿元，主要从事数据加工处理，软件分包和设计、编写、测试，财务管理，人力资源管理，金融证券，物流等业务。而预计2010年合肥服务外包业务总额达到100亿元人民币，其中服务外包出口达到5亿美元；从业人员达5万人；吸引100家海内外公司在合肥建立服务外包企业。

（五）重点外向型经济企业核心竞争力稳步提升

外向型企业特别是重点外向型企业在对外发展中不断壮大，企业核心竞争力稳步提升。2009年，江淮汽车集团生产各种汽车33.7万辆，实现工业总产值293.8亿元，比上年增长62%和46.1%；合肥海尔实现产值近200亿，而荣事达集团控股、美菱集团、佳通轮胎、日立建机产值超50亿元。年进出口总额过1000万美元的企业达到50家，过亿美元企业6家，出口过亿美元的企业有5家。形成“合力”、“安迪”2个国家级和“JAC”、“荣事达”、“洽洽”、“MEILING”等7个省级出口名牌，居中部省会城市前列。

第三节　合肥市贸易发展存在的主要问题

合肥市贸易行业发展迅速，有机遇就会有挑战，合肥市贸易行业的发展取得了不俗的成绩，但是目前所面临的现状还是存在不少问题，与其他发达地区省市相比，仍然存在较大差距。

一、贸易行业中总体技术含量不高，发展总体水平偏低

贸易行业尤其是技术知识型贸易行业的发展，需要大量的专门人才。由于长期以来中国传统思想对贸易的歧视和限制，贸易行业人才的培养没有得到足够的重视，高层次服务人才短缺的现象比较严重：一方面，贸易人员总体技术技能含量不高，大量没有经过资格考核和政府认可的非专业人员，成为合肥市贸易人员主体，严重制约着贸易行业的健康发展；另一方面，贸易经营人员的职业素质低，也影响了贸易产品的推广和附加值的提高，传统行业比重仍然较大。

另外，以信息化为核心的新型贸易模式尚未在合肥市贸易业中广泛采纳，比如，商场信息管理系统（MIS）、客户关系管理系统（CRM）、银行卡资金结算系统、销售时点管理系统（POS）、小额支付易卡通系统等现代电子信息技术还没有在商贸流通企业广为应用；POS机结算收费仍然较高，购物消费

银行卡结算比率较低；电子商贸、网上购物等新兴业态没能有效融入到传统的购物方式中；贸易领域的公共信息服务体系、城乡统筹商贸网络综合服务平台、专业市场网络综合技术平台严重缺乏。这些都将限制合肥市贸易技术水平的提高和贸易效能的提升。

二、市场规范化程度低，竞争秩序较为混乱，企业信用度差

良好的市场规范和有效的市场监管是贸易行业发展的重要条件，但是合肥市贸易行业的法规建设有待进一步完善，市场监管稍显不力，竞争秩序混乱。由于缺乏必要的制度约束，企业信用度也有待提高。

不管是内贸企业还是外贸企业，普遍存在企业规模小，效益差，产业集中度不高的问题。低的市场集中度意味着合肥市企业组织化程度较低，集团化发展慢，尚未形成规模巨大的商业龙头企业，难以发挥流通领域先进生产力的示范和带动作用。这一状况使得合肥市贸易企业的经营规模偏小，现代化的管理手段和设施滞后，缺乏规模经济效应。2004 年，沃尔玛销售额为 2 882亿美元，折合人民币为 23 344 亿元人币，我国规模最大的流通企业上海百联集团 2004 年零售部分销售额为 676. 27 亿元人民币，合肥百大集团零售销售 33 亿元，安徽商之都为 30. 3 亿元。可以发现，沃尔玛的销售额是合肥百大集团、商之都合计的 800 倍，相当于我国社会消费品零售额的 44%。因此可以看出，合肥市流通企业和国内较大企业以及国际大型零售企业相比，差之甚远。贸易产业市场集中度较低、低壁垒以及企业规模偏小，这样必然导致贸易企业的市场行为是低水平无序竞争，最后导致企业的经济效益低，同时也使得面对省外、国外企业竞争时显得乏力。

三、人才聚集能力不强，品牌价值能力低

全市贸易行业中的高层管理人员多数属于经验型人才，其比例在 85% 以上。在企业发展中，由于受到文化层次、知识结构等因素的制约，经营管理能力和应对国际化竞争能力的上升空间有限；而外国零售企业拥有一批具有先进经营理念的高级管理人才和国际性人才。在品牌建设方面，外国零售企业的无形资产占总资产的比例约为 5%，尤其是沃尔玛和家乐福两家零售巨头的商誉已经接近 100 亿美元。合肥市零售行业虽然也培养了一些区域性品牌，但是距离国际知名度的品牌相差很远。

合肥市贸易行业从业人员整体素质偏低，业务水平及技术熟练程度不高，

且高素质人才严重缺乏。一些新兴贸易领域的专业技术人员太少，而涉外的人才就更少了。对外经济贸易工作的特殊性对人才素质的要求很高，但是全省以及合肥市外贸人才总体素质水平不太高，高级WTO专门人才、高级贸易外语人才、高级外贸法律人才和高级外销人才更是凤毛麟角。同时外贸人才大多分布在大的外贸公司和有自营出口经营权的大企业，民营企业和中小企业人才奇缺。在国内国外贸易一体化，贸易往来知识技术密集型发展的大趋势下，这样的人力资本状况不能满足贸易发展的需要。高素质人才的缺乏是合肥市外贸产业发展的瓶颈之一，影响合肥市外贸产业的可持续发展。

第四节　合肥市贸易发展建议

2010年合肥市应该以扩大国内消费和保持外贸稳定增长为重点，加快提升利用外资水平和“走出去”步伐，统筹国际国内两个市场、两种资源，努力实现全市并带动全省贸易经济持续、健康、稳定运行。

一、加大产业承接力度，制定促进贸易发展的优惠政策

安徽已向国家申报建立安徽沿江承接产业转移示范区，目前已正式获批。合肥市作为省会城市，在安徽省贸易中占有主导地位，当前应抓住这一轮经济调整和产业整合带来的机遇，加快推进示范区的设立，为承接产业转移奠定基础。明确示范区重点区域、重点产业和主要载体，实现与长三角无缝对接。加大对与江浙毗邻市县开发区、产业集聚区投资力度，完善这些重要载体的基础设施，提升功能，增强配套服务能力。

在加大产业承接力度的同时，要研究和完善税收政策，积极筹措和支持全市贸易发展的财政性转向资金。一方面，要支持流通企业科技创新、“万村千乡市场工程”、“双百市场工程”、农贸市场改造、社区商业、物流配送中心、商务领域节能降耗、再生资源回收体系的建设，建立流通领域食品安全保障体系和生活必需品储备与应急机制，支持流通领域标准体系、统计评价体系、公共信息服务平台的建设，支持中小流通企业的创立、人员培训、信用担保及服务体系建设。另一方面，要为外贸企业创造良好发展环境，促进企业自我革新。一是建立良好的外贸管理和服务体系。外贸管理部门要提高效率，为外贸企业创造宽松的经营环境。加强对企业指导，及时兑现出口退税，积极推进“属地报关、口岸验放”的快捷通关方式，海关、商检、结汇

银行等要提高服务质量和效率。在出口规模较大的县，建立海关、商检、结汇等办事机构，方便中小企业出口经营。就人民币升值等热点问题积极组织对外贸企业经营和管理骨干的培训，提高应对人民币升值的能力。加快培育外贸中介服务体系，加强商会、协会、会计、审计、货运等外贸中介机构的规范发展，提高外贸服务能力和水平。二是支持出口企业应对贸易摩擦。深入研究国际贸易摩擦的新特点，建立和完善政府、中介组织和企业分工合作的贸易摩擦应对机制。加强对企业、行业组织应对反倾销、反补贴、保障措施和贸易壁垒的指导和服务，建立应对贸易摩擦的公共服务平台，对企业应对贸易摩擦的涉外法律案件费用给予补贴。

二、加大城乡统筹力度，推动城乡消费市场协调发展

一是要加快城乡统筹发展进程。要加大对农村的投入力度，提高农业综合生产能力；要大力培育和做大做强农村中心镇，建设好乡镇工业区、农家乐生态旅游点，提升县域经济综合实力。二是要加快发展农村消费。加大对农村购物中心、农村物流体系的投入，进一步改善农村消费环境。三是要加快调整城乡收入分配格局。建立和完善城乡居民收入与经济增长相适应的分配机制，加大财政转移支付和增加对社会保障基金投入的力度，增加对“三农”、社会保障等方面和中小企业、居民消费尤其是农村地区消费市场的财政资金支持，千方百计提高农民收入水平。

三、引导现代服务业发展，提升消费质量

一是立足于与制造业的产业互动，主动外承生产性服务业。鼓励有条件的工业企业进行生产社会化分工，以生产社会分工专业化、规模化促进生产性服务业快速发展。二是加快生产性服务业高层次人才队伍的建设，广开渠道，延揽各方面人才，提高待遇，吸引和稳定发展服务业所需的各类专业人才，为生产性服务业的发展提供智力资源。三是利用民间资金实力，建立多渠道投入机制。鼓励对个体和传统服务行业的改造、提升，实现区域经济、文化、教育、科技的全面融合，在产业领域拓展、推动区域经济联动，使服务业处于良好的发展状态。

四、加大对贸易企业的融资支持，打造自主品牌，形成规模经济效应

要争取各政策性银行和商业银行加大对流通企业的信贷支持，扩大授信额度，开发新的信贷服务项目。同时要落实并用好国家开发银行政策性贷款。引导各类信用担保机构积极开展中小流通企业的担保业务。全市努力通过扩展各渠道，加大对国内贸易企业的融资支持。

能否加快现代贸易行业的发展，已经成为提高经济运行速度、效益和质量的关键。大型贸易流通企业是推进贸易或者流通现代化的主要载体，如经济发达的美国拥有沃尔玛，法国拥有家乐福，德国拥有麦德龙等。合肥市想要提高贸易水平，关键是要发展一批有影响的贸易企业。因而，要鼓励贸易类企业做大做强，提高市场综合竞争力。要按照建立现代企业制度的要求，大力推进产权制度改革，增强企业创新能力，突出经营业主，提高核心竞争力，实现规模扩张，力争培育出在全市、全省以及全国拥有自主品牌和知识产权、业主突出、核心竞争能力的大型流通企业，最终形成规模经济效应。

而对出口企业的融资支持，则要在目前试点县基础上，扩大中小出口企业统借统还业务试点范围，增强对中小出口企业优惠贷款支持。增加省中小进出口企业专项担保资金规模，在原有反担保物基础上扩大到股权担保，提高出口信用保险保费补贴标准。对中小出口企业参加国际展会给予展位费、宣传推介费、人员费用补贴。

五、规范和完善市场流通秩序，增强流通主体竞争力

全市加快商务领域信用体系建设，严厉打击流通领域商业欺诈。制定商务领域信用信息管理办法，建立商务领域信用信息记录、归集、保存、共享、使用和披露制度。建立和完善商务领域信息资源共享平台，实现商务信用信息与有关部门的信用信息共享。整合市场监管领域的行政资源，推动市场监管部门信息共享、政务协同、联合监管，建立反商业欺诈的预警和综合监管体系，向社会提供反商业欺诈信息服务，有效预防和打击流通领域的各类商业欺诈行为。培育流通企业做大做强，支持流通企业跨行业、跨地区的兼并和重组。鼓励具有竞争优势的流通企业通过参股、控股和特许经营方式，实现规模扩张。积极扶持中小流通企业发展，改善中小企业市场准入。信用担保、金融服务、物流服务等方面的经营环境，支持个体、私营等非公有制流

通主体的发展。

六、积极合理有效利用外资

全市要提高对外开放水平，积极合理有效利用外资。积极引进、消化和吸收国际先进的商品流通模式、经营服务方式、经营理念和流通技术，大力建设物流配送中心、采购中心、农产品采购基地等建设。鼓励本市企业利用外资进行改组改造，改善经营机制，提高经营水平。并加快内外贸流通企业重组和合作，把内贸企业的国内市场经营设施、网络渠道、客户资源、经营管理人才等优势与外贸企业开拓国际市场的优势有机结合，逐步形成连同国内外市场的流通网络。

七、优化出口商品结构

以科学发展观为指导，加快外贸增长方式转变。在稳步扩大出口规模的同时，着力提升出口商品档次、技术含量和附加值。一是加快高新技术产品出口。积极培育高新技术产品出口基地、骨干企业和拳头产品，扩大机电产品出口，提高高新技术产品出口比重。二是大力推动高新技术改造传统出口产业。运用适用技术和高新技术改造农业、纺织、服装等传统出口行业，促进产业和产品升级。三是加大自主出口品牌的培育。通过加大宣传、扩大出口规模、注册出口商标、申请国际质量认证等方式，发掘和培育一批具有市场竞争优势和成长性的自主出口品牌。四是继续限制高耗能、高污染、低附加值的产品出口。

八、创新贸易方式

在承接沿海加工贸易转移的同时，积极促进合肥市加工贸易优化升级，提高技术含量和附加值。继续稳步发展货物贸易，加快具有比较优势的国际旅游、国际运输、对外中介服务以及国际劳务输出等服务贸易发展。加大对合肥服务外包基地城市的支持力度，建设安徽服务外包产业园，扩大服务外包规模，提升服务外包水平。进一步重视和发展技术贸易，大力支持发展合肥市国家级汽车及零部件出口基地建设，鼓励成熟产业技术出口，带动技术装备及成套设备出口。积极发展外贸电子商务，推进网上交易。

参考文献：

[1] 邹彦林．力促安徽制造业实现新跨越 [J]．宏观经济研究，2003，(5)．

[2] 周怀峰，林可金．国内贸易、国内竞争与产业国际竞争力 [J]．中央财经大学学报，2008，(7)．

[3] 喻志军，姜万军．中国贸易优势重构路径选择——从产业内贸易角度的分析 [J]．中国软科学，2008，(10)．

[4] 合肥市统计局．2003—2009 年合肥市国民经济和社会发展统计公报 [R]．2003—2009．

第四章　淮北市贸易发展分析

淮北市地处苏鲁豫皖四省交界、淮海经济区腹心，连霍、京福与泗许高速公路穿境而过，承东启西、接南连北。市辖濉溪县、相山、杜集和烈山区，总面积2 741平方千米，213.7万人。资源丰饶富集，是全国重要能源基地，已探明的矿产资源有13种，其中煤炭储量84亿吨；已形成了煤、电、纺织、酿酒、化工、建材等支柱产业；拥有大唐发电、国安电力等8家电力企业，装机容量200万KW；2009年实现国内生产总值371.9亿元，比上一年增长11%。

淮北市先后荣获全国创建文明城市工作先进城市、全国园林城市、全国卫生城市和全国科技进步先进城市称号，并着力打造中部地区国家循环经济试点市和投资环境最好城市。香港长源、中原公司、浙江维科、众安集团、深圳华孚、山东鲁王、六合集团、南京雨润集团等一大批企业入驻淮北市。

第一节　淮北市贸易发展现状

一、国内贸易现状

（一）社会消费品零售总额

淮北市社会消费品零售总额从2004年45.6亿元增加到2009年105.9亿元，增长了2.3倍。由近年来的序列数据可知，消费品零售总额及增长率（不考虑通货膨胀）稳步递增，批发零售、住宿餐饮业均表现出快速增长的势头，城乡消费品零售结构不断优化，具体见表4.1、图4.1。

表 4.1　2004—2009 淮北市社会消费品零售总额相关数据

单位：亿元

年份	2004	2005	2006	2007	2008	2009
社会消费品零售总额	45.6	54.4	61.9	72.7	89.2	105.9
社会消费品零售总额年增长率（%）	—	19.30%	13.79%	17.45%	22.70%	18.7%
批发零售贸易业	39.3	47.2	53.6	62.8	76.6	89.9
住宿餐饮业	4.2	6.9	8	9.6	12.3	15.6

资料来源：淮北市商务局 2009 年相关数据及《安徽统计年鉴》(2005—2009)。

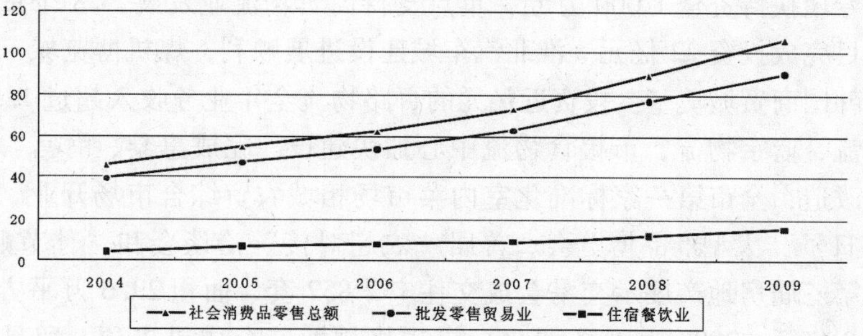

图 4.1　2004—2009 淮北市社会消费品零售总额等相关数据趋势图　（单位：亿元）

（二）城乡消费、物流发展情况

2009 年城镇居民人均可支配收入 13 700 元，增长 7%；农民人均纯收入 4 600元，增长 12%。农村经济稳定发展，全面落实强农惠农政策，发放各类补贴 2.4 亿元。

1.“万村千乡”工程

淮北顺达商贸有限公司自 2005 年被商务部批准为“万村千乡市场工程”，承办企业以来，截至 2009 年底，已建成 5 个乡级店，534 个村级农家店和 3 个配送中心，初步形成了以乡级店为骨干、村级店为基础的农村现代市场流通网络。企业年销售额也从原来不足 1 亿元发展到现在已实现年销售额达 6 亿余元。

2.“家电下乡”项目

全市积极推进实施家电汽车下乡工程，全市平均每万户农民购买家电下乡产品 1 756 台。

销售情况：截至 2009 年底，全市共销售家电下乡产品 57 780 台。其中，濉溪县32 200台，相山区15 868台，杜集区4 762台，烈山区4 950台。销售家电下乡产品金额达到1.134亿元。其中，濉溪县6 281万元，相山区3 248万元，烈山区909万元，杜集区904万元。

补贴情况：截至2009年底，全市家电下乡产品已经补贴54 927台，已经补贴金额1 415万元。其中，濉溪县补贴数量35 196台，金额905万元；烈山区补贴数量7 044台，金额177万元；杜集区补贴数量5 307台，金额132万元；相山区补贴数量7 380台，金额200万元。

3. 商贸物流业

2009年出台《加快服务业发展的实施意见》（淮政〔2009〕4号），市财政设立专项扶持资金1 000万元，重点支持商贸物流业发展。28个重点商贸物流项目完成投资22亿元。淮北汽车城建设进展顺利，煤机博览城三期主体完工，韩国商贸城奠基。投资近亿元的百路物流全年业务收入超过1.5亿元。翔宇物流、蓝宇物流、市粮食物流中心加快建设。完成惠黎、海宫、黎苑等菜市场改造，全市第一家标准化室内菜市场相城农贸综合市场开业。成功举办“好日子”大型商品博览会、首届“农超对接”洽谈会和“佳节购物季”活动。第三届房地产展示交易会成交住宅2 852套，面积29.6万平方米，成交额6.3亿元。2009中国（淮北）煤矿机械博览会成果丰硕，贸易成交额17.3亿元，签约投资项目45个，总投资53.3亿元。

二、对外贸易现状

（一）进出口贸易情况具体分析

1. 进出口贸易总额总体呈增长趋势

2004年以来，淮北市进出口贸易总额总体呈增长趋势，只有2006年比2005年稍有下降，在2008年突破一亿美元，2009年实际完成进出口总额12 063万美元，同比增长10.5%（其中海关反馈进出口总额11 083万美元，从保税区进口海关未能体现进口额980万美元）。其超额完成了省商务厅下达的全年1亿美元的目标任务及市政府下达的全年1.1亿美元的目标任务，创造了淮北市进出口总额的最好成绩（详见表4.2、图4.2）。

就各区县而言，2009年均超额完成全年目标任务。相山区累计实现进出口2 680万美元，完成全年目标任务的268%；濉溪县累计实现进出口1 784万美元，完成全年目标任务的148.7%；市开发区累计实现进出口737万美元，完成全年目标任务的122.8%；烈山区累计实现进出口442万美元，完成全年目标任务的 110.5%；杜集区累计实现进出口 128 万美元，完成全年目标任务的 128%。主要特点表现在以下几个方面：

（1）外商投资企业出口快速增长，外贸公司、自营生产企业出口下降。截至 2009 年末，我市外商投资企业累计出口 2 376 万美元，占全市出口总额的 24.8%，同比增长 90.4%，呈现快速增长态势。

（2）龙头企业带动作用明显。2009 年，淮北市维科印染、石泰贸易、今一服装、中盟制衣、矿业集团等 5 家企业累计实现进出口 7 835 万美元，占全市进出口总额（12 063 万美元）的 65%。

（3）贸易商品仍然以纺织原料及服装为主。2009 年全年纺织面料及服装累计出口 5 116 万美元，占淮北市出口总额的 53.4%。

（4）北美市场出口大幅增长，亚非等市场呈现下降态势。2009 年对北美市场出口 4 245 万美元，占全市出口总额的 44.3%，同比增长 44%；对非洲市场出口 2 788 万美元，占全市出口总额的 29.1%，同比下降 9.1%；对亚洲市场出口 1 177 万美元，占全市出口总额的 12.3%，同比下降 16.3%。

（5）贸易方式以加工贸易为主，一般贸易有所下降。截至 12 月底，淮北市一般贸易实现出口 7 960 万美元，占全市出口总额的 83%，同比下降 15.6%；加工贸易实现出口 1 620 万美元，占全市出口总额的 17%，所占份额比去年同期（8%）提高 9 个百分点，同比增长 99.5%。

2. 进出口贸易顺差较大

统计资料显示，2004 年至 2009 年末，全市平均贸易顺差额达到 5 737.2 万美元。其中进口贸易额增长缓慢，最高年份比最低年份净增加额不到 1 000 万美元，相反出口贸易总额增加明显，最高年份比最低年份净增加额超过 5 500万美元（详见表 4.2、图 4.2）。这一方面说明淮北市的出口商品的竞争力大大增强，出口贸易业务量大大增加，另一方面也暴露出淮北市的进口业务发展缓慢，需要在未来的贸易发展中逐步调整贸易结构，在稳步增加出口贸易的同时加大进口贸易的发展，将贸易顺差额保持在较为合理的范围之内。

表 4.2 2004—2009 年淮北市进出口贸易总额一览表

单位：万美元

年份	2004	2005	2006	2007	2008	2009
进出口贸易总额	5 831	5 986	5 362	7 301	10 942	11 083
进出口总额年增长率（%）	26.50%	2.70%	-10.4%	36.20%	49.90%	1.50%
进口总额	670	1 119	628	1 449	672	1 503
出口总额	5 161	4 867	4 734	5 852	10 270	9 580
贸易顺差额	4 491	3 748	4 106	4 403	9 598	8077

资料来源：淮北市商务局 2009 年相关数据及《安徽统计年鉴》(2005—2009)。

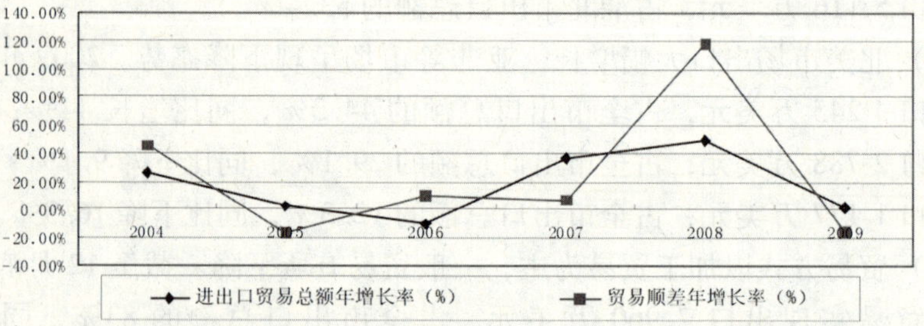

图 4.2 2004—2009 年淮北市进出口贸易总额年增长率、贸易顺差年增长率折线图

（二）外商直接投资

2003—2005 年淮北市实际利用外资呈现下滑态势，而且基本上都低于合同外资额。2006 年至今，已基本上扭转这一态势，实际利用外资额较前一年度都具有较大增加，截至 2009 年底，全市实际利用外资 13 412 万美元，同比增长 50.1%，利用外资总量居全省第九位，增幅居全省第二位，高于全省平均增幅 38.8 个百分点，超额完成市政府确定的目标任务（详见表 4.3）。

表 4.3 2003—2009 年淮北市利用外商直接投资情况一览表

年份	2003	2004	2005	2006	2007	2008	2009
外商直接投资项目数（个）	16	7	9	22	9	6	—
合同外资额（万美元）	5 342	1 217	504	9 636	4 129	3 461	—
实际利用外资额（万美元）	1 768	909	547	3 381	6 321	8 938	13 412

资料来源：淮北市商务局 2009 年相关数据及《安徽统计年鉴》(2003—2009)。

从全市各县区实际利用外资来看，2009 年淮北、濉溪两个省级开发区利用外资 5 446 万美元，占全市利用外资的 40.61%。其中，濉溪县实际利用外资 5 019 万美元（含濉溪经济开发区实际利用外资 4 432 万美元）；相山区实际利用外资 2 292 万美元；烈山区 2 271 万美元；杜集区 2 254 万美元；淮北经济开发区 1 014 万美元。

第二节　淮北市贸易环境与贸易特色

一、贸易环境

（一）经济环境

淮北市委市政府根据当前经济发展的需要，将不断创新和完善优化经济发展环境，按照更灵活、更宽松、更开放的原则，在法律法规、政策允许的范围内，为外商投资企业、外地投资企业和本地民营企业提供最大限度的扶持，并在优惠政策方面采取“一事一议”、“特事特办”的方法。

（二）市场环境

淮北还将打破市场分割、区域封锁，开展对垄断行业、专卖行为的专项集中整治，在市场准入、政府采购、高新技术企业认定、表彰优秀人才等方面，取消区域性政策歧视；建立多元化、高效率的金融体系和融资渠道，引导企业探索适合自己的上市渠道，支持企业通过吸收合并、借壳上市、资产重组、配股增发等手段融资，并采取积极措施吸引各股份制商业银行来淮设立分支机构；此外，通过打击“车匪、路霸”，集中治理公路“三乱”，放开货运市场等举措，抓好交通运输市场整治，全力营造统一开放、诚信和谐的市场环境。

（三）政务环境

淮北将继续深化机关效能建设工作，着力开展“化梗阻、促发展”专项活动；扩大机关精细化管理试点范围，巩固试点成果。对重点工程、重点项目建设、民生工程的推进及城乡规划、招商引资工作开展专项效能监察。在创新行政许可方面，为重点工程、重点项目和行政相对人需要并联审批的事项开通审批“绿色通道”。规范行政处罚，制定并实施重大处罚备案制度。在推进依法行政方面，加快建立权责明确、行为规范、监督有效、保障有力的行政执法体制，健全重大事项社会公示、听证和专家咨询制度，进一步落实行政首长问责制、行政执法责任制和过错责任追究制。坚决查处乱检查、乱收费、乱罚款和行政乱作为、不作为、慢作为等现象。

（四）法治环境

淮北将保护各类市场主体的合法权益放在首位，发挥经济发展环境监测点的作用，对与招商引资和企业生产、群众生活密切相关的案件依法限期办结；建立行政补偿制度，对因法规和政府规章修改、政策措施变化等给市场主体合法权益造成损失的，予以合理补偿。严密防范和打击妨碍重点工程建设的各类违法犯罪，建立健全“保稳定、创安全、促发展”的长效机制，优化工程建设环境。同时，做好政府规章和政策措施的制定、修改、废止工作，对不合时宜、有碍经济社会发展和政府职能转变的，坚决予以废止，并逐步完善法律服务市场，提高全社会知法、懂法、守法、用法的水平。

二、贸易特色

（一）商品交易市场

淮北丰富的煤炭资源带动了煤炭以及相关商品交易市场的发展。目前全国最大也是唯一的矿业设备专业市场——淮北矿业设备博览城，总占地面积730亩（含300亩预留用地），总建筑面积约52万平方米，总投资额6.6亿元。四期工程将于2010年底全部完成，主要包括钢材、建材、陶瓷、洁具、橱柜、门业、木地板、板材、油漆、灯饰和太阳能等商品的集中交易区，以及为市场配套服务的仓储、幼儿园、超市、饭店、宾馆、银行、诊所和装饰装璜公司等功能区。2006年至2008年，在博览城内成功举办了三届中国（淮北）煤矿机械装备投资贸易洽谈会，共吸引来自海内外上万人次客商、千余家企业参会，贸易成交额40多亿元人民币，项目投资额达80亿元。2009年，在博览城内成功举办了中国（淮北）煤矿机械博览会，有来自全国21个省、市和海内外710家企业、3 000多名客商参会，签约项目40多个（工业项目30个），总投资达到50多亿元。

濉溪县中瑞农副产品批发市场，2007年被列入全国“双百市场工程”建设项目，市场年成交额过亿，主营蔬菜、水果、粮油、水产等农产品批发和农产品的深加工、销售及配送业务，同时采取公司加农户的经营模式，与当地农民积极合作发展订单农业，以商促农，实现农户与市场的双赢。表4.4显示了2004—2008年淮北市亿元以上商品交易市场的发展情况。

表 4.4　淮北市 2004—2008 年亿元以上商品交易市场

年份	2004	2005	2006	2007	2008
亿元商品交易市场数（个）	8	9	9	9	7
年总成交额（亿元）	11.8	20.1	13.2	14.9	18.6
年末摊位数（个）	3 061	4 207	3 752	3 639	3 843

资料来源：《安徽统计年鉴》（2005—2009）。

（二）特色产业

近年来，淮北市在发展“一村一品”经济、调整农业产业结构、提升特色农产品、发展现代农业、促进农民增收方面取得了可喜的成绩。段园镇的葡萄种植园区成为国内集中连片规模最大葡萄种植基地。自 2007 年开始，每年镇党委、镇政府都投入十多万元实施规模培训、品种改良等工作。2008、2009 年，连续两年派出考察组到山东、合肥、北京等考察葡萄产业，分别带回“硕丰、紫地球”等 30 多个葡萄新品种，并辟出一块试验田，专门试验各个品种的适应性及产品特性。同时镇政府每年都举办次数不等的技术培训班，年受训人数达 2 万人次，已发展培养了 30 多个营销大户，12 个专业农民经纪人。当前大庄村葡萄种植面积 2 万余亩，年产量达到 6 000 万斤，年交易额亿元以上，葡萄产品已经打入湖北、江苏、山东、北京、上海等十余个省市和地区。同时大庄村依靠葡萄这一特色产业，流转土地 670 多亩，以精品葡萄为背景，做观光、旅游、休闲农业，一方面提高了葡萄产业的产业化水平，另一方面，拉长了产业的销售链条，同时衍生出餐饮服务等许多第三产业。近三年来，段园镇农民人均纯收入的增幅分别为 13.7%、14.2% 和 26.9%，呈现出跨越发展的势头。

（三）重点流通企业

淮北市连锁企业经历了从无到有、由小到大的发展历程。目前主要有新惠康商贸有限公司、顺达商贸有限公司、苏果超市（淮北）有限公司、安徽百路物流有限公司和安徽蓝宇物流有限公司等重点流通企业。其中，新惠康商贸有限公司成立于 2000 年 10 月，是皖北地区重要的的连锁超市零售企业之一。公司成立以来迅速发展，到目前为止现有员工 2 000 多人，“真棒特卖场”门店已发展到 12 家，总营业面积近 50 000 平方米。预计 2010 年内门店数将达到 20 家以上，同时公司还新建了占地 50 多亩的现代化物流配送中心和生鲜食品加工中心，其中真棒特农副产品加工中心实现年销售收入 10 亿元。顺达商贸有限公司固定资产逾亿元，年销售收入5亿元，主营产业有商贸、纺织、房地产、连锁超市、电子厂等；年销售口子酒1.5亿元，华润啤酒及饮料类年销售近亿元，是娃哈哈全国十大金牌经销商之一。

安徽百路物流有限公司于2007年6月6日挂牌成立。投资近亿元在青阜线百善火车站建设了百善基地物流配送中心，是铁道部400家战略装车点之一，也是上海铁路局唯一集信息、仓储、贸易、物流服务为一体的综合性大型配送中心。主要承揽有农产品、农资袋装货物、铁矿粉（石）散堆装货物、氧化铝集中货物代理运输，以及煤炭、加固材料贸易等业务。下设有淮北分公司（萧县经营部、青龙山经营部、濉溪经营部、涡阳经营部）、百善基地等经营机构，现有正式职工50人，其他从业用工人员8人，装卸作业人员达120多人。在淮北市政府和上海铁路局的大力支持，目前运营到达铁路车站达550多个，覆盖全国31个省市自治区，厂矿商客户百余多家。

第三节　淮北市贸易发展存在的主要问题

一、贸易政策和产业政策不完善

截至2009年底，淮北市委市政府为了更好的促进经济发展，提高全市居民收入水平，制订并出台了一系列的产业政策和贸易政策。如入驻创业基地扶持政策、加快蔬菜产业发展的意见、鼓励服务业发展的优惠政策、扶持石榴产业发展新政策、农业产业化发展政策、大力扶持农村经济发展政策、推动非公经济发展优惠政策、鼓励外来投资优惠政策、提高工业项目行政许可审批效率的规定、工业经济发展专项资金使用暂时暂行办法等。尽管这些政策推动了全市三产的进一步发展，但是由于政策的片面性和滞后性，对于全市的经济，尤其是贸易发展的带动作用还不够，需要进一步完善。

二、贸易结构不合理，企业规模及总量规模均较小

截至2009年底，淮北市登记在册（在淮北市商务局备案）的具有进出口经营权的外贸企业共有178家（其中2009年一年新增61家）。

（一）贸易结构不合理

目前全市的贸易企业主要涉及电气、电力、电子、纺织（包括纺织原料、丝绸、制衣、针织等）、粮油食品、矿业、环保、化工和印染等行业，出口的

商品主要包括农产品、化工制品、塑料及橡胶制品、箱包制品、纺织面料及服装、矿物材料及陶瓷制品、机电产品等10大类280余个品种。在全市出口商品中，劳动密集型产品比重过大、工业制成品档次较低、高附加值和高科技含量产品比重偏低。其中，纺织面料服装占到出口总额的53.4%，而高新技术产品及机电产品仅占出口总额的9.4%。

（二）大型贸易企业较少，企业规模较小

截至2009年底，全市的重点外贸企业主要有7家，分别是维科印染、淮北矿业集团、石泰贸易、今一服装、中盟制衣、福瑞祺食品和新兴实业。其中前五家企业在2009年累计实现进出口7 835万美元，占进出口总额（12 063万美元）的65%，后五家企业在2009年上半年比去年同期出口总额增幅超过50%。其他的贸易企业尽管数量不少，但是真正具有外贸业务的数量则较少。2009年新增外贸企业61家，但真正实际发生进出口实效的仅14家，达不到25%。

（三）贸易交易总量较小

全市交易总量尤其是对外贸易总量较小。2008年全市进出口总额10 942万美元，在全省17个地市中排名倒数第三，仅仅排在池州和宿州的前面，出口总额10 270万美元，也仅仅排名倒数第五。2009年全市进出口总额也仅仅达到12 063万美元，其中出口9 580万美元，进口2 483万美元。

三、贸易企业创新不足，贸易方式简单，信息化程度较低

尽管全市的贸易发展取得了较为可喜的成绩，但是由于贸易企业的创新意识淡薄、龙头企业数量少、企业规模较小、技术及资金投入不足、仍然以传统的经营方式为主、信息网络技术程度较低等因素，导致全市贸易技术创新不足、贸易方式简单、信息化程度较低。

四、贸易竞争力不强，品牌效应不明显

截至2009年底，全市的出口商品仍然以劳动密集型产品为主，主要包括纺织面料及服装、矿物材料及陶瓷制品、化工产品、农产品等，工业制成品档次较低、高附加值和高科技含量产品比重偏低。如纺织面料服装占出口总额的53.4%，而高新技术产品及机电产品仅占出口总额的9.4%。从而导致主要的贸易商品在国际市场的竞争力不强，很容易遭遇各种贸易壁垒，影响企业进一步开拓国际市场。

另一方面，这些出口产品大都处在价值链的低端，技术含量低，没有形成自己的品牌。品牌弱势导致其国际竞争力低下，国际市场占有率较低，大大降低了长期可持续发展的可能性。

五、农村市场体系建设步伐缓慢

为积极应对国际金融危机，搞活农村流通，拉动农村消费，淮北市采取一系列措施，加快农村市场体系建设。主要包括：一是推进“万村千乡市场工程”；二是推进“双百市场工程”，扩大建设了具备农产品冷链、质量安全可追溯两大系统的中瑞农贸市场；三是推进“农超对接”。尽管取得了一些成绩，但是，2008 年全市社会消费品零售总额仅 892 224 万元，在全省 17 个地市排名倒数第三，排在铜陵和池州之前，仍然有较大的上升空间。

六、商贸物流项目建设进展缓慢

全市 28 个重点商贸物流项目 2009 年投资额超过 27 亿元。截至目前，部分项目建设进展顺利，部分项目建设进展困难，主要存在以下问题：一是拆迁困难。由于拆迁标准、拆迁氛围和人为因素等原因，拆迁工作一直是推进项目建设的首要难题，如城市广场二期、天赐良缘、相王国际等项目。二是服务滞后。项目建设过程中没有与银行、保险、税务等部门沟通，造成配套服务跟不上，影响了服务水平，如淮北汽车城、矿业设备博览城等项目。三是资金短缺。受金融危机和市场等因素影响，部分项目资金出现短缺，如蓝宇物流、新蔡粮食物流中心等项目。

第四节　淮北市贸易发展建议

基于当前淮北贸易发展的现状，结合 2010 年全市政府工作报告的相关内容，以“工业强市战略”为主导，积极推动“贸易兴市战略”的实施。淮北市在近一段时间内（3～5 年）的主要贸易战略仍然应该是以初级产品出口战略和出口导向战略为主。一方面大力发展包括农、副产品，矿产品或原材料等未经深加工的产品（比如纺织原料及纺织品、矿物材料等），这样不但可以提高对现有生产要素和资源的利用程度和相关生产要素的生产能力，还可以通过发展初级产品出口刺激相关的产业发展；另一方面优先发展出口产业，通过扩大出口增加资金积累，扩大市场，带动整个国民经济快速发展。同时淮北市商务局及相关部门要通力协作，根据实际情况尽快制定出可行的淮北市贸易发展可行性规划（可以是与十二五规划同步的五年规划，也可以使十年的长期规划），以规划为指导，大力促进淮北内外贸的全面发展。

一、宏观政策

淮北市委市政府和相关的部门首先必须对现有的各项相关的贸易和产业政策进行梳理汇总，对一些与目前的贸易发展不一致的政策要及时地修改或调整，对于仍然没有的贸易发展政策要及时并且带有一定前瞻性地加以制定，与城市总体规划、产业发展规划、贸易发展规划以及商业网点规划等相结合，进一步完善淮北市的第一、第二和第三产业发展的相关政策法规，以保持政策的可行性、全面性和前瞻性。同时不断加大对政策的执行的监督、管理力度，保证政策切实有效的得到实施，政策可以切实的转化为生产力，持续的为淮北市贸易和城市经济的发展注入源源不断的动力。

同时，政府还要进一步加大对商贸流通业的投资和支持的力度，制定更多的具体的针对性较强的政策措施，从经济、市场、法制、文化、政务等方面进一步改善淮北市的商贸流通业发展环境，拓展城乡消费需求，切实提升消费拉动作用，繁荣发展商贸服务业。

二、中观层面

（一）积极调整贸易结构，持续扩大企业规模

针对目前全市的贸易商品主要集中于纺织原料和服装、农产品、化工制品、塑料及橡胶制品、箱包制品、纺织面料及服装、矿物材料及陶瓷制品和机电产品等劳动密集度高、工业制成品档次较低、高附加值和高科技含量产品比重偏低的商品现状，建议企业要不断的调整产品的出口结构，持续性提升贸易产品的附加值含量，加大创新力度，在扩大初级产品出口量和出口国范围的基础上，进一步提升技术含量较高、产品的附加价值较大的工业制成品（比如机电产品、采矿机器设备等）的出口比重，逐步改变当前贸易结构严重倾斜于某一大类产品的现实。

同时要求相关政府主管部门加大对龙头商贸流通企业的引进和扶持力度，鼓励商贸流通企业向规模化方向发展，一方面可以充分发挥商贸流通企业的规模经济性，另一方面也可以更加充分的发挥其对于中小商贸流通企业的带动和示范作用。在未来的几年内，全市的大型商贸流通企业（年交易额超过

500 万美元）的数量应该达到 15～20 家，而且真正具有实际外贸业务的进出口企业的比例要达到或者超过 60%，通过龙头企业与中小企业的协作互动，共同推动商贸流通业的发展，力争在十二五期间全市的贸易与经济总量在全省有一个大的飞跃。

（二）增强企业自主创新能力，转变贸易方式，提高信息化水平

1. 增强企业自主创新能力

面对全市高新企业的数量少，高新技术大部分是用于传统的煤炭、电力、纺织等产业，而在新兴产业中的应用较少、企业科技创新能力较低、科技投入不足、多元化的科技投入体系和风险投融资机制尚未建立等问题，必须做到：

第一，成立组织机构，建立联席会议制度。强化政府科技行政管理职能，提高整合科技资源、组织重大科技活动的能力。正确处理市场导向和政府调控的关系，强化政府、企业、科研院所和服务机构之间相互协调合作，共同推动自主创新的工作机制。

第二，强化政府创新投入，拓宽企业创新融资渠道，构建和完善企业信用担保体系，同时搭建自主创新的研发平台、转化平台、交易平台、服务平台。

第三，引进并激活人才。一方面针对全市产业发展的需要加大与国内外、省内外高校和科研机构的合作，同时依托高校与科研机构为企业创新服务；另一方面不断细化、调整完善相关专业人才的引进与激励制度，实现人尽其才、付出与回报对等的科学用人机制。

第四，积极促进创新研究成果的转换，着力培育创新型企业，促进产学研有机结合，突破科技成果转化的瓶颈，使产学研良性互动，实现合作共赢。

2. 转变企业贸易方式，提高信息化水平

贸易方式的转变主要是指在国际贸易中要改变当前贸易方式单一的现状，在稳步发展进出口贸易的同时适时适当的发展其他的贸易形式，比如三来一补、易货贸易、进料加工、代销国外商品和外援出口等，以实现贸易形式的多样化与创新性相结合。同时，要进一步推进企业的信息化进程，比如纺织企业在生产过程中要不断的提供信息化水平，以信息技术为指导，以新材料和自动化加工设备为基础，保证和提高产品质量，提高生产效率，降低产品成本，增强企业级产品的国际竞争力；在企业的日常运营中，要充分利用发达的互联网资源，要不断加强企业的网站建设和维护，实时更新企业的产品

信息，不断增强网站的功能（比如网站直接订单的功能等），使企业可以获得更多的与国内外客户进行合作的机会，实现企业日常生产经营活动的网络化、信息化、数字化。

（三）实施品牌化战略，提升贸易竞争能力

今后的国际市场的竞争，很大程度上就是品牌的竞争。因此，面对全市出口商品仍然以劳动密集型产品为主、国际竞争力不强的局面，一方面要逐步提高出口产品的技术含量，提升产品的附加值水平，加大高附加值高技术含量的产品的出口数量和比例；另一方面要实施出口品牌导向战略，在贸易、科技、产业、财政、税务、信用保险、海关和质检等各方面予以政策支持，加大资金投入，加强技术改进，建立品牌的管理、监督、评价体系，科学打造属于自己的品牌，以品牌带动出口，拉动生产，进一步促进全市相关产业的发展。从整体上提升全市出口产品的层次和档次，提升其国际市场的实际竞争能力，逐步提升淮北市在国际市场上的综合贸易竞争能力。

（四）农村市场体系建设步伐缓慢

农村市场体系建设是社会主义新农村建设的重要组成部分。加快农村市场体系建设，大力开拓农村市场，是解决“三农”问题，推进“三化”进程，实现富民强市战略的需要。具体的政策措施如下。

1. 进一步加大对农村市场体系建设的投入

一方面要逐步增加财政对农村市场体系建设引导资金规模，鼓励连锁龙头企业到没有连锁超市的乡镇新设门店；另一方面要加大银行信贷支持力度。金融机构对列入商务部“万村千乡市场工程”、“双百市场工程”的企业和农业部定点市场给予综合授信贷款，支持开展配送中心建设与乡镇网点布建及其它农村流通基础设施建设。农村信用社要加大对连锁经营企业的信贷投入，积极改善金融服务。各级政府要加强协调，促进银企合作，逐步建立金融支持农村市场体系建设的风险补偿机制。

2. 实行税收扶持政策

第一，对于一些日用消费品、农资连锁龙头企业在市内跨县经营，其所有直营门店均在总部领导下统一经营、统一采购配送、统一核算和统一规范化管理，经市级税务部门批准后，由总部向其所在地主管税务机关统一申报缴纳企业所得税。第二，对于新办村级消费品、农资连锁店，实行独立核算的，报经主管税务机关批准，可减征或免征企业所得税一年。第三，对于支持农产品连锁经营试点，鼓励商贸企业、邮政系统和其他各类投资主体通过

新建、兼并、联合和加盟等方式，在农村发展现代流通业，可以凭发票按13%的税率计算进项税抵扣。

3. 进一步扩大企业经营范围

连锁企业经营品种可以在有相关的执业资格的前提下开设包括非处方药品、音像制品、书籍报刊等在内的各种连锁门店。

4. 优化农村市场体系建设环境

由相关政府主管部门出面，打破各种县级的区域性封锁，促进统一开放、公平竞争市场体系的形成。各县及乡镇要认真编制县、乡（镇）农村市场体系建设发展规划，避免重复建设和恶性竞争。按照村庄布点规划和村庄整治建设规划的要求合理布局，建立服务广大农村，方便农民生产、生活的农村市场网络。同时各级政府部门要切实加强对农村市场体系建设的领导，及时协调解决工作中的矛盾和问题。各级商务部门要发挥职能作用，加大工作力度，其他相关部门要密切配合，形成工作合力，抓好督促落实。

（五）加快商贸物流项目建设步伐

针对阻碍商贸物流业发展的实际问题，目前可以做如下工作：

第一，加大领导。由于项目建设中牵扯到不同部门，且牵头单位和各成员单位协调力度有限，因此建议市委、市政府相关领导在必要时可以出面协调省属国有大型企业、省属直管部门，适时召开全市高规格的拆迁工作总结推进大会，加大项目推进力度。

第二，加速拆迁。由于拆迁工作严重影响了项目建设进度，为稳步推进项目建设，结合先前一些项目的拆迁经验，号召党员、干部充分发挥带头作用，积极做好自身及其亲属思想工作；相关部门应从大局出发，积极协调做好本部门职工的思想工作；同时建议纪检、组织部门积极参予，全力推进项目建设进度。

第三，加强协调。牵头单位和各成员单位应严格按照商贸物流项目分工要求，深入联系单位进行调研，了解项目实施中存在的问题和难题，及时协调有关部门解决问题，必要时由市领导直接召开专题协调会解决。

参考文献：

［1］安徽省统计局．安徽统计年鉴［R］．2003—2009．北京：中国统计出版社，2003—2009.

［2］淮北市统计局．2007 年、2008 年淮北市国民经济和社会发展统计公

报［R］. 2007—2008.
［3］淮北市商务局 . http：//www. hbcom. gov. cn/.
［4］商务部网站 . http：//www. mofcom. gov. cn/.

第五章　亳州市贸易发展分析

亳州市地处安徽省西北部，属暖温带半湿润气候的平原地区。2000 年 5 月，亳州经国务院批准设立为省辖市，辖涡阳、蒙城、利辛和谯城三县一区。全市行政区域土地面积 8 374 平方千米，全市总人口 576 万，2009 年全市生产总值 431.9 亿元，人均生产总值 8 580 元。行政区内有永青、濉阜铁路纵贯南北，与津浦、陇海、台漯干线衔接，S202、S307 省道在县城交汇，50 千米长的涡河岸线建有客货码头，可直入长江，四季通航。亳州物阜民丰，资源富饶，特色突出，经济繁荣，是全国重要的药材、商品粮、优质煤和优质棉生产基地，拥有药材、酿酒、果蔬、畜禽和矿产等资源优势，地方名特优稀产品较多，特色经济发达。

第一节　亳州市贸易发展现状

一、国内贸易现状

（一）社会消费品零售市场

1. 零售市场总量增长迅速

亳州市社会消费品零售总额从 2003 年 80.16 亿元增加到 2009 年 190.8 亿元，增长了 2.38 倍。2009 年较 2008 年社会消费品零售总额增长 18.8%，增幅居全省第九位。从分年度数据看，消费品零售总额增长率（不考虑通胀因素）呈递增态势（见图 5.1）。

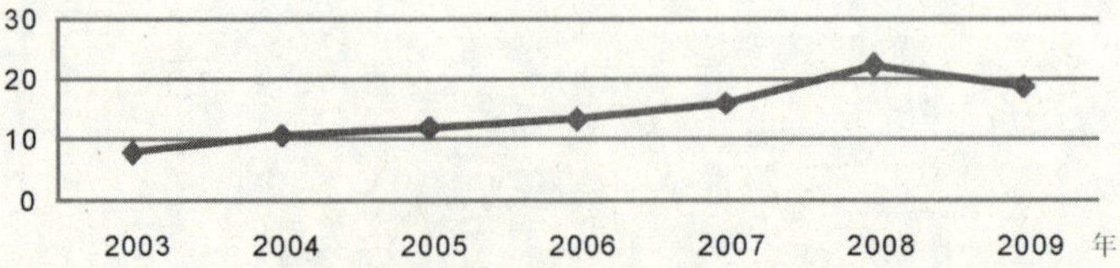

图 5.1　亳州市社会消费品零售总额分年度增长率（单位:%）

2. 城乡分地区零售额结构不断优化

分城乡看，城市消费品零售额从 2003 年 17. 61 亿元增加到 2009 年 45. 95 亿元，增长了 2. 6 倍；县及县以下消费品零售额从 2003 年 62. 55 亿元增加到 2008 年 144. 9 亿元，年均增长 2. 32 倍；2009 年，城市消费品零售额占全市社会消费品零售总额的 24. 1%，县及县以下消费品零售额占全市社会消费品零售总额的 75. 9%，农村消费市场占据重要位置；城乡市场齐头并进，2009 年城市消费品零售额增长率为 17. 8%，县及县以下消费品零售额增长率为 18. 9%，亳州农村消费品市场增长率已经超越市区（见图 5. 2）。

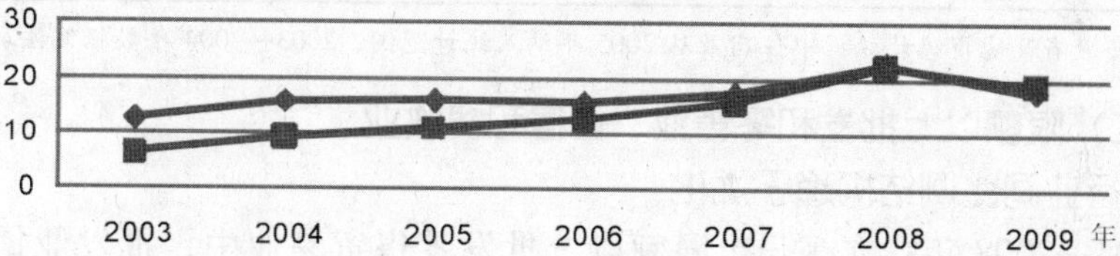

图 5. 2　亳州市城乡社会消费品零售总额分年度增长率（单位:%）

3. 零售商品结构得到优化

限额以上批发零售贸易业中，与人民生活密切相关的消费亮点不断涌现，恩格尔系数不断降低。2009 年，随着中央、省一系列扩大内需、促进消费政策的实施，国内经济形势明显好转，在限额以上批发零售贸易业中，食品饮料烟酒类全年实现销售总额 4. 7 亿元，较上年同比增长 70%；服装鞋帽及纺织品类全年实现销售总额 9 560 万元，较上年同比增长 34. 1%；汽车类全年销售总额 3. 98 亿元，较上年同比增长 55%。

4. 消费品市场分行业销售额快速增长

2009 年，消费分行业保持较高增速。全市批发业实现销售总额 36 亿元，较上年同比增长 16. 1%；零售业实现销售总额 119. 1 亿元，较上年同比增长 18. 5%；全市住宿餐饮服务业实现销售总额 32 亿元，较上年同比增长 24. 9%，高出全市平均水平 6. 1 个百分点。同时，旅游业继续较快增长，旅游总收入 18. 2 亿元，国内旅游人数 332 万人次，分别增长 62. 5% 和 42%（见表 5. 1）。

表5.1 2005—2009年亳州市消费品市场分行业销售额状况

年份	批发及零售业销售额（亿元）	较上年增长	住宿和餐饮业销售额（亿元）	较上年增长
2005	79.35	12%	15.61	13.4%
2006	93.18	13.4%	17.16	14.6%
2007	107.79	15.7%	20.47	19.3%
2008	131.58	22.1%	25.63	25.2%
2009	155.10	17.9%	32.01	24.9%

注：安徽省及地市统计数据中住宿业从2005年纳入统计范围，2003—2004年数据无法取得。

（二）限额以上批发和零售业、住宿和餐饮业

1. 行业间比例结构趋于优化

2005—2008年，在亳州市限额以上批发零售贸易业中，批发业销售额从20.75亿元增长到27.28亿元，增幅为31.46%；零售业销售额从7.74亿元增长到8.88亿元，增幅为14.68%。而限额以上连锁性质的批发、零售业、餐饮业和星级住宿业企业销售额从2005年0.81亿元增长到2008年1.31亿元，增幅为60.64%。

从整体上看，限额以上零售业发展比较平稳，而限额以上批发业增速快于零售业，说明亳州批发市场交易规模和活力都强于零售市场，批发商的成长性、进货与销售渠道都更强，这与亳州市丰富的特色产品资源密不可分。同时，连锁性质的批发、零售、餐饮、住宿业销售额快速增长表明连锁经营方式所带来的品牌、商誉和竞争力优势已得到更多经营者的重视（见图5.3）。

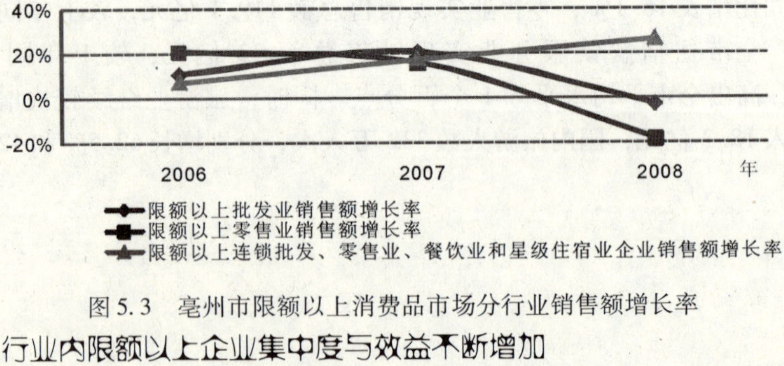

图5.3 亳州市限额以上消费品市场分行业销售额增长率

2. 行业内限额以上企业集中度与效益不断增加

2005—2008年，亳州市限额以上连锁性质的批发、零售业、餐饮业和星

级住宿业企业销售额增长迅速，远高于限额以上零售业、批发业销售额的增长速度，是批发零售贸易业中最具活力的部分。观察此类企业的数据可以发现，虽然连锁性质的内贸企业门店数存在起伏，但单位门店销售额却基本保持增长态势，2005 年 52 家门店店均销售收入 156.55 万元，2006 年 92 家门店店均销售收入 95 万元，2007 年 58 家门店店均销售收入 177.62 万元，2008 年 64 家门店店均销售收入为 204.34 万元。同时单位门店平均从业人员数却从 2005 年的 19 人，2006 年的 12 人，2007 年的 16 人，降到 2008 年的 13 人。显示连锁经营的硬件设施和管理水平获得较大提升，连锁性质内贸企业的集中度在增加。相似的情况也出现在限额以上零售业、批发业中，并且 2009 年以来该趋势更为明显，2009 年 1—10 月，限额以上企业实现零售额 9.21 亿元，增长 45%；限额以下企业实现零售额 17.21 亿元，增长 15.9%，低于限额以上企业 29 个百分点。显示整个内贸行业的集中度与竞争力都在增强。这种变化带来了亳州市限额以上批发零售贸易业财务效益的提升，至 2008 年限额以上批发零售贸易业资产总额 11.75 亿元，实现主营业务收入 33.18 亿元，净利润 1.79 亿元（见图 5.4）。

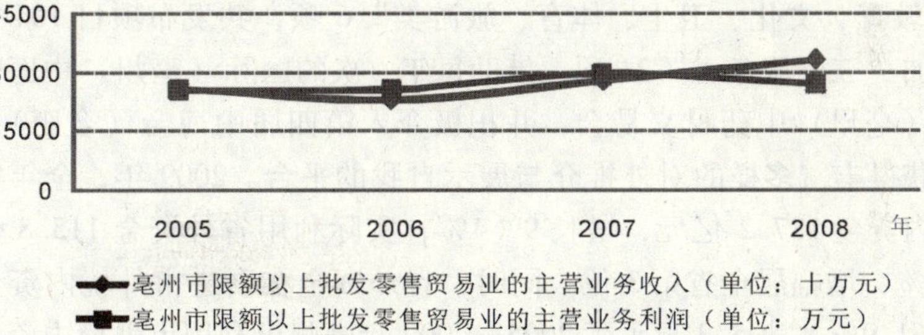

图 5.4　亳州市限额以上批发零售贸易业财务效益

（三）亿元商品交易市场

亳州独特的资源优势带动了特色商品交易市场的活跃。目前建有“中国（亳州）中药材交易中心”和“国家级蔬菜批发市场”。其中药材交易中心是全国规模最大、设施最好、档次最高的药材市场，已成为全国最大的中药材集散地，并且带动了包括现代中药研发、中药材种植、中药饮片加工、中药材提取物生产、中药保健品、中成药制造和综合配套服务等在内的较为完整的产业链，2008 年交易金额接近 200 亿元；国家级蔬菜批发市场是黄淮地区最大的农副产品集散中心之一，建有蔬菜、水果、干鲜三大交易区和菜农直销区、加工包装区、监测中心、配送中心区和生产资料、生活资料服务区，主导品种包括西瓜、春夏大白菜、冬瓜、南瓜和胡萝卜五大类，2008 年交易量和交易额分别为 11.8 亿公斤、12.8 亿元，并且带动全市瓜菜播种面积由 97 年的不足 100 万亩，增加到现在的 170 万亩。表 5.2 显示了 2005—2008 年亳州市亿元商品交易市场的发展状况。

表 5.2 2005—2008 年亳州市亿元商品交易市场发展状况

年份	市场个数（个）	年末摊位数（个）	交易金额（万元）
2005	3	3 151	521 581
2006	3	3 151	591 093
2007	3	4 690	625 735
2008	2	4 000	638 245

（四）引进市外境内资金

为加速亳州市特色资源投资与开发的力度，2007 年亳州市公布了招商项目目录的指导意见，按照“基础设施类”、“农业及农产品加工类”、“生物、医药、化工类”、“轻工、食品、商贸、餐饮类”、“机械、建材、能源、矿产类”、“教育、文化、卫生、体育、旅游类”6 项，共发布项目 104 个，2008 年又增加“三产服务类”21 项。借助每年一次的国际（亳州）中医药博览会暨全国（亳州）中药材交易会，并积极介入第四届中博会（合肥），亳州特色资源获得丰富多样的对外推介与展示自我的平台。2009 年，全年实际到位市外境内资金 187.2 亿元，增长 99.4%，实际利用省外资金 115.8 亿元，增长 59.1%，增幅居全省第 3 位。同时，省外资金在引进市外境内资金中所占比重为 61.9%。表 5.3 显示了 2005—2009 年亳州市利用市外境内资金的变动情况。

表 5.3 2005—2009 年亳州市利用市外境内资金变动情况

年份	市外境内资金（亿元）		市外境内资金增长率	
		省外资金（亿元）		省外资金增长率
2005	20.9	14.5	39.8%	55.1%
2006	35.8	26.6	71.4%	83.9%
2007	51.5	37.4	43.7%	40.3%
2008	93.9	72.8	82.3%	94.8%
2009	187.2	115.8	99.4%	59.1%

注：表中引进市外境内资金的数额包括省外资金和省内资金两部分。

二、对外贸易现状

（一）货物贸易

近几年来，亳州实现了经济结构由“三一二”向“三二一”的重大转型，第二产业的崛起，特别是依托煤炭、大理石、石灰石等矿产资源的工业体系迅速完善，极大带动了工业产品对外贸易的发展。同时，传统的药材、农畜产品、林木、白酒和烟草等农产品加工业也不断成熟，凭借日益完善的出口渠道、品牌管理和质量控制，农业经济的国际竞争力迅速增强，农产品出口量也稳步攀升。

2009 年，亳州市年度外贸进出口总值达到 16 256 万美元，与去年同期相比增长 43.9%，高于全省增幅 66.45 个百分点，增幅在全省 17 个地市中排名第二。其中，出口 14 400 万美元，增长 55.9%，增幅居全省第一；进口 1856 万美元，下降 9.8%（见图 5.5）。

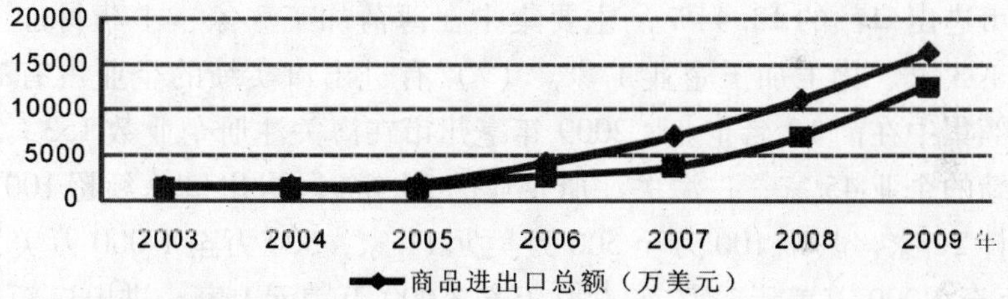

图 5.5　2003—2009 年亳州市商品进程口总额及贸易顺差变化情况

分析表明，在金融危机背景下，亳州市发挥产业和区域特色优势，着力发展外向型经济，进出口的潜在优势正逐步形成，发展潜力进一步加大。主要特点如下：（1）一般贸易进出口总值有所增长，加工贸易进出口总值有所下降。2009 年，亳州市一般贸易进出口总值为 7 589 万美元，同比增长 12.8%，其中出口 6 790 万美元，增长 15.3%，进口 799 万美元，下降 4.8%；加工贸易进出口总值为 2 186 万美元，下降 4.1%，其中出口 1 129 万美元，增长 5.9%，进口 1 057 万美元，下降 12.9%。（2）私营企业出口优势明显，外商投资企业同比增长，集体企业出口有很大发展空间。2009 年，亳州市私营企业出口总值达 10 932 万美元，同比增长 97.2%，占整个进出口额的 67.2%；外商投资企业出口 1 739 万美元；同比增长 55.8%；集体企业出口 2 070 万美元，下降 3.8%。（3）其他贸易出口额较大，传统大宗商品明显增长。2009 年，亳州市其他贸易 6 481 万美元，占出口总额的 45%。出口商品中超过1 000万美元的商品比去年有一定的提升，其中受金融危机影响，薄荷量增价跌，进出口总值为1 588万美元；传统中药材和农副产品芝麻加工平稳增长，分别为4 644万美元和1 265万美元。（4）传统市场亚洲出口比重较大，对欧、非等市场出口有所加强。2009年亳州市进出口市场多元化的格局初步形成。传统市场亚洲出口9 489万美元，同比增长64.68%，占出口总额的65.9%。对非洲出口1 264万美元，同比增长169.59%；对欧洲出口1 359万美元，同比增长191.98%；对拉丁美洲出口1 315万美元，同比增长34.11%。（5）重点县（区）继续保持优势地位，各县（区）进出口额全部超千万美元。2009年蒙城县、亳州市开发区、谯城区，位居亳州市进出口的前三名。其中蒙城县6 040万美元，亳州市开发区3 913万美元，谯城区2 766万美元，占亳州市2009年进出口额的78%。而其他三县进出口总值也均超千万美元，共为3 537万美元。（6）加工贸易进出口总值偏低。2009年阜阳海关共审批亳州市加工贸易企业合同备案41份，实际进出口额2 185.5万美元，占亳州市进出口额的13.44%。主要集中在薄荷加工3家、中药材加工1家、芝麻加工3家、化工加工企业1家。（7）有进出口实绩的企业占有率偏少，进出口额集中在前10名企业。2009年亳州市在海关注册企业数153家，有进出口实绩的企业45家，占海关注册企业的34.6%。进出口总额超100万美元的企业计22家，其中100万至500万美元11家，500万至1 000万美元7家，1 000万至2 000万美元2家，2 000万至3 000万美元1家，进出口额超3 000万美元的企业1家。从进出口规模来看，2009年排名前10名企业完成进出口额12 598万美元，占全市进出口总值的77.49%。（8）亳州市药材出口平稳增长，药材出口集中在少数企业。2009年在海关注册的中药材加工企业48家（不含薄荷加工企业），有实际药材出口业绩的企业仅为11家，进出口总额4 644万美元，同比增长65.6%。从统计数据看，亳州市药材出口近九成集中在安徽协和成药业饮片有限公司、安徽亳广生物科技有限公司等五家企业。（9）进口额比重仍偏小，进口货物比较单一。2009年亳州市进口总值为1 856万美元，占整个外贸进出口总值的11.4%。进口商品主要为薄荷、牛皮、芝麻、药材等四种货物，进口货物比较单一。

（二）外商直接投资

1. 利用外资直接投资额快速增长

亳州市政府一直比较关注招商引资工作，2007年10月出台了《亳州市鼓励外来投资暂行规定》，该规定就“鼓励外来投资的重点领域”、“外来投资项目审批'一站式'服务"、"外来投资企业行政事业性《收费许可证》制度和《收费登记卡》制度"、"外来投资项目重点保护政策"、"申请企业筹建登记"、"申请资本金分期注入"、"税收优惠"、"优先提供土地使用权与减免土地规费"、"引资奖励"和"全过程跟踪服务"等问题做了具体规定。其后，又出台一系列实施细则以便推动《规定》的落实力度。这些措施保证了亳州市外商直接投资金额的增长，2009 年，全年实际利用外资 11 026 万美元，较 2008 年增长 84%，较 2003 年增长 6.75 倍。投资的国别（地区）分别是香港、新加坡、台湾、美国、韩国、巴西；投资的行业分别是木材加工、汽车（机械）装配、房地产、制药、食品加工、电子加工、服饰（纺织）鞋业、基础设施（桥梁）、酿酒、陶瓷加工、化工、农业改良项目、三产服务（物业管理）。2003—2009 年，虽然每年"外商直接投资项目数"和"合同外资额"出现较大波动，但实际利用外资额却基本上呈持续增长态势，显示外商直接投资质量获得改善（见表 5.4）。

表 5.4　2003—2009 年亳州市利用外商直接投资变动情况

年份	2003	2004	2005	2006	2007	2008	2009
外商直接投资项目数（个）	7	5	4	6	15	4	14
合同外资额（万美元）	1 410	1 375	785	737	3 867	758	4 572
实际利用外资额（万美元）	1 634	815	611	1 250	5 364	5 993	11 026

2. 外资直接投资企业数扭转下滑局面

2007 年，亳州市公布了招商项目目录的指导意见，推出 100 多项投资计划，不仅吸引市外境内资金的关注，也带来了外商直接投资与合资的高潮。

观察 2007 年招商项目目录的构成可以发现，基础设施类占 17 项，集中于道路、市场、市政基础设施和小区四项；农业及农产品加工类占 21 项，集中于蔬菜、畜产品和粮食深加工三类产品；生物、医药、化工类占 11 项，主要涵盖现代中药、饮片两大类；轻工、食品、商贸、餐饮类占 24 项，主要集中于板材、食品与商业设施三类；机械、建材、能源、矿产类 11 项，主要涉及汽车零件、建材与煤炭；教育、文化、卫生、体育、旅游类 17 项，多数为非盈利性质的公园、展厅项目。当 2008 年的高通胀与人民币升值同时爆发时，基础设施类、农业产品类、医药化工类、轻工商贸类和教文卫体类项目明显承受到巨大的成本压力，项目进展、资金到位和外资营运状况都不尽理想，压抑了外商投资的热情与信心，造成亳州市 2008 年外商投资企业年末企业数、投资总额及注册资本均出现较大波动。2009 年 1 月，亳州市政府专门为此印发《亳州市招商引资奖惩考核办法》，迅速扭转了外商投资下滑的局面。详见表 5.5。

表 5.5 2005—2009 年亳州市外商投资企业年末数、投资总额及注册资本变动情况

年份	2005	2006	2007	2008	2009
外商投资企业年末企业数（个）	37	41	49	36	50
投资总额（万美元）	5 050	5 580	10 860	8 230	16 481
注册资本（万美元）	3 955	4 358	7 163	5 110	10 172
其中：外方注册资本（万美元）	2 189	2 421	4 970	3 516	—

第二节 亳州市贸易环境与贸易特色

一、贸易环境

（一）经济环境

整体上看，亳州经济以第三产业和农业为主，占全省经济总量的比重较低。但 2006 年以来，全市生产总值连续 3 年保持两位数增长，至 2008 年第二产业产值首次超越第一产业，三次产业结构由 2007 年的 29.8/29/41.2 调整为 28.8/30.7/40.5，当年全市生产总值 400 亿元，财政收入 24 亿元（其中地方财政收入 12.6 亿元），人均生产总值 7 800 元左右，成为皖北地区（淮北、宿州、亳州、阜阳、蚌埠、淮南 6 市）快速增长的经济区域（见图 5.6）。

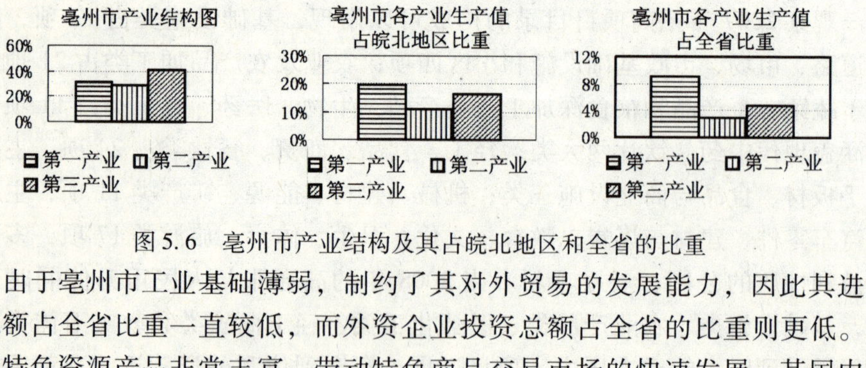

图 5.6 亳州市产业结构及其占皖北地区和全省的比重

由于亳州市工业基础薄弱，制约了其对外贸易的发展能力，因此其进出口总额占全省比重一直较低，而外资企业投资总额占全省的比重则更低。但亳州特色资源产品非常丰富，带动特色商品交易市场的快速发展，其国内贸

易能力在皖北地区非常突出。至 2008 年，整个皖北地区开设有“限额以上批发和零售业、餐饮业和星级住宿业企业连锁经营门店”的城市仅有亳州（58 个）和阜阳（355 个），亳州亿元交易市场总交易额 62.57 亿元，占皖北地区的 41%。如图 5.7。

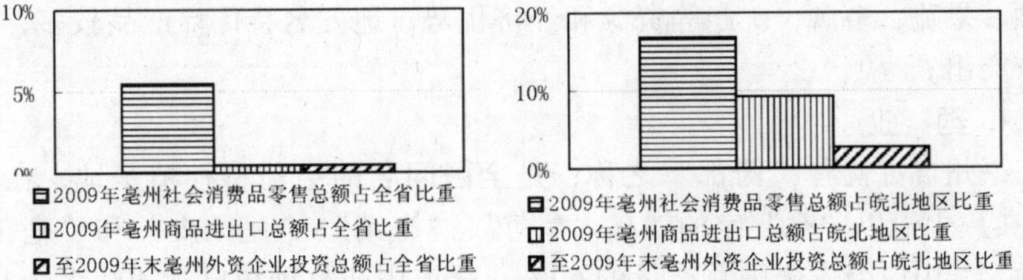

图 5.7　亳州市内外贸占皖北地区和全省的比重

（二）区位环境

亳州市位于安徽省西北部，地处苏、鲁、豫、皖四省结合部，黄淮平原腹地。亳州交通便捷，自古就有“南北通衢，中州琐钥”的美誉，承南启北、东进西出的区位优势十分明显。境内铁路、公路交通发达，北倚欧亚大陆桥，距商丘机场 60 千米，阜阳机场 120 千米；京九铁路、徐阜铁路，南洛高速、济广高速、许泗高速公路和 311、105 国道穿境而过。辖区内河流属淮河水系，主要干流河道有涡河、西淝河、茨淮新河、北淝河和芡河等；其中涡河自谯城区安溜镇入境，东南流经涡阳县至蒙城县移村集出境入怀远县，境内长 173 千米，流域面积 4 039 平方千米。涡河、茨淮新河航运可达淮河、长江。

亳州人文历史悠久，道教鼻祖老子、一代圣哲庄子、魏武帝曹操、神医华佗、巾帼英雄花木兰、一代圣君商成汤、道教至尊陈抟、悯农诗人李绅和捻军首领张乐行等，都是这块蕴才积盛之地的骄子。亳州现存国家、省、市级文物保护单位 200 余处，其中，省以上保护单位 22 家。近年来，亳州新修的塔楼园林、人物雕塑、街心花园等近 400 个，“魏武广场”、“中药百草园”、“北关历史街区”和“仿古明清街”等，都是亳州新的旅游资源和人文景观。

高等教育方面，拥有亳州师范高等专科学校、亳州高等职业技术学院两所普通高校，正在建设的亳州学院，规划面积 2 000 亩。全市现拥有中等职业教育学校 26 所，普通中学 340 所（其中高中 41 所），小学 1 776 所。亳州市每万人拥有专业技术人才的比例及城市人均拥有大学生数量，逐年上升，处于全省中等水平。

二、贸易特色

(一) 产业资源优势

亳州是全国重要的药材、商品粮、优质煤、优质棉生产基地，拥有药材、酿酒、果蔬、畜禽、矿产等资源和经济优势，地方名特优稀产品较多，特色经济突出。

1. 药 业

亳州自古就有“药都”之称，是全国闻名的中药材种植基地，在中国《药典》上冠以“亳”字的就有“亳芍”、“亳菊”、“亳桑皮”和“亳花粉”四种，其中白芍占全国总产量的60%。全市中药材种植已达400多个品种，共有800多个中药材种植专业村，8个中药材种植基地，药材种植面积65万亩。亳州市已经形成全国最大的中药饮片产业集群，并于2007年被中国医药保健品进出口商会授予“中国中药饮片出口基地”。目前，全市共有中药材加工生产企业42家，其中39家通过GMP认证。亳州建有全国规模最大、设施最好、档次最高的“中国（亳州）中药材交易中心”，已成为全国最大的中药材集散地。

2. 白酒业

亳州酿酒年代久远，自古就是名酒之乡，如今已成为中国白酒主要生产基地之一。目前，全市共有大小白酒企业130余家，其中有白酒生产许可证的企业125家，年产各类白酒10多万吨，占安徽省白酒产量的近一半。全市有规模以上饮料制造（白酒）企业20家，白酒行业形成了以古井集团为龙头，以双轮集团、井中集团、板桥酒业、金不换酒业等一批骨干企业为支撑的发展格局，年实现工业总产值30亿元，从业人员近2万人。

3. 农畜产品

亳州是全国最大的黄牛产区，年肉类产量40多万吨，蒙城、涡阳、利辛三县是全国黄牛生产大县，被誉为中国黄牛“金三角”。近年来，以牛皮、山羊板皮为主的皮张年出口数十万张。1998年，涡阳成为全省第一个“活猪供港”基地，填补了安徽省该项目的空白。同时，亳州是全国优质农副特产品生产基地，盛产小麦、大豆、玉米、棉花、烟叶等粮油经济作物。建有国家级蔬菜批发市场，被农业部命名为“全国定点鲜活农产品批发市场”。谯城区、蒙城县被评为全省蔬菜生产“十强县”；谯城区通过国家级无公害蔬菜生产示范基地县验收，被定为“国家级园艺产品出口示范区”；涡阳苔干基地被评为全省蔬菜十大特色基地，被国家农业部命名为“中国苔干之乡”。粉皮、粉丝、苹果和蘑菇等也都具备一定的生产规模。

4. 林木资源

亳州市现有林木种植面积248万亩，其中农田林网面积217万亩。亳州杨树资源丰富，有杨树种植面积170万亩，桐木种植面积40万亩，每年都有大量出口。全市林木覆盖率17.31%，绿化面积19.32%。近年来，亳州市林业社会总产值、原木生产量、生产锯材量等迅速提高。涡阳、蒙城两县和谯城区被评为全国造林绿化“百佳县”、“先进县”或“示范县”。

5. 矿产资源

亳州地下蕴藏着丰富的煤炭资源，亳州目前已经探明煤炭储量35.1亿吨，居安徽省第三位。现在全市已经形成矿产20多处，许疃煤矿（年产300万吨）和涡北煤矿（年产120万吨）已经投产；刘店（年产150万吨）、板集（年产300万吨）和涡阳袁店二矿等煤矿正在建设，预计“十一五”末，将建成8座大型煤矿，年产量可达1 500万吨。另外，亳州市还蕴藏有丰富的石油、天然气和石灰岩等矿产资源。

（二）专业市场优势

1. 中国（亳州）中药材交易中心

亳州自古就有“药都”之称，是中医药文化的摇篮，盛产中药材。“中国（亳州）中药材交易中心”是全国规模最大、设施最好、档次最高的药材交易市场，该市场位于亳州市芍花大道火车站附近，1994年11月动工兴建一期工程，1995年投入使用，二期工程2001年投入使用。目前占地387亩，建筑面积25万平方米，交易大厅建筑面积3.2万平方米，这里汇聚了全国中药材经营专业公司200余家，中药行、栈、店、铺2 000余家，有从业药商1.5万人，经营6 000多个摊位，日上市品种达2 600余种，日上市量6 000多吨，日客流量4~5万人，中药材年交易额突破200亿元，成为全国最大的中药材集散地之一。

为了宣传和增强药材专业市场的知名度，提升药材交易与药业投资的力度，亳州市连续举办了25届全国（亳州）中药材交易会（1985—2009）以及6届国际（亳州）中医药博览会（2004—2009）。全国药交会由第1届2 000人参加，成交额1.1亿元，增加到第25届来自全国各地三十余省、市、自治区和港澳台、韩日及东南亚等国家和地区的人员8万余人参加，成交额20多亿元；同时，药博会投资额也从2004年第1届的11个项目、合同或协议投资金额5.5亿元猛增到2009年的28个项目、合同或协议投资金额64.7亿元。其中，截至2009年11月底，谯城签约项目6个，开工在建1个，到位资金0.8亿元；蒙城签约项目4个，开工在建4个，到位资金0.6亿元；涡阳签约项目5个，开工在建2个，到位资金0.6亿元；利辛签约项目4个，开工在建2个，到位资金0.5亿元。图5.8和图5.9显示1998—2009年全国药交会成交额以及2004—2009年药博会协议投资额变动情况。

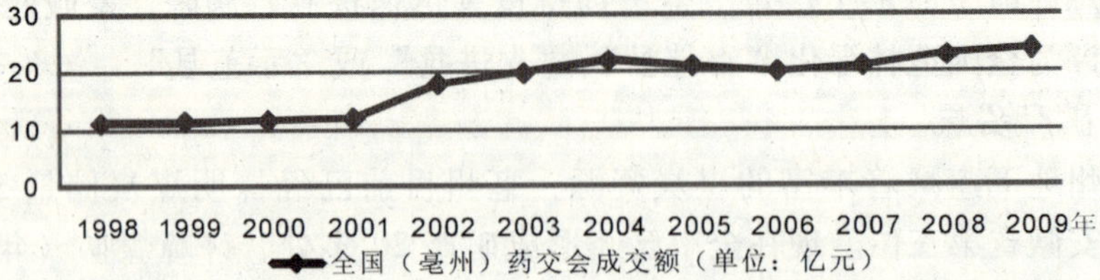

图5.8　1998—2009年全国（亳州）药交会成交额变化情况

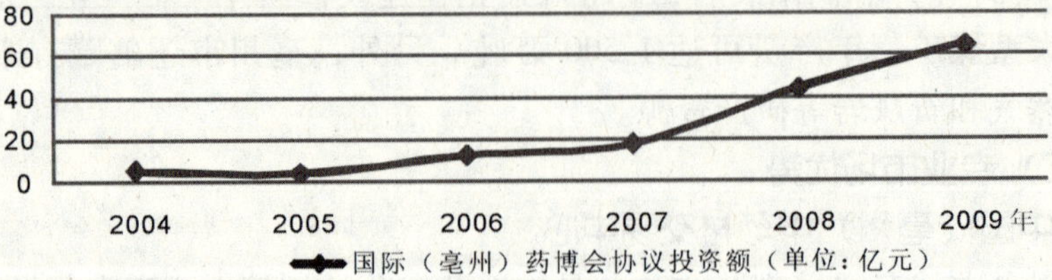

图5.9　2004—2009年国际（亳州）药博会投资额变化情况

2. 亳州蔬菜批发市场

亳州蔬菜批发市场是安徽省“菜篮子”工程重点项目，始建于1997年2月。市场总投资4 100万元，占地8万多平方米，职工150人，是黄淮地区最大的农副产品集散中心之一。亳州蔬菜批发市场地理位置优越，交通便捷，区位优势明显，基础设施完善。其东临京九铁路和商阜高速公路，南连311国道，西接105国道。目前，市场主营蔬菜、水果、建有蔬菜、水果和干鲜三大交易区和菜农直销区、加工包装区、检测中心、配送中心区和生产资料、生活资料服务区；拥有2万多平方米的交易大厅和6万多平方米的交易场地，水、电、食宿、通讯、交通、金融等配套设施齐全。亳州蔬菜批发市场建成和运营十多年来，年交易量、交易额平均增长速度超过20%，获得了持续健康快速发展。2008年交易量和交易额分别为11.8亿公斤、12.8亿元，其交易规模在全国300多家农业部定点市场中名列前茅。

亳州蔬菜批发市场为亳州市内贸发展产生明显拉动作用：（1）带动蔬菜

种植业发展。据不完全统计，市场现在直接带动农户22万户，农民人均纯收入来自批发市场部分超过1 200元，每年通过市场带动，可为周边地区农民直接或间接增收2亿元以上。2008年，全市的蔬菜总产值已达25.6亿元，占农业总产值的25%以上，市场交易的主导品种已由原单一的西瓜，发展到春夏大白菜、冬瓜、南瓜、胡萝卜等五大主导品种。同时，一批无公害瓜菜生产基地在亳州市相继建立，2008年全市无公害蔬菜面积发展到30万亩，通过省认证的瓜菜产品10个，通过认证的基地面积近10万亩。此外，通过蔬菜市场建设也带动了亳州市果菜加工业发展，目前早熟白菜、花菜和包菜等50%以上实行了初加工上市，一些地方品牌如苔干、蒜苔、桔梗和粉皮等已相继注册，现全市注册果菜品牌已达20多个，“亳”字牌农产品已在南京、上海和苏锡常等经济发达地区占有一定的市场份额。（2）辐射周边地区。随着市场不断强化管理与服务，吸引了亳州市及周边地区300千米以内的大批菜农和客商纷纷入驻市场，市场辐射已达国内20多省市，不仅与周边的产地市场结成了经营联盟，而且与商丘、徐州、合肥周谷堆、南京白云亭、上海农产品等国家定点市场结成了良好的经营关系，市场知名度大大提高，影响力和辐射力也逐渐增强。现在围绕市场而兴起的加工、运输、贮藏和餐饮等相关产业经营红火，生意越做越大。市场周围的餐饮部已发展近百家，运输专业户达200多户，在交易旺季，市场吸纳的从事加工、包装、装卸的农民和下岗工人就超过千人。市场周围初步形成了一个颇具潜力的特色经济圈，为城市经济发展注入了活力。

第三节　亳州市贸易发展存在的主要问题

尽管亳州的内外贸发展成果显著，但整体上讲，其发展水平在安徽省仍处于中等偏下水平，根本原因在于亳州的特色资源集中于农产品、中药材和初级矿产，第二产业的发展严重滞后，无论是农畜产品加工产业化、现代中药业还是矿产资源深度开发的能力都比较弱，支持内外贸发展的产品竞争优势不充分，产品附加值较低。

同时，由特色资源交易所形成的专业市场建设也存在信息化低、发展粗放和观念滞后的问题，不仅限制了专业市场对特色资源产业升级的推动作用，也制约了专业市场本身的发展。这就使得亳州经济长期处于第一、第三产业较发达，但第二产业极不发达的状况，而第一、第三产业的发展却无法带动县域经济的快速增长与居民收入的快速增加，最终制约了亳州内外贸发展的质量。

综观来看，亳州内外贸发展中主要的制约因素包括三点：（1）物流业建设仍然滞后；（2）县域经济发展的总体水平低；（3）产业层次低、工业基础薄弱。

一、物流业建设仍然滞后

经过多年的培育和发展，亳州市基本上形成了以大型市场为龙头，中小市场为基础，多层次、多领域、多元化的市场体系。全市共有各类市场 169 家，其中消费品市场 112 家，生产资料市场 17 家，其他综合市场和专业市场 40 家。凭借着以中药材交易中心为龙头的中药材交易市场群，以亳州蔬菜批发市场、涡阳西城农贸大市场为龙头的农产品交易市场群，以万福大市场、亳州工业品批发市场和蒙城牛群商贸城为龙头的日用消费品交易市场群，以蒙城汽车贸易市场为龙头的汽车及零部件销售市场群，大批物流企业应运而生。其中，铁路运输企业 3 家、道路运输企业 192 家、水运企业 10 家。目前规模较大的物流企业有：亳州市小毛驴物流连锁公司、亳州市四通物流汽车运输配货站、安徽省天都物流有限公司、蒙城四海货运有限公司、蒙城润尔物流、利辛县宏发汽运公司、利辛县申奥运输公司等。

此外，新的物流项目不断涌现，为物流业持续发展提供动力，如：亳州凯达投资有限公司拟投资 14.47 亿元在市经济技术开发区建设中国亳州（国际）中药物流交易中心，亳州市小毛驴物流连锁公司拟投资 860 万元建设小毛驴（中国）亳州物流连锁样板店，金色华联超市拟投资 2 650 万元扩建配送中心，蒙城五洲华联拟投资 3 000 万元建设物流配送中心，蒙城县东方汽车销售服务有限公司拟投资 1 200 万元设立物流公司等。

但是，整体上看，亳州物流业发展中仍然着诸多问题：

第一，物流管理体制分散。物流是跨部门、跨行业的复合型产业，物流的发展涉及到发改、经委、农委、商务、交通、铁道、建设、土地、海事、邮政、烟草和金融等相关部门，各部门都抓物流工作，各行其是，政出多门，缺乏统筹规划和整体协调，以致出现一些各自为政、盲目发展的现象。

第二，现代物流观念薄弱。工商企业没有完全摆脱计划经济的影响，习惯“大而全”、“小而全”，没有按照现代物流理念，对企业内部物流进行整合和重组，或者实行业务外包。物流企业普遍发展较慢，存在“小、散、乱、差”现象，大多只能提供简单的运输和仓储服务，很难提供一体化的物流服务。有的企业一个仓库、几部车都自称为物流企业。真正意义上的第三方物流企业尚未显现。

第三，商贸流通产业水平低，发展方式还处于粗放阶段。目前，商贸物流以单一的商品批发零售经营的企业居多，批发、分销环境薄弱，经营方式传统粗放，现代化水平低，经营规模小，产业化经营组织能力不强，现代化物流中的取货、集货、分货、加工、送货和信息服务等功能没能发挥出来，在流通环节中造成的损失比较严重，如汽车多为单向运输，空驶率较高。物流业的“小而散”加大了物流企业的经营管理和运作成本。同时，商品批发市场、专业街发展滞后，不能为物流业发展提供有效载体。

第四，物流信息化、标准化程度不高。现代信息技术在物流领域的应用程度较低，没有形成系统，更没有形成网络，没有区域性的物流信息枢纽企业；物流技术和物流服务规范统一标准尚未建立；物流仓储设施资源利用率偏低，物流多功能、一体化运作尚未成形。

第五，缺乏配套支持现代物流发展的政策环境。现代物流作为一个新兴的、亟待发展的产业，需要有个良好的政策环境。由于物流管理存在部门分割，还缺乏配套的支持物流发展的政策措施，急需按照市场经济和现代物流发展的要求，进一步完善物流发展环境。

二、县域经济发展的总体水平低

2008 年，亳州市三县一区 GDP 总量都在 100 亿元以下，财政收入最高的涡阳只有 2.9 亿，最低的利辛不到 1.8 亿，“经济弱县、工业小县、财政穷县”的面貌尚未得到根本改观。从安徽省 2009 年的县域经济指标及位次来看，亳州市三县在全省县域经济综合考评中均处于中下位次，除涡阳县生产总值稍有起色以外，蒙城、利辛两县均处于弱势地位。财政收支的不平衡比较严重，虽然财政收入在全省县域经济中均处于中下水平，但财政支出的位次却非常靠前，尤其利辛县财政收支不平衡最为严重。亳州县域财政能力的薄弱严重制约了经济发展，工业欠发达程度严重，几乎没有支柱产业，在省内处于落后地位。2008 年亳州市县域经济指标及排名如表 5.6。

表5.6　2008 年亳州市县域经济指标及排名

	生产总值（亿元）		人均生产总值（元）		财政收入（万元）		财政支出（万元）		职工平均工资（元）		人均工业增加值（2007）（元）		人均农林牧渔业总产值（元）		农民人均纯收入（元）		人均社会消费品零售总额（元）	
	指标	位次	指标	位次	指标	位次	指标	位次	指标	位次	指标	位次	指标	位次	指标	位次	指标	位次
涡阳县	97. 1	11	6 556	49	29 164	24	134 528	12	20 084	44	1 069. 2	42	3 406	47	3 934. 5	42	2 649. 6	36
蒙城县	88. 5	15	6 747	47	26 407	29	128 000	16	20 092	43	590. 27	57	4 187	33	3 995. 2	38	2 821. 8	32
利辛县	75. 9	21	4 927	58	18 242	43	137 418	8	18 409	56	115. 32	61	3 320	49	2 613. 1	59	1 668. 6	56

三、产业层次低、工业基础薄弱

对于目前亳州的经济来说，农业仍是主导产业。2008 年，亳州市规模以上工业企业单位数为298 家，在皖北地区仅高于淮南（247 家），在安徽省排名倒数第三；规模以上工业企业总产值 190. 61 亿元，在安徽省排名倒数第二，仅高于池州地区（147. 97 亿元）；规模以上工业企业总产值中，港澳台商投资企业产值0. 35 亿元，在安徽省排名倒数第一，外商投资企业产值2. 01 亿元，在安徽省也排名倒数第一；规模以上工业企业总产值中，轻重工业比例严重失衡，重工业产值仅为74. 35 亿元，在安徽排名倒数第一；同时私营工业企业单位数、工业总产值在安徽省的排名也处于末位；此外，三县一区（谯城区、涡阳县、蒙城县、利辛县）的工业基础也非常薄弱，2008 年工业企业单位数和工业总产值在安徽省县域经济排名中均处于末位。

亳州工业基础的薄弱制约了特色资源的开发与深加工，不仅削弱了内外贸发展的质量，而且高度发达的专业市场加剧了城镇与农村居民收入之间的失衡，进一步削弱了内外贸发展的潜力。2008 年亳州市城镇居民家庭就业人员年均收入中工资性收入8 189. 77 元，在安徽省排名中游，而经营性收入高达3 824. 97 元，在安徽排名第一，其原因就在于专业交易市场的高度发达使得城镇居民中普遍存在经营性活动，而农民只能为这种交易活动提供初级产品，其收入的增幅非常有限，2000 年亳州农村居民收入（2 289. 60 元）在安徽省 17 个地市中排名第八位，高于安徽省平均水平（1 901. 60 元），2008 年则滑落到第十四位，其农村居民收入水平（4 359. 77 元）已经低于全省平均水平（4 775. 85 元），城镇与农村居民收入的差距在不断加大。

第四节 亳州市贸易发展建议

当前，亳州产业发展与市场建设正处于加速的关键时期，内外贸发展的潜力不断显现出来。从宏观机遇上讲，科技进步与技术来源渠道日趋多样，为欠发达地区直接采用最新技术、越过若干技术平台和发展阶段提供了可能。中部崛起战略，建设社会主义新农村，加强中部地区现代农业、综合交通运输体系和能源、重要原材料基地建设，为亳州市提供了更多的优惠政策。发达地区受劳动力价格持续上升和土地、能源等要素资源短缺的影响，产业结构升级步伐和产业梯度转移步伐加快，也为亳州市提供了更多的投资机会。同时，安徽省加快皖北地区能源、原材料和农副产品深加工产业发展，建设皖北煤化工基地，这为特色资源丰富的亳州市扩大投资、培育新的经济增长点奠定了发展空间。经过近年来的发展，亳州市经济进入新一轮增长的上升阶段，基础设施不断改善，经济环境进一步优化，优势产业得到巩固和发展，多年来积累的能量正在加速释放，经济快速增长的态势已经形成，工业化快速推进的特征初步显现，尤其是“1468”战略布局①的确定和实施，发展思路更加明晰，发展重点更加突出，为奋力崛起奠定了坚实基础。

当然，亳州内外贸发展中的不利因素也非常突出：经济总量小，人均水平低，工业化水平低，城镇化水平低，与全省平均水平的差距继续拉大，崛起的压力加大。原始积累不足，经济自主增长能力不强，经济增长方式粗放。经济发展面临人口、资源、环境的多重制约。亳州市地处皖西北边陲，区位不优，吸引稀缺要素资源的能力不强，在区域经济发展中居弱势地位，有被边缘化、错过新一轮发展机遇的可能。行政效率不高，发展环境亟待优化。城乡、区域发展不平衡，就业压力加大。

因此，必须紧紧围绕特色资源的深加工、产业化和专业市场建设展开工作，加快结构调整，转变增长方式，提高发展质量，开创亳州市内外贸发展

① “一带、四区、六基地、八集群”，简称“1468”战略布局。包括：“涡河生态经济文化带”，“以谯城为重点的现代中药经济区，以涡阳为重点的机械化工经济区，以蒙城为重点的轻工食品经济区，以利辛为重点的新兴能源经济区”，“中药材种植基地、优质小麦种植基地、畜产品养殖基地、瓜果蔬菜种植基地、能源供给基地、劳务输出基地”，“古井镇白酒及新型饮料业集群，（亳州经济）开发区现代中药加工业集群，（亳州中药材）大市场中药材贸易业集群，谯城（西）金刚石产业集群，涡城汽车零部件产业集群，蒙城和利辛牛羊肉加工业集群，涡阳化工产业集群，义门苔干产业集群”。

的新局面。

一、优化产业布局，提升工业实力

促进四大经济区协调发展，提升工业实力是亳州内外贸发展中最关键的问题。以现代中药为特色的谯城经济区着力建设“一体两翼”，加快构筑“两园、三带、四基地”的发展新格局。即以加工业为主体，以绿色规模种植和商贸物流为两翼，加快建设亳州经济技术开发区和工业园区，培育壮大G105、G311和S307沿线三大经济带，着力打造现代中药、酿酒、农副产品加工和金刚石四大产业基地；以机械化工为特色的涡阳经济区要充分发挥生产基础、农业资源、煤炭资源和劳动力资源优势，加快建设机械化工、优质农产品和中型能源三大基地。机械化工基地重点依托康达集团、三星化工。优质农产品生产基地重点培育强筋小麦、苔干、设施蔬菜、优质棉花、优质牛肉、优质羊肉、优质猪肉、家禽、优质木材、中药材和食用菌等11种优势品牌。中型能源基地加快刘店、徐广楼、信湖、张楼、高炉、花沟、单集和蒙关8对规划矿井的建设，同时积极发展煤电工作。以轻工食品为特色的蒙城经济区突出发展以汽车贸易为依托的机械加工制造业，以农牧业生产基地为基础的农牧产品加工业，以林业资源优势为支撑的木材加工业三大重点产业。着力打造城区经济集群、园区经济集群、乡镇经济集群和工矿经济集群四大经济板块。以新兴能源为特色的利辛经济区要做好民营工业园、天然气化工园、板集煤矿工业园三大园区的规划建设工作，重点围绕“一矿两厂”（即板集煤矿、洗煤厂、坑口电厂）和西气东输分输站四项重点工程，着力打造新兴能源经济区。

二、加快批发零售贸易业的发展

为增强批发零售贸易业的竞争力，必须运用新型业态改造传统商业，积极发展超市、连锁店、购物中心、配送中心及便民店，推进连锁经营、特许经营、代理经营和电子商务等组织形式和服务方式的发展，提高服务业整体水平和竞争力。亳州市政府已经注意到连锁经营、配送等新型商业形式的活力，当前的关键问题是运营好万福商业中心、希夷购物广场和金元宝商城等项目，完善提高亳州商之都、牛群商贸城和蒙城汽贸城等商业设施的档次，构建大型购物平台，形成覆盖全市及周边地区的商品流通网络。同时，培育扩大亳州农机大市场、利辛水产和副食批发市场规模。提升亳州蔬菜批发市场的销售、储藏、加工、运输、信息和检疫检测能力。加快建设功能齐全的农副产品批发交易市场。在涡阳和蒙城建设为煤矿、机械等生产服务的专业市场，建立城乡一体化的商贸服务体系，增强其辐射能力，向更广大的区域性专业大市场迈进。通过政策引导，以药业运输、煤炭运输为依托，整合运输资源，组合数十家规模运输企业，促进运输市场有序发展。鼓励城市大中型商业企业通过连锁、配送等形式进入农村市场，进一步启动和规范农村市场，促进农村流通服务业的健康发展。

三、积极发展新兴服务业，提高专业市场的档次与水平

亳州要抓住服务业全面对外开放的机遇，加快信息、物流等现代服务业的发展。充分发挥亳州中药材市场、鲜活农产品批发市场和各类具有鲜明特色的地产农产品市场的辐射作用，推进运输、仓储、装卸、加工、整理、配送、信息等方面有机结合，完善连锁、代理、配送等现代流通方式，大力发展现代物流业。进一步提升中药材交易中心、中药饮片物流中心，构建中国现代中药饮片物流园区，形成中华药都特色的中药饮片物流平台和网络。积极创造条件，构建以涡阳国家粮食储备库和亳州国家粮食储备库为节点的粮食仓储中转基地和物流中心。

同时，要不断强化专业市场建设。首先，交易商品的质量是市场的生命，亳州中药材交易市场曾出现的假药风波鲜明地提示了这一点。为此，各专业市场必须加强商品检测，不断提升市场准入水平。其次，商品交易中的信息化、标准化水平代表市场的竞争力，各专业市场要从原材料、加工包装直至商品的每个环节落实认证和商标制度，切实提升商品的专业化水平。再次，各专业市场也要加强管理，不断提升管理服务水平，可以为此开展多种形式的服务竞赛活动、强化信息发布交流、制定配套服务细则等。最后，要加强职业教育，不断提升市场团队素质。市场的活力不仅取决于有形的硬件，更取决于无形的职业化的专业知识，亳州中药材市场能够成为全国最大的交易市场之一，不在于亳州的地理位置、市场的硬件设施，而在于大批具有药材专业知识的经营者，在于“华佗故里，药业之乡”的历史积淀，所以增强市场经营者、管理者的专业知识和文化素养对提升专业市场的档次与水平至关重要。

参考文献：

［1］亳州市政府．亳州市国民经济和社会发展第十一个五年规划纲要［R］．2005.

［2］安徽省统计局．安徽统计年鉴［R］．2004—2009．北京：中国统计出版社，2004—2009.

［3］安徽省商务厅公众网．http：//www. ahbofcom. gov. cn/.

［4］安徽省统计局信息公开目录．http：//www. ahzwgk. gov. cn/.

［5］亳州市信息公开网．http：//www. bozhou. gov. cn/.

第六章　宿州市贸易发展分析①

宿州市与江苏、河南、山东接壤，是安徽省的北大门，位于黄淮平原的南端，处在淮海经济区、陇海经济带腹地，是承接东部沿海发达地区向内陆地区产业转移的前沿，也是南北经济文化交流的要塞。宿州市总面积 9 787 平方千米，辖砀山、萧县、灵璧、泗县和埇桥区，总人口 617. 2 万人。宿州境内拥有 120 万亩以上全世界最大的连片水果产区，面积和产量均占安徽全省 90% 以上，矿产资源的开发在经济中也占有重要地位。近年来宿州市经济发展较为迅速，工业增长速度达到全省第一，甚至超过省会合肥。三大产业的比重与五年前相比有了很大变化，产业结构更加趋于合理。2009 年宿州 GDP 总值达到 540 亿元，但由于农业人口众多，人均 GDP 仅为 8 635 元。随着经济的迅速发展，这种局面将在数年内得到改善。目前经济发展中存在的主要问题是结构性矛盾比较突出，粗放型增长方式并没有在根本上发生转变，农村经济仍较薄弱等。

第一节　宿州市贸易发展现状

一、国内贸易现状

（一）社会消费品零售总额逐年递增

随着宿州市工业化和城市化进程的加快，商业贸易也呈现加快发展的态势。2001 年以前宿州市消费品市场销售一直在低速徘徊，2002 年全市社会消费品零售总额增速突破两位数后一直保持快速增长态势，连续六年增幅保持在二位数。2007 年全市社会消费品零售总额突破百亿元大关，达到 114. 8 亿元，比上年同期增长 18. 4%，增幅第一次进入全省前三名。2009 年全市实现

① 感谢宿州市商务局在调研工作中给予的大力支持。

社会消费品零售总额168亿元，比上一年增长18.6%。如表6.1所示。

表6.1　2007—2009年宿州市消费品零售总额及增幅

年份	宿州市消费品零售总额（亿元）	增幅
2007	114.8	18.4%
2008	141.4	23.1%
2009	168	18.6%

资料来源：宿州市商务局统计资料。

根据宿州市商贸流通业发展调研组2008年调查统计，全市商贸流通业共有各类企业14 084户，各类综合、专业和集贸市场104个，个体商业52 392户，全市批发零售和住宿餐饮从业人员40万人，2007年末，实现国内生产总值41.8亿元，占全市GDP的9.86%，占全市第三产业总值的28%。

（二）限额以上批发和零售业、住宿和餐饮业发展迅速

2009年，宿州市批发业实现34.72亿元，同比增长17.4%，其中：限额以上实现9.79亿元，同比增长17.3%，增幅比上年同期下降42.2个百分点；限额以下实现24.93亿元，同比增长17.5%，增幅比上年同期提高3.1个百分点，高于限额以上0.2个百分点。零售业实现111.91亿元，同比增长18.6%，其中：限额以上实现24.44亿元，同比增长15%，增幅比上年同期下降35.8个百分点；限额以下实现87.47亿元，同比增长19.7%，增幅比上年同期提高3.4个百分点，高于限额以上4.7个百分点。全市住宿和餐饮业实现社会消费品零售总额16.59亿元，同比增长22.6%。

以连锁经营、电子商务、物流配送为代表的现代流通方式迅速发展，各种形式的超市、专业店、专卖店、便民店、农家店遍布城乡，新型流通业态正在逐步取代传统经营模式，流通业业态结构得到不断改善和优化。全市营业面积1万平方米的大型超市有1家，3 000平方米以上的大型超市有8家，1 000平方米以上综合超市有12家，拥有华夏集团、美惠多超市公司、砀山新锦江、萧县联华、灵璧新百、泗县佳美等一批本土骨干商贸流通企业。通过“万村千乡”市场工程，开拓农村市场，全市三年共建设和改造农家店1 697个，企业在发展连锁经营中实力不断增强。2007年，限额以上零售企业商品销售额14.6亿元，其中超级市场销售额10.03亿元，占比68.6%。全市具有一定规模的连锁经营流通企业已超过20家，通过直营、加盟、特许等种种形式，连锁经营店数达1 700多家。江苏苏果、上海联华、肯德基、上岛咖啡等

知名企业在宿州市开设了连锁经营店，法国家乐福、台湾大润发也签定了入驻意向书。

（三）亿元以上商品交易市场建设快速推进

进入新世纪后，随着经济和城市的快速发展，商业网点建设的数量和档次迅速跃上一个新台阶，特别是近几年招商引资力度的加大，一批项目先后落地，流通基础设施建设步伐明显加快，以华夏商社、武夷商城、金茂商城、恒丰大厦、汇源大酒店、光彩城大市场、皖北蔬菜批发市场、钢材市场、汽车配件市场、尚都家具、华润苏果淮海路购物广场、砀山惠丰农产品批发市场、泗县虹都大厦、文庙商城等为代表的一大批商业网点建成投入使用，初步改变了宿州市过去商业网点“少、小、散、旧”的落后状况。目前全市共有经营面积20 000平方米的大型综合商场2家，5 000平方米以上的各类商业网点32个，年成交额超亿元的大型综合和专业商品市场6家，正在建设的20 000平方米以上的大型商业网点有：尚街国际新天地、家乐福世纪广场、华夏宿蒙路三角地商业公益广场、萧县同创农贸批发市场等。

（四）宿州市商业贸易贡献稳定增长

近几年，全市商贸流通业增加值稳步增长。2005年，实现增加值31.6亿元，对GDP的贡献率由之前的7%～8%上升到9%以上。2006年和2007年，分别实现增加值35.7亿元和41.8亿元，同比分别增长13%和17%，连续三年，对全市的GDP贡献率稳定在9%以上，接近10%。在全市第三产业中，商贸流通业增加值占比也稳定在28%左右，比2004年之前提高了三个百分点。在第三产业的几大板块中，无论是绝对值还是增幅，商贸流通业都远远高于交通运输、仓储和邮政业以及房地产业等。全市的总税收中，批发和零售贸易业贡献率在25%左右。2007年，全市批发零售贸易业上缴增值税20 423万元，占国税当年增值税总收入的25%；上缴企业所得税7 840万元，占国税当年企业所得税总收入的57%；上缴的地方各税也占地税总收入的16%以上。商贸流通业还充分发挥劳动密集型产业吸纳就业的优势，据市统计局2007年底统计数字，全市批发零售和住宿餐饮业从业人员40万人，比2005年增加5万人，占全市第三产业从业人员的47%，占全市全社会从业人员（社会劳动力）的11.7%，对繁荣市场、保持社会稳定发挥了重要的作用。

二、对外贸易现状

宿州市进出口总额从2004年的2 602万美元，增长到2009年的8 400万美元，年均递增26.8%以上；2004年至2009年，全市累计实现进出口总额近3.3亿美元，是2004年以前11年历史总量（宿州市自营出口始于1993年）的1.6倍。2009年实现外贸进出口8 400万美元，比上年同期下降2.6%。其中，进口1 810万美元，增长17.8%；出口6 589万美元，比上年同期下降7.1%。

（一）货物贸易

2004年以来，标志着宿州市外贸发展上台阶的出口基地规划实施工作开始启动，现已建果汁、罐头和蔬菜3个省级农产品出口示范基地；通过不断加大农产品、板材、纺织服装等产品出口基地建设，围绕重点企业提升支持促进工作，全市农产品、板材、纺织服装出口已占全市出口总值60%以上，成为促进宿州市外贸出口的生力军。2009年，全市外贸进出口累计完成8 400万美元，同比下降2.6%。其中出口6 589万美元，同比下降7.1%；进口1 810万美元，同比下降17.8%。全市所辖砀山县、萧县、灵璧县和泗县外贸进出口分别完成1 445.3万美元、401.6万美元、213.4万美元和1 403.9万美元，四个县外贸进出口累计完成3 464万美元，占全市进出口总值47%；市区进出口总值3977万美元，占全市进出口总值的53%。全市有进出口实绩企业39家，比去年新增10家，其中进出口超百万美元的企业11家，累计完成进出口6 701万美元，占全市进出口总值90%。

（二）利用外资

2009年全市实际利用外资11 020万美元，同比增长56.2%（见表6.2），增幅位居全省前列。其中外商直接投资9 632万美元，同比增长49.2%；对外借款1 306万美元，外商其他投资76万美元。1—11月份新批外商投资项目投资总额11 761万美元，注册资本4 210万美元，合同利用外资6 094万美元，同比增长162.3%。1—11月份，全市省级以上开发区实际利用外资5 690万美元，占全市总额的52.9%。全市所辖四个县实际利用外资5 013万美元，占全市总额的46.6%。其中，砀山县、萧县利用外资超千万美元，砀山县实际利用外资3 573万美元，萧县实际利用外资1 395万美元，实现大幅增长。

利用外资质量明显提升。2004年以来，全市新批外商投资56个项目中，实际落地30家，18家为外向型企业，15个属国家鼓励类项目。五年间新增8

家外商投资企业发生进出口实绩，外商投资不仅扩大了宿州市对外贸易规模，同时促进了对外贸易结构的优化升级。

外商投资对宿州市经济社会发展的贡献显著提高。2008 年全市实际利用外资占同期全社会固定资产投入的比重由 2003 年的 3.0% 上升至 6.0% 以上。2008 年外商投资企业联合年检合格企业 40 家，其中投产开业 33 家，筹建 5 家，停业 2 家，开业投产率为 83%。参检企业涉外税收 1 927 万元；外商投资企业直接从业人员 5 984 人；11 家盈利企业合计创造利润 2 468 万元人民币。

表 6.2 1999—2009 年宿州市利用外资的数额

（单位：万美元）

年份	实际利用外资	其中港澳台资金	直接利用外资
1999	250	81.2	
2000	634	537.4	
2001	806	604.5	
2002	1 533	983.6	1 167
2003	2 030	426	1 146
2004	2 330		886
2005	2 720		699
2006	3 250		2 456
2007	5 473		5 208
2008	7 841		7 207
2009	11 020		9 632

资料来源：宿州市商务局统计资料。

第二节 宿州市贸易环境与贸易特色

一、贸易环境

（一）交通便利

宿州是淮海经济协作区的核心城市之一，位于安徽省最北部，与苏、鲁、豫三省 11 个市县接壤，是安徽省距离出海口最近的城市，铁路、公路和水路交通十分便捷。京沪、陇海两大铁路干线呈“十”字状贯穿全境，连霍高速、京福高速在宿州市纵横贯穿，即将建成的京沪高速铁路经过宿州市，并设有车站。全市公路通车里程达 13 003 千米，形成了以高速公路、国省道为骨架，县乡道为支线，四通八达、纵横畅通的公路网络，在全国处于领先地位。宿州市区域内有浍河、新汴河、沱河、萧濉新河等河流，全市有 7 级以上航道里程 176.23 千米，设有 5 个港口，建有 100 吨级泊位 48 个，年吞吐能力 300 多万吨。良好的交通优势为宿州市商贸流通业提供了便利的发展条件。

（二）资源丰富

宿州市拥有丰富的农产品资源、煤炭等矿产资源和旅游资源。作为正在崛起的农业强市，宿州市是全国著名的粮、棉、油、水果和蔬菜生产基地，是全国最大的连片水果产区，也是全国规模较大的畜牧养殖基地，在农副产品深加工方面很有潜力。煤炭是宿州市的优势矿产，储煤面积 2 000 平方千米，矿产地 41 个，现已探明煤储量约 60 亿吨，煤质优良，煤种齐全。此外，宿州市还拥有已查明储量的石油、煤层气、铁、铅和白云岩等矿产资源，矿产种类多，潜在价值大。宿州市文化积淀丰厚，名胜古迹众多，还拥有丰富的旅游资源。目前，宿州市已有国家级森林公园 1 处、国家级生态示范县 1 个、省级自然保护区 3 处、省级风景名胜区 2 处、省级文物保护单位 12 个。丰富的自然资源和旅游资源为宿州市产业和贸易发展提供了有力的支撑。

（三）政策优势

在国家和安徽省政府、商务厅出台一系列政策与规划的基础上，宿州市政府和商务局根据宿州市经济社会发展的实际情况，相继出台了一些优惠政策和规范商务运行的法律法规促进商务经济的平稳快速发展。譬如，《宿州市城市商业网点规划》的出台有力地推进了宿州市皖北商贸中心的建设进程；《宿州市鼓励外商投资规定》中对外商投资商业街、批发市场和现代物流中心项目、工业项目、农业项目以及高新技术产业项目等均规定了详细的优惠条款，并对引荐外来投资项目予以奖励；2008 年 6 月出台的《关于加快流通业发展的若干政策意见》，对宿州市流通业发展在资金、土地、税收等方面给予促进支持，为商贸流通业的发展营造了良好的政策氛围。

二、贸易特色

（一）市场特色

近年来，宿州特色专业市场发展迅速。城区特色专业市场主要有东仙桥小商品市场、中山西街纺织品市场、中山东街服装市场、华美家具市场、联络街干货市场、东关大街小五金市场、皖北蔬菜市场、光彩城农资建材市场、开发区钢材市场、汇源大道农机市场和三八桥汽车配件市场等，均具有一定的规模和影响力。县区则建设有灵璧奇石市场、埇桥区大店粮食市场、砀山惠丰水果批发市场、萧县同创农贸市场和泗县农资大市场等一些特色市场，逐步形成为特色突出、规模较大、影响力较强的区域性专业市场。目前，按照市政府的统一规划，“市级商业中心—市级商业副中心—区域商业中心—社区商业中心”四层分级的商业网点体系已基本形成。同时，经过三年农村商品流通改革和市场建设工作的扎实开展，通过“万村千乡”市场工程，开拓农村市场，共建设和改造农家店 1 697 个，初步构架起了以城区店为龙头、以乡镇店为骨干、以村级店为基础的新型农村商品流通市场体系。

（二）产业优势

“十一五”期间，宿州市工业经济保持较快增长，形成了煤电、化工、纺织、食品、机械、建材和医药等一批对经济发展具有牵动作用的支柱产业，有力地推进了国内贸易发展。煤电产业是宿州市优势产业之一，煤炭工业产值占全市工业产值的四分之一以上，在全省乃至华东地区都占有重要地位，是长三角经济区重要的能源供给基地之一。食品、化工、机械和医药等行业保持较快发展势头，在工业经济迅速发展的推进下，2007 年，国内贸易额开始突破百亿大关，绝对值和增幅均刷新历史纪录，而且增幅第一次位居全省前三名。以农副产品加工业的发展壮大为依托，宿州市外贸进出口基地发展迅速，现已建成果汁、罐头和蔬菜 3 个省级农产品出口示范基地，通过不断加大农产品、板材等产品出口基地建设力度，不仅大幅度提高了农副产品附加值，促进了经济增长，而且扩大了出口贸易规模。目前，在宿州市生产型出口产业中，农产品和板材等优势产业的出口额约占宿州市出口贸易额的 50%，纺织服装产业出口占比 15% 以上，高新技术产业出口占比 30% 左右。

（三）企业特色

伴随着国民经济的迅速发展，宿州市涌现出一批对贸易发展起带头作用的大中型商贸企业。目前，全市限额以上商贸企业有 23 个，10 亿元以上企业 2 家，5 亿元以上 10 亿元以下企业 1 家，5 亿元以下亿元以上企业 2 家。其中，综合性商贸流通龙头企业宿州华夏集团销售位居全省同行第四名，先后被评为安徽省商贸十强和安徽省连锁业十强，被省政府确定为全省重点流通企业，是国家、省、市“万村千乡”市场工程试点企业，被国家商务部评为市场运行监测信息报送先进单位。以砀山冠隆集团、安徽砀园果业集团、萧县红双喜葡萄酒有限公司、宿州科技食品公司、东方面粉厂、萧县锦丰集团、宿州丰原生化公司、宿州福润、汉森"荷金来"、符离烧鸡、天牧乳业、砀山佳华木业和宿北木业等为代表的一批农副产品深加工龙头企业致力于提高农副产品的转化率和附加值，已促使宿州市水果、小麦、畜产品、林产品的精深加工产生了较好的规模经济效应。皖北药业、信诚化工、泗县中南钢铁和安特生化等一批高新技术企业不断提高产品科技含量，生产经营都处于上升期。这些代表性企业在自身发展壮大的同时，促进了宿州市国内贸易发展，同时，作为宿州市产品出口的中坚力量，对宿州市优势产品和高新技术产品出口发挥了良好的外向带动作用，有助于扩大外贸规模，改善出口产品结构。目前，全市有进出口经营权的企业逐年增加，2004—2008 年，年进出口额超百万美元的企业由 5 家发展到 12 家；年进出口额超千万美元的企业发展为 2 家，进出口发展后劲不断增强。

第三节　宿州市贸易发展存在的主要问题

一、商品流通规模总量较小，企业组织化程度不高

虽然近年来宿州市社会消费品零售总额一直保持着较快增长，但总量规模依然偏小。国内市场消费稳步增长，2009 年，全市累计实现社会消费品零售总额 167.65 亿元，比上年同期增长 18.6%。分地域看，城市消费品零售额增长 15.6%；县及县以下零售额分别增长 21.8%、19.1%。分行业看，住宿和餐饮业增长 22.6%，批发业、零售业分别增长 17.4%、18.6%，其他行业增长 13.8%。分县区看，埇桥区增长 20.5%，砀山县增长 24.2%，萧县增长 18.6%，灵璧县增长 19.8%，泗县增长 20.6%。其中，埇桥区、砀山、灵璧、泗县增速分别高于全市 1.9、5.6、1.2、2.0 个百分点。2007 年社会消费品零售总额在全省居第十位，人均社会消费品零售总额尚不足全省人均的一半，不但落后于周边徐州、荷泽、宿迁，在皖北 6 市中也较为落后。商贸企业组织化程度明显偏低，除烟草、石化等国企外，全市年销售过亿元的商贸流通企业仅 3 家，限额以上批发零售贸易企业只有 33 家，主要集中在烟草、石油、食品、图书、医药等系统。全市 35 个商品市场中，销售额超亿元的市场仅 5 个，而且辐射力有限，档次和运行质量也不高。整体来看，商贸流通企业重组兼并发展迟缓和集约化发展缓慢，上规模并具有较强影响力的商贸龙

头企业少，市场竞争力不强，抗风险能力较弱。

二、新型业态发展缓慢，流通现代化程度较低

1997 年 5 月 1 日，宿州市第一家连锁超市上海华联超市宿州店开业，至今十余年，虽然新型业态在本市起步较早，但发展缓慢。连锁超市中除华润苏果宿州社区店为国内著名连锁企业直营店外，其余均为地方自主品牌或加盟店。全市 1 700 多家连锁店中，直营店只有 30 家，约占 1.8%，连锁店连而不锁，配送率较低。5 000 平方米以上大型百货商场仅有华夏商场和宿州商之都两家，缺少大型品牌高档百货业态。专卖店虽不少，但商品不丰富，专业不突出。休闲、娱乐、快餐场所数量较少、方式单一、档次较低，国内外知名品牌更少。目前全市还没有具有较强影响力的上规模、上档次的大型餐饮企业；星级酒店仅有四星级 1 家，三星级 4 家。宿州城区目前上规模的 20 个菜市场中，仅有 1 家室内菜市场，其余都是骑路市场。物流配送仅仅处于初级的企业内部配送和单纯的仓储或运输功能上，没有实质意义上的第三方物流。电子商务尚处于连锁企业内部信息管理的起步阶段，网上交易仅现端倪。

三、商品市场布局不合理，难以形成规模效应

宿州主城区现有和在建的 21 个综合和专业市场分散在城区的不同方位，其中：城市中心区 8 个、开发区 4 个、东南区 3 个、道东区 1 个、西南新区 3 个、西北新区 2 个。市场间距较大、各自经营，没有形成市场集群和市场带，很难形成集群互动效应。特别是金贸商城、金泰商城、东仙桥小商品市场、中山街服饰市场、城隍庙小商品城和温州小商品城均为小商品、服装服饰专业市场，没有特色，很难产生更大范围的集聚影响力，不仅经营的商品层次低，质量堪忧，而且存在着严重的安全和消防隐患。现有市场基本没有信息中心和网站，不能开展网上交易、结算等电子商务。大部分市场基本没有设置停车场，市场内商品运输大多依靠人力三轮、小拉车或自运，没有配套的现代物流，光彩城大市场及周边甚至连一家能办理汇兑业务的金融机构都没有。市场当地特色不突出，地方资源难借市场优势。在目前经营和在建的市场中，烧鸡、水果、粮食和书画等宿州独具特色或优势的产品没有形成市场优势，严重制约了地方资源的开发。

四、现代批发业发展滞后，难以形成较强的辐射能力

随着市场化进程的推进，宿州市计划经济时期在安徽省和黄淮地区有较强影响力的“百货站”、“五交化站”和“糖酒公司”等一批大型批发企业相继破产倒闭和经营萎缩，而新型的批发体系又没有构建，批发业几乎停滞。绝大部分批发商都是采取单个门面，代理一个或几个同类商品的传统批发方式开展业务，城区经营区域主要集中在环城南路和东仙桥一带，业务流向基本上是买全国卖地方，辐射范围较小，发展空间有限。全市几乎没有专业的大型批发公司，形成买全国卖全国的大规模总代理、总经销；没有与产业、物流结合，形成物流 + 加工基地的发展模式；更没有电子商务，开展网上交易。很难以适应大市场、大流通的要求，严重影响流通业对生产引导和经济促进作用的发挥。

五、城乡流通业发展不平衡，农村市场基础薄弱

商贸流通业在全市的发展极不平衡，县区流通业特别是农村流通业的发展滞后，城乡差距逐步拉大。2009 年，全市城镇居民人均可支配收入达 13 097元，比上年同期增加 1 198 元，增长 10.1%；农民人均纯收入达到 4 076元，比上年同期增长 11.0%。城市销售额占比在不断提升，县及农村的份额在逐渐下降。由于县及县以下农村商业网点建设滞后，农村购买力向城市分流加剧。据调查，全市 99 个乡镇，集贸市场只有 48 个，平均两个乡镇不到 1 个市场，农村绝大部分乡镇仍然沿袭千年来“逢集”、“赶集”的传统交易方式，通过马路市场进行商品交易，既阻碍交通又不安全。虽然通过“万村千乡”市场工程，在农村建立了一些连锁农家店，但仅限于交通、经济发达地区，交通不便和偏远地区的农民仍然通过简易的“夫妻店”、流动商贩和集市购买商品，严重影响了农民消费的安全，制约了农村经济的发展。

六、外贸经济面临的外部环境十分严峻

世界经济和贸易增长放缓趋势明显，石油、粮食等初级产品的价格高位运行，全球通货膨胀持续，投资和贸易保护主义加剧，外部环境日益趋紧。国内能源、原材料价格持续上涨，通货膨胀压力加大，商务经济面临的形势复杂，市场变化的不确定性增加，特别是外贸进出口工作遇到的困难越来越大。首先，国际市场需求明显放缓。美国次贷危机的负面影响不断扩散，一

些欧美包括日本客户支付、融资出现困难，出口风险加大，贸易纠纷不断增加，订单普遍下降，而且议价难，金额少，下单慢。其次，我国外贸相关政策处于近5年来收缩最紧时期。人民币升值加快，导致全市部分农产品、纺织等劳动密集型产品出口为主企业停止出口，转向以内销为主。出口退税政策有所调整，2004年出口退税机制改革以来，已先后10次结构性调低出口退税率。全省平均退税率由15.13%降低到9.3%，每出口1美元，减少出口退税0.44元。加工贸易政策也有所调整，随着990种商品禁止加工贸易等相关政策的实施，宿州市出口龙头雪龙纤维、佳华木业已无法开展加工贸易，严重制约企业进出口业务发展。

七、对外贸易中利用外资水平不高

近年来宿州市利用外资步伐明显加快，吸引了万润肉类、砀山海升果业和乔富企业等一批符合地方特色且有行业带动作用的企业落户。通过吸收境外资金对宿州市引进先进技术、管理经验、高素质人才和优化产业结构等方面起到了积极作用。但利用外资工作中存在的发展不平衡、利用外资水平不高等问题仍然突出，县域利用外资作用未得到充分发挥。对外交流渠道不宽、信息不畅、质量不高。近几年来，宿州市先后参加了国家和省里举办的一些贸易投资洽谈会，如华东进出口商品交易会、厦门投资贸易洽谈会、深圳高科技成果交会、安徽（香港）投资贸易洽谈会和徽商大会，但在吸引和利用外资方面，收效甚微。其主要原因是：首先，宿州市农产品资源和劳动力资源丰富，利用外资的范围很窄，仅仅局限于农产品加工和劳动密集型产业。其次，缺少对口企业或相关企业承接。现在外商在一地投资兴业，总是希望有对口企业或相关企业与之合作，以此缩短投资周期，降低投资风险，而宿州市正是缺少这样的企业。再次，宿州市对外宣传的力度不够，外商不了解宿州，不了解宿州所具有的发展优势以及给予外商投资的优惠政策。最后是与境外投资机构、商会及企业联系较少，不能及时准确的获取有效信息。

第四节　宿州市贸易发展建议

纵观近年来宿州市贸易发展态势，未来一定时期内，在突破内贸和外贸发展的瓶颈后，宿州市贸易发展将会走上快车道。煤电、化工、纺织、食品、机械、建材和医药等支柱产业的优势地位继续保持，商贸流通业市场规模将进一步扩大，对经济增长的贡献率会进一步提高，内外贸规模也将进一步扩大。同时，各产业市场竞争力得以进一步加强，企业销售利润率不断提高；市级商业中心—市级商业副中心—区域商业中心—社区商业中心的四级商业网点结构基本形成，商业网点建设布局趋于合理，基本建成人流、物流、资金流、信息流畅通便捷的商贸强市。对外贸易方面，在农产品出口示范基地得以巩固和提高的基础上，优势产品出口的外向带动作用和集群效应将进一步显现，工业制成品和高新技术产品的出口量将会进一步增加，从而推进宿州市出口规模的扩大和出口产品结构的优化。为了进一步促进宿州市贸易跨越式发展，本文提出以下对策建议。

一、深化区域经济合作，全面实施东向发展战略

实施“东向发展”战略，是宿州经济发展的现实选择，应充分发挥宿州市处于长三角纵深腹地的优势，在思想观念、行为方式、基础设施、产业项目和体制机制等方面加速向东对接，促进双向互动发展。实施“东向发展”战略，要建立健全“政府推动、领导带头、以企业为主体、以园区为载体”的招商引资机制，紧紧抓住沿海地区资本外溢和产业转移的机遇，主攻对浙江、苏南、上海等资本富集地区的招商，主要吸引浙企、浙商到宿州投资。大力引进资金密集型、资源加工型项目，全方位推动宿州市工业、农业以及城市基础设施和社会事业等领域的区域合作，千方百计扩大引资总量。积极拓展市外境外招商，吸引市外境外大公司来宿建立生产基地，参与传统产业的技术改造、国有企业的改组和基础设施建设。加强区域经济合作，重点是加强煤电、机械制造、农副产品加工等产业领域的合作，鼓励宿州市与长三角等经济发达县市企业以资产、技术和品牌为纽带，组建具有国内乃至国际影响力的集团，做大做强企业品牌。促进设施共建和科技教育交流，积极发挥重点高校、科研院所、大企业技术与人才优势，联合培养产业发展急需人才，合作建立企业研发基地，建立科研开发战略联盟，建设共同研发服务平台，促进资源共享，降低科技创新成本，提升科技创新水平。

二、强化规划引导，加大商贸流通业的支持力度

加强《宿州市城市商业网点规划》的执行力度，进一步明确商务部门统筹负责全市商业网点的规划建设和宏观管理、协调各职能部门的职责，利用宿州市区位优势，建设层次分明、布局合理、结构完善、分布有序的开放、

高效、便捷、畅通的现代化商业网点新格局。认真贯彻执行《关于宿州市加快流通业发展的若干政策意见》，在建立流通业发展资金、鼓励投资流通业、保障流通项目用地、实施收费优惠、优化发展环境等方面执行相应的鼓励促进政策，培育壮大骨干企业，提升企业组织化水平，提升流通业发展现代化水平。同时，在招商引资中要将商贸流通项目与工业项目一样对待，在优惠政策、项目用地、任务考核等方面同等对待。

三、建设城市中央商圈，建立业态先进的现代零售体系

宿州城区中心商圈的建设对全市商贸流通业的发展具有核心带动和辐射作用，必须全力重点推进。应重点建设三大商业中心、规划建设和改造六条商业街。三大商业中心，即汴河路、胜利路、淮海路、人民路组成的“井”字状地块的市级商业中心，建成宿州市的中央商务区（CBD）；汴河新区市级商业副中心；符离集新兴区域商业中心。大力引进国内外知名大型商业企业入驻开设大型购物中心、高档百货商场、大型宾馆酒店、大型专业商店、大型超市、大型娱乐中心和大型书店，提升商业中心功能、档次和影响力。围绕中心商圈，重点建设东昌路商业步行街（汴河中路—环城河）、人民路商业街（淮河西路—沱河）、淮海中路精品街（汴河中路—胜利路）和胜利路电子商业街（环城东路—小隅口）等六条商业街。

四、建设专业市场，建立具有较强辐射功能的现代批发体系

在专业市场建设上，应借鉴义乌、临沂大型专业市场的成功经验，从有“市”的市场开始引导发展，建设培育成专业市场。宿州城区的一些批发市场已具有一定的规模和影响力，可先从这些市场进行培育，通过规划引导、集群建设，形成市场带，逐步做大规模，增强对周边地区的影响力，重点规划建设成专业的小商品市场、服装纺织品市场、机械电子产品市场、家居建材市场、板材市场、花卉苗木市场、水果批发市场、名特优农副产品市场、农资大市场和奇石大市场等。加快宿州物流基地规划，积极推进西南新区、符离集区和京沪高铁宿州站区三个区域大型物流基地的建设，引导和鼓励物流企业，发展现代物流装备技术，面向广大中小型企业进行社会化物流配送，促进市场体系建设快速发展。依托现有市场和资源优势，建设高标准的加工园区，引导经营大户围绕批发市场经营产品在本地加工生产，形成产业链，打造出集设计、加工、研发和销售为一体的产地型市场，增强市场的竞争实

力，逐步建立起以重点市场为龙头，专业批发市场为骨干，城乡集贸市场为基础，各类要素市场相配套，城乡连接、辐射全国的现代市场批发体系。

五、积极拉动内需，推进新农村市场体系建设

内需是经济增长的拉动因素之一，作为农业大市，宿州市应积极推进新农村市场体系建设。一是逐步完善农村现代商贸流通服务体系，促进城乡协调发展，提高农民生活质量，增加农民收入，促进农民消费，实现公共服务均等化。二是大力实施“万村千乡”市场工程，引导和鼓励有实力的大中型连锁企业经营网点，深入县、乡、村，推动大型超市进县、中型超市进乡镇，小型超市下乡村，构成县（区）、乡（镇）和行政村三级布局合理、设施达标、功能完善的日用消费品连锁经营网络。三是适应农村居民服务消费需求不断提高的要求，积极推动农村社区建设，逐步完善农村居民生活消费服务配套措施，推动新业态、新流程和新的服务方式进入农村商品流通业，适应消费结构升级的发展需要。

六、推动外贸发展，优化进出口商品结构

宿州市外贸发展要着眼于经济增长方式转变，在稳步扩大农产品、板材、纺织服装等特色产品出口规模的基础上，不断扩大工业制成品和高新技术产品出口，进一步优化进出口产品结构。一是要继续培育壮大外贸进出口队伍。要进一步加大扶持力度，着力培育壮大一批年出口额百万美元以上的骨干企业，鼓励更多企业获得自营进出口经营权，加快培育新的出口增长点。二是继续优化出口商品结构。要坚持以质取胜，着力提高出口产品质量和附加值。要努力扩大机电产品、高新技术产品出口，引导企业加大技改投入，加快新产品开发和传统产品升级换代，加快培育一批具有自主知识产权、自主品牌的拳头产品。三是要大力发展加工贸易。抓住沿海发达地区劳动密集型产业向中西部省份转移的契机，重点发展外商投资企业和民营企业的加工贸易，全力支持新林服装、科技食品等企业做大加工贸易规模。四是加快出口基地和产业集群建设。充分发挥我市农副产品资源丰富的优势，在巩固和提高已建的 3 个农产品出口示范基地基础上，以一批出口企业为依托，重点推进农产品和板材加工产业集群建设，充分发挥优势产品出口的外向带动作用和集群效应。五是要加快从主要鼓励出口向进出口并重转变。要鼓励企业扩大先进技术设备、节能环保设备和重要原材料进口，充分利用国际资源。六是要

精心指导和帮助外贸进出口企业保客户、保市场、度难关。要密切关注国际国内市场的变化，及时分析和把握宏观环境对进出口业务的影响，指导企业及时应对形势，适时调整成本控制目标和利润预期。七是积极推动多部门协调联动，为进出口企业营造良好贸易环境。应强化同财政、税收、银行、海关、出入境检验检疫等部门的协作，建立多部门联动的外贸协调服务机制。

七、扩大外资规模，努力提升利用外资水平

外资企业进出口在宿州市外贸业务中占有较大的比重，因此，要始终把利用外资作为开放型经济的重中之重，使之成为有效投入的重要来源，优化经济结构的重要动力。一是要以优势产业为主要对接点，不断优化利用外资结构。煤电、农副产品和丰富的矿产资源是宿州市的三大资源优势，要充分利用这些围绕这些优势资源的重点项目，加大推介和对接的力度，以优势产业和优势项目来提高利用外资的实效。二是要充分发挥开发区、工业园区在利用外资方面的载体功能。要密切同开发区、工业园的联系，充分发挥其在利用外资方面的主体作用。要抓住国际沿海产业资本加快转移的历史机遇，按照省商务厅的统一部署，积极为开发区、工业园区搭建招商引资平台，引导各类外商投资企业地区进园发展，逐步提高开发区利用外资的比例。三是要切实为利用外资和外商投资企业搞好全方位的服务。要把服务作为改善投资环境的切入点，对签约项目提前介入、主动服务，指导企业和项目单位做好合同、章程等相关要件，使其尽快进入审批程序；对已批的外资企业全程跟踪服务，协调解决有关问题，促使合同履约和资金到位。

参考文献：

［1］宿州市商贸流通业发展调研组．宿州市商贸流通业发展调研报告［R］. 2008.

［2］宿州市商务局．宿州市城市商业网点规划［R］. 2007.

［3］宿州市商务局．全市商务经济过去五年工作总结和未来五年发展谋划［R］. 2008.

［4］宿州市商务局网站 . http：//suzhou. mofcom. gov. cn/.

［5］宿州市统计局网站 . http：//tongji. ahsz. gov. cn/.

［6］宿州市人民政府网站 . http：//www. ahsz. gov. cn/.

第七章　蚌埠市贸易发展分析

蚌埠市地处淮河流域，位于安徽省北部，东经117°12’、北纬32°57’，北与濉溪县、宿州市、灵璧县、泗县为邻，南接淮南市、凤阳县，东与明光市和江苏省泗洪县毗邻，西与蒙城县、凤台县搭界。蚌埠因古代盛产河蚌而得名，有“珍珠城”的美誉。蚌埠于1947年1月1日正式设市，直属安徽省，为安徽省第一个设市的城市，现辖龙子湖、蚌山、禹会、淮上四个城区和怀远、固镇、五河三个县。蚌埠市总面积5 952平方千米，约为全省面积的4.3%，东西长135千米、南北宽86.5千米。市区面积601.5平方千米，建成区面积51.79平方千米。2009年末，蚌埠市总人口358.31万，其中市区人口87.45万。除汉族外，蚌埠市有36个少数民族。

第一节　蚌埠市贸易发展现状

一、国内贸易现状

2008年蚌埠市积极应对雨雪冰冻灾害、国际金融危机等严峻困难和挑战，经济社会保持了良好的发展势头，全市共实现社会消费品零售总额191.55亿元，同比增长22.6%，总量列全省第六位，完成年度计划107.62%。

2009年，蚌埠市继续围绕“保增长、保民生、保稳定”的目标，积极谋划，扎实工作，消费市场继续保持平稳增长。据蚌埠市统计局统计和蚌埠市商务局市场监测分析，2009年蚌埠市累计实现社会消费品零售总额227亿元，同比增长18.5%，总量列全省第六位，超额完成市政府下达的全年增长的目标任务。全年市场运行呈以下主要特点。

（一）蚌埠市消费市场平稳增长

2009年第一、二季度分别实现消费品零售额53.9亿元和53.44亿元，同比增长19%、18%。随着国家扩内需、保增长的一系列政策措施持续发力，下半年，蚌埠市消费市场继续保持平稳增势，第三、四季度实现消费品零售额分别为56.56亿元、63.1亿元。同比增长18%和19%。如图7.1。

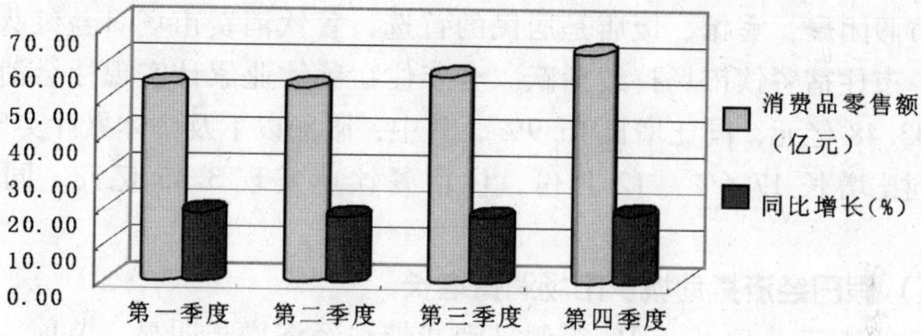

图7.1 2009年蚌埠市消费品零售额分季度增长率

（二）县域消费领跑城乡市场

随着蚌埠市农村流通基础设施建设不断完善，消费环境不断优化，农民收入水平不断提高，尤其是在“万村千乡”、“家电下乡”、“汽车、摩托车下乡”、“汽车以旧换新”等各项扩内需、促消费经济政策的作用下，农村消费潜能得到了有效释放，县域市场消费较快增长。自2009年2月份城乡市场消费增幅差距出现逆转，县及县以下市场销售保持快速增长势头。上半年，县及县以下累计实现社会消费品零售总额39.1亿元，同比增长22%，高于去年同期增幅2.2个百分点。市区累计实现社会消费品零售总额68.2亿元，同比增长16.5%，比去年同期回落4.8个百分点。县域市场增幅高于市区5.5个百分点。2009年，蚌埠市县域市场累计实现社会消费品零售总额86.43亿元，同比增长21%，市区累计实现社会消费品零售总额140.5亿元，同比增长16.9%，县域增幅高于市区4.1个百分点。其中，怀远县、五河县、固镇县分别实现41.06亿元、24.64亿元、20.72亿元，同比增长21.3%、21.1%和21.3%。

（三）批零贸易业主导地位突出

2009年，蚌埠市经济在应对危机中走出谷底并持续向好，消费需求日趋旺盛，蚌埠市批发、零售贸易业销售火爆，限额以下及个体批发零售贸易业持续快速增长。2009年，蚌埠市批零贸易业实现销售额183.5亿元，同比增长18.9%，占蚌埠市社会消费品零售总额81%。其中：限额以上企业实现34.3亿元，同比增长15.3%，限额以下及个体户实现149.2亿元，同比增长19.7%，占蚌埠市总额的66%。12月份，蚌埠市批发、零售贸易业实现销售额17.15亿元，同比增长23%。

（四）住宿和餐饮消费持续活跃

随着城乡居民收入水平的增加，生活水平的不断提高，婚庆宴席，亲朋聚会，节假团聚，宾馆、饭店是居民的首选，餐饮消费市场日益红火。2009年，蚌埠市住宿餐饮市场持续活跃。全年住宿餐饮业累计实现社会消费品零售总额43.48亿元，同比增长16.9%，其中，限额以下及个体累计实现42.19亿元，同比增长17.6%。12月份，住宿餐饮业实现3.45亿元，同比增长10%。

（五）假日经济撬动城乡市场消费增长

元旦、春节、五一、国庆等假日消费带动经济增长明显。节前，蚌埠市商务局积极督导各主要商贸流通企业，合理调整商品品种、档次结构，保证商品种类丰富，储量充足，节日市场繁荣活跃。蚌埠市商务局监测显示，春节、国庆两个"黄金周"，蚌埠市32家监测企业累计实现消费品零售总额2.74亿元，同比增长23%。

二、对外贸易现状

2005年以来，蚌埠市进出口总额不断增长（见图7.2）。2008年蚌埠市进出口总额39 429万美元，比上年增长23.2%。进出口总值位列全省第九位。其中，出口35 765万美元，增长27.3%；进口3 665万美元，下降6.7%。全年实际到位外资金额23 201万美元，比上年增长15.1%。其中外商直接投资21 021万美元，增长7.7%。实际到位内资180.03亿元，增长53.8%，其中省外资金143.96亿元，增长24.0%。

2009年，蚌埠市累计实现进出口38 470万美元，同比下降2.43%（全省下降22.54%，全国下降13.9%），超额完成省厅下达的3.5亿美元的进出口目标任务，完成目标任务的110%。其中，出口33 385万美元，居全省第七位，同比下降6.65%；进口5 085万美元，同比增长38.76%（如图7.2）。2009年，全市实际利用外资26 794万美元，较上年同期净增3 600万美元，同比增长15.5%，全面并超额完成我市确定的目标任务。其中，外商直接投资到位资金24 069万美元，同比增长14.5%，对外借款2 373万美元，同比增长36.5%，外商其他投资352万美元。全年新批准外商投资项目15个，总投资24 665万美元，合同外资11 962万美元。分别比上年增长36.4%、364.1%和265.4%。

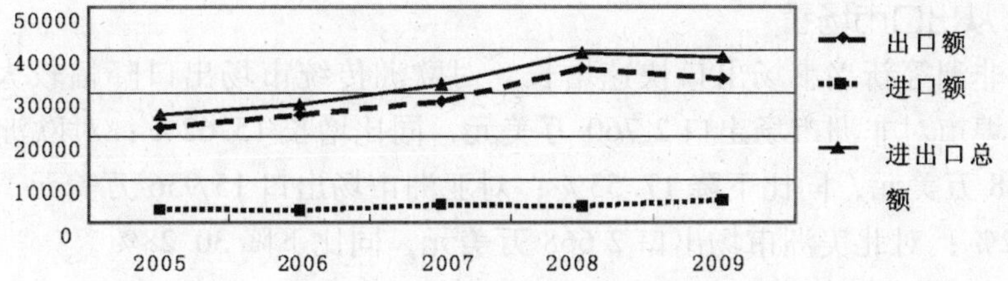

图 7.2 2005—2009 年蚌埠市进出口额（单位：万美元）

2009 年蚌埠市对外贸易发展详细状况：

（一）货物贸易

2009 年，蚌埠市累计实现货物进出口 38 470 万美元，较 2008 年 39 429 万美元同比下降 2.43%，超额完成省厅下达的 35 000 万美元的目标任务，完成目标任务的 110%。具体如下：

1. 从企业类型看

外商投资企业、生产企业出口均下滑，外贸公司出口降幅较大。2009 年，蚌埠市外商投资企业累计出口 7 823 万美元，同比下降 6%；生产企业累计出口 23 123 万美元，同比下降 1.9%；外贸公司累计出口 2 439 万美元，同比下降 37%。见图 7.3。

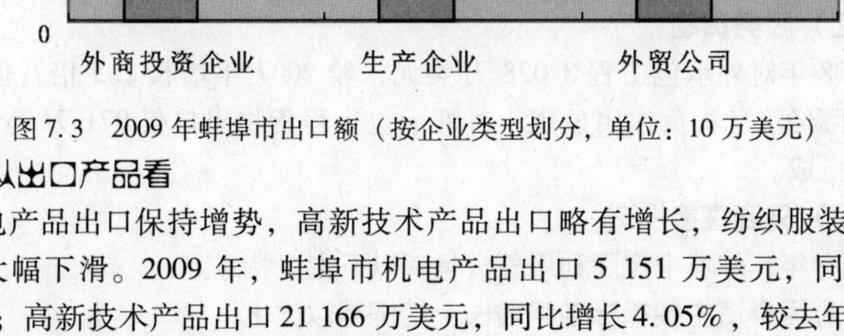

图 7.3 2009 年蚌埠市出口额（按企业类型划分，单位：10 万美元）

2. 从出口产品看

机电产品出口保持增势，高新技术产品出口略有增长，纺织服装、农产品出口大幅下滑。2009 年，蚌埠市机电产品出口 5 151 万美元，同比增长 15.75%；高新技术产品出口 21 166 万美元，同比增长 4.05%，较去年同期略有增长。纺织服装出口 1 507 万美元，同比下降 36.78%；农产品及其加工品出口 428 万美元，同比下降 56.09%。

3. 从出口市场看

对非洲等新兴市场出口快速增长，对欧洲传统市场出口降幅较大。2009 年，蚌埠市对非洲市场出口 2 760 万美元，同比增长 15. 62%；对欧洲市场出口 9 088 万美元，同比下降 17. 53%；对亚洲市场出口 15 956 万美元，同比增长 0. 62%；对北美洲市场出口 2 668 万美元，同比下降 30. 28%。

4. 从贸易方式看

一般贸易出口同比略有增长，加工贸易大幅下滑。2009 年，蚌埠市一般贸易出口 30 318 万美元，同比增长 0. 95%；加工贸易出口 2 096 万美元，同比下降 20. 25%。

5. 从出口载体看

国家级科技兴贸创新基地进出口一枝独秀，昊方、金威两个国家级汽车零部件出口基地企业出口回暖。2009 年，创新基地累计实现进出口 24 215 万美元，同比增长 15. 9%，高于蚌埠市平均水平 18. 33 个百分点，占蚌埠市同期进出口总额的 62. 9%。丰原生化、八一化工、丰原格拉特、丰原国贸、泰格生物等 5 家基地重点企业累计出口 20 421 万美元，占蚌埠市同期出口总额 61. 2%，显示出极强的支撑作用。昊方、金威两家企业 12 月份累计出口 172 万美元，同比增长 648%，呈现出明显的回暖态势，但绝对额较小，尚未对蚌埠市出口形成有效的拉动作用。

6. 县域外贸发展不均衡，总体规模偏小

2009 年，怀远县累计实现进出口 558 万美元，发生进出口实绩企业 8 家；固镇县累计实现进出口 250 万美元，发生进出口实绩企业 3 家；五河县累计实现进出口 184 万美元，发生进出口实绩企业 3 家。

（二）服务贸易

2008 年对外承包工程 3 028 万美元，较 2007 年增长 2. 5 倍，但是 2009 年，国际经济危机负作用显现，对外承包工程货物出口仅 971 万美元，同比下降近七成。

（三）外商直接投资

2009 年，蚌埠市实际利用外资呈现以下主要特点。

1. 利用外资主要指标逆势增长，结构得以优化

蚌埠市实际利用外资、外商直接投资、对外借款持续快速增长。全年实际利用外资完成 26 794 万美元，增长 15. 5%，高于全省平均增幅 0. 5 个百分点，位居全省第四。蚌埠市外商直接投资实际到位资金 24 069 万美元，同比

增长 14.5%，占全部利用外资的比重为 89.8%；对外借款 2 373 万美元，同比增长 36.5%。

2. 外商投资企业再投资势头强劲

现有外商投资企业通过在境内设立的外商投资性公司、总公司及其他外资公司以再投资方式加大投入扩大规模。新奥燃气实施的城市中压管道环网、次高压管线、朝阳路挂桥、加气站等基础设施建设项目，华润雪花啤酒、大成万达、伊诺华轮胎扩建工程和技术升级改造项目，宝龙城市广场后期建设，天宝汽车、伟业重工的机器设备搬迁、贴现等再投资项目出资 19 826 万美元，占全部利用外资的 74%，外商投资企业再投资对利用外资的增长起到重要支撑作用。

3. 新批项目快速回升，投资领域涉及高科技、节能环保和现代服务业

进入四季度，蚌埠市新批项目落户明显加快，全年共新批外资企业 15 家，总投资 24 665 万美元，合同外资 11 962 万美元。与去年相比分别增长了 36.4%、364.1% 和 265.4%，为蚌埠市的外资注入了新的活力。新批投资总额 800 万美元以上项目 6 个，投资总额 23 000 万美元，分布在绿色能源开发、磁性材料生产、环保设备研发、化合物半导体生产、软件开发设计、旅游景区开发等节能环保产业、高科技产业和服务业。由马来西亚东盟公司投资的安徽华威电子科技发展有限公司和蚌埠富丽电子科技有限公司的设立，使蚌埠市在软件设计开发及服务外包领域利用外资方面有了新突破。

4. 大项目和省级开发区成为强力支撑

外商直接投资中，伟业重工、北泰汽车、新奥燃气、宝龙置业、八一化工、华润雪花啤酒、伊诺华轮胎等投资总额在 1 000 万美元以上的大项目共计到位外资 18 804 万美元，占直接投资的 78%，外商投资到位资金集中在部分大项目上，充分说明大项目具有较大潜力无可替代。在全部利用外资中，其中来自省级开发区 19 491 万美元，占全部利用外资的 73%。开发区、工业园在利用外资上的载体作用更加显现。

5. 县域利用外资延续增长势头

蚌埠市县域利用外资继续保持良好增势，三县当年新批外资项目 7 个，合同外资 1 288 万美元。实际利用外资 4 077 万美元，同比增长 2.5%，其中固镇县、怀远县利用外资分别完成 2 021 万美元、1 637 万美元，同比分别增长 34% 和 30.6%，在全省 61 个县（市）中分列第二十四位和第二十八位。

第二节 蚌埠市贸易环境与贸易特色

一、贸易环境

（一）交通便利

蚌埠市是华东地区中心城市之一，1985 年就被批准为国家甲级开放城市。拥有纵贯南北交通大动脉京沪铁路一等客站，华东地区一流的大型货运编组站及最大的集装箱货场，从蚌埠乘火车可直达国内绝大部分省份和城市。已经开工建设的京沪高速铁路在蚌埠设站，蚌埠站也是京沪高铁和未来京福高铁（京台高铁）的交汇站。连接省会合肥的合蚌城际快速客运专线同步建设，届时 2 小时可抵上海、3 小时可达北京、半小时可达合肥。北京—福州、南京—洛阳两条高速公路在此交会。蚌埠港是千里淮河第一大港，四季通江达海。蚌埠距合肥骆岗机场 130 千米，距南京禄口国际机场 170 千米。市内 4C 级新机场已经建成。蚌埠作为二类口岸，设有海关、商检等口岸查验部门，有多家国际物流企业，具备“铁海联运”的运输优势。优越的区位优势将促使蚌埠市发展成为东南沿海的经济技术与中西部地区的能源、原材料、农产品等互补优势传接与融合的“接力站”，成为沿海产业向中西部转移的最佳承载地，成为开拓国内市场拉动内需的“桥头堡”。

（二）经济基础雄厚

蚌埠工业基础雄厚，是安徽省重要的综合性工业基地和老工业城市，经过多年培育，在机械制造和零部件加工、精细化工和药业、金属和非金属材料加工、电子电器、能源、农副产品加工、纺织服装、现代服务业、现代农业方面，都有比较好的产业基础，现拥有上市公司 5 家、国家级高新技术企业 5 家、省级高新技术企业 39 家，培育的柠檬酸、燃料乙醇、L 乳酸、汽车空调电磁离合器、滤清器、天然气压缩机、消防车、起重机、太阳能电池及设备、导电膜玻璃等 30 多个龙头产品在全国乃至国际具有技术和规模竞争优势。

（三）自然环境

蚌埠地区地质构造复杂，矿化普遍，矿产资源丰富。根据地质研究和开发利用程度，已探明的主要矿产资源以中小型矿居多，已发现矿床（点）38 处，矿种约 22 种，其中金属矿产 5 种（金、银、铜、铁、镍）、非金属矿产

15 种（萤石、云母、钾长石、蛇纹岩、重晶石、石棉、石灰岩、砖瓦用粘土、花岗岩、建筑用石料等），另外还有矿泉水等。

（四）文化环境

蚌埠市山水相连，自然风光秀丽多姿，人文景观、名胜古迹众多。淮河自西向东横穿蚌埠市，淮河铁路桥、公路桥飞架南北。全市有花鼓灯、泗州戏、杨家微雕、五河民歌、打铁舞、旱船舞、铁杆舞等 23 个非物质文化遗产。市区有珠园、南山、张公山 3 座公园和省级龙湖风景区及明代汤和墓；怀远县有省级涂荆山风景区，涂山和荆山隔河相望，涂山为大禹治水时会诸侯之地，大禹在此娶涂山氏女为妻，并留下"三过家门而不入"的千古佳话，现存有涂山庙、启母石、禹会村、千年银杏、圣泉、灵泉等胜迹。每年农历 3 月 28 日前后 3 天为禹王庙会，远近百姓纷纷前来祭祀朝拜，感戴大禹的治水功德，场面盛大。荆山上有北宋文学家苏东坡赞誉的"天下第七泉"——白乳泉、望淮楼、启王宫和卞和抱玉之地——卞和洞；固镇县境内有楚汉相争鏖战之处——垓下古战场，现留有霸王城、韩信点将台、虞姬墓等遗迹。蚌埠东 20 千米处的凤阳县，为明代开国皇帝朱元璋的家乡，现有明代皇陵、朱元璋早年出家的宝刹古寺——龙兴寺、明代初期的中都城古建筑和石碑碣等，还有江北第一溶洞韭山洞和禅窟寺。全市共有公共图书馆 4 个，总藏书量 38. 4 万册，年总流通人次 15. 73 万人次。

（五）人口环境

全市户籍总户数约 100. 99 万，其中，市辖区 28. 79 万户。2009 年末总人口 358. 31 万人。总人口中，农业人口 258. 05 万人，非农人口 100. 26 万人。市辖区总人口 92. 51 万人，其中非农人口 65. 50 万人。全市人口中，男性人口 185. 57 万人，占总人口的 51. 8%；女性人口 172. 74 万人，占总人口的 48. 2%。分年龄段看，18 岁以下 76. 44 万人，占总人口 21. 3%；18—35 岁 106. 32 万人，占总人口的 29. 67%；35—60 岁的 126. 60 万人，占总人口的 35. 33%；60 岁以上 48. 95 万人，占总人口的 13. 66%。

蚌埠市还拥有良好的人才资源。拥有中国电子科技集团公司第 40 所与第 41 所、中国兵器工业总公司第 214 研究所、玻璃工业设计院、机械工业第一设计院等 7 所中央驻蚌科研单位，3 个国家级工程（技术）研究中心，3 个省级工程技术研究中心，17 家省级企业技术中心，3 个博士后流动工作站，2 个省级科技创新服务中心；拥有安徽财经大学等高等院校 10 所，各类职业教育院校 34 所，每年培养毕业生 2 万多人、培养熟练技术工人 2. 3 万人。此外，作为一个老工业城市，蚌埠拥有一大批敬业精神强、技术熟练的各类产业技术工人，劳动力素质高、成本低，用工便利。

（六）政策环境

首先，国家和省出台了鼓励中部扩大开放、加速利用各种投资的一系列政策与规划。《中共中央国务院关于促进中部地区崛起的若干意见》（中发［2006］10号）和《国务院办公厅关于中部六省比照实施振兴东北地区等老工业基地和西部大开发有关政策范围的通知》（国办函［2007］2号）文件规定，蚌埠市比照实施振兴东北地区等老工业基地有关政策，怀远县比照实施西部大开发有关政策。根据上述两文件精神制定的《中部地区扩大增值税抵扣范围暂行办法》规定，蚌埠市享受中部地区扩大增值税抵扣范围优惠政策。在蚌埠市从事装备制造业、石油化工业、冶金业、汽车制造业、农产品加工业、高新技术企业、电力业、采掘业产品为主的增值税一般纳税人（以下简称纳税人）适用本办法。另外，商务部办公厅《关于扩大开放、提高吸收外资水平、促进中部崛起的指导意见》、《安徽省国民经济和社会发展第十一个五年规划纲要》、《安徽省利用外资第十一个五年发展规划》和出口孵化中心政策等，对蚌埠市利用外资起到重大的推动作用。

其次，蚌埠市为扩大招商引资，制定了《关于免收工业投资项目部分行政事业性收费的通知》（蚌政办［2006］41号）文件，免收工业投资项目45项行政事业性收费。同时还制定了促进蚌埠市投资工业项目的税收、补助和奖励等地方性扶持政策。

最后，蚌埠市对各种投资的引进搭建了很好的平台。蚌埠市现有6个省级开发区和多个专业园区。这些园区基础设施配套完备，承接资金、技术和人才等生产要素能力强、政策优惠，综合服务水平高，是各类投资者来蚌埠发展的重要载体。

二、贸易特色

（一）市场建设趋于完善

首先，农村市场网络基本成型。2009年村级农家店覆盖率达到50%以上，“十一五”末村级农家店覆盖率将达到60%以上。围绕农业生产的产前、产中、产后服务，生产销售服务、科技服务、信息和金融服务为主体的农村社会化服务体系逐步构建。粮食、蔬菜、棉花和花生等农产品市场建设力度加大，促进了农产品流通。“万村千乡”工程推动连锁网络向农村渗透延伸，逐步形成以城区店为龙头、乡镇店为骨干、村级店为基础的农村消费网络。

其次，市场布局渐趋科学，新商贸中心初露端倪。市场布局方面，蚌埠市在建和正在谋划的商贸流通类较大项目22个，总投资118亿元。目前，宝龙城市广场、光彩大市场建成，沃尔玛、乐购、瑞景百货、商之都等国内外知名企业已入驻。淮河北岸，红星美凯龙已经开业，通城国贸、路桥日用品两大市场拉开淮上商业中心的序幕。蚌埠市整体市场布局正在形成河北商贸区—淮河路商业区—经济开发区—姜桥物流园区的北南市场呼应、空间布局合理的梯次结构。

（二）产业资源丰富，贸易特色产业突出

经过多年建设和发展，蚌埠市形成了一批特色产业，为蚌埠市贸易发展奠定了坚实的基础。

蚌埠市拥有机械、纺织、轻工、化工、医药、电子和建材等行业的工业体系，能生产400多大类、上万种产品。平板玻璃、压铸机、滤清器、灯芯绒和玻璃制品等产品产量和质量在国内名列前茅，柠檬酸和对（邻）硝基氯化苯产量、质量在亚洲位居前列，这些产品是蚌埠市对外贸易发展的支柱。

另外，蚌埠市农副产品资源丰富，盛产粮、油、蔬菜、肉类和水产品等，有力地促进了县域贸易的发展。其中固镇花生产量居全国前列，怀远石榴在国内享有盛誉，五河螃蟹蜚声海内外。

物流产业方面，蚌埠市拥有物流运输企业近200家，其中民营企业98家。姜桥片区仓储物流中心等重点物流企业正在积极规划建设中。连锁企业的物流配送功能得到加强，第三方物流已初具雏形。

（三）特色贸易企业不断涌现

近年来，蚌埠市全面推进国有企业改革，加快资产重组步伐，着力实施"创牌造舰"战略，不断涌现出一批特色贸易企业。在安徽省商务厅开展的两年一次的2010—2011年度安徽出口名牌评议中，蚌埠市丰原生化的"BBCA"品牌、昊方机电的"HOFO"品牌、格拉特乳酸的"B&G"品牌以及泰格生物的"Tiger"品牌荣获"安徽出口名牌"称号。2010年初，蚌埠市丰原生化等19家企业获得2009年度安徽省外经贸区域协调发展扶持资金539.5万元。扶持范围涉及境外营销网络、境外参展、出口产品认证、出口信用保险等多个方面。该项资金的到位将对蚌埠市出口企业积极开拓国际市场、加快技术改造和结构调整步伐，进一步提升自主创新能力、增强国际竞争力发挥积极的作用。

第三节 蚌埠市贸易发展存在的主要问题

尽管近几年蚌埠市贸易发展取得了不俗的成绩，但是相对于安徽省其他地区，总量偏小，比重不断下滑。以蚌埠市社会消费品零售总额占全省的比重为例，2005 年比重为 0. 0662，到 2008 年比重则为 0. 0645，虽然变化不大，但下滑趋势不止。另外从增速看，2006 年以来，蚌埠市社会消费品零售总额一直小于安徽省总体增速，尤其是最近两年来，2008 年增速为 22. 6%，在全省 17 个地市中排名倒数第六，2009 年增速更是倒数第一。上述数据显示，蚌埠市贸易发展在全省贸易中的地位有边缘化的倾向，必须加以警惕。

一、贸易政策和产业政策不完善

通过对蚌埠市经贸发展方面的政策进行研究发现，蚌埠市经贸发展主要由国家和省出台的系列政策推动，缺乏地方性配套措施、细则，没有地方性的规划和优惠政策。在产业发展方面，蚌埠市没有根据不同产业发展特点制定出相应的产业发展规范，形成集群效应；没有有效利用蚌埠市作为东西部连接纽带和桥头堡的优势对沿海地区的产业转移制定相应的承接政策；没有及时针对合芜蚌创新区的发展规划制定蚌埠市的相应细则。

在贸易发展方面，不仅相应的政策缺失，即使既有的国家政策，贯彻起来也有所折扣。以家电下乡为例，2009 年，蚌埠市每万户购买量 1 413. 48 台，总销售额 17 707. 91 万元，在全省各地市的排名分别为第十二名和第十名（见表 7. 1）。

表 7. 1 2009 年安徽省各地市家电下乡一览表

市	每万户购买量（台）	乡村户数（万户）	总销售量（台）	总销售额（万元）
黄山市	1 821. 94	36. 24	66 027	13 777. 77
宣城市	1 800. 07	68. 73	123 719	26 181. 66
淮北市	1 756. 93	32. 90	57 803	11 346. 44
合肥市	1 732. 69	67. 81	117 494	23 560. 66
马鞍山市	1 699. 95	19. 24	32 707	7 103. 69
池州市	1 673. 01	37. 38	62 537	13 333. 80

续表

市	每万户购买量（台）	乡村户数（万户）	总销售量（台）	总销售额（万元）
铜陵市	1 639.64	9.56	15 675	3 477.08
安庆市	1 608.84	133.61	214 957	45 550.97
淮南市	1 515.42	33.34	50 524	10 662.61
芜湖市	1 489.94	43.63	65 006	13 775.15
滁州市	1 480.41	89.34	132 260	26 936.22
蚌埠市	1 413.48	66.15	93 502	17 707.91
巢湖市	1 334.34	101.55	135 502	28 460.92
宿州市	1 165.79	133.54	155 680	29 039.72
六安市	1 093.74	163.05	178 335	37 648.80
亳州市	1 088.40	126.81	138 020	26 426.56
阜阳市	1 081.28	207.53	224 399	41 361.04
合 计	1 360.28	1 370.41	1 864 147	376 350.99

资料来源：根据安徽省商务厅网站（http：//www.ahbofcom.gov.cn）资料整理。

二、贸易企业结构不合理，支柱企业作用不明显

在国内贸易的发展指标中，限额以上或重点企业的健康发展是地区经济发展的龙头和支柱，对地市经济发展起着主导作用。但是蚌埠市的商贸流通企业总体规模发展滞后，无论是连锁经营、从业人数、购进与销售、主要财务指标以及全省重点批零企业数等方面都处于全省靠后位置，规模偏小，支柱性企业发展从全省范围内比较来看都处于落后位置，制约着蚌埠市的商贸发展速度（见表7.2）。另外从2009年限额以上企业的消费品零售额的增速来看，也远远落后于限额以下企业的增速（见表7.3）。

表7.2 2008年蚌埠市商贸支柱企业在安徽省的排名（比例）

指标	排名	说明
限额以上批零、餐饮住宿企业连锁经营状况		没有蚌埠数据
限额以上批零、餐饮企业从业人数	10	
限额以上批零业商品购进、销售情况	7	
限额以上批零企业主要财务指标	6	
安徽省重点批发零售贸易企业数	3.1%	全省349家，蚌埠11家

资料来源：《安徽统计年鉴》（2008）。

表7.3　2009年蚌埠市限额以上企业批零销售额及增速

	累计（亿元）	比同期±%
批发零售贸易业	183.5	18.9
限额以上	34.3	15.3
限额以下及个体	149.2	19.7
餐饮业	43.48	16.9
限额以上	未公布	1.0（上半年）
限额以下及个体	42.19	17.6

资料来源：蚌埠市统计局。

三、各类贸易人才不足，市场开拓能力有限

蚌埠市的外经贸企业大多是中小企业，思想观念传统、落后，企业家的创新意识和外向型意识不强，对人才也缺乏应有的重视，待遇水平低。即使企业有意开拓国际市场，也会面临一系列的瓶颈制约，国际市场开拓能力弱。一是开拓手段比较单一。大多从事一般贸易，其他形式较少。在一般商品中，间接出口的多，直接参与国际市场营销少。二是企业由于开拓国际市场的历史较短，普遍存在销售渠道不广的问题。三是缺乏对国际市场定位（如市场容量、市场占有率、市场潜力等）及消费者行为（如消费者需求、层次需求、心理预期等）作深入调查研究及市场细分的分析（如消费者行为细分、消费者层次细分等）。四是缺乏与国外公司紧密合作的能力。他们往往单打独斗，孤军奋战，很少充分利用跨国公司的品牌优势、经销网络优势、熟悉当地经济情况等优势。

四、质量与技术水平滞后，贸易竞争力缺乏品牌支撑

在农产品出口方面，农业生产标准化程度低，产品质量难以达到出口要求。由于蚌埠市农村专业合作社、专业协会等农村经济组织发展滞后，农民组织化程度较低，卫生监控检测体系不健全，市场管理不到位，农产品的许多技术标准达不到发达国家的技术标准要求，造成农产品农残、抗生素、激素类生长剂等时有超标，从而使扩大出口受限。2009年农产品及其加工品出口428万美元，同比下降56.09%。

在工业品方面，出口商品的技术档次和附加值低。目前，蚌埠市的高新

技术产品和机电产品出口虽然有所增长，但幅度有限。2009 年，高新技术产品和机电产品出口同比增长分别为 15.75% 和 4.05%。而且这些产品主要来自于外商投资企业和加工贸易。高新技术产品（特别是已拥有核心技术、自主知识产权的产品）占出口总额的比例很小。机电产品一般档次较低，技术含量和附加价值不高，缺乏有后劲的支柱产品。

五、交通与区位优势的作用不明显

作为皖北乃至华东地区的中心城市之一，作为皖北、豫东、鲁南、苏北地区物资集散地和水陆交通枢纽，蚌埠市应该充分发挥东南沿海与中西部地区经济传接与融合的“接力站”作用，以及开拓国内市场拉动内需的“桥头堡”。但据安徽省统计年鉴显示，2009 年蚌埠市公路货运量有 3 523 万吨，在全省 17 个地市中仅排名第十，载货汽车拥有量全省排名第八，载货汽车总吨位排名第八。上述数据表明，蚌埠市的交通与区位优势发挥不明显，有待进一步加强。

第四节　蚌埠市贸易发展建议

蚌埠历来是皖北的中心城市，是皖北、豫东、鲁南、苏北地区物资集散地和水陆交通枢纽，曾以“皖北大商埠”闻名华东地区。但通过对蚌埠市经贸发展方面的政策进行研究发现，蚌埠市在发展经贸方面缺乏比较长远的发展战略和规划。在新一轮的经济发展中，蚌埠如何抓住机遇，促成飞跃，必须首先转变“等、靠、要”思想，增强忧患意识，锐意开拓创新，变国家和省政策推动型模式为地区主导型发展模式。首先做到思想上跨越，跳出皖北重镇的小思路，树立华东新经济中心的大思想，建立蚌埠市大商贸、大流通格局。其次在政策上要突破，胆子要大一些、步子要快一些，制定发展地区经济的各种政策优势，筑巢引凤，变优势为强势，化劣势为优势。最后在措施上要得力，通过管理创新和服务创新，市属各部门各单位通力合作，将招商引资、扩大内需的优惠政策落实到位，切实起到经济发展的“孵化器”、“催化剂”和“全职保姆”的作用。

一、加快物流基地建设，发挥交通区位优势

要认真研究《物流业调整和振兴规划》的精神，充分认识物流业在促进

产业结构调整、转变经济发展方式和增强国民经济竞争力等方面的重要作用。要加强物流基础设施建设的衔接与协调，充分发挥蚌埠市铁路、水运和陆路交通区位优势。要积极推进多式联运，努力实现铁路与港口、码头及公路场站的无缝对接，将蚌埠市打造成为贯穿东西部的主要物流中心之一、链接南北黄淮海大通道上的重要节点城市。要发展壮大各类物流园区，推动物流产业集约化、规模化发展，努力形成独立的复合型服务产业。要提高物流信息化水平，构建发达的通讯网络体系，以信息化建设力促传统的运输、仓储管理优化升级。要完善物流标准化体系，加强物流新技术的开发和应用，积极发展第三方物流。

二、做大做强商贸流通企业，形成成熟的企业发展格局

实现商贸流通业规模的扩张，建设区域性商贸物流中心，必须有一批大型商贸企业集团作为支柱和载体，发挥大企业对区域市场的吸引、辐射、带动、示范作用，同时中小企业的发展对经济和社会的稳定发展也不容忽视。当前蚌埠市必须制定和提供各种优惠措施，采取引进、兼并、连锁、联合和代理等方式，加快培育发展家乐福、合肥百大、商之都和华运超市等骨干企业，培育一批蚌埠市一流、全省具有一定知名度的商贸企业集团、重点流通企业，放大品牌效应，提升核心竞争力。同时切实推进“万村千乡工程”、“双进工程”，构筑蚌埠市大中小商贸流通企业齐头并进、共同发展的贸易格局。

三、扩张商贸流通业区域，加快市场合理布局

首先，加快市区淮河路商业中心、新城区商业中心和淮上区商业中心建设，奠定蚌埠市大商贸发展战略的基础。第二，以市、县（区）城市改造扩容为契机，以三县为支点，辐射周边，规划建设一批档次较高、功能完善、集散能力较强的大型综合专业批发市场，将怀远、固镇、五河建设成为对区域商贸流通业具有较强的示范作用、带动作用的商贸中心城市，发挥合芜蚌国家自主创新综合试验区的作用。同时进一步推进“双百市场工程”，积极寻找新的拓展领域、拓展空间和市场网络，引导蚌埠市小型市场和网点走连锁经营的路子，逐步形成以大型批发市场和流通配送中心为枢纽，以连锁超市和便民店为主体的城乡结合的大商贸、大流通格局。第三，加快培育服务业集聚区。按照城区“东进、西联、南拓、北跨、中优”的空间总体布局，推

动项目、土地、资金、技术、人才和政策等各类资源向服务业的重点领域和区域集中，高起点、高标准、高质量地建设一批特色鲜明的服务业功能集聚区。

四、深入推进“绿色”理念，促进商贸流通业健康发展

绿色经营理念与消费方式是促进经济科学发展、和谐发展的重要体现，也是扩大内需的必要条件。蚌埠市必须认真贯彻实施《食品安全法》，选择“万村千乡市场工程”中的日用消费品店为重点，规范企业经营行为，切实保障食品消费安全；积极倡导绿色消费，开展各种宣传活动，普及科学消费知识，引导广大消费者树立科学、绿色的消费理念，增强消费者食品安全意识和环境保护意识；继续培育绿色市场，加大力度，指导企业按照绿色市场标准和技术规范，加强市场软硬件建设，积极推进新型流通方式，推动农超对接，加快实施农改超、超改连，提高生鲜食品在便民超市等现代营销方式中的销售比重，鼓励批发市场和零售市场建立安全食品、有机食品的专柜、专区、专卖店，逐步构建符合要求的绿色市场体系。

五、注重结构调整，坚持转变外贸发展方式

优化商品结构，立足以质取胜和科技兴贸，支持优势产品、劳动密集型产品和高新技术产品出口，加大对自主知识产权、自主品牌产品的出口促进力度。优化市场结构，进一步实施市场多元化战略，在稳定传统市场的同时，大力开拓成长性好、潜力大的新兴市场。优化市场主体结构，在充分发挥大企业作用的同时，加大对中小外贸企业扶持力度，发挥其体制、机制优势。优化贸易方式，继续发挥一般贸易对国内产业关联度高、带动力强的优势，积极促进加工贸易转型升级。

六、加快外贸企业孵化中心和国家科技兴贸出口创新基地建设

应进一步加大扩权孵化力度，建立和完善蚌埠市外贸企业出口孵化服务机制。建立蚌埠市涉外部门联席会议制度、进出口企业定期协调会议制度等，打造对外贸易服务平台；加大培训力度，定期举办综合业务培训和积极组织参加省厅培训，打造外贸人才队伍；加大宣传、送权上门，让越来越多的企业了解相关的进出口促进政策；为企业参加国内外各类展会提供更多的支持和帮助，大力推行电子商务，提高企业国际市场开拓能力；加大专业外贸公

司与新获权企业对接服务力度等，推进进出口企业孵化工作；进一步加强与“对口帮扶”单位的联络，为企业开拓国际市场提供指导。

同时应切实加强领导，积极贯彻科技兴贸战略，把精细化工产业作为蚌埠市支柱产业优先扶持发展，加快基地建设，鼓励支持企业走自主创新和产学研相结合的道路，加快运用高新技术和先进适用技术改造提升传统精细化工产业，全面提升精细化工出口产品技术含量和附加值，推动企业通过“双重认证”，逐步形成较为完善的精细化工产业创新体系；培育自主出口品牌，建设出口服务体系和技术贸易体系；引进消化国外先进技术，扩大高新技术产品出口；发展循环经济，重视环境保护，推动企业向园区集中，形成合理的配套产业群。

七、建立和完善多元化投融资体系

进一步加大对外向型中小企业的支持力度。促进风险投资业的发展，研究出台有关鼓励风险投资的政策，增加风险资金的来源，大力培养风险投资人才，鼓励和吸引外资、民间资本投资高新技术领域；管好用好已有的促进技术创新和高新技术产业化方面的资金。建立健全担保体系，为中小企业、民营企业和创业企业拓宽融资渠道。优先支持有条件的高新技术企业上市融资，积极做好民营企业的改制上市工作，鼓励高校、科研机构利用自身优势，参与重组上市。

八、加大人才引进力度

人才的缺乏也从一定程度上制约了蚌埠市对外贸易的发展。这里的人才主要包括外经贸人才和科技人才。应积极促成企业与大专院校、科研单位、沿海发达地区的企业联姻，聘请兼职的中高层次人才为政府和企业从事研究与开发工作。各级政府和部门应进一步建立和完善人才激励机制，把创新意识强和勇于创新作为选拔人才、提拔领导干部的重要标准，尊重创新型人才的特征和成才规律；打破论资排辈的旧框框，不拘一格选人才；破除用人终身制；选择、用人实行公开、公平、公正的原则；引入竞争机制，任人唯贤唯才，创造宽松的竞争环境。同时，在人才引进机制上坚持“不求所有，不求所在，只求所用”的原则。

九、注重引资质量，加大引资力度

积极探索和拓展吸收外资新方式，鼓励外国投资者以并购、参股等多种方式参与国有企业改组改造，促进体制和机制创新，增强国有企业适应市场经济的能力，实现国有经济实行战略性调整的要求。鼓励外商投资高新技术产业和研究开发中心。充分发挥和综合利用现有资源、人才、生产能力的优势，鼓励跨国公司在蚌埠以独资或与当地企业、科研机构、高等院校合资的形式设立研究开发中心。

参考文献：

[1] 安徽省商务厅公众网 . http：//www. ahbofcom. gov. cn/.
[2] 蚌埠市统计局 . 蚌埠统计年鉴 2008 [R]. 2008.
[3] 安徽省统计局 . 安徽统计年鉴 [R]. 2005—2009. 北京：中国统计出版社，2005—2009.
[4] 蚌埠市商务局网站 . http：//www. bbswj. gov. cn/.

第八章　阜阳市贸易发展分析

阜阳市地处安徽省西北部，辖颍州、颍东、颍泉三区，太和、临泉、阜南、颍上四县以及界首市和省级阜阳经济技术开发区。面积 9 775 平方千米，2009 年年末常住总人口 834 万人，是安徽省人口最多的城市，平均每平方千米 853 人，也是安徽人口密度最大的城市之一。2009 年阜阳市实现国内生产总值 607.8 亿元，同比增长 12.8%，按常住人口计算人均 GDP 为 7 288 元，首次超过 1 000 美元。2009 年安徽人均 GDP 为 2 400 美元，阜阳市人均 GDP 只是安徽平均水平的 41.7%。在内贸方面，阜阳市的贸易总量在省内居于前列，但是由于人口较多，人均数则不高；在外贸方面，不管是总量还是人均量都是比较落后的。

第一节　阜阳市贸易发展现状

一、国内贸易现状

（一）社会消费品零售总额

2008 年阜阳市实现社会消费品零售总额 237.6 亿元，比上年同期增长 23.3%。2009 年阜阳市紧紧抓住国家一系列扩大内需、促进经济平稳较快增长的机遇，积极扩大有效需求，大力促进消费，全市实现社会消费品零售总额 282.2 亿元，比上年增加 44.6 亿元，增长 18.7%。其中农村市场明显升温，零售总额 90.3 亿元，同比增长 19.5%，增幅分别高于市和县 0.2 和 2.1 个百分点。提前一年实现十一五发展规划目标。

（二）限额以上批发和零售业、住宿和餐饮业

阜阳内贸市场呈现经营主体多元化、经营方式多样化的新局面，消费市场繁荣活跃，商业网点星罗棋布，拥有阜阳商厦、国贸商城、百货大楼、千百意购物中心等多家大型零售商场，以及皖西北商贸城、瑶海大市场、元丰大市场、顺昌商城等综合性市场和各类专业市场 80 多家，集贸市场 500 多

个。国际著名餐饮连锁企业肯德基、麦当劳和国内知名连锁零售企业苏宁电器、上海华联、华润苏果等陆续入驻阜阳。世界500强沃尔玛、台湾大润发入驻阜阳项目已正式实施，法国家乐福、英国特易购、上海红星美凯龙等知名企业签约落户。

（三）覆盖城乡的市场体系建设成效明显

“万村千乡市场工程”深入推进，全市已累计建成日用消费品类和农资类农家店1 672家，配送中心18家，农家店已覆盖全市所有的乡镇和47%的行政村。农家店总量和覆盖率在全省居先进位次。2009年全市销售家电下乡产品22.4万多台，补贴21.4万多台，销售量和补贴量均居全省第一。补贴资金5 118万元，居全省第二。社区商业建设成效显著，全市已累计建成省级商业示范区8家。太和医药配送、人发市场，界首废旧金属收购、冶炼、销售市场和再生塑料制品市场，阜南柳编和板材加工，颍上南照大米，临泉山羊和调味品等特色专业市场规模和辐射力不断增强。

二、对外贸易现状

（一）货物进出口总值再创新高

阜阳市2009年外贸进出口总值突破20 000万美元，达到21 000万美元，比上年增长13.6%。其中，出口14 100万美元，同比增长0.6%；进口6 710万美元，增长56.5%。深入实施进出口企业培育、出口产品示范基地建设、企业出口渠道的拓展和外贸政策促进四大工程，取得了积极成效。全年进出口总值超百万美元的企业41家，比上年增加了7家，其中过1 000万美元企业4家。涌现出富泰发制品、巨邦香料、一帆香料、贝克药业、华宇柳编等一批极具成长潜力、拉动产业发展的进出口型企业，成为阜阳市调整外贸结构、转变增长方式、壮大进出口实力的重要力量。安徽福润、阜南仙蒂、三健蜂业、阜阳同创、太和鹏宇等5个省级农产品出口示范基地建设进一步加强。2008年和2009年阜阳市商务局组织企业参加境内外各类商品交易会，有7家企业的5大类70多种商品参加了第18届中国华东商品交易会；有17家企业的8大类70多种商品参加了第103届中国进出口商品春季交易会；有14家企业的8大类120种产品参加了第104届中国进出口商品秋季交易会。这些展会成交总金额达5 500万美元，占全年进出口总额的近30%。阜阳同创食品、中芝物产等企业参加了第27届澳大利亚国际食品饮料展，贝克药业、巨邦香料也分别到巴西、美国、德国、法国、泰国等地参展，进一步拓展国际市场。

（二）服务贸易取得新突破

2009 年全市建成省级外派劳务基地 6 个，占安徽省总量的一半。太和县全国行业外派劳务基地和外派劳务公司的作用正在发挥。全市 2009 年末在境外务工人员达 2 600 多人，分布在日本、韩国、约旦、阿尔及利亚等国家和地区。"外出 1 人，富裕全家；培养人才，发展经济"的效果显现。阜阳市唯一一家具有外派劳务经营权的阜阳市建工集团分包阿尔及利亚大学城项目成功实施，全年完成投资 200 万美元，获中国建设集团有限公司阿尔及利亚分公司通报表彰。2008 年阜阳市全市培训外派劳务人员 3 700 多人次，新输出 1 016人，外派人员分别被派往日本、韩国、约旦、阿尔及利亚等国家，主要从事水产、电焊、建筑、家政、缝纫等工种。

（三）利用外资难中求进

2008 年，阜阳商务局组织参加在武汉举行的第三届中国中部投资贸易洽谈会，推介重点招商项目 46 个；参加在黄山举行的第四届国际徽商大会，共邀请 60 多位客商到会，共 6 大类 108 个项目对外推介，总投资 285. 8 亿元，有 20 个项目会上签约，总投资 67. 9 亿元；参加在厦门市举行的第十二届中国国际投资贸易洽谈会，推介总投资 272 亿元，香港南益集团在太和投资 5 000 万元建设年产 200 万件中高档针织毛衣项目在省项目签约仪式上签约；第二届皖西北（阜阳）投资贸易洽谈会签约项目 46 个，签约金额 100 多亿元，其中合同类项目 21 个，招商引资 39 亿元。2008 年全年阜阳市新办外资企业 10 家，合同利用外资 7 828 万美元；实际到位外资 8 328 万美元，增长 27. 5%，其中外商直接投资 4 295 万美元，外商其它投资 2 678 万美元，对外借款 1 354 万美元。2009 全年阜阳市新办外商投资项目 7 个，合同外资 8 431 万美元；由于金融危机的影响，阜阳 2009 年实际到位外资 7 006 万美元，比上年下降 15. 6%。其中外商直接投资 4 842 万美元，增长 12. 7%，外商其它投资 2 164 万美元。

第二节 阜阳市贸易环境与贸易特色

一、贸易环境

（一）区位与交通环境

阜阳的区位和交通优势使之有利于形成区域性商贸物流中心。阜阳区位交通便捷，京九铁路纵贯境内，与漯阜、睢阜、淮阜、商阜铁路一起，使阜阳成为五路交汇、八线引入的全国六大路网性铁路枢纽之一，阜阳编组站是京九线上最大的编组站，连接东西南北，形成了阜阳这个中国铁路新枢纽，阜阳被誉为大京九枢纽城市，年客流量达300多万人次，经阜阳枢纽发运的货物，可直接通过天津港、连云港、上海港出海，也可直抵香港与国际市场接轨。阜阳机场按4D级建设拥有国际先进的导航通信设施，可全天候使用，能起降波音757、麦道90等类型飞机。公路以阜阳为中心，105国道和省道为骨架，辐射全市城乡、通往毗邻省市的公路交通网络已逐步形成。界首—阜阳—蚌埠高速公路一期顺利通车，与合肥—阜阳高速公路形成“十”字型布局。阜阳的水运也十分便捷，淮河、颍河等十多条航道可下长江、入海，是中原通往华东的水运要塞。现在阜阳已经基本形成了“铁路、公路、航空、水运”相互衔接、相互补充、纵横交错的立体交通网络。这些便利的交通条件对阜阳成为皖西北的商贸物流中心起到重要的作用，特别是对阜阳内贸的发展具有重要意义。

（二）文化与自然环境

阜阳历史文化悠久，生态旅游环境独特。阜阳古称汝阴、颍州、顺昌。是春秋时期政治家管仲的故里，诗人嵇康的桑梓，还诞生了鲍叔牙、甘罗、吕蒙和刘福通等历史名人。中国文学史上“唐宋八大家”中欧阳修、苏轼曾在这里为官多年。颍州西湖为唐、宋、明、清历代名胜。经过重新修建，如今的颍州西湖绿柳盈岸、芒菲夹道、花木扶疏、水面清澈，灰鹤、野鸭等飞禽在此栖息。南湖公园是全国最大的农民公园，集水产养殖、立体种植和观光旅游为一体。南湖公园和以生态农业闻名的小张庄都被联合国授予生态环境“全球500佳”称号。八里河风景区位于阜阳市颍上县八里河镇，其环保成就被联合国环境规划署授予环保“全球500佳”，被安徽省列为省级自然保护区，并成为国家AAAA级风景区。八里河风景区依托自然原始资源的湖泊水域型风光，以湖光水色见长。目前，景区年接待游客50万人次，仅门票收入就达500万元，解决社会就业2 600余人，旅游业已成为促进该区域发展的先导产业，并取得了巨大的经济和社会效益。

阜阳市地处安徽西北部、黄淮海平原南端、淮北平原西部，境内煤炭、石油和天然气等矿产资源蕴藏也十分丰富。资料显示，阜阳市的煤炭资源蕴藏量达100亿吨，可采储量80多亿吨，而且皆为5 700大卡左右的优质煤炭。谢桥矿是一座设计能力800万吨煤炭的特大型现代化矿井，由国投新集能源股份有限公司建设生产。国投新集能源股份有限公司是大型股份制煤炭企业，是国家重点支持的520户大型国有企业之一，也是全国34家重点煤炭企业之一。由新集集团投资的阜阳颍上刘庄矿于2006年10月开始产煤，该矿年产800万吨。刘庄煤矿有两个第一，有被誉为国内第一对数字化的矿井，有高度为90.8米的“亚洲第一井塔”。另外，年产500万吨的阜阳口孜煤矿于2009年投产，年产300万吨的罗园煤矿顺利进入项目实施阶段。据预测，到2010年底，阜阳煤炭年生产能力将达3 000万吨，占安徽省煤炭总产量的五分之一。

（三）经济环境

由于经济基数比较低，近年来阜阳市的各项宏观经济指标增加都相对较快。2009年阜阳市宏观经济回升加快。2009年阜阳市国内生产总值达到607.8亿元，同比增长12.8%。其中，第一产业同比增长6.9%；第二产业同比增长20.6%；第三产业同比增长9.7%。按常住人口计算，人均国内生产总值达7 288元，首次超过1 000美元。2009年阜阳市经济结构逐步改善，第二产业经济总量首次上升为第一位，产业结构由近年来的“三二一”调整为“二三一”。工业化水平逐步加快，工业化率首次突破30%，达到30.2%。全市粮食生产总产515.5万吨，增长2.5%，实现农业增加值175.1亿元，增长6.9%。2009年全市实现工业增加值155.1亿元，同比增长26.7%。新增规模工业企业170家，工业综合效益指数达266.5%，比上年提高5.4个百分点，高于全省平均水平44.4个百分点，实现利税83亿元，其中利润45.7亿元，分别增长38.6和37.4个百分点。全市完成社会固定资产投资250.5亿元，同比增长32.6%。从投资结构看，第一产业完成投资6.2亿元，增长1.5倍，第二产业完成投资130.9亿元，增长40%，其中工业完成87.5亿元，增长33.7%，第三产业完成投资113.3亿元，增长21.9%。2009年，阜阳市财政收入64.3亿元，同比增长26.7%，是2005年的1.4倍。截至2009年12月末，金融机构存款余额为860.5亿元，同比增长18.4%，其中居民储蓄存款余额628.5亿元，同比增长12.6%，金融机构贷款余额达到373亿元，同比增长20.6%。2009年城镇居民人均可支配收入12 693元，同比增长8.2%，人均消费性支出10 093元，增长8.9%，全市农民人均现金收入3 580元，同比增长12%。

（四）政策环境

阜阳经济发展软环境日趋完善。在不断强化自身，改造“硬”环境的同时，也十分注重建设宽松的“软”环境，广揽合作伙伴，诚招天下贤士。阜阳市大胆借鉴和采用沿海、沿边、特区出台的优惠政策，被誉为“内陆特区”，先后制定了《关于鼓励外来投资的若干规定》、《关于进一步扩大对外开放招商引资的实施意见》等一系列引进资金、技术、项目、人才和信息的文件。市委、市政府下大力气治理经济环境，设立行政服务中心，实行敞开式办公、阳光式操作、一站式服务，大大提高了办事效率，树立了政府行政服务新形象。近几年来，阜阳加大了基础设施建设力度，相继建成了一批水、电、气、路、桥为重点的基础工程，城市功能不断完善。邮政电信业飞速发展，电话、多媒体通讯和网络服务等业务覆盖城乡，程控电话、移动通信位居全省前列。金融保险业日渐活跃，机构遍布全市。宾馆酒店布局合理，为海内外客商提供了良好的休闲娱乐场所。海关、商检、口岸的建成，为阜阳融入世界构筑了新的平台。阜阳潜力巨大，前景美好。丰富的资源，独特的区位，便利的交通，优越的环境，使阜阳得天时、占地利，有着发展的大好机遇。阜阳市委、市政府审时度势，开拓进取，提出了“加快发展、富民强市、建设皖西北中心城市”的战略目标和“优化一产、强化二产、繁荣三产”的经济工作思路，进一步加大对外开放力度，制定了一系列招商引资优惠政策，治理经济环境，为海内外客商来阜投资创造广阔空间和良好条件。

二、贸易特色

（一）特色市场

近年来，重点专业市场的迅速发展成为阜阳内贸发展的一个突出特色。2008 年阜阳市加大对重点专业市场建设的支持力度，帮助解决市场建设和发展过程中存在的突出问题；加强市场宣传工作，《大型主要市场：阜阳建设区域性中心城市的助推器》的报道，提高了阜阳大型专业市场的知名度。阜阳全市已形成年交易额超 10 亿元的大型专业市场 10 个，累计销售收入近 400 亿元，其中超过 100 亿元的大型专业市场 1 个，10 亿至 100 亿元的市场 9 个。县域特色专业市场建设速度加快，太和医药市场、人发市场规模不断壮大；界首废旧金属回收、冶炼、销售市场和再生塑料制品市场快速发展；阜南柳编和板材加工、颍上南照大米、临泉山羊市场和调味品市场等特色专业市场不断发展。社区商业建设成效显著，3 家省级商业示范区获批，至 2008 年底，阜阳市已累计建成省级商业示范区 8 家。“万村千乡”工程深入推进，巩固建设成果，提高经营人员素质，分两批举办近千人的农家店店长培训班。阜阳市已建设日用消费品类和农资类农家店 1 157 家，配送中心 15 家，农家店已覆盖全市所有的乡镇和40%以上的行政村。

（二）特色产业

阜阳资源特别是农业资源十分丰富，是其内外贸特别是农产品专业市场发展的重要支撑力量。阜阳的地理位置和气候环境决定了这里非常适合发展农业、畜牧业。现在的阜阳有许多全国重要的农业、畜牧业基地。一些基地已成为具有示范功能的品牌。阜阳全市现有846.2万亩耕地，900多万人，其中，乡村人口826万人，是国家农业利用外资治理区，黄淮海农业综合开发治理区，全国重要商品粮、生猪、肉牛和山羊生产基地。阜阳地处我国东部的中纬度地带，属于暖温带半湿润气候区，四季分明，气候温暖，雨量适中，光照充足，物种资源丰富。主要农产品有粮、棉、油和各类瓜菜；猪、牛、羊和禽等，粮食多年平均总产量保持在374.1万吨左右，油料多年平均总产12.4万吨左右，棉花多年平均总产1.83万吨左右，蔬菜多年平均总产300.8万吨左右。有了雄厚的粮食基础做保障，阜阳的畜牧养殖业也兴旺发达，多年生猪出栏量保持在422.8万头左右，黄牛出栏53.9万头左右，山羊出栏293.9万只左右，家禽出栏3 855万只左右，禽蛋总量10.9万吨左右，肉类总产51.1万吨左右，水产品总产9.5万吨左右。阜阳市基本上形成了以中北部优质强劲小麦、沿淮优质稻米、北部优质高蛋白大豆、西南部优质芝麻、颍上淀粉型红芋、界首马铃薯和太和中药材为重点的优质农产品产区。阜阳的农业科技含量逐年提高，现已初步形成食品、中药材、蔬菜、传统工艺品、水产品、林产品、水果和名特优新稀农副产品系列的产供销一条龙体系。太和县薄荷产量占全国三分之一以上，素有“世界薄荷数中国、中国薄荷看太和”美誉，薄荷油、薄荷脑可用于化工、医药、食品行业，太和的薄荷远销东南亚各国。颍上县水产养殖、立体种植等生态农业蓬勃发展。阜南县会龙镇的辣椒行销全国。阜阳作为全国名列前茅的秸秆养牛大市，正逐步形成良种繁育、黄牛养殖、饲草饲料、疫病防治、肉类加工和皮制品加工等多个链条组成的黄牛系列开发体系。阜南黄岗、颍上半岗利用当地丰富的杞柳资源，早在明清时期，就从事柳编生产，为传统手工艺产品，主要有各式提篮、面包篮、水果盘、食物箱、花篮和动物篮等40多种型号，600多个品种。产品已远销日、意、荷、英、法、德、美、加、新西兰等三十多个国家和地区。另外，阜阳境内煤炭、石油等矿产资源蕴藏也十分丰富。阜阳农村剩余劳动力200万人，还是全国重要的劳务输出基地之一。阜阳各地特色农业的发展为阜阳专业农产品市场的发展奠定了坚实的产业基地。

（三）特色企业

重点项目和骨干企业是阜阳商贸和出口的主力。阜阳城10个商贸流通类项目被列为市级领导牵头推进的重点项目，实施“一个项目、一名领导、一套班子、一抓到底”的推进机制。雨润集团生猪屠宰加工项目已试生产运营；香港财富广场项目拆迁工作基本完成；天筑逸景、金凤凰高档酒店开工建设；巨川CBD中央国际广场项目基础工程正在进行，巨川新世界城市商业综合体项目正在积极推进；红星美凯龙家居大市场项目，阜阳大润发项目拆迁工作正在进行；阜阳商厦物流中心已建成投入使用，阜阳华联物流园区基本建成，中储粮农资物流中心、阜阳粮食物流园建设扎实推进。阜阳城30个投资亿元以上的商贸流通类项目，总投资100亿元以上。在出口方面，2009年全年进出口总值超百万美元的企业41家，比上年增加了7家，其中过1 000万美元企业4家。涌现出富泰发制品、巨邦香料、一帆香料、贝克药业、华宇柳编等一批极具成长潜力、拉动产业发展的进出口型企业，成为阜阳市调整外贸结构、转变增长方式、壮大进出口实力的重要力量。

（四）特色产业集群

近年来，阜阳市商贸产业集群快速兴起和发展，全市初步形成了以太和毛发收购加工、桔梗加工；开发区及太和的医药中间体；阜南柳编工艺品；临泉脱水蔬菜及调味品加工等一批特色鲜明的出口产业集群，成为对外贸易的加工生产基地，成为吸纳社会就业的产业板块。卫生洁具、纺织服装、箱包生产、林产品加工、造纸及纸品、金属冶炼、再生塑料制品、食品生产和三粉加工等产业集群蓄势正发，极具进出口潜力。

第三节　阜阳市贸易发展存在的主要问题

一、阜阳市贸易发展不足、发展不快的问题很突出

突出表现在总量规模偏小、与全省的平均水平差距较大。以2006年和2007年为例，2006年安徽进出口总额为1 225 027万美元，阜阳市的进出口总额为11 235万美元，阜阳市进出口总额占安徽省进出口贸易总额的比重为0.9%，2007年安徽进出口总额为1 573 780万美元，阜阳市的进出口总额为15 748万美元，阜阳市进出口总额占安徽省进出口总额的比重为1%。而2007年安徽省年末总人口是6 118万人，阜阳市年末总人口是974.3万人，阜

阳市人口占安徽总人口的比重是16%，也就是说阜阳以安徽16%的人口只贡献了安徽1%的进出口贸易额。从经济活动方面来看，2003—2007年间，阜阳市国内生产总值占安徽省国内生产总值的比重大致维持在6%左右，但其进出口总额却只保持在1%左右，这些指标都说明阜阳市的经济活动在安徽来说也是比较封闭的，其外向性、开放性不足。

表8.1 阜阳市人均进出口总额与安徽、全国的比较

单位：美元

	1990年	1995年	2000年	2005年	2006年	2007年	2008年	2009年
阜阳	0.5	7.2	4.2	13.5	11.7	16.3	21.9	25.2
安徽	13.2	33.6	53.6	141	187	240	333	254
全国	101.7	233	375.7	1 091	1 343	1 649	1 933	1 662

资料来源：相关年份《阜阳统计年鉴》和阜阳市商务办统计数据。

表8.2 阜阳市人均消费品零售额与安徽、全国的比较

单位：元

	1990年	1995年	2000年	2005年	2006年	2007年	2008年	2009年
阜阳	261	694	1 172	1 578	1 734	1 998	2 849	3 384
安徽	400	983	1 689	2 720	3 096	3 623	5 751	5 752
全国	731	1 711	2 705	5 152	5 828	6 769	6 410	9 438

资料来源：相关年份《阜阳统计年鉴》和阜阳市商务办统计数据。

表8.3 阜阳市各指标占安徽省的份额

单位:%

	1980年	1990年	1995年	2000年	2005年	2006年	2007年	2008年	2009年
年末人口	13.2	13.7	13.9	14	14.3	14.5	14.6	14.6	14.7
生产总值	8	6.7	8.5	6.6	6	6.2	6.3	6.1	6.0
社会消费品零售总额	8.9	8.7	9.8	9.7	8.3	8.1	8	8	8
外贸进出口总额		0.5	3	1.1	1.4	0.9	1	0.9	1.3

资料来源：相关年份《阜阳统计年鉴》和阜阳市商务办统计数据。

二、对外贸易区域发展不平衡

在阜阳各县市区中，太和县一枝独秀，内外贸齐头并进，势头良好，但有的区县差距较大，进出口总额仅有几十万美元，还有的地方利用外资刚刚实现零的突破。以2007年为例，太和县进出口总额为5 188万美元，而颍东区和颍上县的进出口总额则分别只有35万美元和97万美元。

表 8.4　2001—2007 年阜阳市分区县进出口贸易总额

单位：万美元

地区	2001 年	2002 年	2003 年	2004 年	2005 年	2006 年	2007 年
全市	4 345	5 053	6 965	7 880	12 515	11 235	15 748
市区	3 721	3 549	4 927	5 550	9 088	2 178	7 996
颍州区	130	167	146	220	1 105	472	1 059
颍东区	312	462	251	146	131	255	35
颍泉区	188	213	556	793	1 334	1 589	1 173
临泉县	355	436	810	981	852	1 330	918
太和县	635	863	1 022	925	1 884	2 662	5 188
阜南县	132	113	171	271	451	567	1 223
颍上县	32	36	18	35	39	59	97
界首市	100	56	17	118	201	131	326

资料来源：相关年份《阜阳统计年鉴》和阜阳市商务办统计数据。

三、招商引资水平较低，利用外资增长乏力

作为阜阳市利用外资最有效载体的开发区和工业园区，建设档次不高、特色不浓、聚集能力不强，作用未得到很好的发挥；缺乏对产业发展拉动力强的大项目；利用外资的新项目、大项目较少，利用外资的方式还比较单一，投资领域狭窄；企业境外上市，境外投融资渠道没有拓展；银行、保险等金融行业利用外资仍未取得突破。

表 8.5　2001—2007 年阜阳市分区县实际利用外资

单位：万美元

地区	2001 年	2002 年	2003 年	2004 年	2005 年	2006 年	2007 年
全市	1 020	661	655	2 769	4 392	5 700	6 530
市区	304	267	165	2 759	4 243	5 528	4 309
颍州区	21	40	43	3	154		104
颍东区	26		88	8		100	146
颍泉区	10	20		235	52		27
临泉县			30			20	137
太和县	200				35		1 551
阜南县	9	174	195	6	86	129	390
颍上县		20		4		6	87
界首市	510	200	234		28	17	55

资料来源：相关年份《阜阳统计年鉴》和阜阳市商务办统计数据。

四、外贸和外资的增长不平稳

从阜阳市的总体上看，不管是进出口总额还是实际利用外资总额都是在不断增长的，但是如果分区来看就会发现存在增长不平稳的问题。以阜阳市颍州区为例，2001 年、2002 年、2003 年、2004 年颍州区的进出口总额分别为130 万美元、167 万美元、146 万美元、220 万美元，到2005 年突然增加到1 105 万美元，但2006 年又下降到472 万美元，2007 年又增加到1 059 万美元。一般来说，国际市场与国内市场有相同之处，一个企业销售额的剧烈波动是不正常的。我们从颍州区出口总额的剧烈波动情况，可以推测颍州区的出口企业并没有建立固定的海外销售渠道，也不应该有稳定的客户和稳定的市场以及稳定的市场占有率。而稳定的海外销售渠道、稳定的客户群以及稳定的市场占有率是一个企业乃至一个国家出口持续增长的基石。否则，出口额或销售额的剧烈波动有时会给企业带来灭顶之灾。

第四节　阜阳市贸易发展建议

任何一个国家或地区的贸易发展战略都应该紧紧围绕它的资源禀赋和区位优势。阜阳的区位优势在于它是皖西北的一个较大城市，而且地处平原，水陆交通便利，因此在未来的发展战略上可以定位为辐射周边地区的一个商贸物流中心。在外贸战略上，阜阳应该立足农业资源丰富的优势，通过专业市场的建设，带动农业和农产品加工业的专业化和集群式发展，奠定阜阳外贸的微观基础。

一、大力建设专业市场

立足阜阳的区位优势和产业基础，大力建设专业市场，努力实现提升商贸物流辐射力的新突破。按照“调整充实一批、巩固提高一批、规划发展一批”的发展思路，突出专业市场对本地产业的拉动和对周边地区的辐射作用，坚持错位发展、优势互补，做大做强阜阳各类专业市场；积极扶持全市亿元以上市场扩大规模，提升档次，尽快形成一批辐射范围广、对工农业推动力强的专业市场；重点实施阜阳临沂商城、开发区汽贸配件市场项目建设，推进阜阳农产品中心批发市场改造；大力发展医药、柳编、山羊、脱水蔬菜和再生资源等市场，提升县域特色专业市场规模和档次。

二、大力培育出口企业，实现对外贸易的持续增长

扶持骨干进出口企业发展，夯实进出口贸易的基础。继续通过政策引导、资金扶持、项目孵化等措施，着力培育富泰发品、安徽福润、贝克药业、巨邦香料和华宇柳编等重点出口企业，重点做好跟踪协调服务工作，稳定并不断扩大进出口规模。对中小出口企业加强贸易业务和政策培训，积极引入有实力的外贸公司开展传帮带服务，通过加强宣传、推动认证、展位倾斜和工作奖励等方式，提升出口孵化工作水平，增加有进出口实绩的企业。另外还应该加强中小企业培育，形成进出口新的增长点。

三、立足资源禀赋，大力发展对外贸易

优化商品结构，立足以质取胜和科技兴贸，支持优势产品、劳动密集型产品和高新技术产品出口，加大对自主知识产权、自主品牌产品的出口促进力度。优化市场结构，进一步实施市场多元化战略，在稳定传统市场的同时，大力开拓成长性好、潜力大的新兴市场。优化市场主体结构，在充分发挥大企业作用的同时，加大对中小外贸企业扶持力度，发挥其体制、机制优势。优化贸易方式，继续发挥一般贸易对国内产业关联度高、带动力强的优势，积极促进加工贸易转型升级。

四、加快物流基地建设，发挥交通区位优势

充分认识物流业在促进产业结构调整、转变经济发展方式和增强国民经济竞争力等方面的重要作用。要加强物流基础设施建设的衔接与协调，充分发挥阜阳市铁路、水运和陆路交通区位优势。要积极推进多式联运，努力实现铁路与港口、码头及公路场站的无缝对接，将阜阳市打造成为贯穿东西部的主要物流中心之一。要发展壮大各类物流园区，推动物流产业集约化、规模化发展，努力形成独立的复合型服务产业。要提高物流信息化水平，构建发达的通讯网络体系，以信息化建设力促传统的运输、仓储管理优化升级。要完善物流标准化体系，加强物流新技术的开发和应用，积极发展第三方物流。

五、继续实施集群化发展战略

加强基地建设，锻造进出口载体，加快特色食品、传统工艺和生物制药

等出口产品基地和省级农产品出口示范基地建设，带动人发、医药、柳编、香料、脱水蔬菜和肉食等出口产业集群的发展。重点推动太和以毛发加工为主的发制品产业集群，阜南以杞柳编结为主的工艺产品产业集群建设，使之尽快形成规模，扩大辐射影响力。

六、积极发展对外劳务合作

阜阳是全国有名的人口大市，人力资源丰富。由于人口密度较大，阜阳的人均资源占有量较小，特别是人均土地面积较小，这些人口如果都呆在阜阳其收入增长必然受到极大的限制。为充分利用自己的人力资源，阜阳应积极发展对外劳务输出，加强劳务外派工作，积极申报颍泉区、阜南县省级外派劳务基地，实现省级基地在阜阳全覆盖。打造外派劳务基地大市，形成阜阳劳务品牌。

参考文献：

[1] 阜阳市统计局．阜阳统计年鉴 2008 [R]. 2008.
[2] 阜阳市统计局．阜阳统计年鉴 2009 [R]. 2009.
[3] 冯德连．国际贸易教程 [M]. 北京：中国统计出版社，2006.

第九章　淮南市贸易发展分析[①]

淮南市位于安徽的中部，是国家大型能源基地之一，安徽省重要的工业城市，辖五区一县、一个国家级综合实验区、三个省级经济技术开发区，总面积约2 600平方千米。2009年年末全市户籍人口242.5万人，比上年增加1.6万人，其中非农业人口113.3万人，常住人口230万人。2009年全市生产总值突破500亿元，达508.77亿元，增长13.7%，人均地区生产总值达22 169元，突破3 000美元，约为3 247美元，提前一年完成2010年预期目标。[②]“十一五”期间，淮南重点培育和发展机械制造、生物制药、豆制品和乳制品加工为主的农副产品加工新“三大基地”，大力发展循环经济、现代物流和旅游业新“三大产业”。近年来，伴随着市场竞争程度和对外开放程度的不断提高，淮南市贸易的规模不断扩大，发展迅速，在增加地方财政收入、拓展就业空间和促进经济全面健康发展等方面发挥着重要的作用。

第一节　淮南市贸易发展现状

一、国内贸易现状

（一）社会消费品零售总额

淮南市消费品市场运行良好，稳中趋旺，如图9.1所示。2006年以来，社会消费品零售总额稳步增长，年平均增长率达到18.3%。而2009年零售总额达159.1亿元，较2008年增长25.2亿元，是2006年的1.7倍，增长18.8%。

---

① 感谢淮南市商务局在调研中给予的支持和帮助。

② 2009年GDP和人均GDP数据来源于淮南统计网（http：//tjj. huainan. gov. cn/hntjxx/2010128111558. htm）。

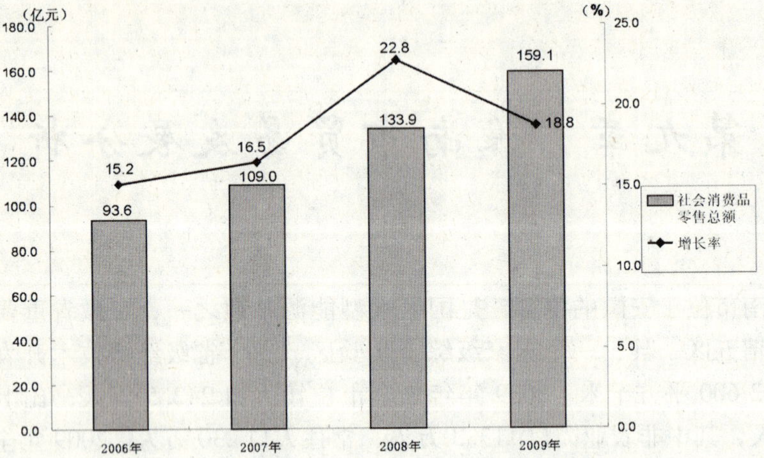

图 9.1　2006—2009 年淮南市消费品零售总额及增长率

资料来源：2006—2009 年淮南市国民经济和社会发展统计公报。

从城乡比较来看，城市零售额要远远大于农村零售额，如 2009 年城市零售额达 131.1 亿元，约为农村零售额①的 4.7 倍，占社会消费品零售总额的 82.4%，而城市零售额增长率为 18.9%，比农村增长率高 1.3%。由表 9.1 可知，2006—2009 年，城市零售额占社会消费品零售总额的比重都在 80% 以上，且城市零售额增长率均高于农村增长率，城乡消费差距显著，为了实现全民共享经济建设成果，促进社会和谐发展，积极拉动和拓展农村消费市场将成为今后淮南市国内贸易发展的重要任务之一。

表 9.1　2006—2009 年淮南市城市/农村零售额、增长率及比重

年份	城市零售额（亿元）	城市增长率	城市占比	农村零售额（亿元）	农村增长率	农村占比
2006	76.6	15.2%	81.8%	17.0	14.9%	18.2%
2007	89.4	16.7%	82.0%	19.6	15.3%	18.0%
2008	110.2	23.3%	82.3%	23.7	20.9%	17.7%
2009	131.1	18.9%	82.4%	28.0	18.1%	17.6%

注：城市/农村零售额来源于 2006—2009 年淮南市国民经济和社会发展统计公报，其他数据均由计算而得；"城市/农村占比"是指城市/农村零售额占当年社会消费品零售总额的比重。

① 此处"农村零售额"包括县零售额及县以下零售额两部分。

（二）限额以上批发和零售业、住宿和餐饮业

近年来，在淮南市社会消费品零售总额中，各行业零售额稳步增长，占比结构稳定，其中批发零售贸易业占据了绝对份额，占比达80%以上，餐饮业比重保持在16%左右，而其他行业仅占1%。在批发零售贸易业中限额以上占比较小，近年来比重虽有上涨但也仅占两成左右，而对于限额以上住宿和餐饮业来说，其占比更小，仅有9%左右（如表9.2所示），这表明在社会消费品零售中规模型企业有限，规模经济效应不明显。2009年全市批发零售贸易业、餐饮业和其他行业消费品零售额分别为131.94亿元、25.52亿元和1.63亿元，占当年社会消费品零售总额的比重分别为82.9%、16.1%和1.0%，同比增长18.3%、21.7%和17.6%。此外，2006—2009年，限额以上批发零售贸易业销售额增长迅速，年平均增长率达33%，但其零售总量偏小，在整个批发零售贸易业中仅占18%左右。在限额以上批发零售贸易业零售额中粮油、食品、饮料和烟酒类增长7.4%，服装、鞋帽、针纺织品类增长51.4%，家用电器和音像器材类增长26.1%，日用品类增长26.4%，石油及制品类增长82.6%。①

表9.2　淮南市各行业消费品零售额及其占社会消费品零售总额的比重

单位：亿元

年份	社会消费品零售总额	批发零售贸易业	其中限额以上	限额以上占比	住宿和餐饮业	其中限额以上	限额以上占比	其他行业
2006	93.55	78.04	11.31	14.49%	14.29	1.27	8.89%	1.22
2007	109.02	91.00	16.33	17.95%	16.77	1.66	9.90%	1.25
2008	133.87	111.51	20.40	18.29%	20.98	1.93	9.20%	1.39
2009	159.1	131.94	26.45	20.05%	25.52	n	n	1.63

资料来源：淮南市商务局2006—2009年12月《商品流转统计财务资料》及《淮南统计年鉴》（2007—2009）的相关内容整理而得；"n"表示该数据缺失。

（三）商贸行业商品销售及利润水平

近年来，随着居民收入水平及消费需求的不断提高，淮南市商贸行业商品销售额及利润额增长迅速，2006—2009年淮南市商贸行业销售总额逐年增长，年平均增长率达17.7%，而同期商贸行业利润总额虽在2009年有所下降，但年平均增长率却达到22.1%。如表9.3所示，2009年全市商贸行业商

① 相关数据来自于2009年淮南市国民经济和社会发展统计公报。

品销售总额为179.5亿元，较2008年同期上涨19.9%，其中限额以上企业实现销售额74.01亿元，比上年增长23.8%，占当年整个商贸行业商品销售总额的41.2%，由此可以看出规模型企业在淮南市商品销售中的地位和作用日渐突出。2009年，受到金融危机一定的影响，全市商贸行业利润总额有一定下降，为3.09亿元，较2008年下降了12个百分点。

表9.3　淮南市商贸行业商品销售总额、利润总额及其增长率

年份	2006	2007	2008	2009
商贸行业商品销售总额（亿元）	107.89	125.39	149.70	179.50
其中限额以上企业销售额（亿元）	41.16	50.50	59.80	74.01
商贸行业利润总额（亿元）	2.43	2.97	3.51	3.09
销售总额增长率	15.4%	16.2%	19.4%	19.9%
利润总额增长率	59.9%	22.2%	18.2%	-12.0%

资料来源：根据淮南市商务局2006—2009年历年12月的《商品流转统计财务资料》相关内容整理而得。

二、对外贸易现状

（一）货物贸易

近年来，淮南市货物贸易规模不断扩大，总体呈现上升趋势，2009年货物贸易进出口总额达12 120万美元，较2006年增长了54%。在货物贸易中，进口占据了较大份额（2008年和2009年均超过75%），且增长较为迅速，而出口规模则稳中趋降。2009年淮南市货物出口额为2 950万美元，进口额为9 170万美元，较2008年分别下降3.7%和12.6%，这主要是因为受到国际金融危机的影响。通过比较图9.2中的进口额曲线和出口额曲线可以得知，2006—2009年淮南市对外贸易持续出现逆差，且逆差额逐渐增大。例如，2008年出口额为3 060万美元，进口额为10 490万美元，逆差高达7 430万美元，是2006年逆差额的12.3倍，而2009年货物贸易逆差继续保持高位，达到6 220万美元。因而，积极扩大出口，扭转逆差局面，将成为当前及今后淮南市发展对外贸易的主要任务。

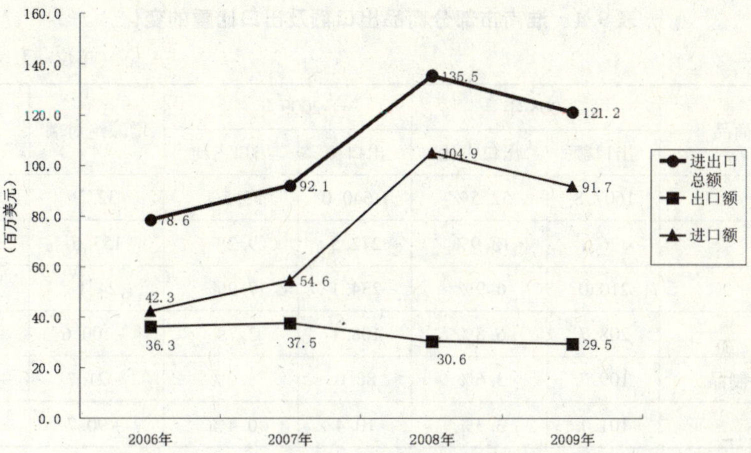

图 9.2　2006—2009 年淮南市货物进出口额变化趋势

资料来源：2006—2009 年淮南市国民经济和社会发展统计公报。

从对外贸易的主体来看，淮南市出口贸易以民营企业和外资企业为主，国有企业份额有限。如 2008 年，淮南市有进出口实绩的企业共有 34 家，其中出口企业 28 家。当年全市民营企业出口额达 1 235.3 万美元，占出口总额的 40.3%，同比增长 74.2%；外资企业出口额为 1 167.7 万美元，占出口总额的 38.1%，两者占比和为 78.4%；而国有企业出口 660.3 万美元，仅占出口总额的 21.6%。2009 年全市国有企业出口 488.8 万美元，约占当年出口总额的 16.6%，而集体民营企业出口额及三资企业出口额分别为 2 278.0 万美元和 185.6 万美元，占出口总额的 77.2% 和 6.1%。

从贸易商品的结构来看，淮南市出口商品以劳动密集型产品为主，绝大多数技术含量和附加值较低，而资本与技术密集型的产品（如高新技术产品和机电产品）出口量则很小。如表 9.4 所示，淮南市主要的出口商品为服装、化工产品和玻璃制品，三者占商品出口总额的比重超过 70%，当 2009 年外贸出口面临着金融危机的严重影响时，这三种商品出口不落反涨，增长率分别为 2.0%、56.3% 和 11.5%，表现出了较强的竞争力。在这之中服装出口地位尤其突出，如 2009 年全市服装出口额达 1 640 万美元，约占当年出口总额的 55.5%，较 2008 年出口额增长了 32.2 万美元，其凸显了淮南市出口商品层次较低、结构有待优化等问题。对于进口而言，进口商品主要是企业自用的原辅材料、机械设备及零配件和外商投资企业作为投资进口的设备物品，如 2009 年机电产品进口 7 272.3 万美元，约占进口总额的 79.3%。

表9.4　淮南市部分商品出口额及出口比重的变化

（单位：万美元）

出口商品	2008年		2009年		增减绝对额	同比
	出口额	出口占比	出口额	出口占比		
服装	1607.8	52.5%	1 640.0	55.5%	32.2	2.0%
化工产品	426.1	13.9%	272.5	9.2%	153.6	56.3%
玻璃制品	210.0	6.9%	234.1	7.9%	24.1	11.5%
胶合板	208.7	6.8%	108.1	3.7%	-100.6	-48.2%
贱金属及制品	109.7	3.6%	88.0	3.0%	-21.7	-19.8%
柳编制品	101.1	3.3%	10.4	0.4%	-90.7	-89.7%

资料来源：淮南市商务局对外贸易发展科。

从贸易国别或地区来看，淮南市出口贸易主要集中在亚洲市场，其次为欧洲市场，非洲和北美洲市场也占有一定份额。如表9.5所示，2007年至2009年，亚洲市场和欧洲市场在淮南市商品出口中名列一、二，两者占到全市商品出口的七至八成，而非洲市场和北美洲市场紧随其后。2009年全市出口到亚洲各国的商品额占到当年出口总额63.9%，其中日本的出口比重近三年有了跨越式的增长，从2007年的8.8%上升到2009年的30%，且2009年出口到日本的商品总额达886.9万美元，较2008年增长49.5%，增幅迅猛，凸显了亚洲市场尤其是日本对于淮南商品出口的重要性。2009年淮南在欧洲市场和非洲市场的销售额分别为488.9万美元和308.4万美元，占当年出口总额的16.6%（其中欧盟为14.2%）和10.4%，而在北美洲、拉丁美洲和大洋洲市场的出口较少，比重分别为4.6%、3.6%和0.8%。

淮南市进口商品主要来自于欧洲的欧盟和北美洲的美国，亚洲和大洋洲等也占有一定的比重。例如，2009年淮南从欧洲市场进口的商品额达6 539.1万美元，同比下降23.17%，但却占到当年进口总额的71.28%，其中从欧盟进口商品6 197.7万美元，较2008年下降26.58%，而占全年进口总额的比重高达67.56%，显示出欧盟作为淮南商品进口市场的绝对优势地位。同期从北美洲、亚洲和大洋洲进口的商品额分别为2 083.8万美元、350.4万美元和196.6万美元，占比分别为22.71%、3.82%和2.14%，相比之下非洲市场占比非常小，仅有0.04%。从2009年各地区进口增速来看，大洋洲市场增幅巨大，高达414.18%，北美洲也达到37.28%，而欧洲与亚洲却有一定的降幅。

表 9.5 2007—2009 年淮南市出口商品市场分布情况

<table>
<tr><th>贸易国别和地区</th><th>2007 年</th><th>2008 年</th><th>2009 年</th></tr>
<tr><td>亚洲</td><td>66.0%</td><td>47.6%</td><td>63.9%</td></tr>
<tr><td rowspan="6"></td><td>蒙古（22.5%）</td><td>日本（19.4%）</td><td rowspan="3">日本（30.0%）</td></tr>
<tr><td>韩国（13.1%）</td><td>东盟（11.0%）</td></tr>
<tr><td>日本（8.8%）</td><td>沙特（4.5%）</td></tr>
<tr><td>东盟（7.5%）</td><td>台湾（3.8%）</td><td rowspan="3">东盟（9.4%）</td></tr>
<tr><td>台湾（7.3%）</td><td>阿联酋（3.6%）</td></tr>
<tr><td>阿联酋（3.6%）</td><td>韩国（2.3%）</td></tr>
<tr><td>欧洲</td><td>12.6%</td><td>20.1%</td><td>16.6%</td></tr>
<tr><td rowspan="3"></td><td>欧盟（11.3%）</td><td>欧盟（19.8%）</td><td>欧盟（14.2%）</td></tr>
<tr><td>其中：德国（5.9%）</td><td>其中：德国（6.9%）</td><td>其中：德国（2.9%）</td></tr>
<tr><td>荷兰（1.7%）</td><td>英国（4.6%）</td><td>英国（1.6%）</td></tr>
<tr><td>北美洲</td><td>7.7%</td><td>13.7%</td><td>4.6%</td></tr>
<tr><td rowspan="2"></td><td>美国（3.9%）</td><td>美国（6.2%）</td><td rowspan="2">美国（3.6%）</td></tr>
<tr><td>加拿大（3.8%）</td><td>加拿大（7.5%）</td></tr>
<tr><td>非洲</td><td>9.4%</td><td>10.8%</td><td rowspan="3">10.4%</td></tr>
<tr><td rowspan="2"></td><td>埃及（4.7%）</td><td>埃及（3.6%）</td></tr>
<tr><td>加那利群岛（1.45）</td><td>南非（1.8%）</td></tr>
<tr><td>拉丁美洲</td><td>2.8%</td><td>6.1%</td><td>3.6%</td></tr>
<tr><td>大洋洲</td><td>1.5%</td><td>1.7%</td><td>0.8%</td></tr>
</table>

资料来源：淮南市商务局对外贸易发展科。

表 9.6 2009 年淮南市进口商品的来源市场分布

地区	欧洲	亚洲	北美洲	非洲	大洋洲
进口额（万美元）	6 539.1	350.4	2 083.8	4.1	196.6
同比增减幅度	-23.17%	-17.35%	37.28%	n	414.18%
占总进口的比重	71.28%	3.82%	22.71%	0.04%	2.14%

资料来源：淮南市商务局对外贸易发展科。"n" 表示该数据缺失。

从贸易方式来看，淮南市商品出口主要采用的是一般贸易方式，对外承包工程货物出口占比较小，而加工贸易出口更是萎缩至零。例如，2009 年，一般贸易出口额达 2 751.6 万美元，较 2008 年减少 184.8 万美元，占当年出口总额的 93.2%。对于进口而言，一般贸易方式占主导地位，加工贸易及其它贸易方式发展滞后。2009 年，一般进口贸易额为 8 924.4 万美元，较 2008 年增长 1 143 万美元，占进口总额的 97.3%，比上年上升 23.1%，而外资企业投资的设备进口降幅迅猛，占进口总额比重由 2008 年的 21.5% 下降至 0.05%（见表 9.7）。

表 9.7　淮南市各种贸易方式下的进出口额

单位：万美元

贸易方式	2006 年	2007 年	2008 年	2009 年
进出口总额	7 858.3	9 211.6	13 554.4	12 126.4
出口总额	3 626.1	3 753	3 063.3	2 952.4
一般贸易出口	2 636.4	2 778.7	2 936.4	2 751.6
对外承包工程货物出口	863.2	967.5	126.9	200.8
加工贸易出口	126.5	6.7	0	0
进口总额	4 232.2	5 458.6	10 491.1	9 174.0
一般贸易进口	2 617.3	5 233.8	7 781.4	8 924.4
外资企业投资的设备进口	1 564.2	32.9	2 257.4	5.0
加工贸易进口	36.2	6.6	5.1	5.12
国际无偿援助和赠送的物资	14.5	12.6	0	0
保税仓库进出境货物进口	0	170.0	436.4	232.4
其它	0	2.7	10.8	7.08

资料来源：淮南市商务局对外贸易发展科。

（二）服务贸易

与货物贸易相比，淮南市服务贸易发展较为滞后。近年来虽在对外工程承包和国际旅游等方面取得了一定的增长，但全市服务贸易总体规模和贸易范围还有待进一步的提升和扩展。无论从国际还是国内贸易发展长期趋势来看，服务贸易将在改善贸易结构、增加贸易价值等方面发挥越来越重要的作用，由此而言，大力发展服务贸易也将成为淮南经济发展的重要内容。

1. 对外工程承包

近年来，淮南市对外工程承包增长迅速，成为全市创汇的重要方式之一。2009 年，全市对外工程承包新签合同额 11 757 万美元，同比增长 96.02%

(2008 年对外工程承包新签合同额为 5 998 万美元)，首次突破 1 亿美元。完成营业额 7 281 万美元，同比增长 124%。完成外派劳务 2 293 人，同比增长 28.04%（外派劳务实现 1 650 人）。

2. 国际旅游

淮南市拥有丰富的自然资源（如八公山、焦岗湖等著名风景区）和悠久的文化资源（如享誉内外的豆腐文化节等），旅游业发展迅速，成为推动地方经济发展的重要力量。2006—2009 年全市旅游总收入持续增长（见表 9.8），2009 年达到 21.8 亿元，为 2006 年的 2.3 倍，其中国际旅游收入为 732 万美元，较 2007 年增长了 15%，是 2006 年的 2.36 倍。同时，从接待国内外游客人数和全市星级饭店个数也可以看出，淮南市旅游业规模不断扩大，2009 年接待国内外游客 521.5 万人次，其中接待入境国际游客 13 325 人次，而星级饭店达 22 个，星级饭店客房达 1 597 间，比上年分别增长 4.7%，2.2%。截至 2009 年末，全市共有 3 个 4A 级旅游景区，且于当年荣膺“中国优秀旅游城市”。

表 9.8　2006—2009 年淮南市旅游业发展的相关指标

年份	旅游总收入（亿元）	国际旅游收入（万美元）	接待国内外游客（万人次）	接待入境国际游客（人次）	全市星级饭店（个）
2006	9.5	309.6	222	7 047	17
2007	12.2	327.4	330	9 103	19
2008	16.5	636.6	434.5	11 385	21
2009	21.8	732.0	521.5	13 325	22

资料来源：2006—2009 年淮南市国民经济和社会发展统计公报。

（三）外商直接投资

从利用外资规模来看，近年来淮南市利用外资波动较大。如图 9.3 所示，2009 年全市利用外资额达 12 022 万美元，虽然比 2008 年增长 1 603 万美元，但却比 2007 年下降 50.7%，降幅显著。在 2006—2008 年安徽省各地市利用外资排名中，淮南市位次逐年下降，由 2006 年的第四名和 2007 年的第六名，跌至 2008 年的第十名。

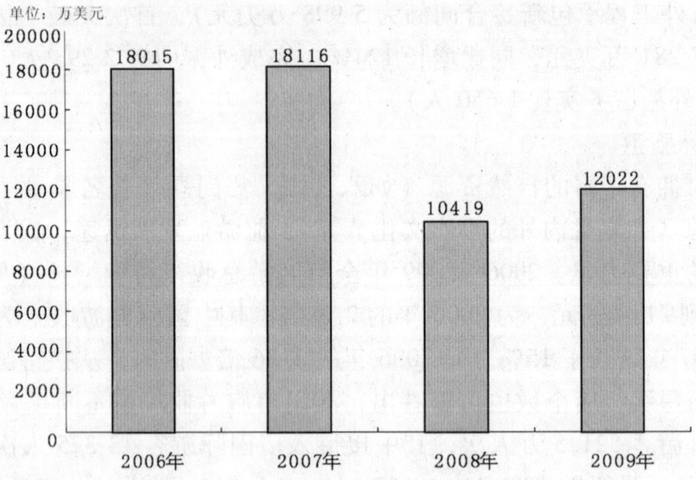

图 9.3　2006—2009 年淮南市利用外资额

从利用外资的具体来源来看，2009 年，淮南市实际到位外资 12 022 万美元，其中外商直接投资、对外借款及外商其它投资额分别为 7 343 万美元、4 605万美元和 74 万美元，占实际到位外资的比重分别为 61.1%、38.3% 和 0.62%。与 2008 年相比，外商直接投资增加了 997 万美元，而对外借款则增长了 131.2%。2009 年新批外商直接投资项目与 2008 年持平，为 3 项。从具体引资区域或单位来看，2008 年主要是淮南市经济开发区（占当年外资总额的 29.8%），而 2009 年为淮南矿业集团（占当年外资总额的 37.05%）。从主要投资领域来看，2008 年主要投资领域为纺织服装制造，而 2009 年主要为矿业及能源。

表 9.9　2008 年和 2009 年淮南市利用外资情况

金额单位：万美元

		实际到位外资	外商直接投资	外商其它投资	对外借款	新批外商直接投资项目数（个）	合同外资金额
2008 年		10 419	6 346	2 081	1 992	3	1 981
其中	淮南市经济开发区	3 105	1 511	1 594	0	0	—
	凤台县	4	0	0	4	0	—
	淮南矿业集团	0	0	0	0	0	—
2009 年		12 022	7 343	74	4 605	3	3 959
其中	淮南市经济开发区	455	381	381	74	0	—
	凤台县	48	48	17	0	0	—
	淮南矿业集团	4 454	4 454	360	0	0	—

资料来源：淮南市商务局外资外事科。

第二节　淮南市贸易环境与贸易特色

一、贸易环境

（一）经济环境

贸易发展是经济发展的重要内容，而经济的发展则为贸易的发展提供了坚实的基础。2009 年，虽然面临着国际金融危机的严峻形势，但淮南市总体经济却发展迅速，各项经济指标涨幅显著。主要表现在：首先，国民经济持续增长，实现 GDP 508.8 亿元，同比增长 13.7%，高于全省平均水平 0.8 个百分点，增速居全省第四位。财政总收入突破 70 亿元，达 75.02 亿元，增幅居全省第六位，财政总收入占 GDP 的比重为 14.7%，比 2008 年提高 1.4 个百分点，在全省位居第五位；其次，工业化进程快速推进，工业化率达 55.8%，居全省第四位，高于全省平均水平 15.4 个百分点，比 2008 年提高 1.3 个百分点。规模以上工业企业数和总量迅速增长，2009 年全市规模以上工业企业数为 350 户，比 2008 年净增 102 户，规模以上工业增加值由 2007 年的 163.2 亿元增长到 2009 年的 280.15 亿元，按可比价计算，2009 年比 2008 年增长 20.7%，比 2007 年增长 59.7%；再次，经济结构不断优化，三产投资大幅增加。2009 年第三产业增加值比 2008 年增长 11.6%，位居全省第三位，比 2008 年前进十三位。制造业投资实现大发展，2009 年完成投资 32.17 亿元，较 2007 年增长 2.7 倍，制造业完成工业增加值 34.28 亿元，占规模以上工业增加值比重为 12.2%，对工业增长的贡献率达 5.1%。总而言之，淮南市持续增长的经济发展水平为该市的贸易发展创造了良好的宏观环境。

（二）自然环境

淮南北滨淮河，南依舜耕山，大小湖泊星罗棋布，可谓“山水平秋色，彩带串明珠”。风景秀丽，旅游胜地颇多。有国家 4A 级旅游景区、国家森林公园、国家地质公园“八公山”，国家 3A 级旅游景区、全国农业旅游示范点“毛集农业生态旅游景区”，国家 3A 级旅游景区、国家森林公园“上窑旅游景区”，国家 3A 级旅游景区“茅仙洞”、尹氏宗祠、峡山口、新四军纪念林景区、卧龙山风景区、龙湖公园、古寿州窑遗址和春申君陵园等，为旅游业的发展提供了优越的基础条件。此外，淮南矿产资源丰富，上世纪 50 年代就是中国五大煤田之一。煤炭远景储量 444 亿吨，探明储量 153 亿吨，占华东地区32%，煤层气储量5 928亿立方米。淮南是中国重要的能源基地，华东地区的“动力之乡”。淮南计划用7年时间建成“亿吨煤基地”，走煤、电、化一体化路子，实现煤的就地转化，建设“电力基地”和“化工基地”，到2010年，全市将形成年产10 000万吨煤炭规模，总装机容量达到1 000万千瓦，年产100万吨化工产品的能力。

（三）文化环境

文化是一个城市的灵魂，一个城市的竞争力。淮南历史悠久，文化底蕴深厚，有源远流长、底蕴深厚的蔡楚文化，有融历史文化与现代文明为一体的豆腐饮食文化，有“牢笼天地、博极古今”的千古名篇《淮南子》，有以“五古一稀”为代表的众多名胜古迹，有被称为“地球上生命最初形态”的古生物化石，有被誉为“东方芭蕾”的花鼓灯艺术，有享誉全国的少儿艺术，还有全国稀有剧种“推剧”等淮河流域民间艺术。丰富的文化资源不仅铸就了淮南这座城市的精神风貌和神韵，而且为文化产业及相关贸易（如国际旅游）的发展提供了厚实的资源基础。以中国豆腐文化节为例，其充分体现了“豆腐为媒，文化搭台，经贸、旅游唱戏”的宗旨，充分展示了淮南较好的经济基础、良好的投资环境、安定团结的政治局面和两个文明建设的巨大成就。中国豆腐文化节的举办，对于弘扬民族文化，光大华夏美食，扩大对外开放，提高淮南知名度，让淮南走向世界，让世界了解淮南，促进淮南与海内外经济文化交流与合作，起到了积极地推动作用。

（四）人口环境

一个地区的人口规模决定了其消费群体的规模，这为该地区商贸行业的发展提供了量的保证。2009年末全市户籍人口242.5万人，比上年增加1.6万人，其中非农业人口113.3万人，常住人口230万人，比上年增加1万人。城镇化率64.1%，比上年提高1.3个百分点。同时，持续上升的居民收入水平，将决定消费品需求的结构和层次，为商贸行业的发展提供质的保障。2009年全市人均GDP突破3 000美元大关，按常住人口计算达3 247美元。城镇居民人均可支配收入达到14 046元，比上年增长8.0%。人均消费性支出9 613元，增加2.7%，其中食品支出增长3.8%，居住支出下降11.2%。城镇居民家庭恩格尔系数为42.8%。而在岗职工人均工资突破40 000元，达40 029元。居民的消费能力不断提升，消费观念更新。2007年末，淮南市个人消费贷款余额为10.49亿元，2009年末扩大为33.28亿元。居民消费档次提高，高档消费走入寻常百姓家庭，2009年全市汽车类消费同比增长

32.6%。外出就餐成为时尚，2009年住宿餐饮业实现零售额25.52亿元，增长21.7%，快于社会消费品零售额增长速度2.9个百分点。因而，较大的人口规模和较高的收入水平将为淮南市贸易发展提供量与质的保障。此外，淮南市的流动人口规模不断扩大，加速了农村劳动力的转移，促进了劳务经济的发展，不仅为农民增收创造了有利条件，而且也带来了大量的信息技术和观念的转变，对缩小城乡差异、促进地方经济发展具有积极的作用。

（五）政策环境

积极而有力的贸易政策将会为贸易发展提供良好的宏观环境和动力支持，有利于内外贸活动的顺利开展。近年来，淮南市政府制定和落实了一系列促进内外贸发展的政策办法。例如，2008年，淮南市政府办公室制定了《关于进一步开展质量兴市活动的实施意见》（淮府办［2008］39号），强调要进一步增强商贸行业的质量意识，提高质量总体水平，提升全市商贸行业的竞争力，促进经济健康发展。又如，淮南市商务局要求进一步实施“238”提升行动计划，加速壮大淮南商务实力，强化商务社会化服务功能，为构建和谐淮南，推动经济社会的又好又快发展做出新的较大贡献。此外，市政府还提出要积极兑现《淮南市鼓励外贸出口暂行办法》的相关规定，加强财政、税务、外汇等相关职能部门协作，确保出口退税及时到位。同时，帮助中小型进出口企业，及时妥善解决融资难的问题，并提供产品行情、法律法规等方面的咨询服务。又如，2008年中共淮南市委在八届三次全体（扩大）会议上，作出了“实施合淮同城化战略、加快融入省会经济圈”的重要决策，以顺应区域经济一体化的发展潮流。同年7月，合肥与淮南两市商务局签订了《合肥市与淮南市加强区域外经贸合作框架协议》，标志着合淮外经贸同城化工作取得实质性进展。同月，为加强区域商贸合作，促进两市商务经济和商贸流通业的蓬勃发展，在合淮同城化战略实施中率先起步，两市又签订了《合肥市与淮南市加强区域合作框架协议》。这些政策措施无疑将会给淮南市贸易发展提供重要契机。

二、贸易特色

（一）特色市场

1. 煤电市场

淮南是缘煤而兴的资源型城市，煤炭已成为推动这座新型能源基地崛起的基础产业。淮南有煤，矿区煤炭总储量占安徽省的74%。淮南煤田是中国东南部地区资源条件最好，也是最大、最具开发潜力的一块整装煤田，因而淮南在煤电力市场上有着得天独厚的优势。然而，煤电“顶牛”由来已久，煤电矛盾是市场经济体制与计划经济体制的矛盾，煤炭价格已进入市场，在煤炭市场化前提下，煤价步步攀高，而电价仍然严守“行政审批”，无法适应电煤价格开放的市场变化。电力价格的市场机制很弱，不能及时和煤价合理联动，结果使得整个发电企业效益迅速下滑。2007 年国内第一个均股合资、煤电一体化的创新项目——田集电厂一期工程全部建成，标志着我国煤电行业创建“煤电一体化”获得圆满成功。田集电厂的成功，不仅为传统的淮南煤矿打开了开放办企业的窗口，也是淮南煤矿科学发展的一次重大实践。目前，煤电联营的“淮南模式”为我国开创“煤电一体化”产业迈出了坚实的第一步。

2. 绿色农产品批发市场

深入推进三绿工程建设，完善农副产品流通环节的食品安全保障体系，全面提升农副产品批发市场的管理技术和设施水平，积极建设标准化的大型绿色农副产品批发市场，取得了良好的社会效益和经济效益。其典型代表是淮南市安成鑫海批发大市场。该市场是全市最大的水果、水产、家禽集散地，位于田家庵区安成铺转盘东 50 米，206 国道、合阜路、淮潘路、田寿路等四条主干道纵横环绕四周。该市场占地 3 万平方米，总建筑面积 2 万平方米。为了给经营者提供舒适的经营环境，厂内新建了 6 跨进口彩钢板宽幅大棚，面积为 8 000 平方米，新建库房 100 套，面积为 4 500 平方米。经营种类：水果、水产、家禽、干鲜日杂等多种农副产品。

（二）特色产业

1. 农村特色产业

淮南市各地在探索农村经济的实践中，注重发挥本地的比较优势，陆续锤炼出“晶光”牌大米、“龙丹”牌花生、“窑河”牌大闸蟹等 9 个国家级绿色食品。这些特色产品有的已发展成为当地的金字招牌，有的正嬗变为初具规模的特色产业。淮南市农村特色产业主要呈现资源开发利用型、生产传统扩展型、企业带动成长型和合伙经营自主型四种经营类型。农村特色产业已形成特色产品带动基地建设，基地带动市场建设，市场带动生产的良性发展阶段，农村特色产业在规模化生产、专业化服务和产业化经营方面已取得较大进展。淮南市农村特色产业的发展，不仅成为当地经济新的增长点，也拓宽了当地农民的增收渠道。

2. 煤电产业

淮南有着良好的工业经济发展基础，但多年以来淮南的工业一直处于“煤电”特强、非煤特弱的结构状态。淮南市丰富的煤炭资源、雄厚的煤炭工业和电力工业基础，在整个安徽地区，乃至泛长三角地区和长江流域地区，都是少有的。2008年，以工业为主的第二产业增加值277.2亿元，占全市生产总值的61.11%；全市工业增加值247.2亿元，其中煤、电行业增加值分别为165.8亿元和43亿元，合计占全市工业增加值的比重达到84.5%。与煤电紧密关联的下游产业，主要是煤化工和新材料。煤化工也可以说是煤炭工业的延伸产业。新材料主要是依托煤炭资源或依托电力资源的材料制造业。淮南的煤电工业以国有企业为主，尤其是央企的比重比较大。

3. 传统优势产业

医药、纺织、机械、轻工是淮南传统的优势产业。淮南现有医药企业13家，其中中药企业2家，合成药企业8家，生物医药企业2家，淮南生物医药工业园是省级工业园。目前，纺织工业已发展成为以棉、毛纺织为龙头，麻纺、针织、印染等完善的工业体系的重点行业，也成为全市出口创汇的主要行业之一。淮南市机械工业以矿山机械为主导，石油化工、印刷包装、通用、农业机械和电工电器及基础件六大类全面发展，而轻工业拥有造纸、日化、酿酒、印刷、塑料、五金、家具和室内装饰等八大门类14个行业。此外，近年来淮南市高新技术产业迅速发展。华厦超细材料公司的激光制备纳米氮化硅具备年产5吨的生产能力。信息产业部第八研究所是中国唯一掌握海底光缆技术的企业，陆缆年生产能力10 000千米，海底光缆年生产能力600千米。总之，淮南市支柱产业和传统产业的强劲发展，必将为内外贸的发展提供了强力支撑。

（三）重点企业

2009年淮南市出口额达2 952万美元，较2008年下降3.6%。在全市出口单位中，淮南市富登服饰有限公司出口高达1 131万美元，占全市当年出口总额的38.3%，稳居出口第一。而同期安徽淮化股份有限公司和安徽发强玻璃有限责任公司出口额分别为231万美元和222万美元，出口额位处全市前列。以上三公司主销产品均为淮南市具有传统优势及竞争力的产品，反映出了淮南出口贸易的产品结构特征。对于进口贸易而言，2009年淮南市进口额为12 126万美元，较同期下降10.53%，其中淮南矿业集团有限公司进口额高达6 904万美元，占全市进口总额的56.9%，独占半壁江山之多。此外，国投新集股份有限公司进口额为 1 805 万美元，位列进口单位前位。

淮南矿业（集团）有限责任公司，是全国 520 家大型企业集团和安徽省 17 家重点企业之一。该集团因煤炭储量大、质量优、煤种齐全，生产能力强，技术实力雄厚，人才众多，区位优势明显，市场广阔等条件而具有很大的发展优势和潜力。淮南矿业集团物流公司于 2008 年 11 月成立国际贸易部，为适应淮南矿业集团公司大发展和做大做强物流产业的需要，按照工作重心前移的要求，在上海设立了办事机构，积极开展国际贸易工作。2009 年 5 月，与新加坡 NAGASAKTI 公司签订了 3 万吨的废钢采购协议，并与宝钢集团签订 3 万吨废钢销售协议，[①] 这标志着淮矿物流公司在国际贸易方面取得了新突破，为淮矿物流下一步进军国际物流市场奠定了基础。

第三节　淮南市贸易发展存在的主要问题

一、贸易企业规模较小，外贸依存度低

淮南市出口贸易以民营企业和外资企业为主，国有企业份额有限。如 2009 年全市国有企业出口约占当年出口总额的 16.6%，而民营企业及三资企业占出口总的比重为 77.2% 和 6.1%。由于历史和现实的原因，淮南市出口主体少，出口企业规模小。2008 年淮南市获进出口经营权的企业有 100 余家，而有出口实绩的企业仅 28 家，发生出口实绩的企业出口规模多在 50 万至 300 万美元之间，全省重点出口生产企业和重点出口外商投资企业匮乏。近些年来，淮南市出口的绝对值较低，大约在 3 000 万美元上下徘徊，不仅如此，近两年出口额出现了负增长。此外，淮南市出口商品市场集中在亚洲地区（2009 年占 63.9%），其他市场所占份额较小。这些都说明淮南市的出口资源（出口主体和对象）相对受限，出口贸易发展滞后。

由于出口贸易发展缓慢，导致淮南市经济的出口依存度很低，且呈现出不断下降的趋势。不仅如此，淮南市的进口额尽管有一定的增长（2009 年除外），但其绝对值并不大，因而作为一个总体的结果，淮南市经济的对外贸易依存度低，外贸依存度与淮南经济增长呈逆向行驶，进出口贸易尤其是出口贸易对淮南经济增长的贡献度较低，出口对淮南市的国民经济拉动作用难以

① 资料来源于淮南矿业集团网站。

体现。再者，进口相对于出口增长迅速还造成了淮南市近些年来的对外贸易逆差越来越大，这是当前淮南对外贸易领域的一个新的特征信号，应该引起有关方面的足够重视。

二、贸易方式单一，结构不合理

淮南市外贸方式单一，加工贸易发展滞后。对外贸易以一般贸易为主，加工贸易增长乏力，而且近些年来还出现了加工贸易绝对值较大幅度下降的现象（由2006年的162.7万美元，下降到2007年的13.3万美元，直至2008年的5.1万美元和2009年的5.12万美元，见表9.7）。这与我国自“九五”以来，加工贸易每年以10%以上的速度增长形成了非常鲜明的对比。从比例上来讲，加工贸易所占份额极小，例如，2007年加工贸易进出口占总进出口总额的比例为0.14%，其中加工贸易出口占出口总额的比例为0.18%，加工贸易出口比例远远低于全国（54%）、全省（16%）的平均水平，2009年甚至减少为0。因而，从这些数据上来看，加工贸易是淮南市对外贸易发展中的软肋，贸易方式结构不合理的问题没有得到明显改善，以至于影响了经济发展的外向带动力。

三、贸易人才缺乏，职业素质不高

国际贸易竞争的重要因素之一是人才的竞争，自1992年以来淮南市通过自营出口实践培养了一批人才，由于体制、机制诸多因素，大多数已“远嫁”到经济发达地区。淮南市现行经济和贸易发展水平难以招聘外经贸人才，各部门虽着手培养，但难解燃眉之急，人才问题成为长期制约淮南市对外贸易发展的固疾。而且淮南市贸易人员总体技能水平不高，大量没有经过资格考核和政府认可的非专业人员，成为贸易人员的主体，严重制约着贸易行业的健康发展；同时，贸易经营人员的职业素质低，也影响了贸易产品的推广和附加值的提高。

四、贸易商品附加值较低，竞争力较弱

淮南市出口商品约100多种，主要出口商品为纺织服装、医药原料、文体用品及化工产品等，多属于劳动密集型产品，“二高”产品（高附加值、高科技含量出口产品）所占比重较少，鼓励类的机电产品和高新技术产品出口微乎其微，出口商品结构不合理。而且，外贸企业产业链短，尚未形成具有

地方特色、产业特点、有竞争力的大宗出口商品。出口产品缺乏相关产业的配套支持，难以形成规模，商品价格往往高于其它地区，产品国际竞争力低下。

五、贸易基础设施相对落后

一个地区贸易基础设施的好坏将直接影响该地区贸易的规模和水平。近年来，尽管淮南市在公路建设、电网改造等基础设施建设等方面进行了大规模的投资（如 2008 年，建成农家店 120 个，商品配送中心 1 个，全市“万村千乡市场工程”农家店总数 620 个，农家店商品配送中心 12 个；农家店覆盖全市所有乡镇和 46.1% 的行政村；“千村百镇”示范村的农家店覆盖率 100%），对内外贸的发展起到了积极的促进作用，但与经济发达地区相比还存在较大的差距，尤其是对农村市场的关注不够，农村基础设施投入相对乏力，难以有效促进农村消费市场的发展。此外，在大中型商贸流通企业、专业批发市场建立计算机系统，设置网点销售与结算平台，提高电子商务应用水平已成为未来贸易发展的必然趋势。然而，它的发展则需要依托较为完备的通讯和网络基础设施，目前淮南市商贸流通企业网上销售占比不足 5%，为了适应科技进步和消费方式的变化，大力建设基础设施、提升电子商务贸易水平将刻不容缓。

六、农村市场体系有待完善

淮南市农村市场建设初具规模，出现了一批以农产品市场如夏集米市、尚塘花生市场、顾桥、桂集粮油批发市场为主的专业市场。然而，农村消费品市场的发展仍显落后，表现在农村消费品零售份额逐年下降，且增幅落后于城市市场。如 2008 年农村消费品零售总额占全市消费品零售总额的比重为 17.7%，比 2006 年下降 0.5 个百分点，且增幅较城市低 2.4%。其原因主要是：一方面，由于农村社会保障制度不健全，农村养老、医疗问题、子女上学和就业等现实问题时刻困扰着农民，使其不敢放心去消费，导致农民储蓄存款上升，是制约农村消费市场发展的重要因素。另一方面，相对落后的农村消费环境是制约农村消费市场拓展的又一重要因素。因而，完善农村市场体系，促进农村居民消费，将成为推动淮南商贸流通业发展和提高农村居民生活水平的重要内容。

第四节　淮南市贸易发展建议

根据经济发展所处的阶段和水平，淮南市确立了“百亿淮南商贸”的目标，正在通过招商引资，整合商贸流通资源，优化商贸流通结构，构建大商贸、大流通，提高淮南市商贸流通业的综合竞争能力和整体素质，使淮南市贸易发展尤其是商贸流通业整体水平进入全省“第一方阵”，成为具有较强竞争和辐射能力的皖西北地区商贸中心。另外，鉴于在开放型经济条件下对外贸易发展对经济增长的重要推动作用，淮南市提出了实施“外贸孵化器”工程和“三外联动”战略，试图通过各种政策设计改变当前淮南市对外贸易当中出现的一些问题，为推动淮南经济建设提供外源性动力。为实现这些内外贸发展目标，我们提出以下几点建议。

一、科学规划，深入推进区域贸易发展合作进程

现代经济是市场经济，流通业的发展有其自身的规律，因而在流通业的发展规划中遵循有关规律，坚持按照市场经济的原则来办事，突破行政体制性障碍，积极推进区域贸易发展合作进程，促进流通商贸业集约发展，这对于实现淮南市构建大商贸、大流通的目标具有重要意义。

从经济地理的角度看，淮南市处于长江三角洲的边缘地带，与蚌埠市和合肥市毗邻，为了形成一个具有规模经济和范围经济效应的商圈，扩大该商圈在周边的影响力，有必要根据需要和可能，努力推进区域贸易发展合作进程。淮南市在区域合作上的重要选择对象是蚌埠市和合肥市，除了城市间距离较近以外（这是区域合作的一个重要条件），与淮南市一样，蚌埠市和合肥市也把打造商贸流通业作为城市发展的一个重要支撑点，不仅如此，三个城市间在文化上也具有非常相似的特点，这些都为经济发展合作提供了很好的基础。

事实上，淮南市与合肥市之间的区域商贸流通业发展合作已经启动，淮南商务部门主动与合肥市商务局和合肥市外经贸局就合淮同城化商贸（外经贸）的率先起步展开积极对接活动，签订了《合肥市与淮南市加强区域商贸合作的框架协议》和《合肥市与淮南市加强区域外经贸合作的框架协议》，确立了规划同筹、市场同体、产业同步、政策同惠、资源同享、信息同馈共享和统一指导的“六同一统一”的合淮商贸（外经贸）合作步骤。这一合作平

台的建立以及后续进一步的深入发展，将为淮南市商贸流通业提供一个重要的发展契机，将大力促进淮南市内贸发展的水平和层次。

在合淮商贸合作取得阶段性成效的基础上，淮南市可以考虑与蚌埠市进行类似的经济发展合作，毕竟淮南市与蚌埠市之间的空间距离更近，实现淮蚌同城化具有更为坚实和现实的基础，而且两市的经济互补性强，具有较好的合作空间。

二、着力发展重点流通企业，促进淮南流通业态优化

淮南大商贸的快速发展有赖于商贸重点项目的支撑，因而加快引进流通业的大企业、大集团战略投资者，积极改造提升商业贸易、餐饮娱乐等传统服务业，发展特许经营、连锁经营、加盟经营等新型业态，将有力地促进淮南市大商贸和大流通的发展。

近些年来，淮南市大润发、苏果、红府、五星、苏宁、新百、新长江、国生和幸福树等经营稳步发展，这些外来重点商贸项目已撑起了淮南商贸的大半个江山，并将为“双百亿淮南商贸工程”发挥举足轻重的作用。不仅如此，华联二期、新百二期、合百大淮南购物中心、家乐福商务广场、商之都淮南购物中心、古井瑞景国际购物中心、金地·龙湖路1号、红旗商贸文化广场、家乐福、东方国际购物中心、淮南医药物流园、沃尔玛购物广场和淮南东方国际购物中心等新项目将成为淮南市商贸流通业的重要新生力量，积极培育这些大商贸项目，发挥重大商贸项目的龙头作用，大力发展现代化服务业和现代物流业，必将为淮南市流通业的发展做出重要贡献。

在未来的政策安排上，应实施流通业大开放战略，积极引进国内外知名流通企业，特别是全球500强跨国连锁企业和国内20强连锁企业，入驻淮南发展新型业态。同时注重引进国际、国内一流商品品牌和服务品牌，形成品牌集聚效应，提高淮南城市形象，推动商贸文化全国化和国际化。在着力发展重点大型商贸流通企业的同时，也要争取搞活淮南市中小商贸流通企业。对效益相对较好、有发展前景的中小商贸流通企业，通过重组合并，形成一批以本土化经营为特色、以区域发展为重点的商贸流通企业。

三、大力推进工业化进程，提高出口产品质量

当前我国正处于工业化进程的重要阶段，应努力利用好国家工业化发展的重要战略机遇期，努力推进淮南市的工业化进程，提高淮南市的产业聚集

力，增强淮南市的工业竞争力，为改善淮南市出口商品结构，提高出口产品质量和附加值奠定坚实的基础。

在对外贸易方面积极贯彻实施国家“以质取胜”、“科技兴贸”战略，大力发展高新技术产品和机电产品出口，促进出口层次的提升。在开放型经济格局下，应大量引进先进技术，努力培植一批具有高新技术的出口企业，同时加快新产品的开发研制和企业技改，利用高新技术加快传统产业改造的步伐，提升纺织服装、医药原料等传统出口产品的质量。

四、利用产业梯度转移，大力发展加工贸易

大力发展加工贸易是扩大淮南市对外贸易规模，提高淮南市国民经济外向度、促进经济外向带动的一个重要手段。当前以及今后相当长的一段时期，产业在国际间以及在中国沿海与内地间的梯度转移还将大规模的发展，这是作为中西部地区的淮南市可以利用的一个重要的机会。

鉴于淮南市目前的出口企业少，出口产品有限，为出口配套的其他产品、产业尚未形成，因而，在发展对外贸易的时候可以考虑有限发展加工贸易，这是提高出口数量、增长经济外向度的一个便捷的方法，这也是沿海地区在开放初期所走过的成功路子。

事实上，淮南市具有发展加工贸易的有利条件。淮南市处于当前世界上最具有活力地区之一的长江三角洲的边缘地带，近些年来，这些地区已经过了开放经济的粗放发展阶段，原有的发展模式受到包括成本上升等方面的制约，正在努力进行结构调整，寻求突破，提升开放性经济的层次，这就为淮南市发展外向型经济提供了重要的机遇。不仅如此，淮南市作为老工业城市，具有一定的工业基础，经济总量较大，人口较为集中，经济聚集力较强，再加上淮南市劳动力资源丰富，劳动成本低，劳动者训练有素，这些均为淮南市发展加工贸易提供了重要基础。

五、积极利用外资，推动对外贸易发展

在利用外资方式上，充分考虑淮南市目前缺乏合资合作的有效载体，要以吸引外商独资举办企业为重点。在利用外资国别和地区战略上，要充分利用世界产业梯度转移的有利时机，以扩大日韩投资为重点，同时注重利用港台地区及华人、华侨资本。在利用外资的产业战略上，要以吸引第二产业，特别是劳动密集型加工工业为主。当然，在招商引资形式上，要实行利用外

资和利用内资并举，除了积极利用外资发展加工贸易以外，也要积极争取中国沿海地区的加工贸易型内资企业到淮南市来投资兴业，让淮南市成为其重要的出口加工基地。

六、提高企业创新水平，加大人才队伍建设

要以企业为主体，继续加大企业技术引进和人才培训工作力度，为企业技术创新、体制创新和管理创新提供智力保障。要充分发挥全市科研机构的作用，加强与国内外各种科研机构和大专院校的交流合作，为创新创造更加广阔的发展空间。在贸易人才队伍建设方面，由于淮南经济发展水平和地理位置的局限，难以形成沿海城市那种人才集聚效应。故而，一方面应通过高校培育或企业培训等方式来积极培养贸易人才，另一方面各级政府应树立人才理念，切实转变工作作风，履行政府服务职能，出台更加优惠的措施吸引人才，在薪酬、住房、医疗、政府补贴和晋升等方面给予高素质人才以更多的优惠，从而使得各类人才愿意植根于淮南，乐于为淮南经济贸易的发展做出积极贡献。

参考文献：

[1] 淮南市政府. 淮南市国民经济和社会发展第十一个五年规划纲要[R]. 2005.

[2] 淮南市统计局. 2006—2009 年淮南市国民经济和社会发展统计公报[R]. 2006—2009.

[3] 淮南市统计局. 淮南统计年鉴 2007—2009 [R]. 2007—2009.

[4] 淮南市统计信息网. http://tjj. huainan. gov. cn/.

[5] 淮南市商务局. http://www. hnswj. gov. cn/.

第十章 滁州市贸易发展分析

滁州位于安徽省东部，介江淮之间，处长江三角洲边缘，属东南沿海与中西部内陆地区的衔接部。滁州市临江近海，承东接西，区位优越，交通便捷。京沪铁路、合宁高速公路和蚌宁高速公路穿越市境，待建中的京沪高速铁路、宁西铁路将在市境内通过，滁河航运直达长江。滁州市辖琅琊区、南谯区、天长市、明光市和全椒、来安、定远、凤阳4县，总面积1.33万平方千米。滁州市物产资源丰富，是国家大型商品粮基地，拥有特色矿产资源30多种，且储量巨大。2009年全年实现国内生产总值595亿元，较上年增长13.5%，财政收入达68.3亿元，增长22.9%。[①] 滁州市信息家电产业整体发展水平处于全省前列，并已初步形成了投资环境较好，配套较为完善，有一批龙头骨干企业的优势产业集群。

第一节 滁州市贸易发展现状

一、国内贸易现状

（一）社会消费品零售总额

2009年以来，滁州市积极围绕拓市场、促消费、扩内需，进一步优化贸易环境，“家电下乡”、“汽车下乡”政策活跃农村市场，国家惠农政策使农民增产增收，消费品市场呈现购销两旺、持续稳定的发展态势。2009年累计实现社会消费品零售总额183.6亿元，比2008年增长18.9%，是2006年的1.7倍，年均增长率达19.6%（见图10.1）。2009年，全市城市实现的社会消费品零售总额同比增长20.1%，农村增长18.2%，和2008年相比，城乡零售总额的增速差距进一步缩小，由2008年的3.4个百分点缩小到1.9个百分

① 数据来自于《2010年滁州市人民政府工作报告》。

点，表明了滁州市农村消费市场的加速升温。

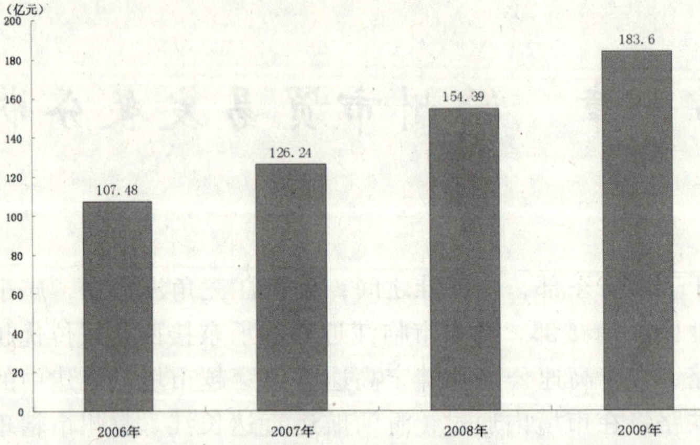

图10.1　2006—2009年滁州市社会消费品零售总额

资料来源：安徽滁州商务之窗（http：//chuzhou. mofcom. gov. cn）。

（二）批发零售业和住宿、餐饮业

批发零售企业根据消费需求变化的新特点，适时调整商品结构和营销策略，积极迎合人们的消费需求，开展特色经营，零售规模进一步提高。批发零售业作为流通领域的主力军，在不断调整经营策略的同时，以市场为导向，积极拓宽消费领域，以持续稳定的发展态势继续引领行业快速发展。滁州市全市批发零售业实现零售额140.3亿元，同比增长22%，占零售总额的81.4%，是全市社会消费品零售总额增长的主导力量。全市大中型企业商品销售增长居领先地位，涌现出一批像苏果超市、新华书店、白云商贸、五星电器、商之都、苏宁电器和天正商务等规模大、竞争力强的骨干零售企业，在消费品市场竞争中发挥着领跑的作用。2008年，"限额以上"批发零售企业实现商品零售额24.1亿元，占批发零售业商品零售额的比重为19%，比2003年提高10.4个百分点。

从批发零售业商品来看，居民在食品、饮料、烟酒类实现零售额7.54亿元，比上年增长17.6%，其中食品类同比增长15.3%，饮料类增长19%，烟酒类增长16.2%；穿的方面，服装、鞋帽、针纺织品类实现零售额2亿元，同比增长25.9%；用的方面，家用电器和音像器材类实现零售额1.6亿元，同比增长22.1%；日用品类实现零售额8 060.2万元，同比增长38.5%；化妆品类实现零售额3 937.5万元，同比增长20.6%；中西药品类实现零售额6 116万元，同比增长3.9%；金银珠宝类实现零售额2 040.8万元，同比下降

10.3%。

近年来，随着假日消费升温和人们生活水平的不断提高，居民消费观念也发生了转变，餐饮环境也在不断改善。居民外出就餐，亲友团聚的次数增加，公务、商务活动频繁；旅游业快速发展，来滁游客增多，2009 年，滁州市国内旅游总收入达 30.7 亿元，同比增长 9.6%，国内游客总人数 503 万人次，同比增长 17.9%，推动了行业的快速增长，使住宿餐饮业成为消费品市场的一大亮点。当年全市住宿餐饮业实现零售额 29.9 亿元，同比增长 22.9%，高于批发零售业 4.3 个百分点。

二、对外贸易现状

（一）货物贸易

2009 年，滁州市进出口总额达 8.33 亿美元，同比增长 51%，其中出口 6.4 亿美元，增长 53.2%，进口 1.93 亿美元，增长 28.2%。进出口总额列全省第五位，出口总额列全省第四位，进口总额列全省第六位。从图 10.2 可以看出，进出口总额和出口额曲线比较陡峭，表明近年来滁州市进出口总额与出口额增长较为迅速（由于受到金融危机的影响，2009 年增幅较 2008 年均有所下降），同时相对平缓的进口额曲线表明滁州的进口增长较慢，且贸易顺差有扩大的趋势。

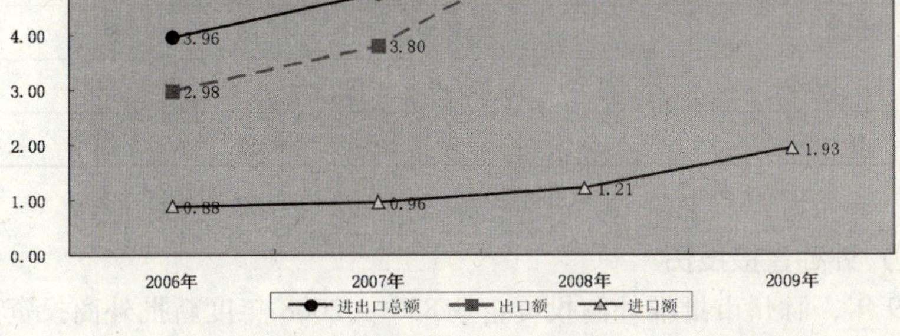

图 10.2　滁州市进出口总额、出口额和进口额的变化趋势

资料来源：安徽滁州商务之窗（http：//chu zhou. mofcom. gov. cn）。

从出口经营主体看（以2008年为例），内资生产企业完成41 104万美元，增长70.3%；外商投资企业出口16 747万美元，增长27.6%。截至目前，全市共有进出口实绩的企业300户，其中天长市进出口实绩企业数和进出口额均占滁州市一半以上，天长市继续保持全省县级进出口第一的位置。全市生产型企业进出口完成4.9亿美元，同比增长63%，占全市进出口总额的60.4%。在拥有进出口实绩的企业中，进出口总额超过500万美元的企业已达27户，占全市进出口总额的69%。从出口贸易方式来看，滁州市的出口以一般贸易为主，加工贸易仅占较小份额，如2008年一般贸易方式累计出口52.9亿美元，占全市出口总额的91%，同比增长57.8%。从出口市场结构来看，2008年与滁州市进行贸易的国家和地区有136个，主要出口到北美洲、亚洲和欧洲，其所占出口总额比重分别为35%、34.3%和15.8%，见表10.1。而从出口产品结构而言，滁州市出口产品主要依赖于机电产品和服装、玩具，机电又以小电子产品为主，产品附加值低，科技含量不高，属于劳动密集型产品，抵御风险能力弱。

表10.1 2008年滁州市出口的贸易方式及市场结构

单位：万美元

指标	绝对数	比上年增长%
出口额	58 170	53.2
其中：一般贸易	52 883	57.8
加工贸易	5 277	19.0
其中：对亚洲	19 937	46.1
对欧洲	9 199	37.6
对北美洲	20 339	63.6
对非洲	3 207	88.7
对拉丁美洲	4 014	34.3
对大洋洲	900	129.9

资料来源：滁州市统计局。

（二）外商直接投资

2009年，滁州市批准外商投资企业8户（2008年度新批外商投资企业10家），合同外资额7 502万美元，直接投资额9 175万美元，利用外资总量占全年利用外资目标任务12 000万美元的30.2%，增幅低于全年目标任务48个百分点，低于全省38.2个百分点，全省利用外资增长0.2%。从表10.2可以得知：滁州市完成外资总量较小，在全省处于后列，如截至2009年11月，滁州市实际完成外资额仅为9 760万美元，较同期下降9%，约占全省总额的2%，只相当于合肥市的9%。此外，滁州市合同外资和直接投资额较小，约为合肥市的15%和12%，仅有全省的4%和3%。至于其它投资和对外借款更是微乎其微，仅占1%左右。

表10.2　2009年11月安徽省各市累计利用外资情况表

金额单位：万美元

市	实际完成	项目数（个）	合同外资	直接投资	其它投资	对外借款
合计	421 655	267	175 336	349 535	27 417	44 703
合肥	111 397	49	50 480	75 488	17 909	18 000
淮北	12 577	3	3 019	12 577	0	0
亳州	11 129	12	3 832	10 834	0	295
宿州	10 761	3	6 094	9 379	76	1 306
蚌埠	22 966	9	2 650	21 283	0	1 683
阜阳	6 503	6	4 570	4 603	1 900	0
淮南	9 031	2	2 159	5 335	0	3 696
滁州	9 760	14	7 502	9 175	258	327
六安	11 470	9	6 559	9 130	775	1 565
马鞍山	53 534	16	19 287	50 766	2 210	558
巢湖	25 003	15	10 999	24 983	20	0
芜湖	55 962	29	28 225	52 302	2 310	1 350
宣城	13 216	21	2 508	12 738	0	478
铜陵	22 853	6	6 911	12 944	1 599	8 310
池州	12 194	22	8 002	11 244	0	950
安庆	19 547	24	8 465	16 091	0	3 456
黄山	13 752	27	4 074	10 663	360	2 729

资料来源：安徽省商务厅（http：//www.ahbofcom.gov.cn）。

从投资规模来看，总投资在3 000万美元以上的有4户，2 000万美元以上的有8户，1 000万美元以上的有12户，500万美元（含）以上的有19户，其中博西华家用电器有限公司以12 000万美元的投资规模位居首位。而从生产经营情况来看，滁州市销售（营业）收入达到亿元以上的外商投资企业10户，其中博西华家用电器有限公司实现销售收入21.3亿元，雄居全市外商投资企业销售收入之榜首。利润总额超过千万元的企业共有7户，这7家企业的利润占全部外商投资企业利润的93%。

第二节　滁州市贸易环境与贸易特色

一、贸易环境

（一）经济环境

2009年，面对国际金融危机的严重冲击，滁州市整体经济运行在困境中逆势上扬，全年地区生产总值达595亿元，增长13.5%；财政收入68亿元，增长22.3%；规模以上工业增加值195亿元，增长23%；固定资产投资535亿元，增长48.2%。全市主要经济指标增幅均超过全省平均水平，扭转了多年来持续低位徘徊的被动局面。2009年，滁州市农村居民家庭人均纯收入为5 038元，同比增长10.9%；城镇居民家庭人均可支配收入13 367元，同比增长9.1%，且全市城乡居民储蓄存款余额达352.7亿元，增长16.2%。2009年城镇居民家庭恩格尔系数为38.2%，较上年下降1.2%，农村居民家庭恩格尔系数为45.1%，比上年下降1个百分点。良好的经济形势及持续增强的居民消费能力将为滁州贸易的发展营造优越的环境。同时，从基础设施投资来看，投资力度不断加强。2009年滁州市基础设施在建项目412个，投资完成69.04亿元，同比增长49.8%，其中交通运输、仓储和邮政业完成投资17.2亿元，增长83%；信息传输、计算机服务和软件业完成投资4.2亿元，增长68%；水利、环境和公共设施管理业完成投资31.5亿元，增长1.1倍；卫生、社会保障和社会福利业完成投资3.7亿元，增长60.9%；文化、体育和娱乐业完成投资1.5亿元，增长66.7%。随着基础设施的不断完善，居民的生活质量将得到不断提高，对消费品的需求亦将不断增加，同时便捷的基础设施降低了交易的成本和费用，对发展内外贸具有极大地促进作用。

（二）自然环境

滁州市旅游资源丰富，自然、人文景观俱佳，为旅游贸易的发展奠定了良好的基础。全市拥有国家级风景名胜区、国家级森林公园、国家级重点文物保护单位 7 处，省级自然保护区和重点文物保护单位 11 处，有名山、名亭、古关、古寺和历史文化遗址等自然人文景观 100 多处。其中琅琊山、韭山、神山国家级森林公园景致秀丽，女山湖、高邮湖、碧云湖渔歌唱晚，醉翁亭名列全国四大名亭之首，明皇陵和明中都城遗址气势非凡，吴敬梓纪念馆古朴典雅，江北第一溶洞韭山洞变化万千。此外，滁州有丰富的矿产及农产品资源。石英砂、岩盐、石灰石、凹凸棒土和石膏等非金属矿资源储量大、品位高、易开采，在全国占有重要地位。滁州是国家级大型商品粮生产基地，常年粮食产量占安徽七分之一，商品量占安徽四分之一。丰富的资源为滁州市的工业生产和相关产品的贸易发展提供了重要的原料保障。

（三）文化环境

滁州市历史悠久、文化厚重。远古时代经历了氏族社会，是青莲岗文化和仰韶文化的边缘地带。定远县城西发掘出新石器时代遗址，陶器饰图案花纹，骨角器磨制精良；天长市城郊发掘出汉代墓葬群，随葬品有漆器、木器、玉器、铜器、陶器等，其中多件为珍品。秦汉以后，尤其是唐宋时期，滁州渐成人文荟萃之地，韦应物、欧阳修、苏东坡、王安石、曾巩、辛弃疾和王世祯等，都在此留下了珍贵的诗文墨迹。欧阳修任滁州知州时所作的《醉翁亭记》问世后，琅琊山、醉翁亭名传遐迩。清代全椒籍文豪吴敬梓著作的《儒林外史》，为中国文学史增添了光辉的一页。建国后，文化事业在“百花齐放、百家争鸣”的方针指引下，歌舞戏曲推陈出新，文艺创作日益繁盛，从事文化事业的人员和各项文化设施大量增加。文化是一个城市的标志，也是一个城市的灵魂。传统文化的维系和当代文化的传播，两者的交融将会不断地丰富人们的精神文化生活，并为服务贸易尤其是文化贸易的发展创造良好的条件。

二、贸易特色

（一）农村家电销售市场

2009 年，国家动用巨额财政资金，先后推出家电下乡、汽摩下乡、家电以旧换新和继续实施农机具购置补贴等 8 项促消费政策，鼎力启动国内消费，尤其是激发农村居民消费。滁州市商务局响应中央和省政府的号召，大力调动居民消费积极性，多次召开全市家电下乡工作会议，让各县市介绍家电下乡工作经验和做法，并就当前商务主管部门家电下乡工作的重点作了安排和部署，收效显著。截至 2009 年 12 月底，滁州市家电下乡销售额实现 2.6 亿元，总销售量 12.8 万台，每万户购买量达 1 431 台，其中冰箱、彩电、空调和洗衣机所占销量的比重较大，分别为 46.6%、17.2%、14.4% 和 14.2%，在此过程中发放财政补贴 3 197 万元。而到 2010 年 1 月 1 日，仅有几日之隔，全市家电下乡销售额即实现 2.7 亿元，发放财政补贴 3 538 万元，增长迅猛。"家电下乡"活动，已成为 2009 年滁州市农村居民消费市场的主力军，引领农民生活消费水平跨上新台阶。

（二）特色产业

滁州工业依托传统优势企业的带动，充分发挥得天独厚的岩盐、石英砂、凹凸棒等非金属矿资源和农产品资源优势，瞄准东南沿海发达地区全力招商引资，打造了一批新型产业集群和支柱产业。2009 年，滁州市工业增加值增幅超过全省平均水平，规模以上企业数首次突破 1 000 户，约占全省近 1/10，家电信息、硅（玻璃）、盐化工 3 个产业向千亿元产业目标大步迈进，家电、机械汽车、非金属矿加工、农副产品深加工、纺织、化工等六大支柱产业集群效应明显。其中家电、机械汽车、农副产品深加工产值均超过百亿元。新兴的电子信息、硅能光伏、绿色照明等产业正在崛起，定远盐化工、凤阳石英开采与玻璃制品加工、开发区福建食品工业园等板块经济各具特色。

1. 信息家电产业

信息家电产业是滁州市具有比较优势和竞争力的重要支柱产业，已初步形成了投资环境较好、配套较为完善、有一批龙头骨干企业的优势产业集群。目前滁州市家电产业已具有相当大的规模，聚集了德国西门子、深圳康佳、扬子电气、泰国 BITWISE、日本行田电产、英国邦迪等一批国内外知名企业。彩色电视机领域拥有安徽康佳电子有限公司、科思技术有限公司、嘉泰技术有限公司等生产企业，年生产能力达到 850 万台。电冰箱代表企业有博西华家用电器有限公司、安徽康佳电器有限公司，冰箱年生产能力已达到 140 万台。空调器拥有生产企业三家，生产规模达到年产 190 万套。拥有手机生产企业两家，年生产手机达 900 万部。2008—2010 年滁州市信息家电产业基地发展规划充分利用现有的产业基础和比较优势，进一步做大做强信息家电产业，推动产业升级，将滁州市打造成"泛长三角"地区信息家电制造基地。

2. 家电模具产业

滁州的家电模具在全国久负盛名，目前已经成为全国最大的冰箱产品制造装备和模具生产基地。冰箱的箱体和门发泡线、吸塑成型模具等关键主体设备生产在国内市场占据 70% 份额。滁州市现有模具生产企业 70 余家，规模以上企业 20 多家，以冰箱真空成型模具和发泡模具制造为主，近几年来又在非标模具装备生产线、注塑模、冲压模等模具领域有较快发展。其中，冰箱真空成型模具和发泡模具制造是滁州市模具行业的特色，在全国冰箱模具生产领域占有 70% 以上市场份额。滁州市冰箱模具产业目前是国内冰箱模具重要的制造基地，而非标模具装备生产则成为模具生产企业开拓的又一成功领域，以安徽鲲鹏装备模具制造有限公司等为代表的一批模具生产企业在冰箱、冰柜、洗衣机等家电成套生产线非标装备以及太阳能热水器成套生产线非标装备生产方面占据了国内 80% 以上的市场份额。

3. 硅（玻璃）产业

滁州市凤阳县是全国著名的“石英之乡”，石英石资源储量 100 亿吨以上，原矿 SiO_2 平均含量在 99.3% 以上，其品位和储量均位居华东地区之首，在全国也名列前茅，凤阳县先后被命名为“全国优质石英砂原料基地”和“中国日用玻璃产业基地”荣誉称号。凤阳石英产品主要有高级玻璃用砂、精制石英砂、精制干燥砂、普通石英砂和铸造砂，广泛应用于生产太阳能管、浮法玻璃、玻璃器皿、光学玻璃、电视机玻壳、铸钢、精密铸造及泡花碱生产等行业。产品销售面涵盖华东、华北、华南和中南地区 21 个省、市、自治区。目前已有法国、比利时、韩国、日本、马来西亚和我国台湾、香港地区等国内外知名硅（玻璃）企业在凤阳投资进行石英砂业开采加工、硅（玻璃）深度梯度开发和资源综合利用等。为加快培育核心支柱产业，凤阳县编制了千亿元硅（玻璃）产业发展规划，已被列入安徽省 861 行动计划，而滁州市专门成立了凤阳硅（玻璃）产业发展工作领导小组，凤阳县把这一规划作为全县发展“一号工程”，计划到 2022 年实现硅（玻璃）产业销售收入 1 000亿元的目标。

（三）重点企业

滁州市冰箱模具生产企业有 20 多家，其中规模以上企业有 15 家，主要集中在滁州市市区，还有一部分分布在南谯区、全椒县和来安县。滁州市冰箱模具代表性的企业有安徽鲲鹏装备模具制造有限公司（原中国扬子集团滁州装备模具制造有限公司）、滁州市宏达模具制造有限公司、滁州市经纬模具制造有限公司、滁州科创模具制造有限公司和滁州市博精模具设备制造有限公司等，而以安徽鲲鹏装备模具制造有限公司、滁州市爱力特制冷成套装备有限公司和滁州鑫隆机电有限公司为代表的一批模具生产企业在冰箱、冰柜、洗衣机等家电成套生产线非标装备以及太阳能热水器成套生产线非标装备生产方面占据了国内80%以上的市场份额。此外滁州市还拥有安徽天大集团模具公司、滁州迪蒙德模具制造有限公司、安徽安缆模具有限公司和滁州市凤凰制冷配件有限公司等主要生产注塑模具的企业，拥有以守塑精密模具公司为代表的主要为本地企业生产配套的模具生产分厂。

在外商投资企业中，博西华家用电器有限公司雄居全市外商投资企业销售收入之榜首。博西华家用电器有限公司虽然并不是全国规模最大的生产企业，但是“西门子”和“博世”品牌及其产品质量却得到了全球消费者的认可。尤其是其近年刚刚投产的对开门冰箱厂是博世－西门子在全球最大的对开门冰箱项目。滁州生产的对开门冰箱不但会一如继往地出口到德国市场，2009年还出口到欧洲其他国家市场和美国市场。滁州将成为博世－西门子在中国甚至全球的重要生产基地。

第三节　滁州市贸易发展存在的主要问题

一、农村市场体系不健全，城乡居民消费差距明显

近年来，虽然滁州市农村市场体系建设取得了积极进展，“万村千乡市场工程”农家店覆盖范围进一步扩大，农产品市场改造升级步伐加快，但整个体系还不健全，仍存在着一些有待改进和完善的地方，具体表现在：一方面，农村流通经营业态和经营方式陈旧。农村市场实行连锁经营的交易占农村总交易额的比重很小，农村商品流通的信息化建设处于起步阶段，农村批发市场仅有较小部分采用了电子商务交易技术。另一方面，市场主体规模小、实力弱，大市场与小生产的矛盾突出。大量的农村市场主体是个体商户、运销大户和经纪人，经营条件简陋，经营方式落后，专业化素质低。农民流通合作经济组织虽然数量不少，但规模小、实力弱，市场覆盖率低。农民进入流通领域基本上是散兵游勇、各自为战，难以适应市场变化的需要。此外，从网点布局看，农村贸易网点依然稀少，售后服务体系不健全、设施不配套、综合运行成本偏高等状况仍然存在，导致农村的部分消费流向城市，延缓了农村市场的发展进程。

由于农村市场环境的制约，加上居民收入水平的差异将会导致城乡消费差距显著。以2008年为例，滁州市全年农民人均纯收入4 543元，仅为城镇居民人均可支配收入的37.1%，农民人均生活消费支出3 001元，仅为城镇

人均消费性支出的33.8%，农村居民恩格尔系数为45%，比城镇居民恩格尔系数高5.6%。此外，在衣着支出、家庭设备用品及服务支出、医疗保健支出、娱乐教育文化支出等方面，城乡居民消费无论在数量还是质量上差异均很明显。

二、贸易企业规模偏小，贸易产品竞争力不强

滁州市中小企业进出口户数占进出口企业总数的80%，但是进出口额只占30%，同时在滁州市拥有近800家已备案的获权企业中，仍有450多家企业没有进出口业务实绩。由于企业总体规模偏小，加上受资金、人才等多重因素的影响，以致开辟新市场能力较弱。与此同时，滁州市贸易产品的总体技术含量不高，附加值较低。贸易加工环节主要集中在最终产品的组装和低端零部件的配套生产，劳动密集度高，技术含量较低，在核心技术、产品设计、软件支持、关键零部件配套、关键设备和模具以及品牌等环节上，滁州市企业近年来虽然有一定的发展，但总体水平仍然较低，致使本市的贸易产品技术含量和质量水平较低，国际竞争能力较弱，获利水平有限。

三、投资结构有待优化，贸易服务急需完善

滁州市外商投资服务贸易领域所占比例偏低，高新技术产业、现代服务业、现代农业、节能降耗环保等产业所占比重更少。引资项目停留在低水平上。从总体情况看，在结构和水平上存在以下几种现象：一是产业层次较低。外商投资以劳动密集型的产业为主，而技术和资本密集型的项目较少。二是产业相对分散。产业集聚度和关联度不高，除博西华、康佳等带动了部分产业链外，其他外资项目还未形成群体效应。三是新兴服务业领域招商引资亟待突破。全市各级政府部门应不断强化服务意识，为滁州市内外贸的发展提供信息咨询和市场指导服务，并积极建设各种服务部门，简化相关手续，降低贸易的成本。以海关商检为例，合肥海关现场业务处虽然在滁州成立了工作组，为进出口企业办理海关业务提供了一定的便利，但由于滁州本市并未成立相应的商检工作机构，企业在滁州报关后，仍需到合肥办理商检，出口成本没有降低，一定程度上制约了滁州市进出口贸易的发展。

四、贸易人才缺乏，成为发展瓶颈

在发展贸易的过程中，无论是在科技研发、新产品研究、市场推广、物

流体系建设和金融管理方面，还是在品牌维护、资源整合等方面都离不开人才的重要作用。目前承担贸易人才培养的主要是开设相关专业的高等院校，但是当前的高等教育很多方面无法满足市场对人才的需求。一方面人才培养质量有所下降，另一方面能适应市场需要的人才不足。此外，受到历史条件和经济发展水平的制约，滁州市在教育、培训上的投入相对较少，而具有专业技能和创新精神、留得住、用得上、能够为滁州经济贸易发展作贡献的更少，以致人才的缺乏严重影响了滁州贸易的发展。

第四节　滁州市贸易发展建议

2010 年是全面完成“十一五”规划、为“十二五”打好基础的的最后一年，是滁州实现“双超”和“大滁城”建设初见成效的关键一年。从宏观经济形势来看，国际金融危机对实体经济的冲击在减弱，世界经济趋于回暖，国内经济持续回升，国家将继续实施积极的财政政策和适度宽松的货币政策，加快发展方式转变，加大结构调整力度，东部地区产业转移的趋势将得到延续和加快。从滁州市的情况看，通过近年来纵深推进工业强市、城镇化和东向发展三大战略，大力招商引资、启动民资和向上争取项目，经济连续实现两位数增长。在此良好形势下，滁州应奋力实施“三大战略”，以建设皖东现代化中心城市为目标，以“大滁城”建设为契机，围绕“大滁城”构建“大商贸”，实现传统商贸向现代流通业的跨越，同时依托产业和资源等优势，把握承接产业转移大好时机，从而实现滁州市内外贸的持续和跨越式发展。基于此，我们提出以下几点建议。

一、加强宏观管理，规范流通秩序

政府要加强对商贸流通的调控和管理，按照市场经济规律的要求，根据国家有关法律、法规，建立和完善市场准入制度和交易规则，规范经营行为。加强对市场的规范管理、监督和监管，创造公平竞争的市场环境，保持良好的流通秩序。强化农产品和重要商品的流通管理，建立以食品、日用品为主的流通安全体系；改善投资经营环境，加强城市基础设施建设，保证供水、供电、道路和通讯的畅通；强化市场管理，维护正常经营，严厉打击各种扰乱市场秩序和侵犯消费者权益的不法行为；加强对市场的管理和监控，建立特种商品、特种行业和大型商贸企业准入听证审批制度。

二、加快农村商品流通网络建设，拉动农村居民消费

一方面，进一步加快农村公路网络建设，保障农村道路通畅；完善农村电网、水网，提高农村供电、供水的稳定性；继续推进电话线路和信息网络建设相结合，促进信息技术的广泛应用，以信息化促进农村商品流通发展。另一方面，加快发展农村金融。推进农村金融体制改革和创新，鼓励农村信用社和邮政储蓄银行发展农村小额信贷，扩大小额信贷的服务范围；创新农村金融服务，积极组建农村商业银行、农村合作银行等新型农村金融机构，拓宽农村融资渠道。此外，建议对乡村规范网点实施免税政策；而工商、质监应加大农村市场秩序整治力度，同时各县区政府要高度重视“万村千乡市场工程”和“家电下乡”工作，积极实现“搞活商品流通，扩大农村消费”的目标。

三、强化加工贸易出口，努力扩大出口规模

加工贸易是滁州市外贸出口的重要贸易方式，也是滁州市企业参与国际化分工协作的重要途径。通过发展加工贸易引进新型产业，改造传统产业，优化结构。因此，扩大滁州市的出口规模必须加快发展高新技术加工贸易。要充分利用世界加工制造业转移的机遇和我市加工制造业的优势，把引进高新技术加工贸易出口项目作为招商引资力度的主攻方向，促进外资在更深的层次更广泛的领域参与国有企业的调整与改造，吸引更多的跨国公司在本市设立研发中心和出口型的大项目，增强加工出口能力，扩大出口总量。在招商引资的指标考核上把引进加工贸易出口项目作为重要指标，单独考核，奖优罚劣。逐步完善发展加工贸易的配套体系，吸引跨国公司高技术、高附加值生产环节进入滁州市，重点是发展加工贸易中的高新技术产品，增强自有品牌、自有技术产品的开发能力，促进传统加工贸易升级换代，提高企业在加工贸易发展中的主导权和产品出口竞争力。一抓拓展加工贸易大户，确定10家重点企业。二抓市直、天长出口加工重点区域。三抓引进出口加工型外资大项目，力争有所突破。四抓新加工贸易企业培育，积极开展培训指导，形成一批加工贸易新企业。五抓重点推进一批加工贸易企业与海关签订A类信誉企业。

四、转变外贸增长方式，全面提升出口产品质量

在滁州市对外贸易发展中，转变外贸增长方式，全面提升出口产品质量显得极为关键和必要。一是在现有的基础上改进传统产业，尽快实现产品的升级换代。二是将发展高新技术产品和机电产品列入滁州市的支持重点，适时制定大力促进滁州市品牌建设和培育自主知识产权出口商品的政策意见。三是以开发新产品为重点，积极推进企业创品牌认证和境外注册商标及申请专利。四要深入实施“科技兴贸”战略，提高外贸出口产品的科技含量和附加值。

五、加大对民营企业出口的扶持，培育新的出口增长点

近几年滁州市民营出口企业发展较快，已经成为新的出口增长点。目前，要为民营企业扩大出口创造更加宽松的政策和市场环境，提供全方位的服务，积极为符合条件的各类企业登记进出口经营资格，进一步增加民营出口企业数量。同时，要加强进出口业务指导，并在政策实施、开拓市场等方面给予倾斜，扶持民营企业快速进入国际市场。支持民营企业开展技术改造和研发，通过发展加工贸易，增强民营企业的实力，尽快形成更大的出口规模，逐步提高民营企业在全市出口总值中所占的比重。

六、培育贸易人才，提供智力支持

一要十分注重外贸人才培养和引进与外经贸发展相适应，大力培养和引进一批服务贸易发展需要的人才和能支持企业创新开发的高级管理人才。二要创新人才培养和引进机制，十分注重外贸经营管理人员的在岗培训，以适应外贸发展实际需要。新外贸法的实施，有越来越多的民营企业通过登记备案获得进出口经营资格，为帮助新的进出口企业尽快地了解和掌握国家对外经贸方面的有关政策、规定，学习从事进出口贸易应知应会的业务知识，熟悉与业务相关的办事程序和手续环节，学习企业应如何操作国际贸易、海关、商检、外管等各部门的办事流程和如何与外商交流，拓展国际业务以及在外贸业务中应防范和规避的风险等。

七、发展优势产业，开拓新兴市场

滁州市应把工业强市作为经济发展主战略，围绕家电、机械（汽车）、纺

织、化工、农副产品深加工和非金属开采加工等六大支柱产业，科学规划产业布局，调整经济结构，大力发展特色产业。在大力发展家电产业，积极扩大家电产品贸易的同时，充分利用国家对农村产品基地建设的支持力度，积极争取甜叶菊、水产品等农产品出口基地的设立。从而扩大滁州市的农产品出口，使滁州市形成甜叶菊、水产品等龙产出口企业为主导的规模出口航母，带动滁州市的农产品出口上台阶成规模。

滁州对外贸易要在继续巩固美国、日本、欧盟等在滁州市出口占主导的三大市场基础上，组织更多的企业通过参加国内的广交会、华交会、高交会、东博会和境外的重要展会活动，扩大在俄罗斯、东盟和中东等新兴三大市场的开拓力度。同时要主动参与做好东向战略，融入长三角，扩大出口力度。

参考文献：

[1] 滁州市政府．滁州市国民经济和社会发展第十一个五年规划纲要[R]. 2005.

[2] 安徽省统计局．安徽统计年鉴 [R]. 2004—2009. 北京：中国统计出版社，2004—2009.

[3] 安徽省统计局信息公开目录．http：//www. ahzwgk. gov. cn/.

第十一章　六安市贸易发展分析

六安市，又称“皖西”，位于安徽西部，大别山北麓，总面积17 976平方千米，占安徽12.9%，为全省面积最大的地级市。现辖金安区（市辖区）、裕安区（市辖区）、寿县、霍邱县、金寨县、霍山县、舒城县、六安经济技术开发区（省级）、叶集改革发展试验区（省级）。全市共159个乡镇、10个街道，总人口705.89万。2009年，全市实现国民生产总值（GDP）584亿元，比上一年增长13.3%，增幅分别高于全国、全省4.4个百分点和0.4个百分点，三次产业均得到长足发展，农业生产稳定增长，工业生产逐步回升，第三产业较快增长，三次产业结构为23.7%:40.7%:35.6%。随着中国中西部地区改革开放进程的不断深入，六安市在融入合肥经济圈、衔接“泛长三角”经济、承接东部地区产业转移中可以结合自身劳动力资源充足、矿产资源多样、旅游资源丰富、政策空间宽裕等优势，实现以贸易促进产业规模扩张和结构升级的良性发展模式，为安徽乃至整个中部地区经济崛起做出更大的贡献。

第一节　六安市贸易发展现状

一、国内贸易现状

（一）社会消费品零售总额不断增长

六安市社会消费品零售总额从2001年的77.86亿元增长到2009年的235.5亿元，年均增长率为15%，2009年同比增长18.9%（高于全市人均可支配收入增长率约8个百分点），总量和增幅均居全省第五位（位次比上年略有提高），霍邱县、金安区、寿县社会消费品零售总额分列前三名，分别为44.2亿元（比上年增长19.3%）、38.9亿元（增长19%）、38.1亿元（增长18.8%）。而从2001年到2009年，六安市国内生产总值从181亿元增加到

584 亿元，年均增长率为 16%，从统计数据大致可以看出，在近 5 年中，六安市人均国内生产总值每增加 1 个百分点，社会消费品零售总额平均增加将近 0.9 个百分点，尽管这一指标从 2001 年以来呈现不断增加的趋势，但目前仍低于全省的平均水平，这在一定程度上说明六安市总收入中用于投资、储蓄的倾向较为显著，考虑到安徽人均 GDP 水平较高的马鞍山市、铜陵市、合肥市、芜湖市的人均 GDP 相对社会消费品零售总额的弹性都低于全省平均水平（近五年分别约为 0.78、0.81、0.92、0.88），六安市总收入中用于投资和消费的比重就相对较小，这在一定程度上制约了六安市的贸易增长。纵向地看，六安市居民消费增长较快，2009 年六安城镇人均可支配收入 13 001 元，同比增长 10.1%，其中消费性支出占 75.6%，食品支出占全部消费支出的 42.2%；农民人均纯收入达 4 010 元，同比增长 10%，其中消费性支出占 71.25%，食品支出占全部消费支出的 48.4%。农村消费增幅继续快于城市，县以下零售额达到 102.2 亿元，增长 21%，高于全市平均增幅，成为全市消费增长的支撑力量。

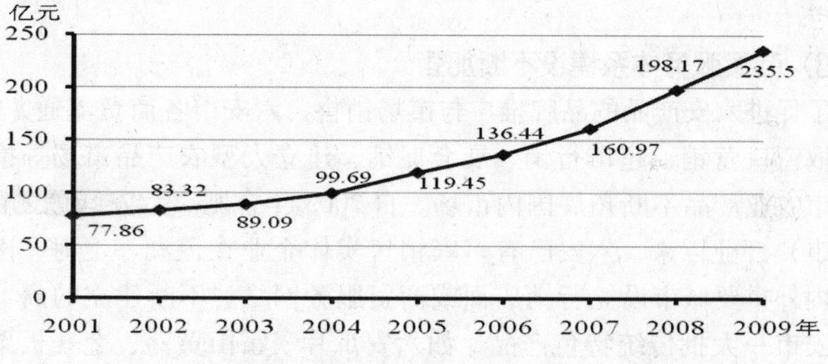

图 11.1　2001—2009 年六安市社会消费品零售总额

（二）限额以上批发和零售业、住宿和餐饮业销售增幅突出

由于六安市城市化水平相对较低，社会商品流通主要依赖小规模商贸流通企业完成，但是随着城乡经济的不断发展，限额以上流通企业在商品销售领域的影响正逐渐增强。2009 年，全市批发业实现零售额 30.5 亿元，同比增长 19.1%；零售业实现零售额 177.3 亿元，同比增长 18.2%；住宿和餐饮业实现零售额 27.8 亿元，同比增长 23%。流通体系建设成效显现，商贸企业实力进一步增强，限额以上企业完成消费品零售总额 52.5 亿元，同比增长 29.3%。

（三）消费品物价总体稳定，呈小幅回落态势

自2007年以来，受美国次贷危机引发的国际金融危机的影响，国内各商品市场不同程度地出现了价格波动，而随着国家以及省市各级政府经济刺激计划的出台与落实，六安市商品市场价格总体保持稳定，以2006年为基期计算，2007年城市居民消费价格上涨5.8%，其中食品类价格上涨13.7%，烟酒及用品价格上涨9.1%，原材料、燃料、动力购进价格上涨2.6%，工业品出厂价格上涨2.3%，居住类价格上涨3.5%；2008年居民消费价格总水平上涨5.8%，其中食品类价格上涨11.6%，烟酒及用品价格上涨11.3%，商品零售价格上涨5.7%，原材料、燃料、动力购进价格上涨12.5%，工业品出厂价格上涨5.2%，居住类价格上涨8%。进入2009年，市场物价仍保持低位运行，居民消费价格总水平比上年下降0.9%；在八大类商品中，价格呈现两升、一平、五降的态势，其中，烟酒及用品、娱乐教育文化与服务类商品价格分别上涨4.4%和1.1%，食品类商品价格与上年相比持平，其他商品价格指数均比上年同期下降，其中衣着类商品下降最为显著，比上年同期下降8.7个百分点。

（四）商贸服务体系建设不断加强

为了促进六安产品的品牌推广与市场销售，六安市各商贸流通龙头企业，积极采取窗口营销、超市行销、展会促销、建立大型农产品市场等措施，促进六安市农业产品不断拓展国内市场。自2003年合肥“六安绿色之窗”（大别山超市）开业以来，六安已有多家销售实体企业在芜湖、上海、南京、无锡等省内外重要城市设立行销店面或商贸服务网络。不断建立的商贸服务体系将六安市一大批传统特色产品，如六安瓜片、霍山黄芽、金寨板栗、皖西白鹅、天裕大米和绿彩牌无公害蔬菜等推向全国市场。2009年3月六安市十大农业特色产业协会挂牌成立，同时六安市委、市政府出台相关决定，在3年至4年内累计投资50亿元左右，发挥六安农业传统优势，集中抓好粮油、生猪、家禽、茶叶、油茶、茧丝绸、毛竹、大麻、渔业和蔬菜十大农业特色产业建设，打造具有六安特色的农业产业。

（五）特色旅游发展成果初步显现

六安市旅游资源较为丰富，如天堂寨国家森林公园、霍邱水门塘公园、舒城万佛湖和裕安区横排头等都是省内外闻名的风景旅游胜地；同时，六安市地处大别山区，红色旅游资源也十分突出，金寨县是全国闻名的“将军县”，金寨县烈士陵园、博物馆改建布展、红军文化墙和裕安区独山苏维埃城

老街等吸引着国内外众多旅游爱好者前来瞻仰革命遗迹。“十五”以来，全市多方融资，兴建了一批重点旅游项目，如金寨梅山湖“三岛一村”景点、天水涧漂流、燕子河大峡谷、天堂寨度假村、寿县楚文化博物馆和八公山帝母宫道教建筑群主体工程等一批重点项目相继竣工并投入运营。到2009年底，全市共有A级旅游景点（区）23处，其中4A旅游景点8家。

2009年，全市旅游共接待游客578.6万人次，比上年增长21.5%；其中，接待国内游客577万人次，比上年增长21.2%；全年实现旅游总收入31.63亿元；其中，实现国内旅游收入31.3亿元，比上年增长27.5%。纵观近五年的统计数据可以看到，六安市国内旅游收入大致占全省国内旅游收入的3.5%，年均增长率约为27%，国内旅游收入总额列全省第十位左右。

二、对外贸易现状

（一）货物贸易

1. 对外贸易总量不断扩大

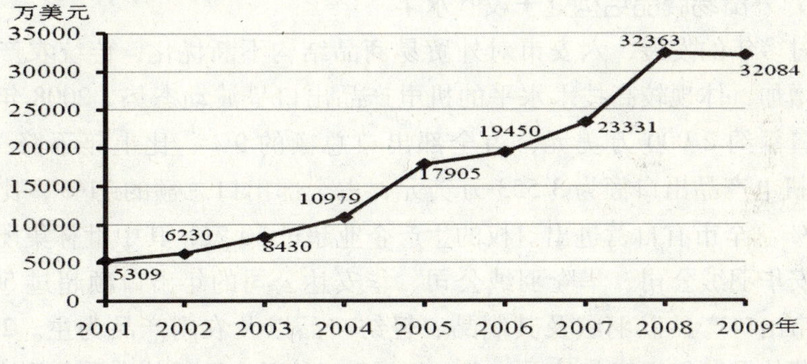

图11.2　2001—2009年六安市出口商品总额

从2001年至2009年，六安市进出口商品总额从5 707万美元增长到33 035万美元，年均增幅近30%，高于全省平均水平近1.2个百分点。2009年，全市进出口完成市政府年初制定目标（3.83亿美元）的86%，完成省商务厅调整后目标（3亿美元）的110%。出口商品总额从2001年的5 309万美元增长到2009年的32 084万美元，并且在全球金融危机影响较大的2007年、2008年仍然保持了较高的增长速度（如图11.2）。2009年，在县区出口贸易额中，总量居前的县区为霍邱、霍山和叶集，分别为6 803万美元、6 246万美元和5 146万美元；增幅较快的县区为经济技术开发区、叶集和金寨，分别增长134%、33.1%和21.9%。全市进口商品总额增长较为缓慢，从2001年到2009年，年平均增长速度约为24%，并且在近5年中，有3年的进口商品总额呈负增长（如图11.3）。

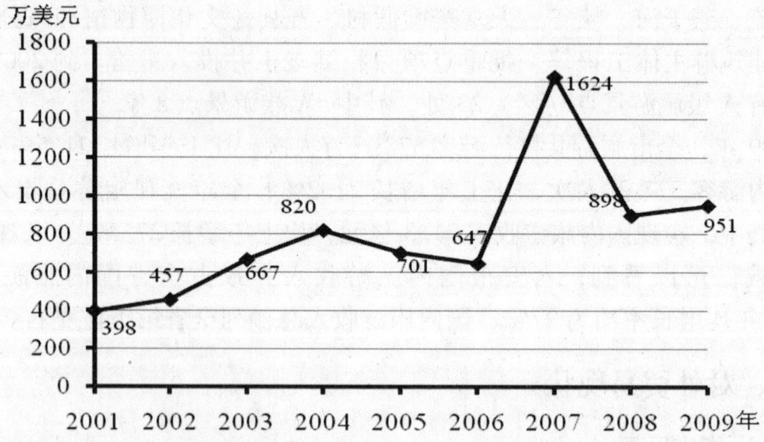

图11.3　2001—2009年六安市进口商品总额

2. 对外贸易商品结构处于较低水平

经过多年的发展，六安市对外贸易商品结构不断优化，传统农产品出口量不断增加，体现较高技术水平的机电产品出口呈波动态势。2008年，机电产品出口额约2 900万美元，占全部出口总额的9%，比上年下降11.5%；2009年机电产品出口额为3 553万美元，占全部出口总额的11%，比上年增长17.2%。全市有自营进出口权的生产企业超过70家，其中世林集团、应流公司、安华羽绒公司、华隆羽绒公司、华安达公司的年出口额超过500万美元。全市出口产品以羽绒及其制品、轻纺产品以及农副产品为主。2009年，六安市草竹柳藤编织工艺品累计出口超过7 500万美元（其中霍山县柳编全年出口创汇5 782.67万美元），与上年同期相比，降幅超过25个百分点；鞋帽箱包及体育用品累计出口超过2 000万美元，同比下降超过20个百分点；羽绒及制品累计出口超过2 500万美元，同比略有下降；纺织服装累计出口超过3 300万美元，同比增长约1%。从2009年对外贸易商品结构来看，农副产品、初级工业品仍占出口贸易总额的较大份额。尽管有部门统计显示，六安市出口产品中工业制成品占80%以上，但是从出口商品细目看，这些工业"制成品"大多是技术水平相对落后、附加价值相对较少的一类产品，而照明用具、农机、铸件等一类产品就已经是六安市出口商品结构中技术含量较高、附加值相对较大的产品种类，这反映出六安市的产业结构和贸易结构都处在相对较低的水平，在参与国内分工和国际分工中处于价值链的低端环节。

3. 贸易地区结构较集中于欧美市场，亚洲市场增速明显

从出口商品地区结构来看，六安市商品出口主要集中在亚洲和欧美国家。2007 年对亚洲市场出口约 8 500 万美元，占全部出口总额的 36%；对欧美市场出口约 13 900 万美元，占全部出口总额的 60%。2008 年对亚洲市场出口约 12 800 万美元，增长 46.8%，占全部出口总额的 39.55%；对欧美市场出口约 16 900 万美元，增长占全部出口总额的 21.46%。2009 年对亚洲市场累计出口 14 877 万美元，同比增长 15.4%；受金融危机的持续影响，对北美出口 8 781 万美元，同比下降 19.6%；对欧洲出口 6 306 万美元，同比增长 4%。从统计数据可以看出，近年来，亚洲新兴市场逐渐成为六安市开拓海外市场的重要领域，尤其是不断增长的日本市场更是给外贸发展带来机遇。

4. 出口贸易以一般贸易方式为主

2007 年，全市出口 23 000 万美元，其中以一般贸易方式出口 20 000 万美元，比上年增长 15%；以加工贸易方式出口 3 000 万美元，比上年增长 77%。2008 年，全市出口 32 000 万美元，其中以一般贸易方式出口 29 000 万美元，比上年增长 41%；以加工贸易方式出口 3 000 万美元，比上年增长 10%。2009 年，一般贸易出口 29 491 万美元，占全部出口额约 92%，总额比上年增长 1.7%；加工贸易出口 1 634 万美元，比上年下降 46%。从中国东南沿海地区对外贸易发展的历史看，加工贸易在出口贸易中占有重要位置，素有“半壁江山”的称谓，这与六安市加工贸易在对外贸易中比重低的事实形成鲜明对照，剔除地理位置、宏观政策等方面的因素，加工贸易在六安市的落后发展反映出六安市作为中部欠发达地区在发展出口贸易上，劳动资源储量丰富、政策空间较大等潜在比较优势并未得到充分挖掘。

(二) 服务贸易

2009 年，六安市第三产业产值为 207.9 亿元，占全部总产值的 35.6%，比重大体相当于全国的平均水平。作为内陆欠发达地区，六安市第三产业不仅规模相对较小而且发展水平较为落后，第三产业中代表较高科技水平和发展方向的现代服务业，无论是产业规模还是相对比重都较小。产业发展的滞后直接导致对外服务贸易发展落后，同时在政府层面上，对于服务贸易的相关统计信息也较为缺乏，对外服务贸易主要体现在对自然资源和历史人文资源依赖较强的旅游服务上。2006 年，六安市接待海外游客共约 3 518 人，实现旅游外汇收入达 192 万美元，占全省旅游创汇收入 0.64%。2007 年，全市

接待海外游客 5 944 人次，比上年增长 69%，创汇收入 306.5 万美元，增长 59.9%，占当年全省旅游创汇收入 0.72%。2008 年，全市接待海外游客 7 650 人次，比上年增长 75.1%，高于国内游客增幅超过 50 个百分点，创汇收入 450 万美元，比上年增长 91.5%，高于国内旅游收入增幅超过 60 个百分点，占全省旅游创汇收入 0.83%，占全部旅游收入 1.62%。2009 年，全市实现旅游收入 31.63 亿元人民币，接待海外游客 10 361 人次，比上年增长 31.4%，旅游外汇收入 472 万美元，比上年增长 30.7%。同时，全市出境旅游也不断增长，2008 年全年共出境 14 637 人次，其中出国 5 897 人次，赴港澳地区 8 559人次，赴台湾 186 人次。而到了 2009 年，全年共出境 21 252 人次，其中出国 6 475 人次，赴港澳地区 14 262 人次，赴台湾 515 人次，比上年增加 178%，赴台居民 80% 以上都为旅游出境。

（三）外商直接投资

近年来，六安市利用外商直接投资有了显著增加，2001 年，新批合同利用外资项目共 11 个，合同利用外资金额 910 万美元，实际利用外资 291 万美元；2005 年，新批合同利用外资项目共 22 个，合同利用外资金额 5 073 万美元，实际利用外资 1 497 万美元；2008 年，全市共有外商投资企业 156 家，投资总额 3.4 亿美元，外商来自美国、欧盟、澳大利亚和港、澳、台等 20 多个国家和地区，当年新批外商投资企业 7 家，合同利用外商直接投资 5 212 万美元，比上年增长 6.5%，实际利用外商直接投资 8 591 万美元，比上年增长 48.3%，在实际利用外商直接投资金额中，制造业占比重为 98.8%，比上年增加超过 35 个百分点，全年新批境外投资项目 1 个，增加 1 个。2009 年，全年新批外商投资企业 10 家；新批境外投资项目 2 个，增加 1 个；六安市累计利用境外资金 13 250 万美元，比上年增长 20.4%，其中外商直接投资实际到位 11 442 万美元，比上年增长 33.2%，合同外资 9 039 万美元，增长 73.4%。在县区利用外资中，总量居前的县区是霍山、霍邱和金寨，分别为 4 294 万美元、1 800 万美元和 1 678 万美元；增幅较快的有霍邱、金寨和霍山，分别增长 104.5%、66.8% 和 27.2%；而制造业、能源产业、交通运输业仍然是外商直接投资的主要领域。从 2001 年到 2009 年，六安市实际利用外商直接投资年平均增长率为 92%，高出全省平均水平近 50 个百分点（如图 11.4）。

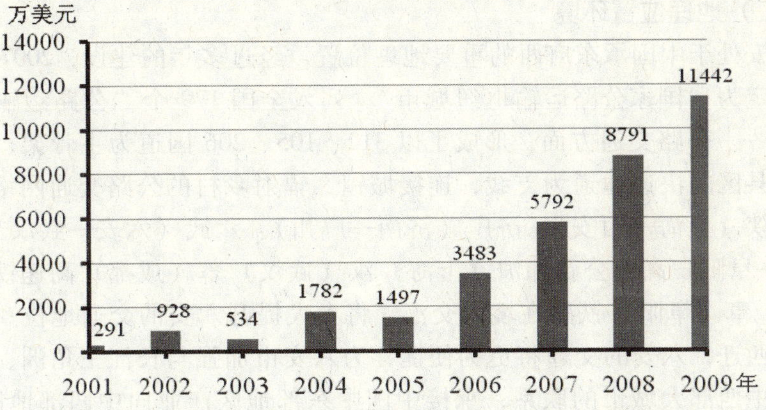

图 11.4　2001—2009 年六安市实际利用外商直接投资总额

第二节　六安市贸易环境与贸易特色

一、贸易环境

（一）生态环境

六安地处大别山区，全市森林覆盖率达 36%，生态资源丰裕，盛产 110 多种名特优稀农副产品，是国家重要的粮、油、猪、禽生产基地，全省最大林业基地，全国最大的白鹅生产基地，全国 4 大麻产区之一，全国十大名茶——六安瓜片的产地。全市通过认证的无公害农产品 45 个、绿色食品 44 个、有机食品 14 个，认证面积近 200 万亩。另外，六安植被面积较大，有几千种木本、草藓植物，数百种各类水陆栖生脊椎动物，盛产 1 400 余种中药材。在这些资源中，有的仍处于野生状态，尤其像素有“千金草”、“软黄金”之称的霍山石斛等，具有很高的开发潜力；像六安瓜片、霍山黄芽、葛根、茶油和一些山野菜等已经被开发成具有一定品牌价值的经济作物；更有像霍邱杞柳已经被当地发展成柳编手工艺品加工原材，为出口创汇、富民强市做出很大贡献。另外，根据有关部门探明，霍邱铁矿储量 16.5 亿吨，远景储量达 20 亿吨，居全国第五、华东第一，经济价值巨大；同时，多种矿产保有资源储量占全省位次较前，如菱镁矿第一位，铁矿、明矾石第二位，铅锌矿第四位，金矿第六位。

（二）地理位置环境

六安处于中国承东启西的重要地理位置，经过多年的建设，2007年被交通部认定为“国家公路运输枢纽城市”，列入全国179个“公路运输枢纽城市”之一。公路交通方面，形成了以312、105、206国道为主骨架，以六安通往各县区的快速通道为支线，连接城镇、辐射乡村的公路交通网络。建设中的沪陕（上海—西安）、济广（济南—广州）、六武（六安—武汉）、合阜（合肥—阜阳）高速公路和沪（上海）汉（武汉）蓉（成都）高速铁路、六（六安）阜（阜阳）铁路在境内交汇，将大大提升六安的交通地位。随着合肥机场西迁，六安的交通将更为便捷，为六安市加强与长江三角洲、珠江三角洲和中西部大城市的联系，承接中国中东部地区产业向中西部地区转移，加快融入省会合肥经济圈提供了便捷的通道。根据筹划中的《六安公路运输枢纽总体规划（2008—2020）》，到2020年，新改扩建的客运站场发送能力将达到每天10万人次；开发区物流园区、城南物流中心、城北物流中心共同形成六安商贸物流的核心货运站，规划总面积约达95万平方米。

（三）产业环境

经过多年的培育，相对于合肥经济圈中的合肥、巢湖和淮南三市，六安依托特殊的生态条件和历史发展积淀，形成了以冶金、汽车零部件、纺织服装和化工医药为主导，以农副食品加工、农产品加工、皮革羽绒、通用设备制造、电力热力和纺织服装为支柱的制造业格局。2009年，全市规模工业企业总数819家，产值超亿元企业达126家，新开工建设的亿元以上工业项目60余家，在多个产业涌现出了一批省内外甚至国内外知名的骨干企业，集中体现出六安制造业优势可以与合肥、巢湖、淮南等城市在配套产业、空间布局上实现有机互补。

（四）政策环境

随着“泛长三角”区域发展分工与合作和合肥经济圈建设的不断推进，六安市受到来自于国家、安徽两个层面在基础设施投资、交通网路建设、产业扶持等方面的优惠政策越来越多，在2010年1月12日，国务院正式批复《皖江城市带承接产业转移示范区规划》中，更是将包括六安市舒城县、金安区在内的皖江地区59县（市、区）的经济发展上升为国家经济发展战略，舒城县和金安区作为六安市融入皖江城市带的“楔子”，为六安市承接长三角区域乃至整个东部沿海地区产业转移提供了重要接口。伴随着长三角和珠三角地区产业结构调整步骤地加快，六安作为中部地区具有交通枢纽地位的城市，吸收东南沿海地区资本、承接国内产业转移的优势将逐渐显现出来。2009 年全市完成固定资产项目投资 355.2 亿元，增长 38.6%，增幅比上年提高 10.9 百分点，增幅列全省第九位，其中，第二、三产业投资分别增长 40.2%、30.1%；同时，全市安排安徽省“861”行动计划项目 194 项，当年完成投资 119.8 亿元，实现年初计划的 127.6%。国内外资金的不断涌入，可以为六安加速产业调整、扩大对外贸易提供必要的资金保障，也为六安可以充分利用优惠政策，发挥劳动力资源丰富，发展加工贸易提供重要条件。

二、贸易特色

（一）特色农产品贸易

六安是农业大市，农产品品目繁多，2008 年，全市农业总产值达 102.4 亿元，林业总产值 18.2 亿元，分别位列安徽 17 个地级市的第 5 位、第 2 位；全年粮食产量 437.36 万吨，油料产量 21.5 万吨，棉花产量 10 591 吨，肉类产量 44.7 万吨，蚕茧产量 8 082 吨，茶叶产量 14 071 吨，蔬菜产量 122.13 万吨，水果产量 3.56 万吨。优质粮油、板栗、蚕桑、茶叶、高山蔬菜、白鹅、生猪、中药材、奶业和草竹柳编等农副产品已发展成为竞争力较强的区域性乃至全国性农业特色产业。

2009 年，六安市全年粮食产量 450.69 万吨，油料产量 22.27 万吨，棉花产量 13 209 吨，蚕茧产量 4 631 吨，茶叶产量 16 384 吨，蔬菜产量 120.47 万吨，水果产量 3.56 万吨。全年共有超过 260 家企业新注册农产品商标 300 多个，六安瓜片、霍山黄芽、皖西羽绒和八公山泉豆制品等一批新老品牌继续叫响国内外市场。经过多年的发展，全市已拥有安徽省著名商标农产品 30 个，26 种农产品入选安徽省名牌农产品名录，拥有无公害农产品 58 个，绿色食品 72 个，有机食品 21 个，“三品”认证面积超过 300 万亩。伴随着农业特色产品项目的蓬勃发展，六安市农产品的国内贸易份额也在逐年加大，目前拥有舒城、裕安紫竹林两个主要农产品批发市场，2007 年开建的皖西农产品批发市场将成为皖西地区最大农产品批发市场，三期工程建成后，预计年成交额将达十几亿元；同时，通过多方举措，在全国大中城市设立的六安名优农产品直销窗口超过了 300 个，50 多家龙头企业的 200 多种农产品进入大中城市的超市货架，年销售额超过 4 亿元。

六安市外向型农业发展也较为迅速，目前已有农副产品出口加工企业 40 多家，年创汇超过 2 亿美元左右，占全市出口总额约 60%。出口企业涉及草竹柳编、羽绒、茶叶等多个行业，其中羽绒及制品、草竹柳编制品等，已稳居安徽农产品出口之首。六安通过加强优质农副产品生产基地建设、推广和应用标准化农产品生产技术、大力发展农产品精深加工、自营出口与代理出口相结合等措施，有力地促进了农产品的国际贸易。例如，霍邱县大力发展柳编产业，在较短时间内成为安徽十大产业集群之一，柳编产品开发到20多个系列2万多个品种，全县有柳制品企业50多家，间接带动24万农民从事柳编产业，产品远销海内外，即使在国际金融危机出现的2008年，霍邱县柳编工艺品出口创汇仍达到9 800万美元，直接带动6万多人就业。但受到国际经济环境的持续影响，2009年霍邱县全年柳编产品出口呈明显下降态势，全年出口创汇总额只有5 782.67万美元。

（二）特色旅游产业贸易

六安地处大别山区，是全国著名的革命老区，为了民族解放，数十万六安儿女献出了宝贵生命，走出了108位开国将军，红色旅游资源丰富。通过六安各界努力整合的三条精品红色旅游线路分别为：（1）“大别山将军故乡经典之旅”为大别山革命历史纪念园—独山苏维埃城—金寨红25、28军军部旧址—金寨县烈士陵园、革命博物馆—天堂寨刘邓大军千里跃进大别山前方指挥部旧址—天堂寨风景区；（2）“大别山挺进主峰红色经典之旅”为大别山革命历史纪念园—霍山安徽省红色区域中心纪念园—佛子岭风景区—大别山白马尖主峰景区；（3）“大别山红色休闲观光之旅”为大别山革命历史纪念园—皖西大裂谷—东石笋—毛坦厂刘邓大军千里跃进大别山张家店战役纪念馆—新四军四支队旧址—万佛湖风景区。

除此之外，经过多年的发展，六安已形成4条颇受中外游客欢迎的主要旅游线路：（1）西北线古文化揽胜旅游（寿春古城、八公山、淮南王墓、廉颇墓、珍珠泉、孙公祠、安丰塘、水门公园、李家圩地主庄园）；（2）西南线山水观光旅游（天堂寨、梅山水库、金寨革命烈士博物馆、胡氏祠、大王庙、铜锣寨、佛子岭水库、小南岳）；（3）东南线休闲娱乐旅游（万佛湖、万佛山、万佛温泉、周瑜城、七门堰、启德文化院）；（4）六安近郊旅游（大华山、洞天湖、东石笋、昭庆寺、皋陶墓、横排头、西古城遗址、皋城双塔、皖西烈士陵园）。2009年，六安市旅游服务贸易收入31.63亿元人民币，其中红色革命旅游和历史文化旅游是拉动全市旅游产业和贸易发展的主要力量。

（三）特色文化产业贸易

文化搭台、贸易唱戏，是当前不少地区发展地方特色贸易的重要手段之

一，六安市同样也具有运用这一手段发展贸易的条件。六安历史悠久，西周时期即为封国，春秋时发展起来的楚文化更是绵延千载、影响深远，依托深厚的文化底蕴成长起来的各种文化样式如戏剧、民歌、民间舞蹈、曲艺、剪纸等构成了丰富且独具特色皖西文化资源。庐剧是六安地区主要剧种，属安徽五大地方戏曲之一，唱腔高亢、奔放，2006 年经国务院批准列入第一批国家级非物质文化遗产名录；以新中国革命斗争为题材的大型庐剧现代戏《妈妈》、《程红梅》两度进京演出获得成功。六安民歌多以山歌、茶歌、灯歌、秧歌、劳动号子为主，同时还流行许多轻松愉快、曲调优美的民间小调。革命战争年代，六安人民创作了一大批红军歌曲和革命民歌，如《八月桂花遍地开》、《红军到金寨》等；而在传统民歌基础上创作的以《月亮走，我也走》为代表的歌曲更是风靡全国。六安民间曲艺独具特色，有“四弦书”、“锣鼓书”、“花鼓”、“大鼓书”、“淮词”和“寿州锣鼓”等。此外，六安民间灯会广为流行，每逢春节、元宵节或重大喜庆日，群众都有闹花灯的习俗，常见的有龙灯、狮子灯、花鼓灯、高跷、花篮、花车和旱船等 20 多种，风格各异。

到目前，六安市已经基本形成了以悠久历史和革命传统为依托，以红军文化、庐剧文化、寿春楚文化为核心的文化产业形态，以此为基础的文化领域的贸易与投资也稳步发展。2009 年 6 月，由市文化企业自发组建的非营利性社团——“六安市文化产业发展促进会”挂牌成立，为发展文化产业、繁荣文化贸易搭建了新的、具有民间性质的平台。经过政府和企业部门的多方努力，2009 年，全市共签订 5 亿元以上的文化产业招商项目 3 个（“红街”文化步行街、金领欢乐世界、文化大世界项目），计划投资金额 17.1 亿元；意向项目 5 个，计划投资金额 18 亿元；文化产业领域的招商业绩创历年来最好水平。这些项目与已经纳入《2009 年六安市文化产业项目库》的百余个前景好、吸引力大、生命力强的文化产业项目，预计项目总投资将达 160 亿元。这些在建或筹建中的文化产业项目有机地融合了六安市特有的悠久的历史文化和红色革命文化，着眼于以现代产业经营模式和理念复兴皖西文化，同时又以独具魅力的皖西文化为地方产业发展和贸易繁荣打上特色鲜明的文明印记。

第三节 六安市贸易发展存在的主要问题

一、商贸基础设施建设相对滞后

贸易发展的一个重要保障是城镇商业基础设施的建设，涉及交通、场馆、管理系统建设等各个方面，受限于总体经济发展水平较低，六安市的商贸基础设施建设相对滞后。2008 年末，全市公路总里程达 16 017 千米，居全省地级市首位，公路密度 89.1 千米/百平方千米，低于全省平均水平约 17 千米，其中高速公路里程总共 98 千米，列全省 17 个地级市中第 13 位，其中一、二级公路总里程占 7.16%，与全省平均水平基本相当。2009 年公路完成货运量 1.9 亿吨，货运周转量 734.8 亿吨千米，客运周转量 113.2 亿人千米，载货、载客汽车保有量分别为 7.3 万辆、9.2 万辆。在铁路运输方面，2004 年开通宁（南京）西（安）铁路六安段（93 千米），2009 年合（肥）武（汉）六安段（137 千米）开通，到 2009 年 8 月，加上早先开通的合（肥）九（江）铁路舒城段（8 千米），全市投入运行的铁路总里程不超过 250 千米。交通运输条件的优劣不仅影响到物流、商流的运作效率，而且也直接影响到六安市旅游资源的整合与开发，对于面积较大、旅游资源较为分散的六安市而言，便捷、舒适的交通条件对于整合全市旅游资源、形成多样统一的大旅游区有着重要的意义。

经过多年的建设，六安市的物流配送、网上交易、连锁经营等现代经营设施逐步建立。全市拥有 2000 平方米以上的综合商场 30 多个，六安商之都、六安百货大楼等处于商贸龙头地位。全市共有各类市场 350 个，营业面积超过 120 万平方米，年交易总额超过 55 亿元，主要有六安南门商贸中心、霍邱蓼都市场、叶集皖西市场和大别山木竹市场、寿县板桥草席市场、舒城孔集竹器市场、霍山黄芽市场、金寨船冲板栗市场、裕安固镇羽绒市场等。尽管商贸发展取得了显著成效，但是，六安拥有的亿元以上商品交易市场却相对较少，从 2004 年至 2008 年，六安市拥有的亿元以上商品交易市场一直为 3 个，列全省 17 个地级市中第十四位，年末摊位数从 2004 年的 3 177 个增长到 2008 年的 3 379 个，5 年间增长约 6%，低于全省平均水平 3 个百分点，成交总额从 2004 年的 48 834 万元增长到 2008 年的 66 032 万元，5 年间增长约 35%，增幅低于全省平均水平 70 余个百分点。

二、贸易竞争缺少高端技术产业支撑

六安市参与国内、国际贸易竞争的主要商品种类有农副产品（粮油、蚕桑、茶叶、高山蔬菜、草竹柳编品等）、纺织服装产品、机械产品（手扶拖拉机、机械轴、电机承等）、轻工产品（白酒、造纸、文体用品等）、建材产品和医药化工产品等。这些产品多采用成熟生产技术，生产企业对于产品新技术的研究与开发投入相对较少，产品附加价值相对较低，比如六安生产的广受国内外市场欢迎的产品如茶叶、无公害蔬菜、羽绒制品、文体用品、竹柳藤编织工艺品等所使用的都是十分成熟甚至相对陈旧的生产技术和制造工艺，多年来产品样式、技术含量没有显著改观。面对日益争取产品创新的市场竞争对手，六安生产的商品要争得更多的市场份额就相对困难，而一旦遇到外部市场需求萎缩，销往其他省市以及境外的产品数量就会受到影响，例如受国际、国内多种因素的影响，2009 年六安市草竹柳藤编织工艺品、鞋帽箱包、体育用品、羽绒及制品出口额均有所下降。再以无公害蔬菜为例，安徽每一个地级市都设有无公害蔬菜生产基地，虽然裕安区建成有无公害蔬菜国家级标准化生产示范区，但与同属国家级标准化生产示范区的安徽和县无公害蔬菜生产基地相比，裕安区的无公害蔬菜生产与销售并没有显著优势，其主要原因是，各地生产的无公害蔬菜产品种类相似、成本相当、价格持平、利润摊薄，在缺乏高级培育技术和先进加工技术支持的情况下，大众化产品难以在激烈的市场竞争中获取更多的市场份额。

产品技术含量的提高依赖于技术创新的投入力度，据安徽省科技厅发布的《安徽省科技统计公报》数据显示，2006 年六安市 R&D 经费投入共 895 万元，占当年全市 GDP 的 0.03%，占全省 R&D 经费投入总额的 0.18%，三项指标分别列全省 17 个地级市的第十六位、第十七位、第十七位；高新技术产业总产值 24.6 亿元，占全省高新技术产业总产值的 1.34%，列全省 17 个地级市的第十一位。2007 年六安市 R&D 经费投入共 1 000 万元，占全市大中型工业企业主营业务收入的比重仅为 1.3%，比上年的 1.5% 下降了 0.2 个百分点，占当年全市 GDP 的 0.03%，占全省 R&D 经费投入总额的 0.13%，后三项指标均列全省地级市末位；全市每万人口中从事 R&D 活动人员 0.29 人，列全省地级市末位；高技术企业 26 家，高新技术产业总产值 36.6 亿元，占全省高新技术产业总产值的 1.5%，列全省 17 个地级市的第十一位；大中型企业新产品销售收入占全市大中型企业销售收入总额的比重只有 9.6%；在

51家大中型工业企业中，列入统计的开展科技活动的只有21家，有近半数以上的企业未开展科技活动，企业办的科技机构数仅有20个，平均每个企业机构拥有量只有0.4个。2008年全市R&D经费支出2 299万元；62家大中型企业科技经费支出占其主营业务收入的比重为1.4%；大中型工业企业新产品销售收入达147 500万元，比上年增长19.4%，其中新产品的出口达102 094万元，增长52%；但是，在62家大中型工业企业中，开展科技活动的只有27家，企业办的科技机构数仅有18个，平均每个企业机构拥有量只有0.3个。2009年，全年用于科技活动的财政经费支出共6 861万元（占全部财政支出的0.54%），增长73.2%，拥有省级研发机构11个，这些指标与省内其他地市相比仍不显著。落后地区的企业在生产技术、管理革新上的投入是培育新产品、提高产品附加值的重要基础，科技研发与产品创新不是后发企业摆脱困境的救命稻草，而应是企业开拓市场、增加利润的重要法宝。

三、商贸服务体系不健全

以政府为主导的商贸服务体系始终是欠发达地区参与贸易竞争的重要保障。商贸服务体系的建设主要包括物流体系建设、贸易人才库的建设、贸易信息库建设、行业协会建设和金融保障体系建设等方面。

物流体系的建设很大程度上依赖道路交通网络的建设。由于皖西多山、多丘陵，公路、铁路建设相对滞后；流经六安境内的新淠河虽然可以通航几十万吨的货船，但是受到多种因素的限制，新淠河六安境内开设的码头数量较少；没有飞机场也是六安市物流网络建设的重要限制，这在一定程度上制约了六安市鲜活农产品、水产品的对外贸易。从2006年起，让六安成为省会经济圈、上海乃至整个“长三角”地区的重要“菜篮子”的构想逐渐形成，但不管是农产品的商贸还是制造业产品的对外输送都离不开物流体系的建设，这既有公路、铁路、水运基础设施的建设，也牵涉到整个物流网络上生产布局与产品集散的高效管理。

贸易信息库建设不完备是六安贸易发展的一个重要制约。皖西没有大规模对外发展商贸的历史传统，对外界贸易信息反应也相对滞后，在这样的环境中发展现代商贸，需要以政府为主导建立起来一整套的商贸信息库系统和信息反应机制。目前六安市建立起来的包括电子商务平台在内的各类贸易信息系统，更多地是向外界的平面式的自我推介，较少涉及六安各重要产业、特色产业的国内外重要商贸信息，更不用说都能做到商贸信息的及时收集、及时发布与对策反应。

2009 年 3 月，涉及粮油、生猪和茶叶等特色产品在内的六安十大农业特色产业协会挂牌成立。包括农业特色产业协会在内的地方性协会刚刚起步，对全市贸易发展的推动还处在初始阶段，除了这些由政府牵头成立的行业协会外，六安市企业，尤其是大中型企业，自发建立起来的行业协会组织较少，难以在贸易竞争中凸显集体力量，企业往往是单打独斗，不能做到信息共享、合作共赢。

经济贸易的发展离不开金融保障体系的良好运作，作为欠发达地区，六安市地方性融资机构受到资金限额、信用风险等因素的制约，对于中小企业、个体户、农户的融资力度仍然相对较小，各级担保信用相对紧缩，服务项目较为单一，服务质量有待于提高。

四、缺少著名品牌支撑

塑造著名品牌是推进商贸、提高市场占有率、增加商品附加价值的重要手段。六安的许多特色产品，往往都是以地名为依托进行品牌推广和维护的，以茶叶为例，六安瓜片、霍山黄芽是六安特色产品，深受消费者喜爱，出品六安瓜片、霍山黄芽的本地制茶企业为数不少，但是六安目前还没有制茶企业以特有注册商标获得国家级著名商标或驰名商标的认证，而多数是以“六安瓜片”、“霍山黄芽”这样的驰名地理商标为依托销售商品，这样的做法虽然可以短期依托驰名地理商标扶持更多企业维持经营、扩大销量，但长久下去必然会有企业以次充好，破坏“六安瓜片”、“霍山黄芽”的美誉度，不利于优势企业及其商标脱颖而出。与茶叶产品经营情况类似的还有“皖西白鹅”、“舒城贡席”等产品。

五、商贸人才匮乏

贸易竞争归根到底要靠人才的参与，人才储备无论是在科技研发、新产品研究、市场推广、物流体系建设、金融管理方面，还是在品牌维护、资源整合等方面都具有十分重要的意义。但是受到历史条件和经济发展水平的制约，六安市投入在教育、培训上的支出相对较少，培养的高级专门人才也相对较少，而受过高等教育、具有专业技能和创新精神、留得住、用得上、能够为六安经济贸易发展作贡献的更少，这样就造成长期以来六安市整体人才队伍建设滞后，高科技研究人才稀缺，会技术、懂管理的商贸人才更是奇缺。

第四节 六安市贸易发展建议

纵观近五年六安市贸易发展趋势，尤其是根据在欧美金融危机导致全球经济低迷的2008年和2009年里，六安贸易发展仍然呈现有序发展、平稳增长的现实，可以得出判断，即六安市在今后一段时期的贸易发展仍然将保持平稳、较快增长。随着皖江城市带承接产业转移示范区各项政策、措施的稳步落实，以舒城县、金安区为“楔子”，六安市的产业扩张和商贸发展在省会经济圈框架内，将有更多的机遇融入“泛长三角”经济。通过发挥六安区位、资源、劳动力和生态环境等组合优势，六安市可以在市场、产业、资本、技术、管理和基础设施方面与合肥、巢湖、淮南全面对接，积极承接“长三角”区域转移来的纺织、食品、冶金、家电和机械等产业，不断巩固六安以农副食品加工、轻纺、钢铁和汽车零部件等产业为主导的产业体系，积极发展食品加工工业、矿山冶金工业、旅游产业以及文化产业贸易，大力发展加工贸易，将六安市打造成为中部地区重要的加工制造配套基地和农产品生产供应基地，推动六安市商贸发展走上一个新的台阶。

一、大力吸引人才，建设可靠、稳定的商贸人才队伍

推动商贸发展乃至整个经济发展的最活跃、最具能动性和创造性的因素就是人才。六安作为中部欠发达市，在近一段时期内难以依靠产业集聚效应吸引人才，也难以用巨大的市场空间来吸引人才，在这两点上六安市与东南沿海市县的差距在短期内是没有办法明显缩小的。但是不能因此就放松乃至放弃对人才的吸引。六安市、县（区）两级政府应该首先树立人才兴市、人才强市的观念，切实转变工作作风，强化政府服务职能，出台更加优惠的措施吸引人才，在薪酬、住房、医疗、政府补贴和晋升等方面给予高素质人才以更多的优惠，并且切实提供能够让人才施展才华的空间和舞台，让真正能够促进六安经济贸易发展的高科技人才、商贸人才和管理人才愿意来、留得住、用得上。

二、积极争取更多交通网络建设投入，夯实物流产业基础

相比合肥、巢湖和淮南，六安市的公路、铁路交通网络建设是较为落后的，而要融入合肥经济圈、衔接“泛长三角”经济、承接“长三角”产业转

移，有效参与更广阔区域内产业分工与商贸竞争，没有便捷、优越的交通网络作为基础是难以取得突破的。地方政府需要付出更多努力，多方开辟融资渠道，抓住当前国家促进中部崛起的有利宏观政策机遇期，大力建设六安市的交通网络，力争在较短的时间内，形成纵横交错的公路、铁路干线和水上运输网络，提高现有公路、铁路、水运码头的管理水平和营运效率，克服皖西山区先天地质条件的负面影响，以较为发达的交通网路作为夯实物流产业的必要基础，为发展六安货物商品贸易和旅游服务贸易提供便利条件。

三、加大政府科研投入力度，引导重点领域科技攻关

六安市大中型企业的科研投入力度不够，新产品开发、投产缓慢是多年来难以解决的问题。面对日趋竞争的市场环境，要稳定并提高六安市特色产品在国内外市场的占有率，增加产品附加价值，就必须不断加强对已有产品的精深加工和新产品的研制与开发，对于普通制造业是这样，对于农特产品也是如此，往往一种新技术的研制与应用就可以奠定优势产业在市场上的领导地位。企业应该是创新的主体，但是不能寄希望于通过简单的说教即让不发达地区的普通企业增强科技意识，政府应该在刺激经济发展中更有作为。市、县（区）两级政府可以更多尝试政府与企业合作投资研发的办法，首先选择贸易发展较好、产业基础较扎实并且科技投资回报见效较快的农特产业进行合作研发，促进品种改良、研制新产品、改革制造工艺等，然后在其他行业逐步推广。

四、加快健全以政府为主导的商贸服务体系

市、县（区）两级政府应在国内外市场信息收集与发布上加大投入；同时，对于国内外各类市场、企业建立信息库，供本市企业分享；积极促进企业商会的建立，选择有信誉、有实力的企业作为商会和政府信息沟通的桥梁，以促进行业整体商贸发展为中心，推进商业网点建设，推广特色产品窗口。政府还可以在商贸服务体系中尝试建立商贸信息反应机制，即在政府建立起商贸信息系统以后，定期或者不定期的组织企业行会或者企业团体对已经搜集的商贸信息进行会商、研讨，让商贸信息系统和整个商贸服务体系的建设成果真正有利于本地企业的生产调整和商贸运营。

五、积极引导名优品牌建设

六安的特色产品多是以地理商标推向市场，这样不利于市内优势企业推广自己的产品。政府应该在名优品牌认定、品牌市场推广、知识产权保护、产品质量监控等方面采取更加积极的措施，并且可以通过行业商会推广一个企业、一个品牌的经营模式，既让六安本地企业在政府的推动下依托商会或行会抱团出海，又让优秀企业在自有品牌的支撑下发展特色经营，树立六安商品（尤其是农特产品）与服务地理商标和企业商标同等重要理念，并且逐渐推广并确定以企业商标为主的品牌营销模式。

六、努力推动文化贸易发展

文化产业是新兴的产业，也是伴随着居民收入水平不断提高而有着光明发展前景的朝阳产业。弘扬六安市传统文化、推动文化贸易发展是政府面临的一个重要议题。政府部门可以配合国家的文化产业振兴政策，发现和培养六安传统文化继承人和产业振兴带头人，通过政府帮扶、产业合作，促进六安文化产业的区际与国际贸易，让六安的庐剧、民歌唱响八方，让六安的剪纸、锣鼓走向更加广阔的市场。

参考文献：

［1］张韶春．发挥优势，在承接产业转移中加快发展［N］．中国经济导报，2010-03-11（T15）．

［2］王哲，李圆媛，王娟．省会经济圈战略下的六安区域定位与产业分工研究［J］．皖西学院学报，2008，（6）．

［3］安徽省统计局．安徽统计年鉴［R］．2002—2009．北京：中国统计出版社，2002—2009．

［4］安徽省科技厅．2007—2008 年安徽省科技统计公报［R］．2007—2008．

［5］六安市统计局．2006—2009 年六安市国民经济和社会发展统计公报［R］．2006—2009．

第十二章　马鞍山市贸易发展分析

马鞍山建市于1956年10月，是新中国成立后崛起的一座新兴工业之城，绿色之城、港口之城。位于安徽省东部，长江下游东岸，地处长三角经济圈顶端，东部、北部与江苏南京接壤，是安徽东向发展的重要门户，又是承接东部地区产业转移、中西部地区东进长三角的黄金跳板。2009年马鞍山GDP为665.9亿元。马鞍山土地总面积1 686平方千米，人口122.12万人，现辖四区一县（花山区、雨山区、向山区、金家庄区和当涂县）。

马鞍山市是中国国家级园林城市和安徽省五大重点旅游城市之一。马鞍山市不仅城市生态环境优美，而且地理位置独特，形成了"九山环一湖，翠螺出大江"独特的城中有园、园中有城的城市风光。其城市建设和环境保护先后受到国家有关部委的多次表彰，先后荣获"国家卫生城市"、"国家园林城市"、"中国优秀旅游城市"、"中国人居环境范例奖"和"联合国迪拜国际改善居住环境良好范例奖"等荣誉称号，马鞍山市已成为扬子江畔一颗璀璨的明珠。

第一节　马鞍山市贸易发展现状

一、国内贸易现状

（一）社会消费品零售总额

2009年，马鞍山市消费品市场总体呈现先抑后扬，稳步走高态势。分季度看，一季度实现社会消费品零售总额31.4亿元，同比增长16.9%；二季度为28.56亿元，同比增长18.0%；三季度为30.32亿元，同比增长20.0%；四季度为35.47亿元，同比增长19.7%。全年月均零售额达10.48亿元，比上年增加1.65亿元，全年有6个月达10亿元以上，其中，12月份当月实现零售额12.71亿元，创下单月零售规模历史新高。2009年全年实现社会消费品零售总额达 125.75 亿元，同比增长 18.7%（见图 12.1）。

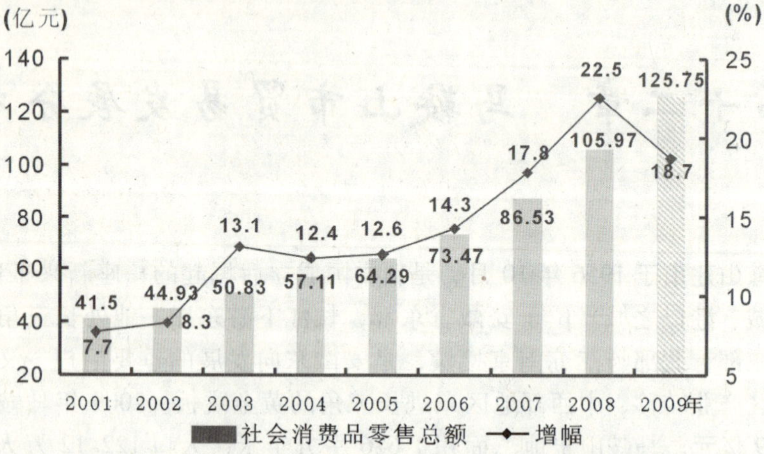

图 12.1 马鞍山 2001—2009 年社会消费零售总额变动情况

资料来源：2009 年马鞍山市国民经济和社会发展统计公报。

（二）限额以上批发和零售业、住宿和餐饮业

批发零售业仍是支撑马鞍市消费品市场发展的主要力量。2009 年，全市批发和零售业实现零售额 107.08 亿元，比上年增长 18.6%，占全市社会消费品零售总额 85.2%。随着全市城乡居民生活水平提高及现代生活节奏加快，以及旅游、会展业的快速发展和各类公务、商务活动的增加，住宿餐饮市场规模持续扩大。2009 年全市住宿和餐饮业实现零售额 17.04 亿元，比上年增长 18.4%，占社会消费品零售总额的比重为 13.6%，拉动全市社会消费品零售总额增长 2.5 个百分点。

限额以上企业经营逐步好转，限额以下企业发展较快。从市场经营主体规模看，自 2008 年第四季度开始，限额以上批发零售、住宿餐饮企业增幅趋缓的趋势在 2009 年第三季度进一步得以扭转，全市限额以上批发零售业第一、二季度增速分别为 14.2%、13.6%，第三季度达到 24.9%，第四季度进一步上升到 30.4%；限额以上住宿餐饮业第一、二季度增速分别为 1.2%、-5.3%，第三季度为 6.1%，第四季度进一步上升到 8.8%。2009 年，马鞍山市限额以上批发零售、住宿和餐饮企业累计实现零售额 41.74 亿元，比上年增长 18.9%，占全市社会消费品零售总额的比重为 33.2%，同比提高 0.1 个百分点；限额以下企业及个体户保持了平稳较快增长，2009 年，马鞍山市限额以下批发零售、住宿和餐饮企业及个体户累计实现零售额 82.39 亿元，

比上年增长 18.4%，占全市社会消费品零售总额的比重为 65.5%，同比下降 0.2 个百分点。

（三）城乡消费市场

城乡市场协调发展，农村市场进一步活跃。随着“家电下乡”、“汽车、摩托车下乡”2009 年 1 月在马鞍山市正式启动，同时近年来市“万村千乡市场工程”、“新网工程”等一系列加快农村市场发展的政策措施逐步发挥效应，农村流通网络不断完善，农村消费进一步升温。2009 年，全市农村实现零售额 29.3 亿元，比上年增长 20.0%，城市市场实现社会消费品零售额 96.45 亿元，比上年增长 18.3%；农村市场增速高于城市市场 1.7 个百分点，比上年增加 0.2 个百分点。

（四）居民消费

居民消费层次不断提高，消费热点突出。2009 年，马鞍山市市场总体呈现理性消费和追求时尚并举的多样化格局。据对限额以上批零企业商品零售统计，吃、穿、用类商品的 18 大类商品中 11 升 7 降。（1）汽车消费成为最大亮点。受小排量汽车购置税优惠等政策影响，2009 年汽车消费继续保持快速增长势头，成为消费市场的新增长点。全年限额以上批发零售企业实现汽车类零售额 3.51 亿元，比上年增长 43.4%，石油及制品类零售额 3.06 亿元，比上年增长 7.1%，汽车及石油制品类合计 6.57 亿元，占全市限额以上批发零售业零售额的 17.6%，同比提高 2.3 个百分点。（2）文体类消费品保持稳定较快增长。随着居民收入水平的稳定增长，居民消费观念的不断更新，健康消费、知识消费、娱乐消费渐成消费时尚。2009 年全市限额以上批发和零售企业实现体育娱乐用品类零售额增长 7.9%，书报杂志类增长 11.5%，电子出版物及音像制品类增长 37.6%。（3）日常消费品总体保持稳定。粮油、食品、饮料、烟酒类实现零售额 11.41 亿元，仍是第一大类商品，比上年增长 6.2%，占全市限额以上批发零售业零售额的 30.5%，同比下降 0.5 个百分点；服装、鞋帽、针纺织品类实现零售额 3.09 亿元，比上年增长 2.1%；日用品类增长较快，比上年增长 20%。

二、对外贸易现状

（一）货物贸易

随着国际金融危机向实体经济蔓延、外需严重萎缩，马鞍山对外经济贸易发展受到明显影响。外贸进出口出现不同程度的下降。2009 年全年完成对外贸易进出口总额为 17.33 亿美元，比上年下降 48.5%，其中出口总额 4.53 亿美元，比上年下降 58.9%。中小企业进出口保持增长，全年中小企业实现进出口总额 5.4 亿美元，增长 7.6%。[①] 如图 12.2 所示。

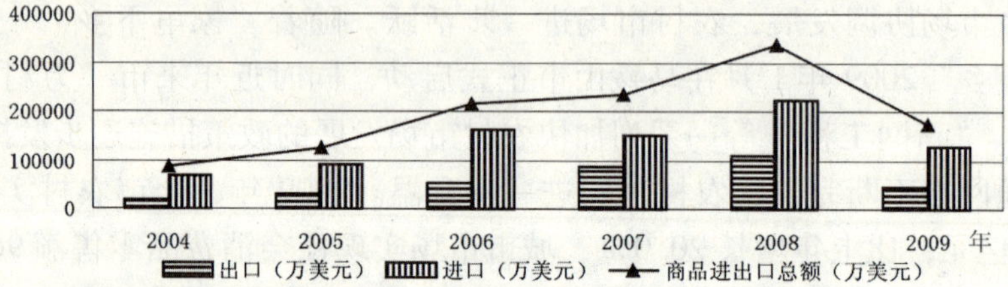

图 12.2 马鞍山 2004—2009 年商品进出口变动情况

资料来源：《马鞍山市统计年鉴》（2004—2009）。

第一，进出口贸易下降有所趋缓。2009 年，马鞍山市实现外贸进出口总值 17.3 亿美元（含出口供货 9 500 万美元），比上年下降 48.5%，其中，出口 4.5 亿美元，比上年下降 58.9%；进口 12.8 亿美元，比上年下降 43.5%。全市进出口自 2008 年 11 月份开始下降以来，2009 年上半年持续下降，最大降幅达到 75.8%。面对金融危机的严重冲击，马鞍山市努力化危为机，利用市场倒逼机制，切实转变外贸发展方式，积极调整进出口结构。2009 年下半年，马鞍山市进出口下降趋势减缓，并于 11 月份摆脱长达一年的同比下降态势，到 12 月份回升明显，当月进出口总值 2.44 亿美元，其中出口 5 125 万美元，均创年内新高，基本恢复到 2008 年上半年的水平。

第二，出口商品结构趋于优化。在外需急剧减少、马钢钢材出口严重受阻的不利情况下，马鞍山市加大出口商品结构调整，以国家剪折机床出口共建基地、回转支承出口基地、食品机械出口基地为平台，综合运用出口退税、进出口信贷、保险等政策手段，加大对机电产品出口的扶持力度，支持大型成套设备、高附加值产品、自主知识产权和自主品牌产品出口。全年机电产品出口达 1.77 亿美元，虽然比 2008 年下降 33.9%，但降幅明显小于全市出口总值的平均降幅。2009 年，马鞍山市机电产品、高新技术产品出口分别占企业自营出口 49.5%、12%，比上年分别提高 25.2 个、1.4 个百分点。其中电器及电子设备、仪器仪表出口 1 831 万美元，比上年增长 1.2 倍，机械及设备出口 5 507 万美元，降幅仅为 12.5%。

第三，出口市场结构进一步多元化。2009 年，马鞍山市进出口企业积极

① 马鞍市统计局．2009 年马鞍山市国民经济和社会发展统计公报［R］．2009.

拓展海外市场。全年实现对117个国家和地区出口，对传统市场亚洲出口份额由上年的72.6%降为55.7%，对欧洲略有下降，对非洲、拉丁美洲、北美洲、大洋洲均有不同程度的提高，尤其对新兴市场非洲、拉美市场分别提高9.8个、3.3个百分点，达到12.8%、6%。其中对非洲出口4 580万美元，比上年增长38.4%。

第四，出口贸易方式呈现多样化。在一般贸易方式出口困难重重的情况下，马鞍山市在积极发展加工贸易的同时，通过大力发展外经合作，强劲带动对外承包工程货物出口。以中冶华天、十七冶、马钢设计院等为龙头的外经企业加快“走出去”步伐，外经业务快速增长，马鞍山市外经企业完成营业额1.85亿美元，带动设备、材料出口4 516万美元，同比增长43%，占全市自营出口总值12.6%。

（二）外商直接投资

2009年，马鞍山市实际利用外资6亿美元，比上年增长17.4%，其中实际利用外商直接投资5.72亿美元，比上年增长37.4%；实际利用内资268.46亿元，比上年增长18.7%[①]。全市招商引资稳步增长，利用外资质量进一步提高。

第一，第三产业引资向现代服务业拓展。2009年，马鞍山市进一步拓宽招商引资领域，在引进现代服务业项目上取得新的进展。第三产业全年引进外资项目8家，占新批外资项目的近五成，其中现代服务业6家；合同利用外资1.16亿美元，占新批企业合同外资的69.7%，其中现代服务业1.04亿美元，占63.1%；实际利用外商直接投资1亿美元，占16.7%，其中现代服务业4 631万美元，占8.1%。马鞍山市软件、动漫产业聚集度进一步提高，全年引进5家软件业项目，引进大型外商投资性公司取得突破，马鞍山首维特投资有限公司合同外资达1亿美元。

第二，第二产业引资向优势和新兴产业集中。围绕打造现代加工制造业、绿色食品基地，马鞍山市注重发挥产业聚集优势，以商引商、产业链招商取得新进展。全年制造业实际利用外商直接投资4.45亿美元，比上年增长46.4%，占外商直接投资的77.8%。其中，钢铁及金属制品业9 353万美元，占全市外商直接投资的16.3%；食品加工业2.26亿美元，占39.5%；汽车及零部件制造业1 871万美元，占3.3%；医药、化工业5 329万美元，占

---

① 马鞍山统计信息网（http：//tjj.mas.gov.cn/）.

9.3%。

第三，重点外资项目增多。2009 年，马鞍山在建重点外资项目36 个，投资总额10.6 亿美元；签约重点外资项目10 个，总投资6.2 亿美元；在谈重点外资项目51 个，预计总投资13.5 亿美元。在建重点内资项目193 个，总投资647.9 亿元；签约重点内资项目27 个，总投资83.9 亿元；在谈重点内资项目106 个，预计总投资1 002.5 亿元。按项目总投资统计，续建和新建重点外资项目中第一、二、三产所占比重依次为20.9%、49.7%、29.4%；续建和新建重点内资项目中第一、二、三产所占比重依次为3.1%、52.2%、44.7%。

2009 年，马鞍山新签约重点项目主要有：鹰唛食品项目，占地50 亩，总投资1 亿元，全部达产后年产能5 亿元，年利税2 000 万元。安徽金桐精细化学有限公司年产7 万吨新型表面活性剂项目，占地100 亩，总投资1.4 亿美元。隆希建材项目，占地50 亩，总投资1.3 亿元。金鹰购物中心项目，注册资本1 亿元，打造马鞍山城市名片。

第四，招商引资区域向开发园区聚集。马鞍山市开发园区紧抓招商引资，强力推进园区建设，招商引资取得新的进展。2009 年，全市新批17 家外商投资企业中有15 家落户在开发园区，实际利用外商直接投资4.19 亿美元，比上年增长32.8%，占全市73.2%。其中雨山工业园、花山开发区表现突出。雨山工业园引进4 家外商投资企业，合同外资达1.11 亿美元。2009 年，经安徽省政府批复筹建的安徽花山经济开发区，充分发挥后发优势，围绕大力发展软件研发、软件服务外包、机械设备、电子产品制造等产业，着重引进高新技术企业及现代服务业企业，全年引进5 家外商投资企业，其中3 家为软件企业，1 家为电子信息产品制造企业。

第二节　马鞍山市贸易环境与贸易特色

一、贸易环境

马鞍山位于长江下游南岸、安徽省东部，具有临江近海、紧靠长江三角洲的区位优势，是安徽的“东大门”，皖江第一站，现辖四区一县。近年来，马鞍山实施工业强市、城乡统筹、自主创新和东向发展战略，已形成以钢铁工业为主体，汽车、化工、机械、电子等多门类的工业发展体系，是泛长三角城市群中重要的现代加工制造业基地、绿色食品生产基地和休闲旅游基地。

（一）经济环境

2005年，马鞍山市人均GDP突破3 000美元，达3 027美元，开始步入经济转型发展时期。2006—2009年，马鞍山人均GDP连年新增一千多美元，年均增幅达17.1%，实现了“爬陡坡”式发展，在安徽堪称“速度马鞍山”。马鞍山只用了短短的五年时间成功地实现经济社会转型发展，达到了长三角中等城市的发展水平。经济社会的加速转型，使马鞍山积累了丰富的转型发展的成功经验，预示着马鞍山经济发展的基础、路径、动力和环境将发生新的更深更大的变化。在安徽奋力崛起提出的东向发展战略中，马鞍山发挥的作用日益凸显。马鞍山作为实施这一战略的最前沿城市，已于2006年跃居全国综合实力百强市、中国最具竞争力百佳市，奠定了“老龙头”地位的扎实基础。马鞍山GDP总量由2000年安徽的第十二位上升到2009年的第四位。工业经济占安徽的比重由2000年的5.7%上升到2008年的11.6%，对安徽的贡献率由2000年的4.0%上升到2008年的10.6%，经济综合效益指数由1998年的77.8%上升到2008年的289.9%。以安徽1.9%的人口做出了7.2%的贡献。

（二）政策环境

近年来，马鞍山充分发挥区位、环境和劳动力资源等优势，主动承接长三角产业转移，并以南京都市圈核心城市为切入点，凭借钢铁、汽车、造纸、磁性材料纺织服装等支柱产业优势，主动接轨上海，深入推进以高新技术、工业基础、产学研等工业项目的合作，积极扩大外经贸合作，加强商贸流通合作，开展科技教育交流合作，拓展旅游市场的合作等，一大批长三角知名企业纷纷落户马鞍山，有力地带动了马鞍山的产业升级，提升了马鞍山的竞争实力，促进了马鞍山经济社会的加速发展。2009年马鞍山市主要经济指标与长三角城市相比，GDP、社会消费品零售总额、固定资产投资、地方财政收入、实际利用外资和城市居民收入等主要经济指标的增幅均超过长三角城市平均水平，赶超长三角城市的步伐进一步加快。马鞍山各项主要经济指标人均值，接近长三角中等城市发展水平。如人均GDP超过长三角南通、扬州、泰州、湖州、台州等市；城市居民人均可支配收入增幅超过其平均水平2.2个百分点，超过长三角扬州、泰州两市；农民人均纯收入增幅超过上海、湖州、台州。主要经济指标超过长三角城市平均水平。如GDP增幅超过其平均水平1.1个百分点；规模以上工业总产值增幅超过其平均水平7.0个百分点；固定资产投资增幅超过其平均水平16.7个百分点。主动融入的发展，使马鞍山与长三角的差距已缩小了25%，全面小康社会实现程度达94.2%。这为马鞍山把握新的历史性发展机遇，承接产业转移奠定了良好的基础。

（三）自然环境

马鞍山市区绿化覆盖率较高，达42.32%，市区人均公园绿地面积达13.25平方米。从生态环境类列入监测的9个指标来看，除城市建成区绿化覆盖率未达标外，其他8个指标已提前实现小康社会目标。从1989年起，马鞍山连续18年在全省城市环境综合整治定量考核中位居前列，成为全省城市环境综合整治的先进典型。2005年，成为安徽省首批生态建设综合示范基地；2006年，成为安徽省、中部地区、全国钢铁工业城市中首座国家环保模范城市。日益完善的城市基础设施和不断改善的生态环境，使得马鞍山从上世纪80年代开始，先后获得了“国家卫生城市”、“国家园林城市”、“中国优秀旅游城市”、“中国人居环境范例奖”、“联合国迪拜国际改善居住环境良好范例奖”和“全国绿化模范城市”等荣誉称号。实施“碧水”工程。对“一湖（雨山湖）、两河（采石河、慈湖河）”进行综合整治。2001年以来，新建了雨山湖引排水工程，通过截污、清淤、换水、亮化和美化等综合整治，使“城市明珠”焕发出新的光彩。在此基础上，投入3 900多万元，对雨山湖周边的两座城中山（雨山、佳山）进行了整体规划设计和开发建设，使之与雨山湖相协调，在城市中心地带营造出湖光山色的自然美景。开展系列“绿色创建”。在社区、学校和乡村，不失时机地开展环境宣传教育，提高公众的环境意识，激发公众参与环境保护的热情。至2009年底，马鞍山市已建成国家级生态示范区1个，国家级生态村1个，省级生态村12个，市级生态村29个；国家级环境优美乡镇1个，省级环境优美乡镇2个；国家级绿色社区1个，市级绿色社区30个，创建各级绿色学校80所。

二、贸易特色

（一）区位交通优势

马鞍山是八百里皖江第一市，是安徽东向发展的“桥头堡”，是长三角经济圈城市和南京都市圈核心城市，在皖江城市带九个城市中具有独特的区位优势，已经成为安徽承东启西、通江达海的重要枢纽。随着近年来对外交通条件的不断改善，马鞍山得天独厚的区位优势愈加明显。马鞍山地处长三角16城市的节点地带，与沪、杭、宁等城市分别在三、二、一小时车程内。拥有国家对外开放的一类港口、长江十大港口之一马鞍山港。沪宁、宁马芜高速公路穿城而过，宣杭、合巢芜高速也与马鞍山贯通。正在建设的马鞍山旅游大道只需半小时车程就可直达南京禄口机场（扩建新增投资14亿元）；已开工建设的马鞍山长江大桥将突破长江天然屏障，使马鞍山从以前的长三角江南通道向长三角江北通道扩展延伸，成为沟通长三角苏北、浙东南的重要交通节点；芜申运河马鞍山段整治有条不紊，宁宜城际铁路、宁铜铁路复线等工程正在紧锣密鼓地施工，还有在建的南京长江四桥。随着这些重大交通枢纽工程的完成，为马鞍山更好地接受长三角的辐射，承接其产业转移带来了具有战略性发展的重大机遇，这是皖江其他城市所没有的优势。

（二）产业资源优势

马鞍山是一个以钢铁工业为主的重工业城市，铁矿资源十分丰富。马鞍山矿区地处长江下游宁芜—罗河成矿带，是我国七大铁矿区之一。矿区内铁矿山有马钢（集团）控股有限公司所属南山、姑山、桃冲铁矿及待开发的罗河铁矿，已探明的铁矿产地有31处，伴生矿产地10处，铁矿总储量16.35亿吨，占安徽全省铁矿总储量的57.32%，其中能满足工业开采的约10亿吨以上。矿床规模以大中型为主，矿体较大，储量亿吨以上的有5处，矿石平均品位36.55%，多属易选的磁铁矿石，经过选别流程可获得精矿品位53%～64%。伴生的磷资源储量大，品位高，仅以南山铁矿凹山矿采场和尾矿坝中含磷计算，储量达1 427万吨，约占安徽全省磷矿储量的1/3。此外，还蕴藏可供开采的金、铜等有色金属矿及高岭土、云母等一些非金属矿。

马鞍山拥有良好的自然生态环境、高品质的旅游资源及深厚的历史文化底蕴，是安徽省五大重点旅游城市之一。为实现"休闲旅游基地"的战略目标，推进马鞍山旅游业的发展，马鞍山市旅游局对马鞍山旅游城市形象宣传进行了整合，主打诗仙李白这张王牌。推出"李白钟爱的山水都——马鞍山"这一贯穿全年主题的宣传。为充分利用丰富的人文、自然和社会资源，马鞍山旅游局精心策划包装了3条精品线路，在旅交会上大力推介，即：历史文化揽胜之旅，采石风景名胜区、青山李白墓园、三国朱然文物陈列馆；生态休闲之旅，濮塘风景区、盆山度假村、雨山湖公园、特色休闲沐浴；钢铁是怎样炼成工业之旅。

（三）商贸资源优势

马鞍山通过提高商业服务水平，整合商业资源，加大招商引资力度，马鞍山商业要素集聚效应突现。家乐福、农工商、大润发、国美电器、苏宁电器、五星电器、宏图三胞、肯德基、麦当劳和必胜客等国内外知名企业入驻经营。解放路是马鞍山一条传统的商业街，全长 1 200 米。近几年来，马鞍山推动解放路商业街按照市场化机制运作，结合区位、环境、城市功能和发展态势，重新定位为：以家电为龙头，百货、专营店、品牌店和特色店为核心，集购物、休闲、娱乐为一体的商业街，成为在周边有影响的一流商业街。目前，解放路有商家200余户，经营人员达6 000多人，总经营面积达13 万平方米，年营业额逾10亿元，商品涵盖电器、百货、家具、鞋帽和眼镜等十几个门类。国内家电巨头苏宁电器、国美电器、五星电器，以及省内家电连锁国生电器已聚集在解放路，家电销售额超过 4 亿元，占马鞍山市场份额的80%以上；整条商业街业态正在进一步聚集，新天地广场引入马鞍山最大的图书市场、马鞍山唯一的古玩专业市场，鸿泰新百双子楼建成马鞍山最大商业购物中心，格林豪泰酒店、机电市场开业，新纪元国际大厦建成马鞍山首家产权式酒店，富邦购物中心、小商品市场先后建成；商业街购物便利，银行、超市、快餐店、服饰专卖店、名品店和娱乐休闲项目沿街分布，商业街发展呈现又好又快的态势。

花山路装饰材料街北到湖北路，南接湖南路，全长 1 700 米。结合企业改制，实施“退二进三”，通过招商引资及土地开发建设，现已形成以高、中、低档齐备的建筑装饰材料专卖为主的装饰材料街，品种涉及木材板材、陶瓷地砖、油漆涂料、五金灯具、厨卫洁具、防盗门、实木（复合）地板、木线条和窗帘布艺等九大类上万个品牌。现有装饰材料经营户700余户，从业人员1 500人，经营面积6万平方米，年销售额达4亿元左右，约占马鞍山份额的60%。建筑面积为3 万平方米的康华建材市场已于2009 年3 月份对外营业，2.5万平方米的东源美家乐家居市场和1 万平方米的力华国际美居广场于年内开业，该三大市场的快速崛起将有效地拓展提升花山路装饰材料街的规模和档次。

湖东路是马鞍山的一条综合商业街，北起湖北路，南接雨山路，是连接环团结广场市级商业中心和解放路商业街的商业通道。沿街商业发达，整条街以新亚百货、华联商厦、国美电器、大华国际购物广场、伊锦都广场、桃源路和中央花园商业房为辐射的团结广场商圈为中心，集商贸、金融、科技、休闲服务、百货、电子数码和图书为一体，正在发挥着越来越好的商业辐射带动作用。

第三节　马鞍山市贸易发展存在的主要问题

一、农村居民消费水平较低，居民消费倾向趋于下降

据统计，马鞍山城市居民消费倾向从2003年的75.2%逐年下降，2008年降为62.2%，农村居民消费倾向从2003年的85.1%，逐年降为2007年的70.1%，2008年回升至74.1%，仍比2003年低11个百分点。尽管马鞍山消费品市场规模不断扩大，居民消费水平不断提高，但消费对马鞍山经济增长的拉动作用还有待提高，马鞍山经济增长主要还是靠投资拉动。马鞍山最终消费率从2003年以来趋于下降，从2003年的48.3%降为2007年的33.8%。

从2004年开始，国家、省、市各项支农、惠农政策的出台，优化了农民增收环境，增强了农民消费信心，农村消费品市场的发展明显加快。但城乡市场发展不平衡的状况短期内难以根本改变，城乡居民消费水平差距依然存在，农村市场还需进一步开拓。从收入水平看，农村居民收入远低于城市居民，2009年农村与城市居民收入之比为1∶2.56；从市场环境看，农村与城市相比消费环境仍然较差，消费条件还比较落后；从市场份额看，目前农村市场零售额仅占马鞍山社会消费品零售总额的23.1%，比重偏低，与农村人口占总人口的比重反差较大。

二、市场规范化程度低，竞争秩序较为混乱，企业信用度差

良好的市场规范和有效的市场监管是贸易行业发展的重要条件，但是马鞍山贸易行业的法规建设有待进一步完善，市场监管稍显不力，竞争秩序混乱。由于缺乏必要的制度约束，企业信用度也有待提高。企业是市场经营的主体，贸易产业的发展说到底要看企业的表现。目前安徽企业普遍存在企业规模小，效益差，产业集中度不高的问题。低的市场集中度意味着马鞍山市企业组织化程度较低，集团化发展慢，尚未形成规模巨大的商业龙头企业，难以发挥流通领域先进生产力的示范和带动作用。这一状况使得马鞍山贸易企业的经营规模偏小，现代化的管理手段和设施滞后，缺乏规模经济效应。马鞍山流通企业和国内较大企业以及国际大型零售企业相比，差之甚远。贸易产业市场集中度较低、低壁垒以及企业规模偏小，这样必然导致贸易企业的市场行为是低水平无序竞争，最后导致企业的经济效益低，同时也使得面

对省外、国外企业竞争时显得乏力。

三、人才流失严重，缺乏高素质人才

马鞍山和长三角主要城市相比，贸易行业从业人员整体素质偏低，业务水平及技术熟练程度不高，且高素质人才严重缺乏。一些新兴贸易领域的专业技术人员太少，而涉外的人才就更少了。在国内国外贸易一体化，贸易往来知识技术密集型发展的大趋势下，这样的人力资本状况不能满足贸易发展的需要。高素质人才的缺乏是马鞍山贸易产业发展的瓶颈之一。调研中发现，马鞍山的人才优势正在丧失。一方面，由于江浙沪等东部地区的快速发展，从马鞍山吸引了大批高级专家。另一方面由于马鞍山人才结构不合理，专业面比较窄。据有关资料显示，有30.19%的外资企业选择人力资源丰富的东部地区投资。实际上，创新人才、高级技术人才和高级管理人才是企业竞争能力的基本条件，也是投资环境的重要组成部分。因此，马鞍山应当重新制定人才发展战略和人才政策，留住现有人才，引进更多人才，重新构筑马鞍山的人才高地。

第四节　马鞍山市贸易发展建议

马鞍山积极参与泛长三角区域发展分工，在新一轮发展目标中，推出了与长三角互动发展的系列新举措，加强与长三角的领军企业合作，与著名院校、科研院所合作，特别是对以上海为中心的长三角大企业低门槛引进、高投入支持，促进产业集群化、跨越式发展。主动承接长三角地区的产业梯度转移，先后引进了上海大华、农工商和浙江万马等一批知名企业落户，引进的产业涉及机械制造、农产品加工、商贸流通、城市基础设施等多个领域。近年来，在马鞍山市引进内资中，70%以上来自长三角地区。马鞍山加快实施“走出去”战略，到目前为止，马钢等骨干企业到长三角投资70多亿元、100多个项目。

马鞍山正着力转变经济发展方式，构建“6653”现代产业体系。做大做强钢铁制造、汽车制造、装备制造、电力能源、精细化工和食品加工等6大优势主导产业，形成一个超千亿元级、五个超百亿元级的产业。培育壮大新材料、新光源、新能源、节能环保、生物医药和电子信息6大新兴产业，以形成新的经济爆发点。改造提升造纸印刷、金属制品、机械加工、纺织服装

和农产品加工5大传统优势产业。加速发展生产性服务业、生活性服务业和农村社会化服务体系3大现代服务业。

一、改善消费环境，扩大市场有效需求

从需求方面看，保持居民收入稳定增长，扩大市场有效需求。消费是收入的函数，要扩大消费：首先，要增加居民收入，当前增加居民收入的根本点在于抓生产、扩投资、增就业，同时要注重发挥积极财政政策的作用，加大对收入分配的调节力度，稳步提高对低收入群体的保障水平，让百姓有钱花；其次，进一步完善马鞍山养老、医疗保障体制，并逐步提高保障标准，改善城乡居民的收支预期，让百姓敢花钱；第三，积极、稳妥地发展消费信贷，鼓励中低收入家庭进行信贷消费，增加居民的即期消费。

从供给方面看，改善消费环境、提高营销水平，增加市场有效供给。2009年，马鞍山人均GDP已达到7 606美元，城乡居民人均储蓄存款超过2万元，全面小康社会建设和城乡一体化进程正不断加快，城乡市场发展的潜力巨大。为引导、刺激、便利消费，增加市场的有效供给，要继续改善购物环境，加大商业领域的投资力度，完善城市中心商圈、副商圈及社区商业网络建设，提高主、副商圈的吸引力和辐射力，扩大社区网络的覆盖面；整顿和规范市场经济秩序，营造公平、安全、有序的市场消费环境；引导企业主动引进现代流通模式，提高经营管理水平，加强市场调研，采取灵活有效的营销策略，满足不同层次消费者的需求。加大商业领域的招商引资力度，加快重点商贸项目的引进和建设。鼓励新亚、华联、鸿泰和锦华等民营百货企业利用其占据黄金地段的优势，主动与国际、国内著名商业企业进行合作、重组，实现从民营化到现代化经营的再一次跨跃。

二、大力实施出口品牌发展战略，推进自主出口品牌体系的培育与发展

随着马鞍山品牌产品出口规模逐年扩大，树立了马鞍山产品在国际市场的新形象。在马鞍山现有出口企业中，已有2家企业3个产品入选“中国名牌产品”、12家企业22个产品入选“安徽省名牌产品”、12家企业注册商标被认定为“安徽省著名商标”。马钢股份的“马钢”牌、华菱汽车的“华菱之星CAMC”牌、玉龙金属的“五骏”牌和华菱西厨的“Zica”牌入选安徽省商务厅的2008—2009年度“安徽出口名牌”。目前，马鞍山马钢、华菱汽

车、玉龙金属和惊天液压等10家企业办理了境外注册商标。这些出口名牌的出现，有力地带动了外贸发展方式的转变。

要加快培育一批具有较强国际竞争力和自主知识产权的出口名牌，做大做强一批企业，实现产业的优化升级，进一步提升马鞍山外贸企业的国际竞争力。2009年7月，马鞍山正式出台《马鞍山推进出口名牌建设的意见》及《马鞍山出口名牌评选办法》，商务、海关、商检、税务和银行等相关部门通力协作，在通关、商检、退税和融资等方面为品牌企业提供便利。此外，为鼓励企业创出口名牌，自2009年开始，马鞍山专设外贸发展资金对创建出口名牌活动进行专项支持。鼓励企业开展体系认证、产品国际认证、国际市场宣传推介、境外商标注册、参加境外展览会等活动。对被评为“商务部重点培育和发展的出口名牌”的企业和“安徽出口名牌”的企业，给予一定的奖励；对拥有出口名牌产品的企业，优先推荐申请广交会、华交会等展会的展位；支持提高自主研发和自主创新能力，引进先进技术和关键设备；优先推荐申报国家、省有关机电、高新产品优化资金和进口贴息资金；优先推荐使用技术更新改造项目贷款贴息资金。

三、承接产业转移，加快工业产业结构调整和现代加工制造业基地建设

当前全球金融危机和经济衰退的不期而至，使中国及马鞍山经济形势发生剧烈变化。马鞍山这座钢铁产业所占比重较大的城市，在安徽皖江城市中受到的冲击较大。马钢的生产与销售受到了国际金融危机的冲击，对马鞍山经济总量的扩大和速度的提升产生了较大影响。所以，马鞍山在承接产业转移过程中，要更加注重新型工业化城市建设，坚持以信息化带动工业化，提升马鞍山工业化城市功能，实现新的跨越式发展。要加大工业产业结构调整力度。要在大力支持钢铁产业发展的同时，做大做强汽车产业，科学发展重化工产业，加快发展高新技术产业，培育和壮大企业技术创新中心，为企业技术创新和发展增添新的动力，继续逐步减小马钢占马鞍山工业经济的比重，不断壮大开发区经济、县区经济，使马鞍山工业经济在今后的发展中结构更加协调、基础更加牢固、前景更加广阔，从而增强马鞍山抗击和抵御风险能力，促进马鞍山经济全面协调可持续发展。

要以马鞍山现代加工制造业基地建设为重点，按照自主创新优先、主导产业配套、新兴产业共建、一般产业互补的发展思路，强化为长三角制造业

配套服务功能。加强与上海、南京等地支柱产业的配套协作，在产业升级上，要立足现有产业基础，优化结构，提升竞争力，追求产业结构趋同化的产品差异化、品质化，加强企业技术创新能力，带动整个产业升级。在产业发展上，要加快863新材料基地、三大软件和动漫园建设，大力加强以电子信息产业，现代传输业为主的新型电子元器件、光电子器件、通信设备、仪器仪表等技术密集型的配套加工业，以及马钢产品深加工、精加工、细加工的发展。加快港口临港型产业的发展。加大招商引资力度，引进一批带动能力强、产品科技含量高的大项目。在开发区经济发展上，要强力推进现有三个省级经济开发区错位发展，加快国家级开发区运作，筹建大桥经济开发区。在高级生产要素上，要进一步完善大学城功能建设，积极推进职业技术教育，力争逐步建成长三角技术人才、高素质劳动力培训和供应基地。

四、强化贴近服务功能，促进第三产业发展

要正确理解“工业立市”内涵，更加注重第一、二、三产业融合发展。工业立市倡导的是新型工业化。新型工业化道路是以高新技术产业为主导，基础产业和制造业为支撑，服务业全面发展的产业格局。在当前发展受土地、资金、原材料等资源要素制约的情况下，马鞍山更要注意第一、二、三产业的相互融合。2009年，马鞍山三次产业结构之比为3.9∶66.5∶29.6。第三产业的“短腿”现象，与马鞍山的区位优势不太相宜。所以，要立足马鞍山区位优势，注重挖掘这一赶超和缩小与长三角城市差距的潜力，在承接产业转移中主动贴近服务，努力打造以现代物流和大型专业市场为重点的区域服务中心。有重点，分层次地发展第三产业。要以服务长三角为目标，重点加快发展大型专业批发市场、现代物流、房地产业、职业技术教育、医疗康复、酒店会展等行业。要大力发展商贸流通业、信息服务业、金融保险业、中介服务业、社区服务业和社会事业。要加大休闲旅游基地建设推进力度，整合旅游资源，精心打造、逐步打响山水诗都、唐代诗仙、太白楼阁、东吴文化、江上草堂、长江首矶、采石风景、当涂民歌等旅游、文化品牌。同时要推进特色餐饮、健康洗浴等现代休闲业的发展。通过上述有效措施，争取第三产业增加值年均增长13%以上，占GDP比重年均提高1个百分点以上。

马鞍山地处安徽最东部、长三角最顶端、产业转移最前沿，随着安徽省加速融入长三角，马鞍山的区位优势更加显现，特别是国家支持安徽省建设皖江城市带承接产业转移示范区，更是为马鞍山市承接产业转移带来了极好

机遇。

参考文献：

［1］马鞍山市政府．马鞍山市国民经济和社会发展第十一个五年规划纲要［R］. 2005.

［2］安徽省统计局．安徽统计年鉴［R］. 2004—2009. 北京：中国统计出版社，2004—2009.

［3］安徽省商务厅公众网．http：//www. ahbofcom. gov. cn/.

［4］安徽省统计局信息公开目录．http：//www. ahzwgk. gov. cn/.

［5］马鞍山市信息公开网．http：//www. mas. gov. cn/.

［6］马鞍山市统计局．2009 年马鞍山市国民经济和社会发展统计公报［R］. 2009.

第十三章　巢湖市贸易发展分析

巢湖，古称“居巢”、“南巢”，枕湖襟江，山环水翕，素有“东方日内瓦”之誉。巢湖位于皖中，区位条件优越，北靠合肥，东临南京，南与芜湖、马鞍山、铜陵三个工业城市隔江相望，地处东西部经济交融区域，是省会经济圈和南京都市圈的重要组成部分，也是皖江城市带的重要成员。巢湖现辖无为、庐江、和县、含山四县和居巢区，国土总面积 9 423 平方千米，市域总人口 458. 6 万。[①] 2009 年全市实现地区生产总值（GDP）529. 36 亿元，按可比价格计算，比上年增长 12. 4%；按常住人口计算，人均生产总值达 12 880 元，比上年增加 1 246 元。近几年来，在“五年大变化”的目标导向以及“商贸兴市”等战略的引导下，各部门积极搞活商贸流通、扩大城乡消费、促进外贸发展，并取得了显著成绩。内贸、外贸齐头并进，共同拉动巢湖经济又好又快发展。

第一节　巢湖市贸易发展现状

一、国内贸易现状

（一）社会消费品零售总额高位增长，但增速放缓

从总体上看，2009 年，巢湖市累计实现社会消费品零售总额 179. 69 亿元，总量居全省第九位；同比增长 18. 9%，增幅居全省并列第五位，略低于全省平均增幅 0. 1 个百分点，高出全国水平 3. 5 个百分点（见表 13.1）。五年来，巢湖市社会消费品零售总额翻了近一翻，年均增速 17. 4%，略低于全省年均增速，高于全市 GDP 年均增速。但与 2008 年相比，增幅下降，增速放缓，下跌了 5. 1 个百分点。分月度看，2009 年全市消费品市场呈现先抑后扬

---

① 指 2009 年末全市户籍人口，数据来源于 2009 年巢湖市国民经济和社会发展统计公报。

的总体态势。前三个月全市消费品市场滑入低谷，出现环比负增长，4 月份开始回暖，单月增幅逐步走高。特别是 12 月份，巢湖市实现社会消费品零售总额 21.07 亿元，比上年同期增长 20.7%，环比增长 19.2%，是 2009 年月度环比涨幅最高的月份，当月增速高于全省 0.6 个百分点，名列全省第一。

表 13.1　2005—2009 年巢湖市社会消费品零售总额

单位：亿元

	2005 年	增长（%）	2006 年	增长（%）	2007 年	增长（%）	2008 年	增长（%）	2009 年	增长（%）
社会消费品零售总额	90.63	12.1	103.72	14.5	121.97	17.6	151.18	24.0	179.69	18.9
（一）按地域分：										
1. 市	15.53	—	18.22	17.3	21.93	20.4	27.60	25.9	32.27	16.9
2. 县	36.28	—	41.85	15.4	49.33	17.9	61.71	25.1	74.06	20.0
3. 县以下	38.82	10.8	43.65	12.5	50.71	16.2	61.86	22.0	73.36	18.6
（二）按行业分：										
1. 批发零售业	75.82	12.0	86.96	14.7	101.93	17.2	126.05	23.7	147.90	17.3
2. 住宿餐饮业	12.16	14.4	13.88	14.2	16.54	19.2	20.77	25.6	26.21	26.2
3. 其它	2.65	7.5	2.88	8.9	3.49	21.1	4.36	24.7	5.58	28.0

资料来源：根据巢湖市统计信息网及《安徽统计年鉴》（2006—2007）整理而得。

（二）县域消费品市场表现活跃，城乡市场同步繁荣

通过“万村千乡”、“家电下乡”、“汽车下乡”等工程实施，农村流通基础设施建设不断完善，消费环境不断优化，农民收入水平不断提高，农村消费潜能得到了有效释放。2009 年，全市县域消费品市场（县及县以下）累计实现社会消费品零售总额 147.42 亿元，同比增长 19.3%。其中，无为县 55.78 亿元，同比增长 19.5%；庐江县 36.81 亿元，同比增长 19.5%；和县 26.4 亿元，同比增长 18.8%；含山县 15.62 亿元，同比增长 19.3%。各县消费品零售额涨幅较上年均有回落，但除和县外，其余三县涨幅均超过全市和全省水平。此外，县域市场增幅一直以来低于城市市场增幅的局势出现逆转。2009 年巢湖城市市场累计实现消费品零售总额 32.27 亿元，同比增长 16.9%，较上年下跌了 9 个百分点。而县域市场同比增长 19.3%，较上年下跌了 4.2 个百分点。农村市场增幅首次超过城市市场增幅，逆差为 2.4 个百分点。城乡市场总体呈现共同繁荣的良好局面。

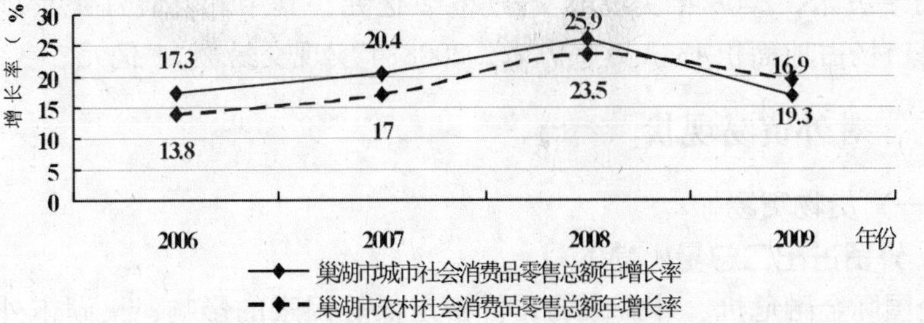

图 13.1　2006—2009 年巢湖市城乡社会消费品零售总额年增长率

（三）批发零售业主导消费市场，住宿餐饮业发展强劲

分行业看，2009 年，全市批发和零售业实现零售额 147.9 亿元，同比增长 17.3%，占全市社会消费品零售总额的 82.3%，是支撑全市消费品市场快速发展的骨干力量。其中，限额以上批发零售业增长突出，占零售额的比重逐步提高。2009 年，全市限额以上批发零售业实现零售额 26.17 亿元，同比增长 29%，占批发零售业零售额比重为 17.7%，较上年提高 2.1 个百分点。与此同时，随着人们生活水平的提高、消费观念的转变以及旅游事业的不断发展，全市住宿餐饮消费持续升温，消费市场日益红火。2009 年，全市住宿餐饮业累计实现零售额 26.21 亿元，同比增长 26.2%；占社会消费品零售总额比重达 14.6%，比上年提升 1.3 个百分点；对消费增长的贡献率达到 19.1%，比上年增加 4.6 个百分点。此外，2009 年全市其它行业实现零售额 5.58 亿元，同比增长 28%，是当年消费市场增幅最高的行业。

（四）消费热点不断涌现，城乡居民消费升级明显

随着社会的发展，人们生活水平的提高，消费热点不断涌现，并向中高档商品转换，加快了消费结构升级的步伐。从限额以上 15 家重点商贸企业抽样调查看，2009 年，汽车类商品实现销售额 0.89 亿元，增长 71.5%；家用电器及音像器材实现销售额 4.93 亿元，增长 66.1%；化妆品类实现销售额 0.98 亿元，增长 47.1%；金银珠宝类实现销售额 1 亿元，增长 44.1%。总体来看，多数商品购销两旺，同比稳步增长，且涨幅明显。其中，汽车及与住房相关的家用电器等商品备受青睐。城乡居民消费升级明显，热点突出。

（五）商品交易市场平稳发展，成交额稳步提升

截至 2008 年底，巢湖市拥有各类商品交易市场 212 个，经营面积 508 万平方米，2008 年实现成交额 68.9 亿元。其中，亿元以上商品交易市场 12 个，成交额为 27.19 亿元，同比增长 14.5%；农副产品批发市场 7 个，经营面积

34.5 万平方米，2008 年实现成交额 26.2 亿元，其中和县皖江蔬菜副食品批发交易市场占地面积 13.3 万平方米，2008 年实现交易额 11 亿元。

二、对外贸易现状

（一）货物贸易

1. 外贸进出口总量小幅下滑

受国际金融危机、外需减弱、价格走低等因素的影响，巢湖市外贸出口持续下降。特别是由于华星化工、皖维和金猴等企业出口受阻，造成了巢湖化工（如农药）、渔网渔具等传统出口行业的出口额下滑明显。2009 年，全年累计实现出口 33 100 万美元，同比下降 17.2%（全省同比下降 21.8%）；进口则为 11 000 万美元，同比增长 124.7%（全省同比下降 23.5%）；外贸进出口总额 44 200 万美元，同比下降 1.7%，低于全省平均降幅 20.8 个百分点。进出口总量位居全省第八位。尽管如此，巢湖市外贸发展仍要好于预期，且总体发展态势良好。2005 年至今，全市外贸进出口额增长了 3 倍多。特别是 2008 年，全市累计实现进出口总额 44 800 万美元，同比增长 68%，增幅居全省之首，创历史最好记录。分地区看，2009 年，和县实现外贸进出口 13 810 万美元，同比下降 40.9%，其中出口 12 002 万美元，同比下降 40.4%；无为 8 045万美元，比上年增长 3.1 倍，其中出口 980 万美元，同比下降 35%；居巢区5 500万美元，同比下降 25%，其中出口 5 168 万美元，下降 22.1%；庐江4 761万美元，同比增长 43.3%，其中出口 4 678 万美元，增长 43.8%；含山 4 180 万美元，同比增长 99.6%，其中出口 3 992 万美元，增长 99.7%。

表 13.2　2005—2009 年巢湖市外贸进出口统计

	2005 年	增长（%）	2006 年	增长（%）	2007 年	增长（%）	2008 年	增长（%）	2009 年	增长（%）
外贸进出口额（万美元）	13 583	59.5	17 942	32.1	26 660	18.6	44 794	68	44 183	−1.7
其中：进口额（万美元）	1 968	310.4	1 854	−5.8	2 551	37.6	4 913	92.6	11 036	124.7
出口额（万美元）	11 615	47.4	16 088	38.5	24 109	49.9	39 881	65.4	33 147	−17.2

资料来源：巢湖市统计信息网。

2. 出口商品结构趋于优化

从出口商品结构来看，2009 年全市出口商品共有 17 大类 300 个品种。其中，受国际草甘膦市场供求关系、技术贸易壁垒及国外需求下跌等因素影响，全市大宗商品农药出口形势严峻，2009 年出口额仅为 5 837 万美元，下降 62.2%，占出口总额的 17.5%，较 2008 年下跌了一半多；农产品出口 2 971 万美元，下降 3.5%，占出口总额的 9.1%，下跌了 3.5 个百分点；机电产品出口则稳步增加，达 8 763 万美元，增长 18.8%，占出口总额的比重上升了 8.1 个百分点，达 26.6%（见表 13.3）。除机电产品外，其它两大类主要出口商品均为负增长。从进口商品结构看，全市共有 10 大类 36 个品种，主要有油菜籽、杏仁、腰果、服装面料和农药原料等。

表 13.3　巢湖市出口商品主要类别及出口地区分布

单位：亿美元

指标	2008 年			2009 年		
	绝对数	占出口额比重%	比上年增长%	绝对数	占出口额比重%	比上年增长%
出口额	3.99	—	65.4	3.31	—	-17.2
其中：大宗商品农药	1.55	38.8	95.3	0.58	17.5	-62.2
机电产品	0.74	18.5	91.8	0.88	26.6	18.8
农产品	0.51	12.6	12.7	0.30	9.1	-3.5
其中：对亚洲	1.12	28.1	64.2	1.26	38.1	11.7
对欧洲	0.79	19.8	34.8	0.72	21.8	-9.2
对美洲	1.92	48.1	85.0	1.17	35.3	-39.4
对非洲	0.14	3.5	57.6	0.14	4.2	1.8
对大洋洲	0.02	0.5	8.1	0.6	0.02	38.4

资料来源：根据2008 年、2009 年巢湖市国民经济和社会发展统计公报整理而得。

3. 出口市场结构相对集中

从出口市场结构看，全市出口商品主要分布在 5 大洲 80 多个国家和地区，但主要集中在美洲、亚洲和欧洲三大洲。2009 年，全市向三大洲出口商品 3.15 亿美元，占出口总额的 95.2%。其中，亚洲市场增长加快，达 1.26 亿美元，增幅为 11.7%，占出口总额的 38.1%；欧洲、美洲均为负增长，出口额分别为 0.72 亿美元和 1.17 亿美元，增幅分别为 -9.2% 和 -39.4%。非洲市场为 0.14 亿美元，占出口总额的 4.2%，同比增长 1.8%；大洋洲 0.02 亿美元，占出口总额的 0.6%，同比增长 38.4%（见表 13.3）。

4. 品牌建设开始起步

在出口品牌建设方面，继“金猴”渔网被评为“2006—2007 年”全省出口名牌产品后，“金猴”渔网、“华星”系列农药又被评为“2008—2009 年”度全省出口名牌产品，“华星”系列农药正在申报全国出口名牌产品。目前，全市开始有了自己的出口品牌，在国际市场拥有一定的知名度。

（二）服务贸易

1. 对外经济合作进展缓慢

2009 年，全市仅有 2 户企业取得了对外承包工程经营资质，但并未发生经营实绩。全市还没有一家具备直接外派劳务资质的企业，主要是通过省外经集团、省水泥研究院等开展间接外派劳务，且外派劳务量较少。巢湖市现有庐江、含山两个外派劳务基地县。其中，含山县目前在国外从事劳务工作人员 1 000 余人，分布在阿尔及利亚、新加坡、安哥拉、牙买加、巴巴多斯等 13 个国家和地区，2002 年以来共实现劳务收入 8 000 多万元；庐江县外派人员 650 余人，主要是派往阿尔及利亚（建筑工）、俄罗斯、东南亚等地。

2. 旅游服务贸易稳步发展

据统计，2009 年全年接待海外游客 1. 42 万人次，约为 2005 年的 3 倍，比上年增长 14. 5%；接待国内游客 446 万人次，增长 4%。旅游总收入 29. 94 亿元，增长 19. 3%。其中，旅游外汇收入 355 万美元，增长 13%，比 2005 年增加了 115 万美元；国内旅游收入 29. 7 亿元，增长 19%。年末全市共有 A 级旅游景点（区）18 处。

（三）外商直接投资

1. 投资总量快速增长

面对国际金融危机带来的严峻挑战，全市紧紧围绕省委、省政府“推动跨越发展、加速崛起进程”的总体要求，瞄准“双千亿、双翻番”的发展目标，积极主动地开展工作，进一步加大招商引资力度，全市利用外商直接投资成绩喜人。据统计，2009 年全市实际完成利用外资 2. 5 亿美元，同比增长 29. 7%。其中，新批外商投资企业 12 家，实际到位外资项目 39 个；合同利用外资 10 999 万美元，增长 38. 2%；实际利用外商直接投资 24 983 万美元，增长 25. 6%，首次突破两亿关口。全市实际利用外商直接投资总量规模在全省排名第四，仅次于合肥、马鞍山和芜湖，增幅高于全省平均水平 14. 3 个百分点，与 2005 年相比，总量规模更是翻了 18 倍。

2. 投资规模稳步提升

据统计，2009 年上半年全市共有外商直接投资企业 247 户，其中外资法人 101 户，比上年度减少 1.2%。但是，注册资本总额 3.88 亿美元，比上年度增长了 8.39%。

3. 投资去向以制造业为主

从投资行业看，制造业是外商投资主要去向，占外资法人总户数的 75.3%，其中纺织业和纺织服装业 23 户，占外资法人户数的 22.8%，房地产业仍保持原有规模，共有房地产业 8 户，占外资总户数的 7.9%。

4. 资金来源以亚洲国家和地区为主

从外资来源看，依次为亚洲、拉美、北美洲、欧洲、大洋洲、非洲，其中亚洲占外商注册资本的 42.6%，是巢湖市外资的主要来源。从国别和地区看，英属维尔京群岛、香港、美国排在前 3 位，合计认缴额 2.82 亿美元，占总认缴额的 73.04%。

第二节　巢湖市贸易环境与贸易特色

一、贸易环境

（一）经济实力显著增强

近年来，全市经济总量进一步扩大。2009 年，全市实现地区生产总值 529.36 亿元，比上年增长 12.4%，是 2005 年的 1.8 倍。按常住人口计算，人均地区生产总值 12 880 元（折合 1 886 美元），比上年增加 1 246 元。财政收入 52.48 亿元，比上年增长 17.1%，占生产总值比重提高到 9.9%。规模以上工业增加值 168.6 亿元，增长 23.6%。全社会固定资产投资 444.03 亿元，比上年增长 28%。民营经济快速发展，40 家企业进入安徽民营企业 200 强，2008 年被省政府授予发展非公经济先进市。县域经济增势强劲，48 个乡镇财政收入超千万元，占全市乡镇总数的 63%，其中 8 个镇财政收入超亿元。

（二）结构效益不断优化

2009 年，全市三次产业结构由 2005 年的 24.9∶37.1∶38.0，调整为 20.1∶45.9∶34.0。其中，第二产业比 2005 年上升了 8.8 个百分点，工业实力逐步增强。工业化进程也不断加快，产业基础日益坚实。全市已经培育形成了化工、电工器材、建材、船舶制造、采掘加工、农副产品深加工六大工业主导产业。

另外，全市拥有无公害农产品、绿色食品和有机食品认定面积170万亩，认证产品204个。市级以上农业产业化龙头企业达151家，其中国家级2家、省级27家，槐祥工贸、香泉湖禽业被列为全省15个重点扶持的示范龙头企业。服务业发展步伐加快，商业基础设施建设稳步推进，建成世纪联华、安德利购物中心，开工建设人民路商业步行街、东方新世界，引进苏宁电器等知名企业落户巢城。

（三）居民生活大为改善

2009年，全年城镇居民人均可支配收入达14 434元，比上年增长10.2%，是2005年的1.8倍。人均消费性支出8 331元，同比增长7.9%，是2005年的1.6倍。城镇居民家庭恩格尔系数为46.1%，比上年下降2.7个百分点。城镇居民人均住宅建筑面积28.18平方米，比上年增加1.5平方米。2009年，农村居民人均纯收入5 271元，比上年增长10.2%，是2005年的1.8倍。人均生活消费支出3 352元，增长12.6%，是2005年的1.6倍。其中，食品支出增长3.5%，交通通讯支出增长27.6%，居住支出增长17.3%。农村居民家庭恩格尔系数为47.2%，比上年下降4.2个百分点。农村居民人均住房面积28.5平方米，与上年持平。

（四）区位优势逐步扩大

巢湖市区位条件优越，交通便利。它地处合肥、芜湖、南京“金三角”腹地，与省会经济圈和南京都市群紧密相邻，可谓左右逢源，同时也是皖江城市带的重要成员。此外，合九铁路及合宁、合巢芜、沪蓉高速公路穿境而过，长江流经巢湖市182千米，可依托合、芜、宁三个航空港和万吨级芜湖外贸码头直达世界各地。其中，岸线资源是巢湖最大的后发优势，奠定了巢湖市在新一轮皖江开发棋局中的战略地位。岸线资源的开发利用必将是巢湖大发展乃至皖江大开发的重要切入点和突破口。

（五）政策机遇日益凸显

正是由于巢湖市独特的区位条件，使其在全省的战略地位逐渐提高，经济发展的政策环境也越来越完善，越来越有利。2010年初，国务院批准实施《皖江城市带承接产业转移示范区规划》。在皖江示范区“一轴两核两翼”规划中，巢湖既处在皖江六市“轴线”上，又介于合肥、芜湖“两核”之间。正所谓，“产业转移看皖江，皖江示范看巢湖”。良好的政策形势势必为全市商贸经济的大发展、对外贸易的平稳增长以及外贸增长方式转变等带来机遇。

二、贸易特色

（一）市场体系建设成效显著

近年来，巢湖市结合“一主、一次、两片、社区商业”四个层次的城市商业网点发展框架，有序推进各级商业中心建设，促进新型商业发展，拉开城市商业格局。目前，巢湖市形成了各具特色、各具吸引力和竞争力的大中型商圈。这些商圈构织在一起，形成了一张巨大的商业网络，覆盖了整个巢湖市区，衍射到周边县市，进而支撑起了巢湖的商业经济脉搏。同时，巢湖市从2005年实施“万村千乡市场工程”以来，共建成24个商品配送中心和1 023个连锁农家店，农家店覆盖全市所有乡镇和63%的行政村。自去年底实施“家电下乡”工程以来，全市备案家电下乡销售网点562个。农村商品流通网络建设成效显著。

（二）机电产品出口强劲

2009年，全市实现机电产品出口8 763万美元，同比增长18.8%，占出口总额的比重为26.6%，比去年上升了8.1个百分点。但从全省情况来看，机电产品进出口双双下降，其中进出口额50.8亿美元，同比下降24.4%，出口额33.8亿美元，同比下降25.5%，进口额17亿美元，同比下降22.3%。在国际金融危机的冲击下，巢湖市机电产品出口保持了较高的增幅，总体情况好于全省平均水平，这主要得益于全市机电产业及基地的快速发展。

（三）产业集群出口带动作用明显

目前，无为高沟电线电缆、含山林头铸造、槐林渔具、庐南重化工和庐江磁性材料五大产业集群，逐渐发展为“集团军”，成为巢湖工业经济的脊梁，也是外贸出口的主要力量。例如，省产业集群专业镇居巢区槐林镇，2009年渔网工业总产值突破30亿元，达33.62亿元，再创历史新高。该镇拥有进出口自营权企业26家，其中，中外合资企业9家。渔网系列产品出口俄罗斯、乌克兰、日本、韩国、欧洲、南美、非洲、东南亚等30多个国家和地区，出口交货值6.83亿元人民币，其中自营出口6 740万美元，同比分别增长17.2%、15.7%。据悉，槐林渔网出口总量占全区出口总量的70%以上。无为电线电缆集群外向型发展格局已也已初步形成。如今，该县有七家企业获得了欧盟CE认证、美国ABS认证、美国UL认证、德国船级社认证、英国劳氏认证和挪威船级社认证，并批量地把电缆产品出口到欧洲、非洲、拉丁美洲等国。2009年上半年，无为高沟电线电缆也向欧洲、美洲、非洲、亚洲出口达1.68亿元。2009年6月，无为县电线电缆被列入全省机电产品出口基地加以政策扶持。

（四）县域经济表现抢眼

从消费市场看，除和县外，2009年，无为、含山、庐江三县社会消费品零售总额增幅均超过了全市和全省平均水平。县域消费市场首次超越城市市场，实现逆转，逆差为2.4个百分点。从外贸进出口看，全市外贸进出口总额及出口总额均为负增长。但各县总体情况要好于全市平均水平。2009年，含山县外贸进出口取得了较大突破，出口增长99.7%；庐江县出口增长43.6%；无为进出口总额比上年增长3.1倍，均创下历史最好成绩。此外，无为县也于2010年入选中国最具投资潜力特色示范县200强。

第三节　巢湖市贸易发展存在的主要问题

一、城乡消费市场有待挖掘

近年来，尽管巢湖市城乡消费品市场一直保持高位运行，社会消费品零售总额五年来翻了一翻，2009年达179.69亿元，但是其在全省的排名并未提高，仍居第九位，总量规模与合肥、安庆等市相比存在较大差距。从人均来看，全市人均社会消费品零售总额为3 309.5元，落后于全省平均水平。分城乡看，2008年，城市社会消费品零售总额为27.6亿元，位居全省倒数第二，占全市社会消费品零售总额的比重仅为18.3%，落后全省平均水平36.6个百分点。2009年，这个比重进一步下滑3个百分点，落后于农村消费市场。同时，农村市场消费潜力也有待深挖。全市2008年末农村人口达到382.6万人，占全市456.8万总人口的83.8%，而2008年全市县以下农村市场实现社会消费品零售总额61.86亿元，仅占全市社会消费品零售总额的40.9%。另据统计资料显示，全市全年城镇居民人均消费支出为8 331元，农村居民人均消费支出为3 352元，均低于全省平均水平，与兄弟市比较，也存在较大的差距，与先进地区的差距更大。可见，巢湖市城乡居民消费率仍然偏低，城乡消费市场还有待进一步挖掘。

二、商贸流通业发展相对滞后

伴随着巢湖市的大发展，城市商业基础设施和网点布局不断完善。但是，从总体上看，全市商业网点整体层次依然偏低，存在小、散、乱的状况，商业业态发展不足，缺少新型业态。特别是农村商业基础设施相对落后，发展水平较低。同时，商品贸易的集聚化程度不高，主要表现为商品交易市场发展不佳。2008 年，全市拥有各类商品交易市场 200 多个，其中亿元以上商品交易市场仅有 12 个。虽然亿元市场数量居全省第三，但总成交额不高，仅为 27 亿元，排名全省第八，与其他地区相比，存在较大差距。此外，商贸流通企业规模普遍偏小，组织化程度不高，本土企业缺乏，辐射能力、吸引力和积聚能力较差。2008 年，全市各类商贸流通企业共 1 822 个，资产总量 73. 2 亿元；年销售额 2 000 万元以上的重点商贸流通企业 30 户，2008 年销售额 84. 9 亿元，其中超亿元的企业有 15 户。商贸流通业发展滞后，严重制约了全市消费市场的发展。据不完全统计，全市每年有数十亿购买力流向周边的合肥、芜湖、南京等市。随着城市快速交通网的建成，将对巢湖形成更大的挤压，进一步导致购买力外流。

三、贸易现代化水平总体不高

贸易现代化程度是体现地区商贸流通业竞争力的重要指标，也是其持续发展的坚实后盾。近几年来，巢湖市贸易现代化水平有所提高，现代商贸服务体系建设初显成效，如现代服务业地位提高，企业连锁经营快速发展，电子信息技术在服务业领域也得到了推广运用。但从总体上看，全市现代服务业发展基础较低，现代化水平不高。特别是现代物流和电子商务等现代服务业发展滞后。全市范围内缺乏集仓储中心、配送中心、货运中心和信息网络中心等多项功能为一体的综合配套物流基础设施，现有部分物流企业规模小、布点分散、功能单一。电子商务在我市刚刚起步，会展经济、总部经济、服务外包、休闲娱乐业和社区商业等现代服务业发展严重滞后。

四、农村商品流通网络有待完善

近年来，特别是自“万村千乡”及“家电下乡”工程实施以来，巢湖市农村商品流通网络建设成效显著。但由于受农村基础设施建设滞后的制约，农村商品流通网络延伸受到阻碍。同时，农村税费征收不规范，影响了连锁农家店和家电下乡备案销售网点的积极性。此外，农村市场秩序不够规范，一些不法商贩从非正规渠道进货，经销价廉质次的“三无”商品，对规范经营的连锁网点发展产生影响。家电下乡市场不规范，非备案网点假借家电下乡名义促销家电产品的现象时有发生，对备案网点构成冲击，进而影响农村商品流通网络建设。

五、外贸结构不合理

第一，进出口贸易、外商直接投资成绩突出，但服务贸易较为滞后。五年来，全市外贸进出口总额增长了 3 倍多，2008 年更是创新历史最高记录，累计实现进出口总额4.48 亿美元，同比增长68%，增幅居全省之首。与2005相比，2009 年全市实际利用外商直接投资更是翻了近 18 倍。巢湖市也因此被评为全省 2008 年度利用外资先进市。但服务贸易的发展相对落后，特别是对外经济合作进展相当缓慢。具备对外承包工程经营资质的企业太少，且业务开展不理想。尽管全市已有庐江和含山两大外派劳务基地，但都是市外企业间接外派劳务，且外派劳务量仍然较少。同时，我们也需要注意，受金融危机的冲击，不少企业仍然困难重重，出口增速呈下滑之势。2009 年，全市对外贸易增速有所放缓，出口产品仍以传统商品为主，附加值低，缺乏自主品牌。第二，利用外资缺乏后劲，且外资产业发展不均衡，外资来源较为单一。从外国投资者投资的行业来看，一、三产业显得薄弱，以制造业为主的第二产业是我市利用外资的主要方面，其中又以纺织业和纺织服装业、房地产业为主。从我市外资来源的洲别来看，亚洲是我市外资的主要来源。从外资来源的国别和地区来看，英属维尔京群岛、香港、美国排在前三位，其中英属维尔京群岛和香港占了绝大多数，而来自欧盟、非洲、大洋洲国家的投资相对较少。第四，全市外贸基础较为薄弱，进出口主要依靠华星化工、皖维高新等少数骨干企业支撑，容易大起大落。2009 年，全市共有 152 家企业发生了进出口实绩，比去年增加 30 家，增长 24.6%。但 16 家重点企业出口 2.15 亿美元，同比下降 23.9%，占全市出口总额的 64.9%，比去年下降 7.3 个百分点。第四，各县外贸发展不均衡，总量和增幅差异较大。

第四节　巢湖市贸易发展建议

近年来，巢湖市商务经济平稳发展，内贸、外贸同步繁荣，基本实现了“五年大变化”的奋斗目标。今后，巢湖市贸易经济的发展应当找准结合点，主动将贸经工作融入“四大建设”的战略目标，将推进贸易发展与巢湖新发展紧密结合起来。重点是以扩内需、促消费、保增长为主线，着力加快内贸流通体系建设；以巩固存量抓增量为重点，切实推进对外贸易平稳增长。发展目标是：力争实现社会消费品零售总额212亿元，增长18%；实现进出口5.1亿美元，增长15%；实际利用外资3亿美元，增长20%。①

一、加快内贸流通体系建设，扩大城乡居民消费

（一）健全商品流通网络，搞活城乡商品流通

抓紧做好巢湖市城区商业网点规划的落实及修编工作以及各县区商业网点规划工作，构建布局合理、功能完善、发育充分的市场网络体系。继续深入实施“万村千乡”市场工程，形成以县城为重点、乡镇为骨干、村为基础的农村消费网络。以“家电下乡”工程为契机，加快建立和完善适合农村消费特点的家电流通和服务网络体系。切实推进“农超对接”、“社区双进”、“双百”市场等工程建设，逐步建设以城区店为龙头、乡镇店为骨干、村级店为基础的现代商品流通体系。

（二）推进重点项目建设，提升流通现代化水平

结合旧城改造及新区建设，加快“第一商圈”——人民路商业步行街、未来城市商业中心——东方新世界、国际街区生活城——天巢购物广场以及市政建设的重点工程——城西农产品交易市场等大型商贸设施建设；加大商贸领域招商引资及开放力度，推进沃尔玛、五星电器等国内外知名企业落户开业；积极培育年销售额超亿元的商贸零售企业，发挥龙头企业带动作用；着力引进大型连锁、货仓式超市、专卖店等新型流通业态，扩大连锁经营、代理、拍卖、物流配送等现代流通方式，推进商贸流通业改造升级，提升流通现代化水平，塑造商品流通新格局，不断满足城乡居民消费需求。

（三）壮大新兴商贸服务业，提升服务能力

坚持高起点、高标准、高水平，推动新兴商贸服务业实现跨越式发展。一要抓好重点领域，扩大服务业规模；二要完善载体功能，夯实服务业发展基础；三是规划建设服务集聚区，发挥集聚效应；四是扩大开放合作，增强服务业发展活力；五要加强人才培养，强化服务业智力支撑；六要落实扶持政策，优化服务业发展环境。其中，重点是要充分发挥巢湖市区位和交通优

① 巢湖庐江县商务局．巢湖市2010年商务工作会议精神和2010年庐江县商务工作［EB/OL］.（2010）巢湖市庐江县商务之窗．http：//lujiang. mofcom. gov. cn/aarticle/gzdy/201003/20100306820293. html.

势，引进有实力的大型物流企业进驻巢湖，大力发展第三方物流，建设区域性物流中心。结合《商务部关于加快流通领域电子商务发展的意见》等政策，促进流通业电子商务发展，提升流通业信息化水平。加快发展金融保险、中介服务业等生产性服务业，为工业、流通业发展提供支撑。

（四）切实提高农民收入，扩大农村消费市场

城乡市场发展差距问题依然存在，要推动农村市场的快速发展，必须解决农民有一定的商品购买力、有所需求的商品、有方便的购物途径等一系列问题。因此，一是继续贯彻落实各项支农惠农政策，增加财政对农业和农村的投入，努力增加农民收入；二是增加对农村基础设施的投资，改变农村地区的落后状况，改善农村的消费环境；三是充分关注农民需求的具体细节问题，根据农村消费的独特性，调整商品供给结构，组织适销对路商品，最大限度地满足广大农民需求，促进农村消费市场发展。

（五）完善政策体系，加强政策扶持力度

建立促进商贸流通业发展的政策和资金支持体系，引导企业向重点方向发展。对符合产业发展方向的新建项目，要制定相应的优惠政策，引导大型商贸流通企业进入巢湖。同时，积极支持我市商贸流通企业“走出去”，开设连锁店和分销店。出台针对中小商贸企业的鼓励和支持政策，切实为企业减负，特别是在用电、用水、用地等方面，能够将国务院和省政府提出的享受与工业同价的政策落实到位，多出台像“万村千乡”、“家电下乡”之类的政策，扶持中小流通企业发展。此外，政府应加强行业管理，规范流通秩序，为商贸流通业的发展创造良好的政策环境。

二、深化对外开放程度，推进外贸业务稳定协调发展

（一）多管齐下，促进外贸出口平稳增长

一是培育重点企业。对出口成长较快、潜力较大的企业，加强政策引导和业务指导，重点加大对机电、农产品出口基地和出口产业基地的培育力度。二是积极开拓新市场，增强抵御国际市场风险能力。在稳定欧美日等传统市场的同时，加大对南美、东盟、东欧等新兴市场的开拓力度。积极组织企业开展对这些地区的产品推介活动，参加国内外重大展销活动。指导企业积极通过网上广交会等各类网上交易平台广泛联络客商，推介产品。三是加快出口结构调整，提高出口产品附加值。充分利用当前扩大进口的有利条件，加快引进一批先进技术和设备，推动化工、机电、渔网渔具、农副产品、鞋类

和纺织服装等产品升级换代，扩大高新技术产品出口。四是强化产品国际认证和出口品牌建设。在“华星”、“金猴”两个安徽出口名牌产品的基础上，力争再培育2~3个全省出口名牌产品，争创1个全国出口名牌。五是大力发展加工贸易。加强加工贸易的政策宣传和培训，努力提高企业发展加工贸易的业务能力；积极利用建设皖江城市带承接产业转移示范区的大好时机承接国际产业转移，扩大加工贸易规模；优先支持有条件的企业在加工贸易的产业结构、产品种类上实现转型升级，提高增值率，延长产业链。六是继续优化服务。在出口自营权备案、海关登记、大型展会、项目申报、信息反馈、政策咨询、资金争取等方面多做服务，通过政策争取、资金引导、业务培训、部门协调、上门指导等形式，促进企业拓展国际市场，不断壮大外贸规模。四是主动承接转移，大力发展加工贸易。积极筹建产业转移集中区，努力把巢湖产业转移集中区建成产业集聚度高、生态环境好的滨江新城。

（二）加强招商引资力度，提高利用外资水平

一是强化招商引资工作。挖掘项目资源，抓好项目调研，推出一批产业层次高、辐射带动强、市场前景好的重点项目，推动巢湖市产业结构升级和技术进步。同时，全力帮助现有外商投资企业解决生产经营中的困难，促进以商引商。二是强化项目跟踪落实。对今年以来巢湖市在国际徽商大会、第三届中部博览会、第十二届中国投资贸易洽谈会等重大招商活动中签约的项目逐一进行分析，加强跟踪，提高签约项目履约率和资金到位率。紧盯一批投资千万美元以上的大项目，强化服务，促其资金尽快到位。三是优化外资结构。把利用外资与促进产业结构调整更紧密结合起来，在高新技术产业、先进制造业、节能降耗和环保产业、现代服务业、现代农业等领域积极实施产业招商。同时面向世界500强和知名跨国公司，策划引进一批投资规模大、技术水平高、产业带动力强、综合效益好的外资龙头项目，推动巢湖市优势产业做大做强。加大服务业引进外资力度，推动商贸物流中心建设。四是抓好服务。从项目洽谈、立项到审批，实行外企“全程代理、一站式服务”，同时，推进在建项目，落实协议项目，做好引资项目编制储备工作。

（三）积极探索，努力开展国际服务贸易

一是加快实施“走出去”战略步伐，扩大对外经济技术合作。根据巢湖市潜在的境外投资项目情况分别对全市有比较优势的行业进行调查摸底，推动有实力的企业对外投资和对外开展外包业务。鼓励有条件的企业做好项目申报，积极推动企业对外承包工程项目，扩大全市具有对外承包工程经营资

质企业队伍，并力争早日开展自营对外工程承包业务。继续发挥庐江、含山县作为全省外派劳务基地县的作用，积极开展储备培训，提高巢湖市外派劳务人员的层次与技能。密切与省外经建设集团等重点企业紧密配合，争取他们的协助和支持，进行组织选派工作。力争实现外派劳务经营资质企业的零突破，开展自营外派业务。加强与友好城市的技术合作，扩大对外交流的渠道。二是发挥旅游资源优势，大力发展旅游服务贸易，提高旅游创汇能力。加快建设巢湖旅游度假区，尽快形成巢湖品牌效应。加快半汤温泉区旧城改造和疗养机构的整合，启动开发 3 平方千米半汤旅游新区，抓紧推进半汤国际等五星级宾馆建设，全面提升半汤旅游对外形象。加大汤池、香泉、昭关温泉资源深度开发，加快建设汤池国轩温泉宫、金孔雀度假村二期、如山湖小球训练中心等重点项目，打造以温泉为核心的旅游产业链。加大宣传力度，提升国内外知名度。

参考文献：

[1] 巢湖市商务局. 巢湖市商贸服务业发展情况调研 [EB/OL]. (2009) 安徽商务预报. http://cif. mofcom. gov. cn/site/html/anhui/html/392753/2009/12/31/1262227953228. html.

[2] 周富如. 合肥·六安·巢湖发展报告（NO.1 2007）[M]. 北京：社会科学文献出版社，2007.

[3] 巢湖日报. 谋划新举措 推动新发展——访市商务局局长张祖武 [EB/OL]. (2010) 巢湖市政府门户网站. http://www. chaohu. gov. cn/djt/article. jsp? articleId = 21713.

第十四章　芜湖市贸易发展分析

芜湖市位于安徽省东南部，地处长江下游南岸，中心地理坐标为东经119度21分、北纬31度20分。南倚皖南山系，北望江淮平原，长江自城西南向东北流过，青弋江自东南向西北，穿城而过，汇入长江。现下属三县（芜湖、繁昌、南陵），四区（镜湖、弋江、鸠江、三山），全市面积3317平方千米，其中市区面积720平方千米。2008年末，全市户籍人口230.79万人，其中市区105.58万人。初步统计，2009年全市实现生产总值900亿元，比上年增长16.2%。芜湖市相继被列为国家级沿江开放城市，国家优秀旅游城市，国家卫生城市。目前芜湖市拥有国家级经济技术开发区、出口加工区、高新技术产业开发区以及13个县区级特色工业园区。作为重点承接载体的国家级的芜湖出口加工区不仅是安徽省唯一的一家出口加工区，也是中西部地区第一家出口加工区，区内加工贸易发展迅速。

第一节　芜湖市贸易发展现状

一、国内贸易现状

2009年以来，在市场物价上涨和居民收入增加的拉动下，消费市场运行有序，限额以上批发和零售业企业销售稳定，星级宾馆和餐饮业企业经营状况良好。内贸市场运行呈以下特点：

（一）社会消费品零售总额增速不断加快

2009年，全市实现社会消费品零售总额241.51亿元，同比增长18.9%，与上年同比减少3.6个百分点，其中12月份当月实现社会消费品零售总额23.93亿元，同比增长20.55%。

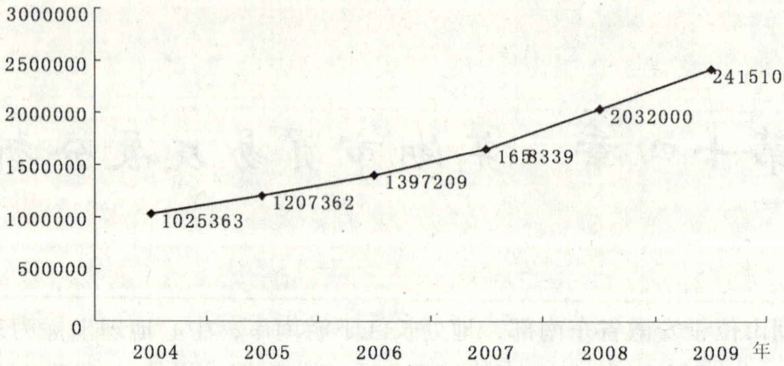

图 14.1　2004—2009 年芜湖市社会消费品零售总额（单位：万元）

资料来源：根据相关年份《安徽统计年鉴》整理。

1. 当月城市增长继续领先农村，但增幅的百分点在缩小

2009 年，城市零售额 171.95 亿元，同比增长 17.6%，比上年减少 4 个百分点；农村市场实现社会消费品零售总额 69.56 亿元，同比增长 22.19%，比上年减少 2.71 个百分点；农村高于城市 4.59 个百分点。12 月份当月城市实现社会消费品零售总额 15.91 亿元，同比增长 21.45%，比上年增加 6.44 个百分点；农村市场实现社会消费品零售总额 8.02 亿元，同比增长 18.81%，比上年减少 12.26 个百分点；农村低于城市 2.64 个百分点，第四季度城市月增幅始终高于农村，但两者之间增幅的百分点在缩小。

2. 住宿和餐饮业增长较快，限额以上企业增长提速

2009 年，全市限额以上批发零售贸易企业实现社会消费品零售总额 89.5 亿元，同比增长 21.5%，比上年同期增加 5.8 个百分点；住宿和餐饮业实现社会消费品零售总额 27.93 亿元，同比增长 22.4%，比上年同期增加 1.2 个百分点。12 月份当月，全市限额以上批发零售贸易企业实现社会消费品零售总额 9.82 亿元，同比增长 46.57%，比上年同期增加 49.15 个百分点；住宿和餐饮业实现社会消费品零售总额 3.03 亿元，同比增长 21.69%，比上年同期减少 6 个百分点。

3. 部分县区社会消费品零售总额增速较快

2009 年，芜湖县社会消费品零售总额 22.42 亿元，同比增长 23.5%；繁昌县 18.24 亿元，同比增长 23.5%；南陵县 28.9 亿元，同比增长 22%；镜湖区 116.15 亿元，同比增长 16%；弋江区 10.24 亿元，同比增长 21.1%；鸠江区 34.73 亿元，同比增长 21.7%；三山区 10.83 亿元，同比增长 20%。镜湖区增速仍低于全市平均水平。

（二）城乡市场共同发展，农村增幅高于城市

随着“家电下乡”、“汽车下乡”等一系列惠农政策的贯彻落实，扩大了农村的消费需求，城乡市场呈现共同发展态势，“家电下乡”政策成绩显著。根据“家电下乡”信息管理系统数据统计，2009 年，全市累计销售家电下乡产品 65 006 台（销售金额 13 774. 66 万元），其中冰箱 26 152 台，彩电 13 170 台，手机 392 部，洗衣机 7 080 台，计算机 1 718 台，空调 13 634 台，热水器 2 116 台，微波炉 705 台，电磁炉 32 台；已获财政补贴的家电下乡产品 62 174 台，财政补贴金额 1 722. 16 万元。全市财政补贴兑付率为 95. 64%。12 月份当月全市共销售家电下乡产品 7 730 台（销售金额 1 680. 14 万元），其中冰箱 1 171 台，彩电 2 808 台，手机 8 部，洗衣机 1 429 台，计算机 372 台，空调 978 台，热水器 673 台，微波炉 277 台，电磁炉 14 台；12 月份兑付 12 572 台，补贴金额 346. 76 万元。

（三）反映消费结构升级的大类商品保持较快增长

居民收入的增长，房地产市场逐步活跃，消费需求的进一步拉动，2009 年全市限额以上批发零售贸易商品零售类中，化妆品、日用品类、机电产品及设备类、电子出版物及音像制品、家用电器、汽车、五金电料类、中西药品类、建筑装璜材料等均有较大幅度增长。

二、对外贸易现状

（一）货物贸易

表 14. 1　2003—2009 年芜湖市进出口总额状况

单位：万美元

年份	进出口总额	出口总额	进口总额	进出口总额同比增长%
2003	45 567	14 901	30 666	—
2004	68 205	31 702	36 503	49. 7
2005	63 484	46 251	17 233	-6. 9
2006	86 973	64 750	22 223	37. 0
2007	168 004	123 144	44 860	93. 2
2008	203 634	147 987	5 5647	21. 2
2009	142 840	89 508	53 332	-29. 8

资料来源：根据相关年份《安徽统计年鉴》整理。

2009 年以来，受国际金融危机影响，国际市场需求继续萎缩，芜湖市对外贸易也受到了较大的冲击，进出口总额下降明显，虽然出现一些积极变化，但面临的形势依然严峻。

1. 出口降幅继续扩大，进口降幅逐步收窄

据海关统计，2009 年全市累计进出口总值 142 840 万美元，比上年下降 29.8%，降幅明显；特别是出口，降幅更大，比上年下降 39.5%。

从进口情况看，降幅呈逐月收窄的趋势。2009 年全市累计进口 53 332 万美元，同比下降 4.16%，进口也呈出现一定程度的下降。

2. 外资企业进出口保持增长，外贸流通企业和自营生产企业进出口大幅度下滑

2009 年，全市外资企业进出口总值达到 60 705 万美元，同比增长 10.06%；外贸流通企业实现进出口 14 190 万美元，比上年下降 54.5%；自营出口生产企业进出口 67 944 万美元，下降 41.8%。受金融危机的影响，外资企业出口明显下降，进口有所上升。从出口看，外资企业出口 32 199 万美元，占全市比重 36%，比上年下降 1.5%；从进口看，外资企业进口 28 506 万美元，占全市比重的 53.5%，比上年增长 26.8%。

（二）外商直接投资

2009 年全市利用外资经受住了金融危机的严峻考验。2009 年，芜湖市新批准外商投资企业 35 家，同比增长 52.17%，增幅超过全省 34 个百分点；合同利用外资 32 000 万美元，同比增长 61.57%，增幅超过全省 60 个百分点；实际利用外资 65 800 万美元，同比增长 15.2%。

2009 年，芜湖市利用外资呈现前低后高走势，全年实现全面增长，新批外资企业数、合同利用外资额、实际利用外资额等三大指标都实现了较大幅度的增长。其中，12 月份当月新批项目数更是创连续 24 个月新高。此外，投资者信心逐步恢复，外资企业增资势头强劲，2009 年，全市外资企业增资 28 家，增长一倍，合同外资增资额 17 700 万美元，增长 22.2%，占全市合同外资总额的 55.32%。

利用外资经受考验，还体现在质量上。日本川崎、德国博世、法国欧尚、台達、信义、侨鸿等多家世界 500 强或跨国公司在芜湖市追加投资。开发区成为全市利用外资的主要载体，8 个省级以上开发区实际利用外资占全市 75.6%。目前，已有 24 家境外世界 500 强在芜设立 25 家企业。

（三）园区建设

2009年以来，全市开发区、经济园区以科学发展观为统领，进一步加大招商引资工作力度，努力转变经济增长方式，经济建设和发展总体保持着健康良好的运行态势，对全市经济又好又快发展发挥了重要的支撑作用。开发区、经济园区经济运行的主要特点如下。

1. 固定资产投资保持高速增长

2009年，全市省级以上开发区实际利用外资49 300万美元，比上年增长22.8%，占全市的74.8%，比重比上年提高4.6个百分点。2009年以来，开发区经济园区的固定资产投资一直保持30%～60%的较高增长态势。前三季度，全市开发区，经济园区完成固定资产投资总额达266.01亿元，同比增长61.6%，总额占全市固定资产总量的39.9%，增幅高于全市平均水平15.4个百分点。在投资总额中，基础设施投资36.63亿元，同比增长73.8%，占13.8%。分开发区看，国家级开发区完成投资88亿元，其中，基础设施14.04亿元，同比分别增长40.4%和39.7%；省级经济开发区完成投资177.53亿元，其中基础设施22.12亿元，同比分别增长75.1%和110%。

2. 引进项目大幅增加

全市开发区、经济园区已引进项目524个，比上年同期增加386个，增长279.7%。其中国家级开发区183个，比上年同期增加112个，同比增长157.7%；省级经济开发区341个，比上年同期增加274个，同比增长409%。在省级经济开发区项目引进中，引进数量居前三位的是：芜湖工业园区（133个）、三山绿色食品经济开发区（52个）、南陵工业园区（50个）。

3. 施工项目建设快速推进

全市开发区、经济园区施工项目686个，比上年同期增加164个，增长31.4%。其中在国家级开发区的130个，比上年同期增加26个，增长21.5%；在省级经济开发区的548个，比上年同期增加141个，增长34.6%。省级经济开发区施工项目数量居前三位的是：芜湖工业园区（182个）、高新技术产业园区（117个）、三山绿色食品经济开发区（97个）。

4. 建成投产项目保持增长

全市开发区、经济园区建成投产项目134个，比上年同期增加28个，增长26.4%。分开发区看，在国家级开发区的26个，同比增长30%；在省级经济开发区的108个，同比增长25.6%。

第二节　芜湖市贸易环境与贸易特色

一、贸易环境

（一）自然环境

芜湖人居环境优美。城市水陆杂成，山清水秀。多年来，一直致力于城市环境建设，改造了一批商业街市，建设了一批城市景观工程。城市绿化覆盖率达到 32.6%，空气质量位列全国第四位，获国家人居环境范例奖。

芜湖拥有 72.5 千米的长江岸线。芜湖长江大桥建成通车，使芜湖成为华东第二通道，华东地区铁路交通枢纽，它西接京九、京广线，东接京沪线，北接陇海线，南接浙赣线，是国内重要的铁路十字结点城市。芜湖港是长江溯江而上最后一个深水良港，目前，港口年吞吐量已达 3 534 万吨，集装箱运输量已达 7 万标箱。煤码头吞吐量已达 900 万吨，是我国最大的内河煤港，上海港集装箱运输的主要喂给港，朱家桥外贸码头可常年停泊万吨货轮。同时，《芜湖港总体规划》也于 2009 年 4 月获得交通运输部和安徽省人民政府批准，芜湖港将发展成为内河亿吨大港和形成长江宁汉间航运枢纽，并形成以集装箱、煤炭、建材、矿石、商品汽车运输为主的现代化综合性港口。芜湖距南京禄口国际机场、合肥骆岗机场仅 1 个小时车程。318 国道和 205 国道，合杭高速和沿江高速在芜湖交汇。沿江城际铁路已经列入铁道部“十一五”建设规划，如宁宣城际铁路、皖赣线的电气化改造以及皖赣线的客运专线建设，未来从芜湖到武汉、上海的行程将减少至 2 个小时，从芜湖的南陵县经京沪线到北京也只需要 4 个小时。还有宁铜铁路的电气化改造、芜湖到江苏高淳的高速公路，以及正在建设的芜申运河等。芜湖正成为长三角路网体系的重要枢纽，以芜湖为中心，4 小时经济生活圈正在形成，为企业提供了覆盖沪、苏、皖、浙、赣等省市 46 座大中城市，近 4 亿人口的巨大消费市场。同时，在全国第一批九个加工贸易梯度转移重点承接地中，芜湖是地理位置最接近东部沿海地区的城市，处于中国经济梯度转移的结合点。2006 年，芜湖被纳入长三角城镇群规划，成为承接沿海发达地区资本外溢、产业转移的城市。

（二）经济环境

经过多年培育，芜湖市已形成了汽车及零部件、材料、电子电器三大支柱产业，2008 年，三大支柱产业销售收入约占全市规模以上工业销售收入的80%左右，对全市工业经济增长的贡献率达到90%左右。

现在世界500强就有32家在芜湖落户，有上市公司64家，汽车、水泥名扬海内外，芜湖已经成为中国大陆仅次于东莞的第二大空调生产基地。芜湖工业以国家级经济技术开发区为载体，通过狠抓招商引资，大力发展园区经济，实现了工业经济总量、规模、效益、结构上的大跨越，形成了汽车及零部件、材料、电子电器三大支柱产业，船舶制造、机械装备、纺织服装、电力和制药等产业也得以提升和壮大，已成为华东地区重要的制造业基地。截至2009年，奇瑞轿车三厂、荻港海螺水泥三期、华电芜湖电厂一期、瑞江改装车二期和新兴铸管锻造坯料等项目建成投产，响水涧抽水蓄能电站、中达电子等项目建设加快，奇瑞轿车五厂、信义节能环保特种玻璃、新兴铸管钢管坯、精诚铜业高精度铜合金板带材和宝成鞋业等项目开工建设。

通过推广使用信息技术和先进实用技术，船舶、机械装备、纺织服装，制药、烟草等一批传统产业的升级步伐进一步加快。利用得天独厚的地理条件，芜湖都市型农业快速发展，优质蔬菜、特种水产品养殖、苗木花卉已形成产业规模，成为长三角地区的优质农产品供应基地。依托便捷的交通优势，加强了信息平台等物流基础设施建设，推进了城市旧城改造建设。中山路步行街、凤凰美食街等一批特色商业街区建成，沃尔玛等一批著名商业连锁企业来芜发展，芜湖港储等一批物流企业发展迅速。

（三）文化环境

芜湖市以重大文化产业项目为抓手，扶持发展示范性、导向性和地方特色的文化产业项目。根据芜湖市实际情况，重点扶持图书报刊发行、印刷复制、文艺演出、艺术培训、网络文化、歌舞娱乐、广播影视、动漫、铁画、文化收藏和艺术品经营等具备比较优势和地方特色的文化产业，以“两城”（华强旅游城、芜湖古城）、“两园”（华强文化科技产业园、梦湖生态影视文化园）、“两基地”（动漫产业基地、文化创意产业基地）建设为重点，积极扶持一批文化娱乐旅游项目、一批文化产业特色园区、一批文化龙头骨干企业、一批文化专业市场。目前芜湖市在建和计划新开工建设的文化产业项目（包括文化产业相关项目）有16个，总投资达35亿元，其中单体投资在亿元以上的项目有星光灿烂大剧院、徽商博物馆、联盛文化广场、金科·小九华文化艺术一条街、今日美术馆、少儿艺术剧院、新华艺术创意产业园和徽州文化园等一批文化产业项目。

（四）社会环境

芜湖一方面通过各种社会保障体制为社会困难群体的生活安上“保险”，另一方面通过各种措施促进民间资本创业和外来人口在芜投资兴业，这颗皖江明珠流光溢彩，成为投资兴业的热土和安居乐业的乐土。

在建设和谐芜湖的过程中，政府除了鼓励投资兴业之外，还采取一系列措施，大力扶持下岗失业人员、失地农民等弱势群体实现再就业。为了激发下岗失业人员以及失地农民的创业激情，街道组织他们参加免费的创业培训班，学习创业基础知识、企业管理知识等，并且在专家帮助下对创业计划书进行评估，演练实际创业过程的各个步骤，从而降低了创业风险。在进入创业实践环节后，他们还可以享受到房屋租金优惠、税收财政补贴、社保补贴、融资贴息等各项优惠政策。面对社会上失地农民以及下岗、失业人员等弱势群体，市政府对有就业愿望、就业能力且不挑不拣的求职者实施托底就业。通过开展培训、就业、创业“一条龙”的就业服务，实现不留盲点，无缝对接的就业帮扶模式，并且根据不同群体、不同需求，分层次开展个性化专项援助行动。例如针对下岗工人的再就业帮扶工程、面向农民的“入千村、进万户、送岗位”扶贫活动以及针对大中专毕业生的各种招聘活动等。

除了就业之外，芜湖市按照“低水平、广覆盖”的要求，进一步推进养老、失业、医疗、工伤和生育“五险”扩面提率。依法帮助劳动者签订劳动合同，保障劳动者的合法权益。完善社会保险“一票征缴”工作机制，确保社保基金安全运行；关注弱势群体，大力发展社会救济和社会慈善事业，完善社会救助体系等等。

（五）政策环境

芜湖先后被批准为全国技术创新工程区域试点城市、全国技术创新工程示范城市和国家知识产权试点城市。芜湖市拥有包括中国科技开发院芜湖分院在内的各类科研开发机构 200 多家，建成了国家级高新技术创业服务中心、省级软件园、留学生创业园。奇瑞汽车是国内汽车行业自主知识产权最多的企业，其汽车工程研究院在全国汽车研究院中规模最大，装备最优，人员最多。芜湖是全国中等城市教育综合改革实验市，中德合作项目“双元制”职业教育试点城市。芜湖市拥有安徽师范大学、安徽工程大学、皖南医学院等 9 所普通高等院校，27 所技工和中等职业学校，良好的创业氛围和发展环境，吸引了大批专业技术人才来芜创业。目前全市党政人才、企业经营管理人才和专业技术人才三支队伍已达 13.6 万人，为投资者提供大量创新型、高素质的人力资源支持。

芜湖市努力优化政府服务，着力营造有利于投资运行的政策“洼地”。率先在全省成立市行政服务中心和市招标采购交易中心，出台了优化发展环境的一系列规定，通过不断精简行政审批，提高行政效能，努力做到在全省乃至全国行政审批最少，行政收费最低，服务效率最高，为投资者创造公平、公开、竞争、有序的市场环境。作为国家优化资本结构试点城市、全国制造业信息化重点城市、农民集体所有建设用地流转试点城市、完善城镇社会保障体系试点城市和发展新型建材试点城市，芜湖正在形成服务各类投资者的良好政策服务体系。

二、贸易特色

(一) 市　场

芜湖市以镜湖区为中心，商贸业的发展有着独特的地域优势，城市发展具有巨大的推动作用。通过致力于建设区域商贸中心，发展大商贸，建设大市场，搞活大流通，初步建立起统一、开放、竞争、有序的市场经济体系和多种经济成份共同发展的商贸流通格局，为商贸经济跨越式发展打下了基础。

1. 芜湖建设为商贸业提供了广阔的发展空间

芜湖市区行政区域的扩大，更能有效地利用各种资源，使城区和 3 个县可以优势互补，经济功能分工更加明确，相互促进，协调发展，这必定有利于推动芜湖商贸经济圈的形成和快速发展，也为芜湖市商贸业实现跨越式发展提供了更为广阔的空间。

2. 开拓农村市场，建立健全农村商业服务网络

以“万村千乡”市场工程为重点，加快农村商业的现代化进程，释放农村市场潜力，保持商贸经济的可持续发展动力。以供销社、大型连锁企业为龙头，加快建立农村生活、生产资料统一配供体系，进一步整合农村消费市场，保障农民消费安全，提高农民消费质量。

3. 日益广泛的对外交往，将带动更多的商机

对外交往的日益频繁，国内外商贸、会展、旅游企业和人员大量进入，成为芜湖商业发展、扩大市场需求、提高服务层次的重要推动力量。随着消费结构和消费观念发生变化，购物为主的消费被精神消费所取代，体验消费、选择性消费、个性化消费逐渐成为时尚。

（二）产 业

1. 贸易旅游产业

芜湖借助自身经济优势和地理优势，大力发展旅游业，旅游业的发展极大地促进了芜湖旅游商品的销售。已经举行了八届的中国芜湖国际旅游商品博览交易会也极大地推动了芜湖旅游贸易的发展。如总面积约125万平方米、总投资超过15亿元人民币的芜湖方特欢乐世界主题公园，作为芜湖华强旅游城的一部分，2007年10月中旬建成并投入试运行。方特欢乐世界是一个从设计到制造，从软件到硬件，从管理到运营完全掌握在中国人手中的主题公园。同时，近几年，芜湖动漫产业也得到了迅速发展。从国际动漫产业发展模式来看，动漫产业的发展也将会带动旅游业、商品贸易的发展。

2. 文化产业

芜湖长江市场园图书文化批发市场坐落在芜湖市二环路边，该市场的投资者来自外省一家上市公司。这家2004年才开始经营书刊批发业务的市场目前已经位居全省第二，其规模和营业额仅次于安徽大市场。

目前，注册资本5000万的芜湖影视文化产业园已启动园区基础建设；全长9.5千米的滨江公园将成芜湖景观主轴和城市纽带；占地30亩的芜湖市文化中心将交付使用。另外，芜湖市正在加快建设徽商博物馆、中国铁画馆、星光灿烂大剧院等一批文化产业项目。据介绍，芜湖市在建和计划建设的文化产业项目16个，总投资达35亿元，芜湖市力争“十一五”末实现文化产业增加值占GDP比重达到6%。

3. 支柱产业规模不断壮大，经济结构调整步伐显著加快

芜湖市相继建成奇瑞汽车、海螺型材、烟厂技改、新兴铸管和美的空调扩建等一批重点工业项目，汽车及汽车零部件、材料、电子电器三大支柱产业规模进一步壮大，产值占规模以上工业产值的76%。相继建成长江市场园、亚夏汽车城、宝文国际广场、凤凰美食街、新时代商业街等专业化市场和特色商业街，现代物流业开始起步。建成优质粮油、无公害蔬菜、苗木花卉和蘑菇等农产品生产基地，农业产业化经营快速推进。产业结构继续调整，产业比重由2000年的11.4∶52.4∶36.2调整为7.8∶57.2∶35。汽车产业已经成为芜湖经济拉动最大、增长速度最快、发展前景最好的支柱产业。芜湖汽车工业1992年开始起步，十多年来，特别是1997年奇瑞汽车公司成立以后，芜湖汽车工业依托自主创新，快速发展成以奇瑞公司为主导，集汽车及零部件研发、生产、贸易、服务为一体的产业体系。

第三节　芜湖市贸易发展存在的主要问题

一、贸易政策和产业政策不完善

芜湖贸易政策与全国其他地区有类似之处，都偏向于发展对外贸易，针对发展外贸，出台了很多贸易促进措施。但一味的对外商采取优惠措施也是不恰当的，这将使得国内企业与外资企业处在不同的竞争环境下，不利于国内企业的发展。改革开放到目前为止已经三十多年，应该适时修正贸易发展政策，给国内企业更多的优惠措施，鼓励国内贸易企业的发展。其实，对于我国这样一个人口众多的国家，在金融危机的背景下，发展内贸、扩大内需是当务之急。芜湖应当根据自身经济发展的程度，及时调整对内贸易政策，释放国内需求。但目前，芜湖房价过高，各种社会保障不够完备，抑制了国内需求。从统计数据中可以看出，芜湖近年房价大幅度上涨，甚至有超过合肥的趋势。促进国内需求要增加居民的可支配收入，而居民的可支配收入被高房价、高医疗费、养老以及子女教育占据，没有多余的收入来进行更多的生活消费，影响了批发零售业的发展以及其他产业的发展。因此扩大内需不仅要着眼于某一个产业的某一个问题，还要考虑更多的方面，多管齐下方能奏效。

二、商贸企业发展不足

芜湖商贸企业发展还有待加强，有代表性的商贸企业数量比较少，而且很多是国外跨国公司以及垄断行业。因此要大力发展本土商贸企业，鼓励内外贸均衡发展。同时，要重视企业创新。创新是企业发展的动力和源泉，贸易企业同制造企业一样，应利用企业的资源、人才、区位等优势，跳出传统思维谋求新的发展，而不能一味沿着原来的老路子走。可以看到，凡是贸易发展比较好的地方都很注重贸易模式的创新。如广东东莞在2008年初评选的“东莞市十大商贸企业创新案例”在很大程度上激发了贸易企业的创新热情，为贯彻实施“商贸东莞”工程，推广商贸企业经营创新经验，加强行业交流，激发创新意识，营造良好商贸发展氛围起到了应有的作用。芜湖应积极鼓励贸易企业进行贸易方式、贸易技术、管理方式等各个方面的创新。

现代社会是信息和知识的社会。贸易企业也要紧紧跟随世界发展的步伐，利用信息技术，对企业进行信息化改造。目前贸易活动对信息化的利用主要体现在电子商务的蓬勃发展。2008 年爆发的全球金融危机也给很多企业带来了机遇。原来很多不在互联网上从事商业活动的企业也开始了在网络世界的征程，要在网络这一个巨大的市场开辟新的天地。有关统计数据显示，21.7% 的企业认为应用电子商务后取得了显著的竞争优势，60.2% 的企业认为有一定的提升作用。也就是说 80% 的中小企业认为电子商务提升其竞争力。自金融危机以来，安徽省政府、行业协会也在不断的努力，希望通过开展电子商务帮助企业度过这次席卷全球的金融危机。而目前大多数贸易企业创新不足，对新技术的利用不够。

三、贸易人才缺乏

贸易人才的缺乏也是影响贸易发展的一个重要因素。例如，电子商务是贸易发展的一大趋势，但电子商务的发展又带来了一个新的问题，数据显示目前 65% 的国内企业急缺电子商务人才，培养和引进优秀的电子商务人才，成为中国企业利用电子商务融入全球经济体系的关键课题。比如，芜湖旅游业的发展就受到人才缺乏的限制，特别是高层次的旅游策划人才、专业导游与专业的酒店管理人才缺乏，这样一来，芜湖旅游业的发展就受到了严重的制约。而旅游从一定程度上说，是商品贸易发展的助推器，重视旅游业的发展将极大的促进商品贸易的发展。目前承担贸易人才培养的主要是开设相关专业的高等院校，但是当前的高等教育很多方面无法满足市场对人才的需求。一方面人才培养质量有所下降，另一方面能适应市场需要的人才不足。人才的缺乏也严重影响了芜湖贸易的发展。

四、商品质量有待提高，品牌意识有待加强

质量是企业的生命，品牌让城市更美丽。目前，让芜湖人骄傲的是“奇瑞汽车”这一品牌。但是除此之外，能具有全国影响力的品牌寥寥无几。在安徽品牌评选中，芜湖市仅有几十个品牌入选，也与芜湖在安徽经济发展中的地位不相符。这说明，很多制造企业不重视品牌的塑造，没有认识到品牌推广和品牌营销可以给企业带来巨大的经济利益，增强企业的生命力。因此，芜湖还应在提高商品质量的同时加强品牌建设，争取诞生更多的具有国内影响甚至是世界影响的品牌。

五、贸易市场建设和管理应需加强

目前芜湖的大型交易市场数量还不多，从统计数据上就可以看出，芜湖亿元以上交易市场只有一个。并且，能在全国排名靠前的农贸市场也不多，不论是农产品还是农业生产资料方面都明显的发展不足。除此之外，其他产品的贸易市场规模也有待扩大。芜湖在今后一段时间仍要继续加强交易市场的建设，也可以通过主办贸易博览会、商品交易会的方式提高商品成交额，扩大芜湖的国际影响。

芜湖相关贸易市场管理制度也有待完善，现行的贸易市场管理制度很多都是在改革开放初期制定的，在遵循其中合理规定的同时也要适时补充完善，使其更好的为市场发展服务。

六、贸易基础设施落后

贸易基础设施的建设包括很多方面，例如贸易场所建设、物流园区建设以及地方交通基础设施建设等等。芜湖市目前贸易基础设施建设还不够完备。大型的交易市场数量比较少，与贸易发展息息相关的交通基础建设也比较落后。纵观安徽全省，道路交通状况都不是很令人满意，有很多公路年久失修，除了城际高速以外，其他城际主干道有很多崎岖不平，严重影响货物的运输，影响了地区经济的发展。

第四节　芜湖市贸易发展建议

芜湖市今后应内外贸并举，采取有效措施增加对外贸易发展的同时，更应该开拓对内贸易的渠道，在吸引外资的过程中更多的考虑对国内企业的影响，使得国内外企业在公平的市场环境中竞争。内贸的发展需要政府加强政策引导，采取更多的优惠措施，在不动摇公有制经济主体地位的基础上鼓励民营企业的发展。同时企业要增强品牌意识，打造芜湖具有国内影响直至国际影响的品牌。在这一方面政府要加强引导，出台相关的产业政策，保护品牌的发展。芜湖今后仍要重视旅游业的发展，大力开发旅游资源，发展旅游贸易。芜湖市应在改善城市基础设施建设方面走在全省的前列，合理规划城市基础设施，为贸易发展开路。高等院校要更多的研究社会及市场对人才的需求，培养社会需要的高质量的贸易人才。政府部门也应当具有“服务型政府”的意识，积极为教育科研服务，做好贸易数据的收集整理，为科研机构的研究提供相应的数据，以更好的指导芜湖贸易发展以及经济的全面发展。

一、以行业龙头企业为重点，集聚相关企业，打造产业航母

继续围绕产业关联度大、成长性好、财政贡献率高的汽车及零部件、新型材料、电子电器等3个支柱产业，科学制订产业发展规划，在承接东部沿海产业转移中，始终着力引进“好、大、高、外”项目，着力发展龙头企业。围绕龙头企业，大力引进上下游配套企业，不断延伸产业链条，提高产业集聚度和集中度，增强产业的竞争力。在大力发展民族品牌汽车的同时，促进芜湖汽车电子产业的壮大及其技术创新体系的形成。近几年在芜湖市设立的汽车电子企业，基本上都是在自主创新基础上实现规模化生产的。如博耐尔公司研发和生产汽车空调，埃泰克公司研发和生产汽车仪表和车身控制，莫森泰克公司研发和生产汽车天窗、电动摇窗等。这些产品的技术水平已经达到或超过了国际先进水平，填补了国内空白，打破了外资企业对本土整车厂的控制。截至2008年底，奇瑞累计申请专利3 000余件，获得授权专利1 600多件，在中国汽车知识产权领域遥遥领先，有力地提升了芜湖汽车工业整体技术进步和创新水平。与汽车相关的关键零部件发展迅猛，吸引了德国西门子等众多知名汽车零部件企业纷纷落户。

二、立足自身优势，坚持因地制宜，发展旅游贸易

芜湖的发展从阶段上看，目前正处于产业结构调整的力度在加大，消费结构升级的步伐在加快，城乡一体化的进程在加速，中心城市的潜力在进一步发挥的过程中。城市化进程的加快，生态环境、交通设施和人民生活的改善，为贸易业的发展提供了良好的机遇。从资源禀赋看，芜湖有着一定的旅游资源优势，需要把发展旅游业摆在经济社会发展的突出位置，促使其尽快成长为充满活力的支柱产业。为此，应着眼于将旅游贸易等资源作为城市化的切入点和突破口。

三、为出口增长提供政策支持

一是要落实好鼓励进出口的各项政策措施，并跟踪执行情况；二是应积极帮助企业掌握相关外贸政策动向，及时对企业进行政策辅导，指导企业用好政策；三要进一步加强部门配合，形成合力，打造芜湖进出口的优质环境。

第十五章　宣城市贸易发展分析[①]

宣城市位于安徽省东南皖南山区和长江下游平原的结合部，跨东经117度58分至119度40分、北纬29度57分至31度19分。东北至东南与江苏、浙江两省毗邻，为安徽省的东南门户。区域面积12 340平方千米，占全省总面积的8.9%，现辖宣州区、宁国市和郎溪、广德、泾县、绩溪、旌德五县，人口275万。凭皖赣、宣杭两铁路，318、205两条国道线贯穿全境，交通便利，是江南通都大邑。

作为区域政治、经济、文化中心，宣城市历史悠久。早在西汉元封二年（公元前109年），丹阳郡郡治就设在宛陵（今宣州区）。晋太康二年（281年）析丹阳郡置宣城郡。自此，宣城一直就作为州、郡一级政区所在地。隋初废郡，改南豫州为宣州，不久又改称宣城郡。唐初置宣州，中间一度改称宣城郡，以后复称宣州。南宋乾道二年（1166年）宣州改为宁国府，直至清末。民国期间，宣城先后为第九和第六行政督察区。解放后，1949年5月成立宣城专区。1952年1月，宣城专区撤销，辖县并入新成立的芜湖专区（1971年改称芜湖地区）。1980年2月，芜湖地区改名宣城地区。1982年4月，行署机关移驻宣城。2000年6月，国务院批准撤销宣城地区、设立宣城市，2001年2月正式挂牌成立。

在经济发展中，作为安徽省的地缘经济，宣城经济发展较快。2009年实现生产总值432.8亿元，增幅居全省第六位。财政总收入60.4亿元，增长25.9%，净增12亿元，增幅居全省第五位；其中地方财政收入35.4亿元，增长28.2%，总量和增幅均居全省第七位。固定资产投资600.8亿元，居全省第四位，增长44.1%，增幅居全省第五位。社会消费品零售总额167.1亿元，

---

① 感谢宣城市发改委叶亮、周毅，宣州区商务局马月华、唐望，安徽中鼎密封件股份有限公司刘明生以及宣城石油公司陆明等同志给予作者在宣城调查工作的大力支持，并感谢他们提供所有的统计数据和相关资料，但文责自负。

增长 18.8%。城镇居民人均可支配收入 13 302 元，增长 12.6%，增幅居全省第一位。基本实现了主要指标增幅进入全省第一方阵的目标。

宣城市正在积极打造国家级承接产业转移示范区，加快建设面向长三角的“三基地一枢纽”，即承接长三角产业和资本转移的新型加工制造业基地、面向长三角地区的优质农副产品生产供应基地、面向长三角的以地域文化和自然生态为特征的旅游休闲度假基地、成为苏浙皖边界交通物流枢纽，努力成为全省经济发展的先行区。

第一节 宣城市贸易发展现状

一、国内贸易现状

（一）社会消费品零售市场

1. 零售市场总量稳步增长

宣城市的社会消费品市场自 2003 年以来一直保持良好平稳的运行态势。2003 年实现社会消费品总额为 66.2 亿元，同比增长 6.8%，之后一直稳步增长，2004—2009 年实现社会消费品总额分别为 72.33 亿元、85.9 亿元、97.6 亿元、114.4 亿元、140.7 亿元和 167.131 6 亿元，其中在 2009 年同比增长率达到最高为 18.8%，比 2003 年增长近 3 倍，见表 15.1。

表 15.1　2003—2009 年宣城市社会消费品零售总额

年份	2003	2004	2005	2006	2007	2008	2009
社会消费品零售总额（亿元）	66.2	72.33	85.9	97.6	114.4	140.7	167.131 6
同期增长率	6.8%	9.2%	11%	13.6%	17.2%	23.0%	18.8%

资料来源：宣城统计信息网（http：//www.xctj.gov.cn/）。

按现价计算，2009 年全市的工业增加值、社会消费品零售总额分别为 153.135 亿元和 167.131 6 亿元，累计比上年同期增加了 27.2% 和 18.8%，其中社会消费品零售总额的实际增长速度为近年来最高，全年走势呈现稳中见快态势。

2. 消费结构升级明显

居民消费正由数量型向质量型转变，文化娱乐用品类消费也得到加快。在限额以上批发零售贸易业中，粮食、食品、饮料和烟酒类增长 37.3%，服装、鞋帽和针纺织品类增长32.4%，化妆品类增长39.7%，体育、娱乐用品类增长93%，书报杂志类增长30.5%，文化办公用品类增长61.7%，通讯器材类增长688.3%，汽车类消费成为宣城市限额以上批发零售业销售中的一大亮点，2009年完成销售额5.66亿元，增长58.9%。由以上数据可以看出，日常消费用品增幅较缓，而体育、娱乐用品、汽车、高科技家用电器及通讯产品在家庭中进一步普及，家庭消费由过去的需求型向享受型发展。

3. 城乡分地区零售额结构不断优化

2009年，全市实现社会消费品零售总额167亿元，同比增长18.8%，扣除物价因素，比去年同期增速提高了3.4个百分点。在全市的社会消费品零售总额中，宣州区排名最前，各个县市的发展速度比较均匀，均在18%以上，但与2008年相比，各县市区均低于去年同期增幅水平，其中郎溪县、泾县、绩溪县、旌德县、宁国市与去年同期相比，下降5个百分点以上，宣州区与广德县同去年同期相比下降2个百分点以上，见表15.2。分城乡市场看，2009年城市市场实现消费品零售总额64.4亿元，同比增长22.2%，环比增幅上升1.8个百分点；县级市场实现零售总额38.8亿元，同比增长22.9%，环比增幅上升0.5个百分点；县以下农村市场实现零售总额63.9亿元，同比增长13.2%，环比增幅下降1.5个百分点。

表15.2　2008年和2009年宣城市社会消费品零售构成

	2009年	比上年同期增减（%）	2008年同期增幅（%）
社会消费品零售总额（万元）	1 671 316	18.8	23.0
宣州区	653 300	18.5	21.2
郎溪县	126 411	18.8	24.2
广德县	246 840	18.8	22.1
泾县	147 625	19.0	24.8
绩溪县	109 051	19.0	24.4
旌德县	79 430	18.6	24.5
宁国市	308 659	19.1	25.3

资料来源：宣城统计信息网（http://www.xctj.gov.cn/）。

4. 乡村市场繁荣活跃，城市市场消费增长稳定

2009年全市每月社会消费品零售总额均在10亿元以上，同比增长始终保持在18%以上。2009年城市市场和县级城市分别实现消费品零售额64.4亿元和38.8亿元，增长幅度均在20%以上，农村市场实现消费品零售额63.9亿元，增长13.2%。城乡各市场货源充实，市场运行平稳，在社会零售品总额

中，农村市场所占比重进一步增加，显示了农村消费市场的巨大潜力。

5. 零售业市场占社会消费品总额的主导

2009 年度宣城市零售业实现消费总额 130.4 亿元，同比增长 19.9%，占全市消费市场比重的 78%，是支撑宣城市消费品市场快速发展的重要力量，零售业市场的良好发展势态是扩大内需拉动消费、推动经济发展的有力保障；批发业实现消费品零售总额 8.6 亿元，其所占社会消费品总额的比例较小，发展速度也较慢，与去年同比相比仅上升 1%，加大批发市场建设力度是宣城市社会消费品总额快速增长的重要途径。

（二）限额以上批发和零售业、住宿和餐饮业

自 2003 年以来，宣城市批发贸易一直连续增长。2009 年批发贸易业实现 139.5 亿元销售额，与 2008 年同比增长 18.65%。分城乡消费市场来看，市、县的社会消费品零售总额各个月份的同比增长大致保持稳定，县以下的社会消费品零售额呈逐月下降趋势。分行业看，批发业的消费品零售额呈逐月下降趋势，但其限额以上企业的零售额却明显上升；零售业和餐饮业的零售额有小幅波动，基本保持稳定；其它的社会消费品零售额逐月下降，稳定在 5% 左右。

2009 年宣城市零售业实现零售额 130.4 亿元，增长超过 20%，其中限额以上零售业企业增幅最快，增长 26.6%；住宿餐饮业实现零售额 24.8 亿元，增长 21.7%，环比增幅上升 1.7 个百分点。随着宣城市经济的快速发展，居民生活水平的提高，外出就餐已呈现平常化，成为普通百姓生活的一部分。全市餐饮业每月零售额同比增长始终保持在 20% 以上，成为拉动消费增长的主要行业之一，见表 15.3。

表 15.3 2003—2009 年宣城市分行业统计数据

年份	批发贸易业（亿元）	环比增长	餐饮业	环比增长
2003	57.4	5.80%	6.9	14.00%
2004	61.7	7.50%	8.59	25.40%
2005	72.7	10.00%	10.8	16.80%
2006	82.006	12.80%	12.906	19.50%
2007	95.6	16.40%	16.1	24.00%
2008	117.2	22.60%	20.4	26.50%
2009	139.056	18.65%	24.82	21.67%

资料来源：宣城统计信息网（http：//www.xctj.gov.cn/）。

二、宣城市对外贸易现状

近年来宣城市进出口总额呈明显增长趋势，自 2003 年进出口总额的 12 412万美元到 2009 年 46 588 万美元以来，期间的进出口总额平均增长率为 37. 53%，进出口持续高速增长。但由于受 2008 年国际金融危机的影响，使得 2009 年的进出口出现一定的负增长态势，同比下降 16. 9%，稍高于全国的下降速度，但明显低于全省的下降速度（全国 -13. 9%，全省 -22. 5%）。其中：出口 39 879 万美元，同比下降 19. 9%，高于全国的下降速度，但低于全省的下降速度（全国 -16. 0%，全省 -21. 8%）；进口 6 709 万美元，同比增长6. 9%，与全国、全省的增速明显下降相比，同比增幅明显（全国 -11. 2%，全省 -23. 5%）。目前全市出口总额和进口总额分别位居全省第四位和第七位，较 2008 年分别上升一位和下降一位。从 2003 年以来的总趋势看，可以说对外贸易保持了良好的发展势头，进出口持续高速增长，贸易结构进一步改善，对外贸易质量和水平实现了新的提高，见表 15. 4，表 15. 5。

表 15. 4　2003—2009 年宣城市进出口额数据

单位：万美元

年份	进出口总额	环比增长	出口	环比增长	进口	环比增长
2003	12 412		8 724		3 688	
2004	15 600	25. 7%	13 100	50. 2%	2 500	-32. 2%
2005	20 400	30. 8%	17 200	31. 3%	3 200	28. 0%
2006	28 000	37. 3%	24 500	42. 4%	3 500	9. 4%
2007	37 877	35. 3%	32 974	34. 6%	4 903	40. 1%
2008	56 068	47. 8%	49 800	51. 0%	6 300	28. 5%
2009	46 588	-16. 8%	39 879	-19. 9%	6 709	6. 5%

资料来源：宣城统计信息网（http：//www. xctj. gov. cn/）。

1. 进出口总量较大

2008 年进出口累计达到 56 068 万美元，较 2007 年增长 48%。其中出口 49 793 万美元，增长 51%；进口 6 275 万美元，增长 28%。出口、进口增幅分别高于全省 22 个百分点和 20 个百分点，出口、进出口总额保持在全省第五位和第六位。宣城市累计备案进出口经营资格企业 397 家，2008 年发生出口实绩的企业有163家，新增出口企业42家，累计出口6 186万美元。全市6个县市出口额超过2 000万美元，其中，宁国市和广德县出口突破1亿美元。2009年进出口累计达到46 588万美元，较2008年有所下降。其中在宣州区和郎溪县出口保持正增长，分别为48.4%和5.4%。见表15.5。

表15.5　2008年和2009年宣城市进出口构成

年份	2009年	比上年同期增减（%）	2008年同期增幅（%）
出口总值（万美元）	39 879	-19.9	51.0
宣州区	6 049	48.4	46.0
郎溪县	5 478	5.4	1.8
广德县	9 260	-33.0	134.4
泾县	2 651	-3.7	-18.1
绩溪县	2 574	-7.0	53.0
旌德县	443	-53.1	-10.6
宁国市	9 891	-41.4	54.3
市直（含开发区）	3 533	5.7	69.8
进口总值（万美元）	6 709	6.9	28.0
宣州区	662	30.6	533.8
郎溪县	474	-4.6	590.3
广德县	668	65.7	206.9
泾县	1 683	11.5	2.7
绩溪县	16		
旌德县	3		
宁国市	2 558	-15.6	13.7
市直（含开发区）	645	95.7	-32.1

资料来源：宣城统计信息网（http：//www.xctj.gov.cn/）。

2. 进出口孵化工作成效显著，出口队伍不断壮大

2009年以来，宣城市以全省首批进出口孵化试点市为平台，通过制定相关优惠政策、提供上门服务等工作，帮助潜力企业实现出口。2009年累计新增进出口经营权企业176家，新增出口实绩企业57家，新增出口企业累计出口2 268万美元。全市25家产业转移企业出口9 843万美元，同比增长36.6%。运通服饰、好龙玩具、金阳钢管、立山箱包和辰泰卫浴等一批产业转移企业正在加速本地出口步伐。

3. 利用外资增势良好

2008 年宣城市实际利用外资 12 870 万美元，位居全省第九位，比 2007 年上升两位，增长 20.4%。其中外商直接投资 11 626 万美元，增长 32.9%。2009 年宣城市实际利用外资 15 386 万美元，增长 19.6%，占目标任务的 112.6%，总量居全省第八位，增幅居全省第六位。

2009 年新批 28 家外商投资企业，累计合同外资 11 398 万美元，同比增长 37%。但新设外资企业形式到位的外资少，且新批企业分布的行业和来源相对集中，规模普遍偏小。2009 年实际到位资金中，外商投资企业合同外资内到位的资金为 3 540 万美元，占全市利用外资总额的 23%；外商投资企业未分配利润 7 166 万美元，占全市利用外资总额的 46.6%。此外，新批企业主要分布在以下行业：纺织服装行业 12 家，累计合同外资 893 万美元；电子、电器、电机行业 5 家，累计合同外资 7 716 万美元；房地产行业 2 家，累计合同外资 1 710 万美元。

资金主要来源于香港、日本、台湾和美国，其中，20 个项目的投资方来源于香港地区。从分布区域看，市开发区 3 家，合同外资 7 460 万美元；郎溪县 2 家，合同外资 1 550 万美元；宁国市 10 家，合同外资 1 096 万美元；旌德县 8 家，合同外资 580 万美元；泾县 2 家，合同外资 548 万美元；宣州区 2 家，合同外资 93 万美元。

表 15.6　2009 年宣城市利用外资数据

单位：万美元

县市名称	目标任务	利用外资额	直接投资额	占目标任务%	比同期增减	比同期增长率%
宣州区	691	735.3	723.8	106.4	77.1	11.7
郎溪县	1 124	1 147.1	952.1	102.1	76.3	7.1
广德县	5 267	5 653.4	5 653.4	107.3	636.5	12.7
宁国市	4 210	5 057.1	5 057.1	120.1	1 047.1	26.1
泾县	834	840.0	836.0	100.7	45.6	5.7
绩溪县	333	335.8	319.0	100.8	18.5	5.8
旌德县	106	117.4	117.4	110.8	16.1	15.9
宣城市开发区	1 100	1 500.1	1 050.1	136.4	599.1	66.5
合计	13 665	15 386.2	14 708.9	112.6	2 516.1	19.6

资料来源：宣城统计信息网（http：//www.xctj.gov.cn/）。

4. 2009 年受全球金融危机影响较大

2009 年前 10 个月，实现进出口总额 36 300 万美元，同比下降 18. 2%，低于全国 1. 6 个百分点，低于全省 9. 6 个百分点。其中：出口 31 500 万美元，同比下降 19. 1%，进口总额、出口总额分别位居全省第七位、第四位。2009 年 1—11 月，全市实际利用外资 13 000 万美元，增长 33. 5%，增幅比前十个月提高 2. 2 个百分点；实际利用省外资金 325 亿元，同比增长 78. 9%。

从 2009 年的进出口月份数据看，均呈现出同比增长率为负的现象，进出口总额保持在负增长 20% 左右浮动，其中进口额在前四个月同比有明显的下降，1 月份甚至达到最高水平为 -56. 1%，随后的 5、6、7 三个月同比负增长在 -10% 左右，进口额下降趋缓。出口额出现同样的负增长态势，5、6 两个月达到负增长最高水平为 -25. 1%，出口额的下降同比呈上升趋势，出口萎缩较严重且无好转迹象，见表 15. 7 和表 15. 8。

5. 主要出口商品下降较多，但进口形势明显向好

前 20 户重点企业 2009 年累计出口 23 960 万美元，同比下降 12 597 万美元。其中：广信同比下降 5 369 万美元，中鼎同比下降 2 624 万美元。受重点企业下降影响，宣城市优势行业出口下降明显。机电产品出口 12 357 万美元，同比下降 34. 3%，其中：汽车零部件出口 3 852 万美元，同比下降 31. 6%；卫浴产品出口 1 966 万美元，同比下降 12. 1%，竹木制品出口 1 290 万美元，同比下降 28. 9%。

2009 年进口 6 709 万美元，同比增长 6. 9%，12 月单月进口 1 101 万美元，是近 5 年来单月进口规模最高的一次。按贸易方式分：一般贸易进口 4 763万美元，同比增长 23%；加工贸易进口 1 752 万美元，同比下降 23%；外商投资设备进口 183 万美元，同比增长 64. 1%；主要进口商品为：橡胶塑料制品 2 789 万美元，冻鸡杂 1 674 万美元，机电产品 934 万美元，纺织原料 631 万美元。

6. 对非洲、日本、东盟出口保持增长，对欧美和部分新兴市场出口仍然处于低位徘徊

2009 年，宣城市对非洲出口 3 152 万美元，对日本出口 2 789 万美元，对东盟出口 3 057 万美元，同比分别增长 28. 9%、28. 8%、26. 4%。对传统市场美国出口 10 345 万美元、欧盟出口 6 061 万美元，同比分别下降 21. 9% 和 19. 3%。对新兴市场阿联酋出口 3 667 万美元，拉丁美洲出口 1 530 万美元，印度出口 897 万美元，同比分别下降 15. 3%、63. 2% 和 26. 6%。

表 15.7　2009 年进出口月份数据

单位：万美元

	1月	2月	3月	5月	5月	6月	7月	8月	9月	10月	11月
进出口总额	3 292	1 846	3 558	3 898	3 434	3 434	4 318	4 034	4 454	4 125	5 901
其中：进口	173	319	344	544	620	620	374	438	813	470	1 101
出口	3 119	1 527	3 214	3 354	2 814	2 814	3 944	3 596	3 641	3 655	4 800

资料来源：宣城统计信息网（http：//www. xctj. gov. cn/）。

表 15.8　2009 年进出口月份同比增产率数据

单位:%

	1月	2月	3月	5月	5月	6月	7月	8月	9月	10月	11月
进出口总额	-15.1	-22	-19.2	-19.7	-23.3	-23.3	-21.7	-12.8	-16.1	-1.8	-16.9
其中：进口	-56.1	-41.4	-41.3	-29.8	-10.4	-10.4	-14.3	-32.2	21.4	-13.1	6.9
出口	-10.5	-19.1	-15.8	-18.3	-25.1	-25.1	-22.8	-9.7	-21.5	-0.1	-19.9

资料来源：宣城统计信息网（http：//www. xctj. gov. cn/）。

第二节　宣城市贸易环境与贸易特色

一、贸易环境

（一）旅游资源丰富

宣城市地处皖南山区和长江下游平原的结合部，东连天目，南倚黄山，西靠九华，域内山水风景绝佳。宣城市有大量的自然与文化景观，是“两山一湖”旅游区的重要组成部分，成为长三角地区风光旖旎的“后花园”，旅游业一体化趋势明显加快。

宣城人文胜迹遍布，谢朓楼与黄鹤楼、岳阳楼、滕王阁并称江南四大名楼；敬亭山为名符其实的“江南诗山”，现存敬亭山麓的广教寺双塔，以其对唐塔风格的继承与革新，成为全国仅存，因而被列为国家级保护文物；称为“天下四绝”之一的太极洞，以其中空博大的气象成为溶洞奇观；宣城名人辈出，梅尧臣、梅询、梅鼎祚、梅守德、梅清、梅文鼎和梅光迪，使之有“宣城梅花遍地开”一说；宣城是宣纸、宣笔和徽墨的原产地域，2004 年被授予“中国文房四宝之乡”称号；以三雕艺术、徽墨、徽菜和明清古民居称誉海内外的绩溪，因胡雪岩、胡开文、胡适和汪静之等而享有“邑小士多”的美名；李白一曲“桃花潭水深千尺，不及汪伦送我情”，使泾县桃花潭名扬海内外，“泾县吴”自始祖吴文举迁居泾县茂林以来，历代仕子如林。

（二）宣城物产丰饶

宣城市区域面积大，可供开发的土地多，水资源丰富，环境容量较大。矿产资源种类多、储量大，已探明储量的矿产资源达50余种，特别是石灰石等非金属矿资源储量大。此外，特色农产品资源丰富，南湖银鱼、水阳河蟹、水东蜜枣、广德毛竹板栗、宁国山核桃以及敬亭绿雪、涌溪火青、黄花云尖等绿茶系列，皆属地方土特名产，而其中尤以宣纸、宣笔、旌德三麻、绩溪蚕丝、徽墨、唐代“宣州红线毯”、宋代“宣城诸葛笔”、“宣城木瓜”和“宣城雪梨”扬名华夏。

（三）商贸交通便利

宣城市地处皖江城市带的东部，为苏、浙、皖三省交界地区，是安徽省东向发展的重点地区，在安徽省的区域经济发展格局中具有重要地位。作为长三角地区西进的“桥头堡”，宣城市是实现东中西三大区域互动发展的纽带。经过多年建设，宣城市即将进入南京1小时、杭州2小时、上海3小时的通勤圈，区位优势日益凸显。宣城市与长三角地缘相连，人缘相亲，文化相近，约有365千米与江苏、浙江接壤。

（四）社会经济发展势头较好

在金融危机的冲击下，2008年和2009年，宣城市工业经济从低谷中艰难起步，受其影响很大。在宣城市委的领导下，制定了各项应对经济政策，2009年经济发展态势良好，取得较好的成绩，规模以上工业增加值增长27.2%，增幅位居全省第四，实现利润增长82%，增速居全省第一。

2009年经国务院批准通过的《皖江城市带承接产业转移示范区规划》中，宣城市不仅位列其中，而且在示范区中占有重要的位置，是宣城经济发展的重大历史性机遇。皖江城市带承接产业转移示范区规划是安徽省迄今为止第一个进入国家层面的规划，也是国家《促进中部地区崛起规划》的重要组成部分。国家在主体功能区规划中将赋予示范区更多的优化开发区域和重点开发区域，加快示范区基础设施建设，并赋予示范区更多的优惠政策，以提升示范区内开发区的经济发展水平和生产能力。

二、贸易特色

（一）市场特色

1. 文房四宝专业市场

2004 年 9 月，宣城市被中国轻工业联合会和中国文房四宝协会联合授予“中国文房四宝之乡”特色区域荣誉称号，宣纸、徽墨、宣笔已列入“国家非物质文化遗产”项目。宣纸是目前我国境内唯一保留传统手工造纸工艺的书画专用纸，“红星”牌“五色信笺”和“世博宣纸”已被确认为 2010 年上海世界博览会指定产品。天下墨业在绩溪，绩溪人汪近圣、胡开文，尤以胡开文名冠海内外，久传不衰。宣笔选料严格，制作精巧，具有装璜雅致，毛纯耐用，刚柔得中，形成尖、圆、齐、健四德具全的独特风格。从魏晋到唐宋，一直被列为贡品。现在宣笔厂所产之笔多达三百余种，选料严格，工艺考究，精益求精，都臻于尖、圆、齐、健的境界，不仅畅销国内各省、市，还远销日本、东南亚和欧美各国。

2006 年 10 月在宣城市九洲市场设立了“文房四宝专业市场”，目前全市拥有文房四宝生产经营企业 400 余家，从业人员近万人。

2. 红色旅游市场

“云岭新四军军部旧址纪念馆”是新四军纪念地中唯一的全国重点文物保护单位、国家 4A 级红色旅游经典景区，保存了中国近现代化革命史上最完整的八大重要史迹之一的新四军军部旧址，在打造“红色旅游”品牌方面，已成为皖东南“红色旅游”业发展的一面旗帜。2009 年 9 月，安徽出台“红色旅游规划”，以“铁的新四军、红色大别山和解放全中国”为主题，将泾县新四军红色之旅和大别山红色之旅纳入安徽省“红色旅游规划”重点工程。

除“红色旅游”外，宣城生态环境优越，其他旅游资源也很丰富。境内森林覆盖率达 56%，中南部山区更高达 70% 以上，是黄山、九华山、太平湖“两山一湖”旅游区的有机组成部分，拥有广德太极洞、绩溪龙川和旌德江村等多个国家 4A 级景区，已形成了中国鳄鱼湖、月亮湾漂流等为代表的生态探险游，敬亭山、谢朓楼和宣纸古作坊为代表的历史文化游，龙川胡氏宗祠、江村和胡适故居等为代表的名人故里游等多条精品旅游线路，成为国内特别是长三角地区市民的重要旅游目的地。

3. 宣城皖东南农副产品批发物流中心

在建的宣城皖东南农副产品批发物流中心将是皖南最大的、多功能、智能化的综合性的农副产品交易集散中心。建成后将辐射江、浙、沪、皖四省市，将形成辐射四省市农副产品批发基地。项目总投资4亿元人民币，总用地面积500亩。其中农副产品批发市场投入3亿元，物流中心投入1亿元。农副产品交易辐射华东地区，内联中部各省，配送全国，将安徽省农产品推向全国，促进农业主要产品出口，加快农业经济发展。

4. 发展特色农业与开拓苏浙沪市场相结合

宣城名特优新农产品资源丰富，已形成山核桃及森林食品、山珍、皖南三黄鸡和特种水产等系列产品。宣城市积极开拓市场，连续两年在上海成功举办农产品交易会，并建立展示中心和连锁直营店，主要农产品在以上海为主的长三角城市占据了一定的市场份额。发展特色农业与调整优化农业结构相结合。目前，已凸现出家禽业、竹业、优质稻米三大特色农业板块经济和以山核桃为主的森林食品、茶叶、丝麻、皖南烟叶、特种蔬菜和南漪湖水产品等六大特色农产品生产基地。

由于在地理位置上，宣城毗邻苏浙，农产品进入长三角消费市场，运输速度快，物流成本低，为宣城市农产品贸易的发展带来巨大的市场空间。特色农产品主要销售市场定位在苏浙沪大中城市，着力打造苏浙沪特色农产品生产供应基地，并依托苏浙沪走向国际市场。鼓励和引导农业企业走出去、引进来，与苏浙沪客商建立稳定的购销关系。对特色农产品进行整合，选择一批知名度和市场占有率较高的产品开展打进配送中心和超市的公关营销，使宣城市特色农产品在苏浙沪的市场份额不断扩大。和威、山里仁等一批农业产业化龙头企业在苏浙沪大中城市站稳了市场，形成了稳定的营销网络。

从2005年起，宣城市连续在上海举办了安徽宣城农产品、旅游产品交易会，并在上海专门成立了宣城名优特农产品展示中心和连锁直营店，为宣城特色农产品进入上海市场搭建销售和交易的平台。2009年12月第十届安徽省名优农产品、绿色食品（上海）交易会上，宣城市共组织20家企业参展，规模居全省前列，签订13个招商引资及经贸合作项目，总金额达5.32亿元，在全省名列前茅。展会期间除签约还达成4项投资商贸和销售协议，总金额达2.8亿元。

（二）产业特色

1. 因地制宜发展特色农业，打造家禽和竹产业集群

宣城名特优新农产品资源丰富，拥有“宣纸之乡”（泾县）、“中国绿茶之乡”（郎溪）、“中国山核桃之乡”（宁国）和“中国竹子之乡”（广德）等

多个特产之乡，获得省级以上无公害农产品、绿色食品和有机食品认证的农产品占安徽省总数的六分之一，培育了2个国家级、36个省级农业产业化龙头企业，已形成山核桃及森林食品、山珍、皖南三黄鸡、特种水产等系列产品。围绕本地资源优势，宣城市以政策为引导、以科技为支撑，不断强化指导和服务，培育了具有地方特色的市级以上产业化龙头企业156家，家禽产业和竹产业两大产业集群的效益日益显现。

作为全省家禽业重点地区的宣城市，充分发挥自身优势，坚持规模化发展，不断提高科技含量和产品质量，家禽业得到快速发展，有效带动了农村发展和农民增收。2008年，家禽饲养量已达2.1亿只，占全省的1/5，规模养殖比重高达90%。种禽年末存栏450万套，苗禽孵化量达5亿只。全市共有存栏10万套以上种禽规模场22个；年产值1 500万元以上的家禽龙头企业25家，其中国家级龙头企业4个、省级龙头企业5个；建设家禽养殖小区212个，建成了结构科学、布局合理的五大养殖基地。以和威集团为核心，全力支持企业实施“451”项目，到2010年形成种鸡繁育、肉鸡饲养、饲料生产、食品加工4大产业板块，养殖肉鸡5亿只，实现销售收入100亿元，打造和威快大型肉鸡产业群；以太阳、立大、裴顿、荣达和长友禽业公司为骨干，按照龙头带动型、专业配套型和行业协作型三种运行质态，形成家禽产业群。

宣城是安徽省重点竹产区，根据安徽省林业厅林办［2008］62号文件公布，宣城市有48个村被命名为首批安徽省特色林业产业村，有效期为2008—2012年，占全省（190个）的四分之一。全市竹林面积206万亩，占全省竹林面积的47%，为加快竹产业发展，宣城市先后制定了《宣城市竹业发展规划》、《宣城市关于实施“636”竹林丰产增效示范工程意见》等一系列文件，“十一五”期间，着力建成6大特色竹林丰产经营示范基地、建立30个竹林丰产经营示范村、培养600家竹林丰产经营示范户，从而带动全市竹林经营水平的进一步提高。目前，宣城市竹业经济发展迅速，各种竹加工产品热销国内大中城市，常年销往东南亚及欧美等国家和地区，年出口创汇达1 800万美元。

2. 安徽省内最大的洁具产业集聚区

宣城市已经将宣城的卫浴洁具产业作为五大支柱产业之一，在土地、资金等方面给予重点扶持，争取发达地区卫生洁具产业向本地扩张转移，中长期目标是要把宣城的卫浴洁具产业发展成为国家级卫浴洁具产业基地。洁具产业在宣州区已有十几年的发展历史，已有近30余家洁具企业，产业初具规模，2008 年销售额近 4 亿元，并形成了一条卫浴生产的产业链，技术、人才、产业配套等潜力优势明显，一直受到政府的积极扶持，已经初步形成了区域产业带动和产业集聚。目前建成的洁具产业园，对提高土地利用价值，配套、完善和延伸产业链，降低产业成本，提高企业生产效率，提高企业竞争力的作用明显。

代表性的出口企业有德思、思大特和银河三家，固定资产投资均在千万元以上，已经形成年出口产品 500 万美元的规模，目前占全宣州区出口的半壁江山。围绕出口企业大户做出口产品配套，固定资产投入在 100 ~ 300 万元的有鳄王、凯凯、新浪等小型企业，他们同时也经营国内市场。

3. 郎溪开发区箱包产业集群跻身中国产业集群品牌 50 强

2008 年 6 月，由中国社会科学院城市发展与环境研究中心、商务部主管的中国世界贸易组织研究会和全球品牌论坛共同主办的“产业集群与品牌城市高峰论坛暨中国产业集群品牌 50 强发布会”在北京政协会议中心召开。会上，郎溪开发区箱包产业集群入选“中国产业集群品牌 50 强”。郎溪箱包产业集群 2007 年销售收入达 8.6 亿元，上缴税收 2 000 万元，其核心企业中外合资郎溪锦富箱包有限公司出口创汇 4 800 万美元，已成为安徽省同行业最大的出口创汇企业。集群目前已呈现出块状经济发展模式，带动了区域资本、劳动、技术、信息品牌的高度集聚，竞争力不断增强。

4. 宁国市三大产业集群实力较强

宁国经济社会发展较快，综合实力不断增强，1994 年进入全国综合实力百强县市行列，综合经济实力自连续多年居安徽县（市）首位。工业主体地位日益突出，工业化程度达 88%，初步形成了耐磨铸件、汽车橡胶零部件及电子元器件三大产业集群。宁国市耐磨铸件、汽车橡胶密封件和灯具电容器分别占全国市场份额的 21%、30% 和 80%，还担负了长三角地区产业龙头的配套角色。

2007 年，宁国市完成工业总产值 125 亿，较上年增长 31.5%，其中，耐磨铸件、汽车橡胶零部件、电子元器件三大产业集群，共完成工业经济总量 58.3 亿，是规模企业总产量的 51.6%，较上年增长 44.6%，所占比重较上年提高了 9 个百分点；完成工业增加值 18.4 亿元，占规模工业的 59.5%。耐磨铸件、汽车橡胶零部件和电子元器件三大产业的工业增加值分别较上年增长 45.4%、27.5% 和 33.4%。2009 年三大产业集群实现增加值 25.2 亿元，占全部规模工业增加值总量的 61.8%。2009 年宁国市累计完成工业总产值 188.8

亿元，同比增长 21.1%，工业增加值累计达到 50.8 亿元，各项指标均创历史新高。三大支柱产业实现工业产值 101 亿多元，同比增长 26.1%。

（三）外贸企业特色

近十年的经济发展使宣城市的贸易具备一定的特色，诸如汽车零部件、卫生洁具、箱包等行业的发展形成规模，并开始整合资源形成具有自身发展特色的行业，其出口额年年都有稳定增长。有影响的外贸企业主要有宁国市安徽省凤形耐磨材料股份有限公司以及中鼎密封件控股公司，宣州区的卫生洁具和郎溪县锦富箱包公司。

1. 中鼎控股（集团）公司

创建于 1980 年，该公司总部位于宁国市。经过近 30 年的艰苦创业，中鼎现已发展成为拥有总资产 28 亿元，员工 1 万余人，中鼎主导产品“鼎湖”牌橡胶密封件和特种橡胶制品广泛应用于汽车、工程机械、石油化工、船舶铁路、航天军事等行业领域。中鼎在国内同行业中具有主导地位的国家大型现代化企业，并在国际市场上具有较强的影响力和知名度。

为提升自身核心竞争力，中鼎本着“以我为主，博采众长”的方针，加快国际化进程，先后引进日本、韩国、德国、美国等国先进企业进行战略合作。同时，为顺应经济全球化的发展趋势，深入拓展国际市场，中鼎还大力实施“走出去”战略。2003 年在美国全资设立“中鼎美国公司”；2004 年收购韩国 HST 和 KA 公司；2007 年 10 月收购德国 Schmitter 公司；2008 年 6 月又收购了美国 AB 公司，从而初步形成了跨国经营规模。

中鼎装备先进，具有较强的技术开发和创新能力，拥有全国同行业唯一的“国家级企业技术中心”、“全国博士后科研工作站”和“国家级检测试验中心”。通过立足自主研发、“产学研”紧密结合以及对引进技术的消化、吸收和再创新，中鼎目前掌握具有国际先进水平的核心技术，能够满足主机厂同步开发战略需求。

2. 安徽省凤形耐磨材料股份有限公司

该公司目前规模居亚洲第一、世界第二，是以金属耐磨材料为主的铸造生产企业。公司现有职工 2 000 余人，各类专业技术人员 288 人，其中，高、中级技术人员 50 余名。工厂占地面积近 50 万平方米，拥有资产总值 6 亿元，形成年产 12 万吨耐磨材料能力。公司被国家科委和省科委分别授予“区域性支柱产业”和“高新技术企业”称号。产品畅销全国 34 个省、市、自治区 3 000多家企业，并远销美国、澳大利亚、加拿大等数十个国家和地区。

3. 郎溪县锦富箱包公司

公司位处安徽省郎溪县，占地面积约 170 000 平方米，拥有员工 1 000 余人，注册资本 500 万美元，年生产能力超亿元。锦富箱包有限公司以外向型经济为主，产品全部出口，对外贸易额连年大幅度增长。2006 年该公司出口额已达 3 800 万美元，上交国家财税为 1 365 万元，2008 年实现出口创汇 4 800万美元，税收 1 500 万元，成为全市单个企业出口额第一名。公司生产的各类软箱、拉杆箱、包袋等，销往 50 多个国家和地区，并在阿联酋、德国设有分公司。2004 年实现利润 94 万元，完成税收 88. 04 万元；2005 年出口创汇 1 658 万美元，实现利润 466 万元，完成税收 575. 2 万元；2006 年出口创汇 3 800 万美元，实现利润 938 万元，完成税收 982. 6 万元，占郎溪县出口创汇总额 90% 以上，使郎溪县出口创汇增幅位居全省第二，总量位居全省第六、宣城市第一。

第三节　宣城市贸易发展存在的主要问题

一、总体贸易层次不高

（一）贸易规模较小

宣城市批发、零售和物流企业大多都是民营小企业，没有达到一定的规模，管理水平不高，对外不具有竞争优势。

（二）商贸流通业发展不均衡

市、县两级城市商业网点的规划不够合理，没有形成一批以大型商业零售卖场、品牌专卖店、专业店和社区超市为基础的现代城市商业业态结构；流通业在城乡上的发展不合理，农村贸易发展明显滞后。此外，现代服务业发展不够，没有充分运用电子商务、连锁经营和物流配送等现代商业经营手段改造和提升传统服务业。

（三）新型业态发展缓慢，流通现代化程度较低

2009 年 12 月宣城新百开业，除华润苏果超市为国内著名连锁企业直营店外，其余均为地方自主品牌或加盟店，缺少大型品牌高档百货业态，也没有形成一家大型的卖场。

（四）贸易政策、产业政策不完善

宣城市的现代化流通业水平低，重生产、轻流通的观念仍然存在，资金

投入严重不足，政策支持力度又不够，规范管理、依法保护的机制尚未形成，难以发挥流通领域先进生产力的示范带动作用。

二、国际竞争力不强

从国际上看，2008 年美国金融危机之后，对宣城外向型经济的发展带来不利影响。2009 年出口总额大幅度下降。主要原因是外贸企业没有掌握核心技术，出口产品的比较竞争力优势主要依赖于劳动力价格低廉，例如，宣城洁具业虽然取得一定的成效，但同时几乎所有配件、原辅料产地在苏浙两省，成品出口多从上海、宁波港出境。运输费用极大，且由于路途较远成品路损严重，加大了成本；缺乏核心技术使得产业链不完全。现有的配套生产厂家不完整，某些工艺流程（电镀）仍要到苏浙两省寻求协作。

外贸企业缺乏自主品牌，也是其国际竞争力不强且易受国际经济波动影响的一个重要原因。由于国际形势的变化，受到金融危机的严重影响，宣城市的主要国际贸易伙伴美国、欧盟、日本等国家（约占全市出口总额的 50%）进口能力必然下降，由于缺乏自主品牌，宣城市出口产品附加值不高，抵御市场风险的能力较弱，保持出口稳定增产的压力加大。

三、经济贸易发展中存在不利因素

（一）主导产业不明确

目前尚无带动宣城的地域经济的支柱产业，缺乏完整的纵向一体化的产业链。产业结构不合理，层次不高，仍以传统的资源型高能耗、低产出的初级产品加工业为主，经济增长方式粗放，高附加值的产品比例偏低，对生态环境造成的压力增大。农产品加工、建材、有色金属等不能构成上下游产业链的有机联系，企业之间缺乏协作配套，产业关联度较低，难以充分发挥集聚效应、增值效应和拉动效应。

（二）发挥因地制宜的特色农业成长缓慢

虽然宣城已经有一定影响力的农产品深加工企业，但从总体上来说，宣城市农业结构调整缓慢，农产品的加工、转化和增值进程不快，农民增收还有不少困难，青壮年农民主要以外出打工为主，这两方面也直接影响了消费品市场的进一步发展。

第四节 宣城市贸易发展建议

中部崛起的实施，长三角的产业转移，这些都将是可以利用的大好时机，宣城市应该积极参与泛长三角区域发展分工合作，主动承接高技术和现代服务业转移。坚持以传统支柱行业为重点，努力转变经济增长方式，大力实施节能减排，发展循环经济，促进产业结构升级，延伸产业链条，形成集群式发展。通过承接产业转移，大力培育新兴产业，注重特色农产品的产业发展，实现宣城市经济跨越式发展。

一、培育完整的产业链，提升工业竞争力

宁国市具有三大支柱产业，并形成一定的产业集聚优势，但都不是一个完整的产业链，易受上游、下游企业的制约，且其他县市产业集聚力不强。因此，加快企业纵向一体化的产业链，特别是提升宣城支柱产业发展问题的关键在以下三个方面：在发展方式上，要充分发挥宣城的生态优势和后发优势，坚持走特色农产品开发和深加工；在发展空间布局上，立足于市经济开发区和各县区工业园区，协调发展关联产品企业，以争取在宣城市范围内培育一个较完整的产业链；在招商引资工作中，尤其是在皖江城市带承接产业转移示范区规划中就应该有意识地选择或承接同一个产业链上不同环节的项目。

二、加快批发零售贸易业的发展

依托宣城市生态资源、旅游资源优势和逐步形成的快速便捷的交通网络，大力推进商业零售体系和商贸流通体系建设，形成商贸流通企业集聚地、旅游用品零售企业集聚地和农产品流通企业集聚地的布局。加快市场体系建设，在主城区基本建成建材大市场、农产品批发市场、家电大市场、商贸大市场、农机大市场和水产品批发市场；在交通沿线站点、港口码头、高速公路接口和特色商品生产区建设物流园区和大型批发市场；围绕宣城市的特色农业，建立一个面向全国的宣城特色农产品专门批发市场，推动宣城农业和农产品物流业的发展。

三、注重核心技术研发，树立品牌意识

为提升自身核心竞争力，要立足自主研发，加强“产学研”紧密结合以及对引进技术的消化、吸收和再创新，致力于具有自主知识产权先进产品的研究开发，同时加强与国内著名科研院所之间的交流与合作，通过成立专业研发公司、联合实验室等方式，走“产学研”合作开发路线，并在消化吸收国外先进技术的基础上进行再创新，研究开发自主知识产权的产品。要树立品牌意识，通过公关、广告或各种媒体来宣传产品，将产品曝光，以提高宣城产品的市场占有率和知名度。

四、积极采取多种措施，努力促进对外贸易

在出口方面：一是加大出口产品结构调整力度。要加大出口贸易结构的调整，积极促进产业升级换代，以自主品牌、自主知识产权和自主营销为重点，增强企业的国际综合竞争力，提高出口质量和效益，努力提升出口产品在国际分工链中的价值地位。要降低初级产品与低附加值产品的出口，控制高耗能、高排放和资源性产品出口。

二是发展多元化的贸易合作伙伴关系，构建合理出口区域结构。要进一步降低出口区域的过度集中与依赖，积极拓展美国以外的出口市场，包括印度、巴西、阿根廷等新兴市场国家的出口，稀释美国进口调整对宣城市出口发展带来的不利效应。促使出口区域结构更加多元化，构建出口稳定增长的基础。

三是继续加大实施“走出去”战略的力度。应继续加大实施“走出去”战略的力度，鼓励和支持企业以多种手段开拓国际市场，不要局限于单纯以贸易方式来扩大出口。毕竟单纯以贸易方式扩大出口的作用比较有限，并极易引起反倾销、反补贴等限制措施，增加贸易纠纷。目前，以投资带动贸易已成为国际贸易发展的趋势。因此，要鼓励相关企业加快“走出去”的步伐，以到国外投资等多种方式来扩大我国的出口，像中鼎密封件股份有限公司那样，在美国收购和建立分公司，在韩国和德国兼并当地公司，从而初步形成了跨国经营规模，既扩大了出口，又避免了贸易壁垒。

四是设立外贸出口基地，进行产业集聚发展。要充分发挥当地产业优势，以培育骨干企业为先导，提高产业聚集与配套能力，建设好出口基地。优先考虑建设卫生洁具、汽车零配件、箱包三大外贸出口基地。

五是积极鼓励进出口企业以优势产品招商。要抓住国际产业转移和资本流动的机遇，积极鼓励进出口企业以优势产品招商，大力吸引境外资本、先进技术、管理经验和高素质人才，加快提升产业层次，形成贸易投资的良性互动。

参考文献：

［1］柳思维．现代消费经济学通论［M］．北京：中国人民大学出版社，2006.

［2］宣城市发展和改革委员会．宣城市承接产业转移示范区规划纲要．2009. http：//www. xcpc. gov. cn/

［3］宣城市商务局 2009 年工作总结．宣城市商务局网站：http：//www. xcbofcom. gov. cn

［4］宣城市统计信息网．http：//www. xctj. gov. cn/.

［5］宣城市统计局．2003—2009 年宣城市国民经济和社会发展情况统计公报．http：//www. xuancheng. gov. cn/.

［6］安徽省统计局．安徽统计年鉴［R］．2008—2009. 北京：中国统计出版社，2008—2009.

第十六章　铜陵市贸易发展分析[①]

铜陵市地处安徽省南部，长江中下游南岸，面积 1 113 平方千米，人口 73 万。[②] 铜陵是皖江工业名城、工贸港口城市，是安徽经济板块第一方阵中最具活力的城市之一。沪宁铜铁路、合铜黄高速公路、徐（州）黄（山）公路、长江黄金水道，使铜陵的交通便捷、快速。铜陵自然资源丰富，尤以矿产资源储量丰、矿种全而闻名。已探明的矿种主要有铜、硫、铁等，其中铜、金、银、硫铁矿和石灰石储量均在全省名列前茅。

2009 年全年实现生产总值 343.7 亿元，按可比价计算，比上年增长 13.7%，增幅居全省第四位。其中，第一产业增加值 9 亿元，增长 5.4%；第二产业增加值 233.3 亿元，增长 16.4%；第三产业增加值 101.4 亿元，增长 8.8%。全年城镇居民人均可支配收入为 16 769 元，居民消费价格指数为 98.9，比去年下降 7.2%。[③]

第一节　铜陵市贸易发展现状

一、国内贸易现状

（一）社会消费品零售总额

截至 2008 年底，铜陵全市社会消费品零售总额累计实现 70.63 亿元，同比增长 23.6%，全年社会消费品零售总额突破 70 亿元关口，增速位居全省第三。其中城市市场实现消费品零售总额 60.59 亿元，增长 23.7%；县及县以下实现零售额 10.04 亿元，增长 22.8%；居民消费价格较去年同期上涨 106.1%。

---

① 作者感谢铜陵市商务局在调研工作中给予的大力支持。

② 数据来源于铜陵市人民政府网（http：//www.tl.gov.cn）。

③ 数据来源于铜陵统计信息公众网（http：//www.tjj.tl.gov.cn/）。

2008 年全市城镇居民恩格尔系数为 41.8%，同比上升 1.9 个百分点。[①]

如表 16.1 所示，铜陵全市 2009 年社会消费品零售总额累计实现 83.82 亿元，累计同比增长 18.7%。其中市区实现消费品零售额 71.51 亿元，增长 18%；县城实现消费品零售额 5.62 亿元，增长 23.4%，农村实现消费品零售额 6.69 亿元，增长 21.9%。[②] 四年来，铜陵市社会消费品零售额年均增速达到 18.73%，2009 年增速低于 2008 年 4.9 个百分点，各月具体数据如表 16.2 所示。

表 16.1 2006—2009 年铜陵市社会消费品零售总额

单位：亿元

	2006 年	增长（%）	2007 年	增长（%）	2008 年	增长（%）	2009 年	增长（%）
社会消费品零售总额	48.64	15.1	57.16	17.5	70.63	23.6	83.82	18.7
（一）按地域分：								
1. 市	41.6	15.4	48.98	17.8	60.59	23.7	71.51	18
2. 县	3.16	14	3.69	16.8	4.55	23.4	5.62	23.4
3. 县以下	3.88	12.9	4.49	15.7	5.49	22.3	6.69	21.9
（二）按行业分：								
1. 批发零售业	39.12	14	45.43	16.1	55.85	22.9	65.77	17.8
2. 住宿餐饮业	9.28	20.7	11.47	23.6	14.48	26.2	17.61	21.6
3. 其它	0.24	3.9	0.26	12.6	0.3	14.2		

资料来源：2006—2009 年铜陵市国民经济和社会发展统计公报。

表 16.2 2009 年各月铜陵市社会消费品零售总额比较

单位：亿元

	1 月	2 月	3 月	4 月	5 月	6 月
2009 社会消费品零售总额	6.5	5.39	5.58	6.3	6.93	6.75
	7 月	8 月	9 月	10 月	11 月	12 月
	7.08	7.19	7.81	8.07	7.80	8.42

资料来源：根据铜陵市商务局 2009 年 1 月至 2009 年 12 月《铜陵市商务经济月度统计分析》整理。

① 数据来源于铜陵市商务预报网（http：//cif.mofcom.gov.cn/）。

② 数据来源于铜陵市商务预报网（http：//cif.mofcom.gov.cn/）。

表 16. 2 反映出 2009 年铜陵市全市居民消费购买力的不断提高，同时也反映出国家为应对全球金融危机而出台的各项刺激居民消费政策的影响。

（二）限额以上批发和零售业、住宿和餐饮业

2009 年，限额以下中小商贸企业增势强劲，增幅高于限额以上企业。全市批发零售业 2009 年累计实现社会消费品零售总额 65. 8 亿元，同比增长 17. 8%；其中限额以上企业实现 20. 37 亿元，同比增长 15. 7%；而限额以下企业实现 45. 4 亿元，同比增长 18. 7%；增幅高于限额以上企业 3 个百分点。

住宿和餐饮业全年实现营业额 17. 61 亿元，同比增长 21. 6%；其中限额以上企业实现 1. 81 亿元，同比增长 11. 5%；限额以下企业实现 15. 8 亿元，同比增长 22. 9%，增幅高于限额以上企业 11. 4 个百分点。①

二、对外贸易现状

（一）货物贸易

由表 16. 3 可以看出，在经历了 2007 年的高速增长和 2008 年的平稳推进之后，铜陵市的进出口总额在 2009 年出现大幅度滑坡，跌幅达到 30. 8%。其中，进口 203 761 万美元，下降 32. 2%；出口 17 717 万美元，下降 7. 9%。全年出口总额居全省第十位，占全省出口总量的 19. 9%；进口总额居全省第 1 位，占全省进口总量的 30. 2%。

表 16. 3　2006—2009 年铜陵市外贸进出口统计

单位：万美元

	2006 年	增长（%）	2007 年	增长（%）	2008 年	增长（%）	2009 年	增长（%）
外贸进出口额	220 136		292 420	32. 8	319 970	9. 4	221 478	－30. 8
进口额	170 840		272 054	59. 2	300 743	10. 5	203 761	－32. 2
出口额	49 296		20 366	－58. 7	19 227	－5. 6	17 717	－7. 9

资料来源：铜陵市商务局提供。

2009 年全年，铜陵市进出口总值为 221 478 万美元，居全省第二位，比上年同期下降 30. 78%，其中，出口 17 711 万美元，比上年同期下降 7. 8%，进口 203 761 万美元，比上年同期下降 32. 25%。各月进口额与 2008 年同期的

① 数据来源于铜陵市商务预报网（http：//cif. mofcom. gov. cn/）。

详细比较如表 16.4 和图 16.1 所示。

表 16.4 铜陵市 2008 年与 2009 年逐月进口额比较

单位：万美元

	1 月	2 月	3 月	4 月	5 月	6 月
2009 年进口额	12 455	8 871	12 654	13 792	8 962	13 613
2008 年进口额	33 847	19 641	29 676	41 571	22 302	34 150
	7 月	8 月	9 月	10 月	11 月	12 月
2009 年进口额	12 160	17 975	25 264	27 480	12 783	37 752
2008 年进口额	26 891	18 648	13 321	22 492	15 389	22 815

资料来源：根据铜陵市商务局 2009 年 1 月至 2009 年 12 月《铜陵市商务经济月度统计分析》整理。

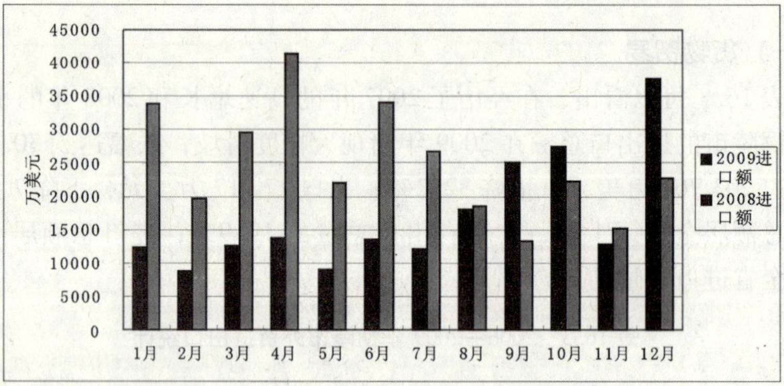

图 16.1 铜陵市 2008 年与 2009 年进口额比较图

2009 年各月出口额与 2008 年同期的详细比较如表 16.5 和图 16.2 所示。

表 16.5 铜陵市 2008 年与 2009 年逐月出口额比较

单位：万美元

	1 月	2 月	3 月	4 月	5 月	6 月
2009 年出口额	1 354	650	1 123	1 097	1 298	1 291
2008 年出口额	1 998	1 514	1 996	1 878	1 259	881
	7 月	8 月	9 月	10 月	11 月	12 月
2009 年出口额	1 589	1 597	2 480	1 625	2 116	1 497
2008 年出口额	1 566	1 436	1 579	1 770	1 406	1 944

资料来源：根据铜陵市商务局 2009 年 1 月至 2009 年 12 月《铜陵市商务经济月度统计分析》整理。

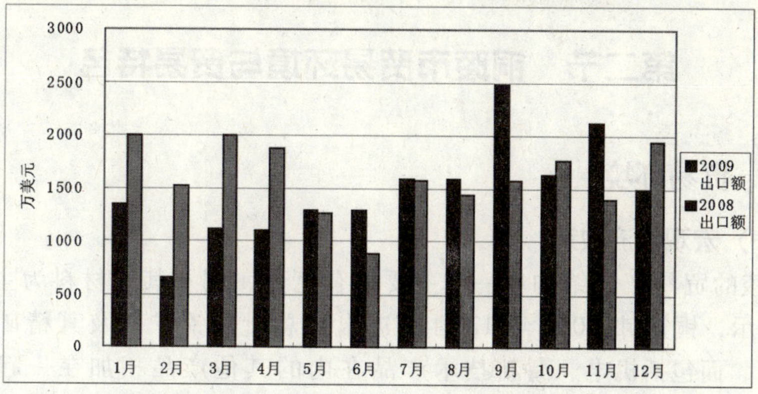

图 16.2 铜陵市 2008 年与 2009 年逐月出口额比较图

由此反映出铜陵经济受全球金融危机的影响较深，高度外向型经济使其 2009 年对外贸易不确定、不稳定因素持续增多。

（二）外商直接投资

2008 年，铜陵全市实际利用外资 20 083 万美元，同比增长 74.6%。其中外商直接投资 16 170 万美元，同比增长 46.9%；外商其他投资 1 432 万美元，同比增长 189.3%；对外借款 2 481 万美元，上年无。①

2009 年全年，全市实际利用外资 26 026 万美元，同比增长 29.6%。其中，外商直接投资 15 644 万美元，下降 3.3%；外商其它投资2 072万美元，增长 44.7%；对外借款 8 310 万美元，增长 234.9%。②

（三）对外直接投资

2009 年全年，全市新批境外投资企业 4 家，新批企业协议对外投资额 2 247万美元，实际境外投资 390 万美元。在境外设立企业的 13 家企业中，既有投资开发资源型矿山，也有购买境外公司股份；既有工业品利用，也有农业开发，新批企业协议对外投资额 2 247 万美元，占以往历年累计协议对外投资额的 100%。赞比亚谦比西铜矿西矿体副井工程、赞比亚康科拉项目、智利矿山勘探工程等 3 项境外工程累计完成境外承包工程营业额 3 783 万美元，增长 220%。③

① 铜陵市商务局．铜陵市外贸、外资统计资料．2008.12.
② 铜陵市商务局．铜陵市商务经济月度统计分析．2009.12.
③ 铜陵市商务局．铜陵市商务经济月度统计分析．2009.12.

第二节 铜陵市贸易环境与贸易特色

一、贸易环境

（一）宏观经济政策

铜陵的贸易产品结构单一，主要以有色金属铜及其原材料为主，如表16.6所示，铜陵市2009年12月的进出口总量中铜矿砂及其精矿占据了77.62%，而包括机电、高新技术产品在内的其他产品相加在一起也仅有22.38%。由此可见国家关于有色金属产业的政策调整对于铜陵市的贸易发展影响巨大。

表16.6 2009年12月铜陵市进出口结构表

单位：万美元

项目	累计进出口总额		上年同期		增幅
	金额	比重	金额	比重	
进出口主要产品					
铜矿砂及其精矿	171 915	77.62%	273 170	85.37%	-37.07%
其中：进口量（万吨）	118		144		-18.06%
铜坯	7 159	3.23%	1 884	0.59%	279.99%
白银	4 715	2.13%	5 043	1.58%	-6.50%
机电产品	6 670	3.01%	13 283	4.15%	-49.79%
初级产品	177 229	80.02%2	76 567	86.44%	-35.92%
工业制品	31 044		33 194		-6.48%

资料来源：铜陵市商务局2009年12月《铜陵市商务经济月度统计分析》。

2008年第四季度以来，国家针对国内外经济形势的新变化，实施了积极的财政政策和适度宽松的货币政策，出台扩大内需、促进经济平稳较快增长的十项重要措施，以及将铜从加工贸易禁止类目录中剔除，所有这些利好消息都有利于有色金属产品的出口，在一定程度上促进了铜陵市出口的V字型逆转。

此外，国家对汽车、钢铁、机械装备、轻工、电力等有色金属下游产业振兴规划的逐步出台，将刺激相关产业的发展和复苏，从而拉动有色金属的需求，间接的利好于有色金属行业；国家出台的有色金属行业产业振兴规划又将直接利好于本行业。

（二）国内铜产品市场

中国作为高速增长的新兴经济体国家，是全球最大的铜消费国，然而随着 2008 年全国经济增长速度放缓，铜陵铜冶炼企业的生产经营受到较大影响，铜等有色金属产品受到较大冲击，国际铜产品期货价格持续大幅下跌，引起国内铜产品价格大幅下跌；同时国内有色金属行业下游产业的发展进入了调整期，对于铜等有色金属产品的需求不足，使得整个有色金属行业效益锐减。

进入 2009 年以来，随着国内经济的复苏，中国加大电网投资等会使得铜金属的刚性需求优于其他金属，需求前景的预期提高；同时，国内铜价比国外铜价出现久违的正价差。从长远看，中国有色金属市场具有良好前景，在工业化和城镇化的推动下，铜等主要有色金属的需求总体将呈上升趋势。中国作为全球最大的金属消费国，对铜的需求也将保持适度增长，这对于以铜产品为核心竞争力的铜陵来说无疑是促进发展的强心剂。

从整个国内市场看，目前整个铜行业的集中度正在不断提高，而且随着国家对于铜冶炼行业盲目扩能的调控政策不断出台，具有成本和环保优势的大型铜生产企业正在通过并购、扩能等手段淘汰落后产能，巩固市场地位，提高行业集中度，这必将加剧行业内竞争。

（三）国际环境

世界各国为了应对全球金融危机都相继出台了大规模的经济刺激计划，而随着这些经济刺激计划效果的逐渐显现，全球经济基本面逐渐趋于好转，并带动实体经济的复苏，对于铜等有色金属产品的需求也会随之增加，并带动铜价在未来大幅回升。

铜行业是一个资本密集型行业，在目前对外依存度越来越高的情况下，资金实力、矿山资源、生产规模、技术装备、环境保护和生产管理经验均构成进入该行业的主要障碍，新的市场进入者很难成为市场的主导。从国际市场看，国际矿业近几年来重组加剧，资源的集中度不断提高，大型矿业企业持续增加对资源的持有，这对于铜产品出口将形成一定的冲击。

（四）原料供应市场

铜陵市铜加工企业的主产品是阴极铜，所需主要原料为铜精矿、粗铜和废杂铜，其中铜精矿自给率较低。近几年来，冶炼产能的扩张使得以铜陵有色金属为代表的企业群对外购原料的依赖性增大，若国际市场原料供应不足或价格大幅上涨，铜陵市主要贸易企业的生产经营将受到极大的不利影响。

二、贸易特色

(一) 市　场

1. 铜陵市假日经济特征明显

以“五一”小长假为例，消费品市场客流如潮、商品丰富，呈现繁荣活跃的节日气氛，重点零售、餐饮企业销售收入有较大增幅。根据铜陵市商务局的监测，节日期间各大商场、市场、商业街人气旺盛，比平时客流量增加2~3倍。铜陵合百商厦、苏果超市淮河路大卖场、世纪联华超市等10家重点流通企业，小长假三天累计实现销售2 051万元，同比增长14.01%。其中铜陵合百、苏宁电器节日销售处领先地位，小长假三天分别实现销售1 056.4万、402万元，同比增长23.93%和4.96%。①

2. 消费市场政策导向性明显

以汽车消费市场为例，在国家鼓励汽车消费的大背景下，铜陵市2009年各月汽车销售持续走好。据铜陵市商务局提供的数据，大桥汽贸、顺达实业和安徽汽贸铜陵公司三家限额以汽车销售企业，2009年全年共实现销售收入2.99亿元，累计销售各类车辆近3 000辆，销售额、销售量均呈较快增长态势。其中顺达汽贸、大桥汽贸1—12月份实现销售收入分别为15 058万元和10 036万元，同比分别增长98.9%和34.1%。②

再以家电消费市场为例，国家出于扩大国内消费市场的目的，出台鼓励家电下乡的政策。铜陵市2009年累计销售家电下乡产品15 675台，销售额达3 477.08万元；平均每万户购买家电下乡产品1 638.86台，在全省位次靠前。其中冰箱、空调、彩电销售在家电下乡产品中名列前三位，分别达到5 977台、3 473台和2 551台。③

3. 县城及县以下农村消费增幅高于城市

受“万村千乡市场工程”、“家电下乡”、“汽车下乡”等利好政策的影响，铜陵市农村消费市场日趋活跃，增势强劲，农村消费增长幅度首次高于城市。市商务局统计资料显示，2009年全年，县城实现消费品零售额5.62亿元，增长23.4%；农村实现消费品零售额6.69亿元，增长21.9%；增幅分别

① 数据来源于铜陵市商务预报网（http://cif.mofcom.gov.cn/）。
② 数据来源于铜陵市商务预报网（http://cif.mofcom.gov.cn/）。
③ 数据来源于铜陵市商务预报网（http://cif.mofcom.gov.cn/）。

高于市区 4.7 个百分点和 3.2 个百分点。这一方面反映出铜陵市消费市场的政策导向性，另一方面反映出铜陵市广大农村市场的巨大消费潜力。①

4. 促进外贸发展的各项政策成效显著

铜陵市政府先后制定了《构建进出口孵化体系工作方案》及《进出口孵化器工作方案》，通过政策宣传、业务指导，进出口备案登记企业数逐月攀升，1—12 月份，100 家企业新获进出口经营权，获权企业增至 267 家，20 家企业实现了进出口零突破，累计进出口实绩企业 122 家。金蜗牛工艺品公司、志扬软件公司分别成为商务部重点扶持的文化出口企业和电子商务企业。

（二）产　业

1. 构筑“三三三”产业体系

铜陵市自 2006 年开始大力构筑“三三三”产业体系，如图 16.3 所示，到 2009 年该市形成了以第二产业为主导，以第三产业发展为突破口的产业发展格局。该市依托优势和优质企业，拉长产业链条，建成铜、电子、纺织三大产业集群，壮大化工、建材和能源三大产业基地，培育装备制造、新材料和生物医药三大接续产业。2009 年，铜陵市铜工业、化工等主导产业进一步做大做强，装备制造、纺织服装、电子元器件及基础材料产业呈集群化发展态势。同时，大力推进科技创新，累计开发各类新技术、新产品 410 余项，组织实施省级以上科技计划项目 112 项。规模以上工业企业由 92 家增加到 213 家，有色控股公司主营业务收入突破 400 亿元。②

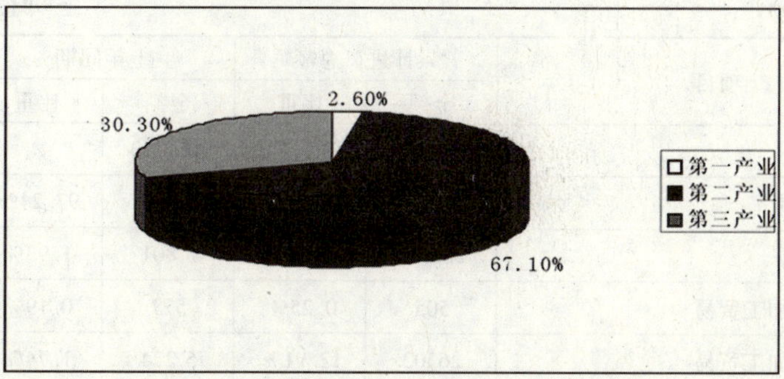

图 16.3　2008 年铜陵市产业结构比重图

资料来源：铜陵市人民政府网。

① 铜陵市商务局. 铜陵市商务经济月度统计分析. 2009.5.

② 数据来源于铜陵市人民政府网（http://www.tl.gov.cn）.

2. 国际贸易处于逆差

从图 16.4 可以看出，铜陵市的国际贸易一直处于逆差的境况，并且进口大幅度高于出口，这与铜陵市的产业基础密切关联。铜陵是我国重要的有色金属产业基地之一，炼铜工业在全省国民经济中占有举足轻重的地位。正由于此，进料加工成为铜陵的主要贸易模式，表 16.7 显示 2009 年 12 月铜陵市进料加工金额为 26 302 万美元，比去年同期增长 403.48%。在进口全面下降的背景下，这一数据反映了进料加工作为铜陵市主要贸易方式的重要地位。

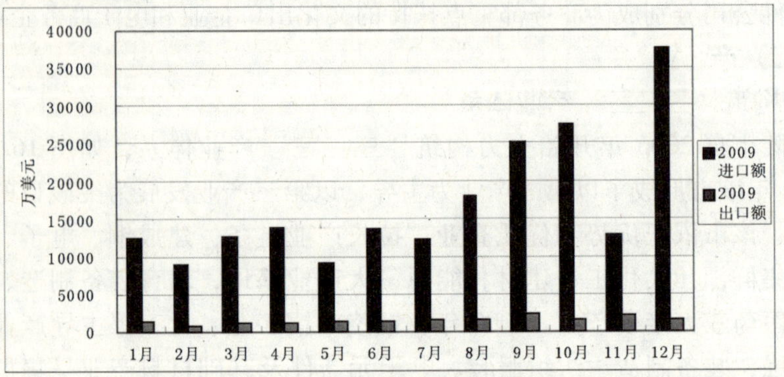

图 16.4 2009 年铜陵市逐月进出口额比较图

资料来源：铜陵市商务局 2009 年《铜陵市商务经济月度统计分析》。

表 16.7 2009 年 12 月铜陵市进口结构表

单位：万美元

项目	累计进口总额		上年同期		增、减
	金额	比重	金额	比重	
所有方式	203 761		300 743		-32.25%
一、一般贸易	175 714	86.24%	292 451	97.24%	-39.92%
二、加工贸易	26 807	13.16%	5 801	1.93%	362.11%
1. 来料加工贸易	505	0.25%	577	0.19%	-12.48%
2. 进料加工贸易	26302	12.91%	5 224	1.74%	403.48%
三、其他贸易	1 240	0.61%	2 489	0.83%	-50.18%
1. 作为投资进口的设备、物品	852	0.42%	2 455	0.82%	-65.30%
2. 保税仓库进出境货物	351	0.17%			
3. 其它	37	0.02%	34		

资料来源：铜陵市商务局 2009 年 12 月《铜陵市商务经济月度统计分析》。

第三节 铜陵市贸易发展存在的主要问题

一、居民消费市场仍有待进一步采取措施加以刺激

首先，铜陵的进出口严重不平衡，进口远远大于出口。外需不足使得就业压力增大，居民消费信心不足。第二，储蓄率较高，储蓄存款增加，影响居民的即期消费，进而影响全市的经济增长。第三，农村市场消费增幅有所提高，但农村居民消费增长仍慢于收入增长，相比较其他地市，铜陵的农村市场仍处于低水平，消费总量仍显不足。以元月份消费市场为例，县及县以下实现社会消费品零售总额为 9 699 万元，仅占当月全市社会消费品零售总额的 14%；农村消费品零售总额只有 5 117 万元，对全市当月社会消费品零售总额的贡献率仅为 7%，[①] 远低于全省平均水平。

二、进出口结构不平衡问题严重影响进出口总额

铜陵市进出口结构不平衡，国际贸易对大企业的依存度较高。例如，2008 年有色公司的进出口总值占全市外贸总量的 90% 左右。由于国际市场上铜精砂价格的大幅下跌（已由上年同期的 2 500 美元/吨左右跌至目前的 1 000 美元/吨上下），同样进口 10 万吨铜精砂矿，在 2008 年元月份可以实现进口额 2.5 亿美元，但在 2009 年 5 月份只有 1 亿美元，这反映在铜陵市进出口统计表中就是进出口额的大幅下跌。由表 16.8 可以清楚看到，铜矿砂及其精矿的进口以美元计算下降了 66.63%。

① 数据来源于铜陵市商务预报网（http：//cif. mofcom. gov. cn/）。

表 16.8　2009 年 5 月铜陵市进出口结构表

单位：万美元

项目	累计进出口总额		上年同期		增幅
	金额	比重	金额	比重	
进出口主要产品					
铜矿砂及其精矿	45 353	72.81%	135 921	87.29%	-66.63%
精炼铜坯	3 394	5.45%	314	0.20%	980.89%
电镀电解装置	2 233	3.58%			
机电产品	4 361	7.00%	3 912	2.51%	11.48%
高新技术产品（政策目录）	3 900	6.26%	2 233	1.43%	74.65%
农副产品（WTO 口径）	419	0.67%	519	0.33%	-19.27%

资料来源：铜陵市商务局 2009 年 5 月《铜陵市商务经济月度统计分析》。

三、出口地区过于集中给外贸出口带来风险

截至 2009 年 12 月，与铜陵市有贸易往来的国家和地区共 69 个，出口额列前四位的国家和地区分别是香港（427 万美元）、日本（181 万美元）、韩国（122 万美元）、印度尼西亚（96 万美元），共同占全市当月出口总额的 75.1%。这样高密度的外贸出口使铜陵对上述前四位的市场的依赖性过高，存在巨大的潜在风险。一旦国际经济形势进一步恶化，给亚洲地区实体经济带来更大冲突，势必严重影响铜陵的外贸出口。①

四、口岸运行中存在缺陷

作为安徽省为数不多的沿江城市之一，铜陵口岸的运行情况对于其贸易发展影响巨大。首先，受金融危机的影响，铜陵市外贸出口企业的出口运量、进口货值明显下降。2009 年 12 月，铜陵口岸靠泊外籍轮数量比上年同期减少 3 艘。其次，从进、出口货物的结构看，铜陵口岸进出口的货物主要是初级产品或附加值较低的产品。2009 年 12 月，铜陵口岸进口货物主要是铜精砂、硫酸、废五金、钛矿石，出口货物主要是方解石、生石灰、化肥、高磷土。再

① 数据来源于铜陵市商务局。

次，基础设施建设严重滞后，影响了口岸功能的充分发挥。铜陵市在口岸开放时申报了3个外贸码头，但因多方面原因，实际对外开放的只有件杂货码头，造成了仅靠一个码头单独支撑的局面。近年来，随着铜陵市对外贸易的快速发展，加上码头设施老化，件杂货码头已经难以适应口岸大出大进的需要，压港压货现象经常发生。最后，港口现场缺乏查验单位办公场所，也没有建设集装箱码头及相关监管场地。

第四节　铜陵市贸易发展建议

一、积极培育农村消费市场

如前文所分析，一方面，铜陵广大农村市场的消费仍处于低水平，消费总量远远不足；另一方面，农村市场消费增幅却明显高于城市，因此培育成熟的农村市场，扩大农村市场需求对于提高铜陵市社会消费水平意义重大。

首先是提高农民收入，要增加对农村基础设施建设的投入，重点支持农村节水灌溉、人畜饮水、种子种畜和乡村道路建设，以促进农业发展。同时，推进优势农产品区域布局，促进优势农产品和特色农产品向优势产区布局，形成优势产业带。此外，要用现代科技改造农业，把农业和农村经济转到以质量和效益为中心的轨道上来。

其次要规范农村流通市场，更大程度维护广大农民的切身利益，保证农村消费市场健康发展。还应着力加强流通领域的网络和设施建设，连锁商业企业应向农村延伸。同时要健全组织，切实维护农村消费者合法权益，消费者协会应向农村延伸。

二、着力培育消费热点

铜陵各级政府需加强对经济运行的调控，采取加大政府投资、财政贴息、政策扶持等多种手段促进经济增长，对于产业投资，要体现对总需求结构和产业发展调整的引导，主要发展服务业，加强全社会教育、体育、卫生、保健、文化娱乐等方面的投入，规范金融、旅游、文化等服务，同时加强对土地环保、土地节约、节能减排、劳动用工、生产安全、产品质量的引导，大力支持高科技产业自主创新发展和鼓励支持工业企业的重大专项技术攻关等。

三、进一步引导和扩大汽车消费

进一步规范汽车市场秩序，加快铜陵市行政机关公车改革进度，简化购车手续，归并税费，清理不合理收费。支持4S专卖店建设，在征地、融资方面给予政策优惠。加强对汽车售后服务、维修及加油（气）站的管理，规范和清理车辆使用中保险费、路桥费、停泊费等各种收费，降低汽车使用成本。此外，要调整汽车消费信贷政策，鼓励银行和其他金融机构改善信贷服务，简化贷款购车手续，降低首付比例，延长还贷期，丰富信贷品种，建立规范的汽车信贷消费市场。探索开展经销商库存融资、用户分期付款等多种汽车信用消费形式。进一步优化城市道路等交通基础设施建设，提高中心城区通行能力。

四、大力发展民营经济

民营经济是贸易发展的润滑剂，特别是在国际贸易的发展中更是起着举足轻重的作用。然而铜陵市的民营企业在进出口贸易中的作用却微乎其微。由表16.9可以看出，民营企业的进出口额在全市进出口总额中所占的比重在2009年12月份只有2.9%，而2009年全年的累计值仅有3.2%。因此，大力发展民营经济既可以促进铜陵市国际贸易的发展，同时又可以降低全市在进出口贸易中对国有大中型企业的依赖。

表16.9　2009年12月铜陵市民营企业进出口额统计表

单位：万美元

项目	本月			累计		
	绝对值	去年同期	比去年同期±%	绝对值	去年同期	比去年同期±%
进出口总值	23 083	24 736	-6.68	221 478	319 970	-30.78
国有企业	4 948	6 095	-18.82	49 037	86 356	-43.22
三资企业	17 468	18 140	-3.70	165 459	224 928	-26.44
民营企业	667	501	33.13	6 982	8 686	-19.62

资料来源：铜陵市商务局2009年12月《铜陵市商务经济月度统计分析》。

为此各级政府要采取相应的政策措施，启动民间资本，促进民营企业的发展，有选择的扶持有基础、有规模、有实力的民营企业做强做大，对其给以融资、技术创新等方面的支持。同时要制定民营企业发展产业规划，对其发展进行指导，防止无序竞争，培育具有国际竞争力的民营企业。

五、鼓励企业实施“走出去”战略

要鼓励有实力的大型国有企业进行海外投资，实行本土化经营。市政府要建立和完善相关的外向国际化发展资金支持体系，加大对企业的财政支持力度，鼓励企业在境外开发和利用铜陵市急需的矿产资源。同时，鼓励企业引进先进技术和关键设备，进一步增强全市国民经济发展后劲。

参考文献：

[1] 铜陵市商务局．铜陵市商务经济月度统计分析 [R]. 2009.

[2] 安徽省统计局．安徽统计年鉴 [R]. 2004—2009. 北京：中国统计出版社，2004—2009.

[3] 铜陵市人民政府网．http：//www. tl. gov. cn/.

[4] 铜陵统计信息公众网．http：//www. tjj. tl. gov. cn/.

第十七章　池州市贸易发展分析

池州市位于安徽省西南部，东南与黄山市毗邻，东北与铜陵市、芜湖市交界，西北与安庆市隔长江相望，西南与江西省交界。总面积 8 271.7 平方千米，人口 158.9 万人。全市辖 1 个市辖区、3 个县，即贵池区、东至县、石台县、青阳县，市政府驻贵池区。池州市是长江南岸重要的滨江港口城市和省级历史文化名城，也是安徽省“两山一湖”（黄山、九华山、太平湖）旅游区的重要组成部分。2009 年全市生产总值 245.6 亿元，人均生产总值 16 283 元。全市生态环境良好，经济与人口、环境协调发展，是全省第一个国家生态经济示范区。

第一节　池州市贸易发展现状

一、国内贸易现状

（一）社会消费品零售市场

1. 零售市场总量增长迅速

从年度间比较来看，尽管受到国际金融危机的影响，但随着消费结构的升级、消费环境的优化与居民收入的提高，全市消费品市场仍然保持了快速增长的良好势头，其社会消费品零售总额从 2004 年 27.83 亿元增加到 2009 年 79.2 亿元，4 年间增长了 2.85 倍。从各类数据比较看，消费品零售总额增长率（不考虑通胀因素）呈逐年递增的态势（图 17.1）。

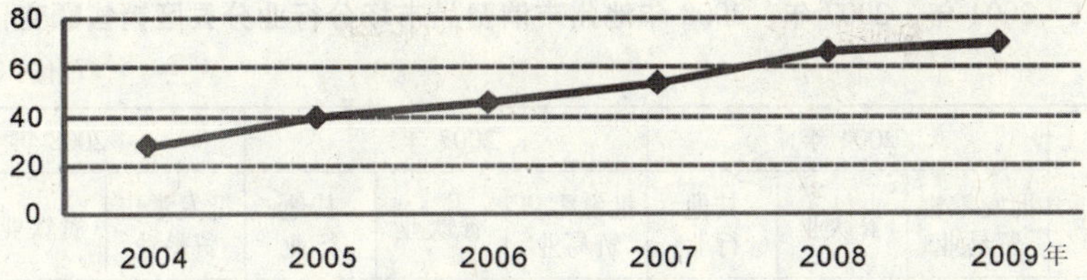

图 17.1　2004—2009 年池州市社会消费品零售总额（单位：亿元）

资料来源：2004—2009 年池州市国民经济和社会发展统计公报。

2. 城乡分地区零售额结构不断优化

池州市旅游资源非常丰富，多分布在市属各县区，如东至县的升金湖、青阳县的九华山、石台县的牯牛降等，随着国内旅游业的迅速增长，带动了县域经济的消费能力。2009 年，县以上城镇实现零售额 48.7 亿元，较上年增长 19.3%；县以下农村零售额 30.5 亿元，较上年增长 18.6%。县域经济中消费市场增长幅度基本上与市区同步。图 17.2 显示近年来池州城乡消费品市场的份额变化。

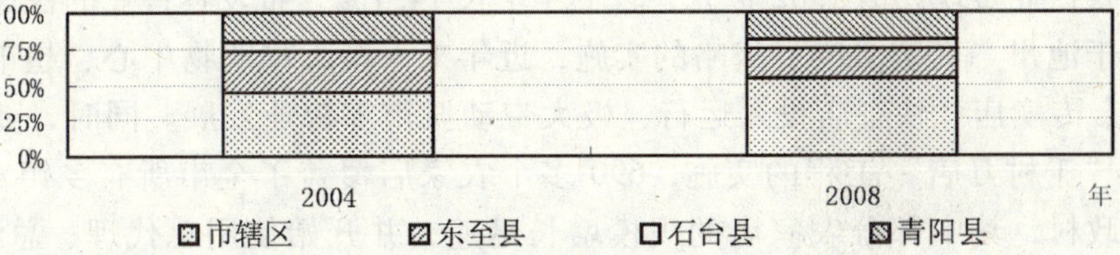

图 17.2　池州市城乡分地区消费品零售额占总消费额比重变化（单位:%）

资料来源：2004—2009 年池州市国民经济和社会发展统计公报。

3. 消费品市场分行业销售额快速增长

得益于旅游业的快速发展，池州市消费品市场分行业销售额快速增长，特别是县域经济中住宿和餐饮业的增长迅速。2009 年，全市批发零售业零售额 64.77 亿元，较上年增长 19%；住宿餐饮业零售额 12.28 亿元，较上年增长 21.9%；其他行业零售额 2.13 亿元，较上年增长 6.6%。与人民生活密切相关的消费亮点不断涌现，恩格尔系数不断降低，2009 年全市限额以上批零贸易企业商品销售中，家具类增长 78.7%，化妆品类增长 75.1%，汽车类增长 73.3%，体育、娱乐用品类增长 70.9%，服装、鞋帽、针纺织品类增长 69.5%，电子出版物及音像制品类增长 56%，五金、电料类增长 49.8%，粮油、食品、饮料、烟酒类增长 32.3%，家用电器和音像器材类增长 31.6%，日用品类增长 22.5%，书报杂志类增长 17%。表 17.1 显示近年来池州市消费品市场分行业分县区销售额变化情况。

表 17.1　2004 年、2007 年、2008 年池州市消费品市场分行业分县区销售额变化情况

单位：万元

项目	2004 年			2007 年			2008 年		
	批发零售贸易业	餐饮业	其他行业	批发零售贸易业	餐饮业	其他行业	批发零售贸易业	餐饮业	其他行业
池州市辖区	107 458	11 501	5 741	239 315	43 784	4 440	291 635	59 814	5 120
东至县	66 620	6 185	7 681	91 233	11 608	10 522	116 537	14 863	11 213
石台县	13 051	1 245		30 321	5 596	421	35 984	6 879	478
青阳县	45 791	12 447	590	81 535	14 906	2 726	100 175	19 113	3 201

资料来源：《安徽统计年鉴》（2005—2009）。

（二）限额以上批发和零售业、住宿和餐饮业

1. 批发零售贸易业发展迅速

2009 年，池州市批发零售业实现产值 13. 23 亿元，较上年增长 15. 8%；住宿餐饮业实现产值 7. 82 亿元，较上年增长 14. 1%。批发零售业的快速增长得益于池州“商贸活市”战略的实施，近年来一批大型购物中心、超市、连锁店、专卖店、快餐店投入运行，极大带动城市零售业发展。同时，随着池州市“千村万店”工程的实施，690 多个农家店覆盖了全市所有乡镇和 319 个行政村，其中部分农家店的规模增长迅速，并开始使用总代理、总经销、连锁经营等经营形式，不仅使得农村地区批发零售贸易业迅速崛起，而且极大地带动了农村消费品市场的发展。表 17. 2 和表 17. 3 显示了近年来池州市限额以上批发零售业发展状况。

表 17. 2　2005—2008 年池州市限额以上批发零售贸易业购进销售情况

单位：万元

年份	购进总额		销售总额		
		进口		批发	零售
2005	177 577	101	208 110	182 195	25 915
2006	259 038		272 676	231 743	40 933
2007	265 637		290 577	243 492	47 085
2008	362 945	7 723	427 005	306 040	120 965

资料来源：《安徽统计年鉴》（2005—2009）。

表 17.3　2005—2008 年池州市限额以上批发零售贸易业财务效益情况

单位：万元

年份	主营业务收入	主营业务成本	主营业务税金及附加	主营业务利润
2005	192 127	173 232	305	15 626
2006	252 891	227 119	363	25 403
2007	268 168	238 449	376	27 597
2008	390 031	335 575	3 105	51 352

资料来源：《安徽统计年鉴》（2005—2009）。

2. 住宿和餐饮业优势明显

生态环境和旅游资源是池州市具有优势的资源，2009 年末已评定的 A 级旅游景区有 25 个，其中 5A 级旅游景区 1 个，4A 级旅游景区 3 个，3A 级旅游景区 9 个，2A 级景区 12 个、拥有全国工农业旅游示范点 7 个，安徽省旅游乡镇 18 个。通过实施“大九华、大旅游、大产业”战略，围绕吃、住、行、游、购、娱六要素，全面拓展旅游产业链，池州旅游业的兴盛为住宿和餐饮业快速发展提供了契机。2009 年底，池州拥有安徽省农家乐示范户 7 个，安徽省星级农家乐 41 个；全市共有星级饭店 31 家，其中四星级 4 家，三星级 14 家，二星级饭店 13 家；全市共有旅行社 65 家，导游 1 200 人。全年全市共接待国内外游客 1 204. 2 万人次，同比增长 32. 3%；其中入境游客 25. 1 万人次，同比增长 57. 3%；实现旅游收入 108. 8 亿元，同比增长 36%。2009 年，九华山景区接待游客 310 万人，与上年同比增长 13. 82%；实现门票收入 2. 39 亿元，与上年同比增长 21. 99%。无论接待游客和门票收入增幅在安徽四个重要景区（黄山、九华山、天柱山、方特欢乐世界）中均排名第一。表 17. 4 显示了九华山景区近年来旅游相关产业发展状况。

表 17. 4　2000 年、2005 年、2007 年、2008 年九华山风景区住宿和餐饮业发展状况

指标		2000 年	2005 年	2007 年	2008 年
接待人数	（人次）	443 900	648 308	2 127 197	2 723 500
国内游客		430 331	623 613	2 076 986	2 643 488
营业收入	（万元）	12 000	28 962	194 086	265 566
其中：游览设施		3 579	11 006	77 634	106 226
住宿设施		2 493	7 240	48 522	66 392

续表

指标		2000 年	2005 年	2007 年	2008 年
娱乐设施		293	579	3 882	5 311
餐饮设施		2 860	4 345	29 113	39 835
商业设施		2 775	5 792	34 935	47 802
利润总额	（万元）	227	2 409	5 015	6 268
宾馆（酒店）	（个）	3	8	8	8
四星级			1	1	1
三星级		1	4	4	5
二星级		2	3	3	2
客房	（间）	299	646	741	735
床位	（张）	625	1 266	1 452	1 344
客房出租率	（%）	45	58	65	68

资料来源：《安徽统计年鉴》（2004—2009）。

二、对外贸易现状

（一）货物贸易

近年来，池州市围绕自身特色资源，通过三次产业发展目标与自身特色资源的结合，有效地提升池州市经济实力与对外贸易的发展。不仅竹制品、速冻食品、纺织服装、茶叶、玩具和鞋业制品等特色农产品和劳动密集型产品的出口不断扩大，家用机床、燃气仪表、有色金属和非金属矿制品等机电产品和高新技术产品的出口份额也出现回升。同时，巩固池州出口品日韩、中亚、欧洲、北美等传统市场占有率，努力开拓南美、非洲等新兴出口市场，积极组织出口企业参加广交会、华交会等大型国内展会和各类国际专业博览会，不断拓宽出口渠道。此外，为加快先进技术装备和关键零配件的引进步伐，提升池州市加工制造业的生产技术水平。此外，池州继续扩大了铅锌矿、钼矿和棕榈油等资源型产品的进口。

2009 年，池州市外贸进出口总值 19 678 万美元，与去年同期相比增长 1.09 倍，增幅居全省第一位。其中进口 12 633 万美元，同比增长 4.09 倍，出口 7 045 万美元，同比增长 1.37 倍，进口增幅遥居全省首位，出口增幅位列全省第四（图 17.3）。

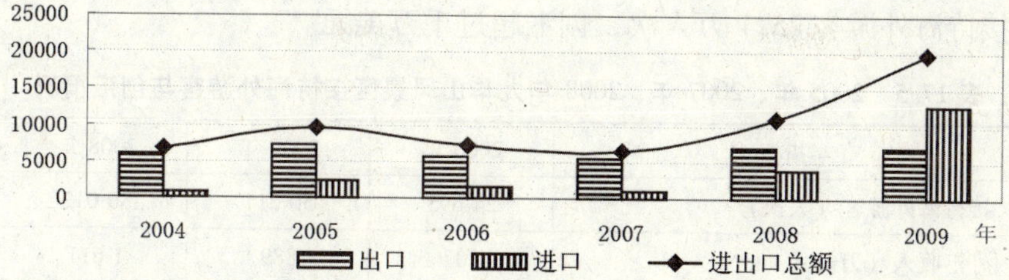

图 17.3　池州市 2004—2009 年进出口贸易变动情况（单位：万美元）

资料来源：《安徽统计年鉴》（2004—2009）。

2009 年进出口贸易具体特点如下：（1）一般贸易方式占据绝对主体地位。2009 年，池州市一般贸易进出口总值达 19 401 万美元，占总值的 99%，同比增长 1.11 倍，增势继续保持上扬势头。加工贸易进出口总值 235 万美元，同比增长 38%，增幅平稳，发展前景良好。（2）池州市国有企业及外资企业进出口发展势头强劲，私营企业进出口下滑。据统计，池州市国有企业进出口逆势上扬，2009 年总值达 12 584 万美元，同比增长 3.66 倍，在全市进出口总值所占比重同比由 29% 增长到 64%，增势迅猛。外资企业进出口总值 1 436 万美元，同比增长 46%，形势喜人。私营企业进出口总值为 5 658 万美元，同比下降 1.48%，占全市进出口总值的 29%，比重下滑明显。（3）2009 年，池州市主要贸易伙伴为亚洲、欧洲、拉丁美洲。其中，对亚洲进出口总值 8 530 万美元，占进出口总值的 43%。对欧洲进出口总值 5 851 万美元，占进出口总值的 30%。对拉丁美洲进出口总值 3 653 万美元，占进出口总值的 19%。（4）铅精矿为池州市外贸主要进口产品。全年进口铅精矿 94 725 吨，总值为 11 814 万美元，同比增长 4.93 倍，占 2009 年进口总值的 94%。2009 年，全市进出口态势依然保持良好，进出口总额 19 678 万美元，同比增长 108.6%，其中，出口 7 045 万美元，增长 1.4%；进口 12 633 万美元，同比增长 409%。

（二）服务贸易

近年来，通过实施“大九华、大旅游、大产业”战略，池州市正在完成由旅游资源大市向旅游经济强市的转变，以韩日为中心的东北亚地区和港澳台、东南亚地区游客不断增加，旅游创汇能力获得大幅改善。2008 年池州接待入境游客 16 万人次，增长 85%，其中作为“旅游胜地和佛教道场”的九华山景区接待海外游客 8 万多人，创汇收入 1 611 万美元，分别较之 2005 年的 24 695 人次增长了 3.24 倍、307 万美元增长了 5.25 倍（表 17.5）。2009 年，池州接待海外游客25.1万人次，创汇超过千万美元。

表17.5 2005年、2007年、2008年九华山风景区接待海外游客与创汇情况

指标	2005年	2007年	2008年
接待海外游客（人次）	24 695	50 211	80 012
外汇收入（万美元）	307	889	1 611

资料来源：《安徽统计年鉴》(2004—2009)。

（三）外商直接投资

2005年以来，池州市加强了外向型经济建设：（1）坚持"引进来"和"走出去"相结合，充分利用国内、国外两种资源、两个市场。首先，按照从一般加工业向高新技术产业、高效农业、现代服务业、环境保护、生态建设和城市基础设施建设的招商引资领域，积极做好利用国际金融组织和外国政府优惠贷款工作。其次，不断创新招商方式，通过中介招商、网上招商等方式宣传推介池州，吸引外商投资，提高招商引资实效。积极探索风险投资、股权投资、项目融资、投资基金等多元化的利用外资方式和合作方式。最后，大力实施"走出去"战略，鼓励具备条件的企业到境外建立生产和销售基地。积极开展对外承包工程和劳务合作，不断扩大劳务输出规模。鼓励企业利用境外技术人才和其它资源。（2）积极发展对外贸易，通过增加经济开放度吸引境外投资。一方面，充分发挥池州市的资源优势，优化出口商品结构，扩大竹制品、速冻食品、纺织服装、茶叶、玩具和鞋业制品等特色农产品和劳动密集型产品的出口，利用劳动力优势吸引境外投资。不断提高家用机床、燃气仪表、有色金属和非金属矿制品等机电产品和高新技术产品的出口份额，利用资源优势吸引境外投资。另一方面，鼓励境外资金在池州投资与发展加工贸易，积极推进"大通关"工程建设，加快池州港江口港区建设，建成池州海关、边防、商检等基础设施，为外贸进出口提供便捷服务。

2009年，池州市利用外资特点包括：（1）实际利用外资13 382万美元，同比增长15.7%，超额完成全年目标任务，利用外资总额再创历史新高。全市累计新批企业24家，同比增长166.7%，合同利用外资8 233万美元。（2）园区利用外资步伐加快，外资结构更趋合理，利用外资质量不断提升。2009年全市各园区直接利用外资9 617万美元，占全市外商直接投资额的81.9%（3）利用外商直接投资11 732万美元，同比增长10.6%，占全市利用外资总额的87.7%。其中，工业项目利用外资6 575万美元，占56%；商贸、物流、

宾馆和房地产项目利用外资 5 157 万美元，占 44%，第二、三产业利用外资协调发展。（4）大项目带动作用明显，禄思伟矿业资源、华尔泰化工、碧桂园地产、九华电源、池州港和时代购物等 12 个项目全年累计到位外资 10 110 万美元，占全市直接利用外资总额的 86.2%。如表 17.6。

表 17.6　2005—2009 年池州市吸引外商直接投资的变化情况

年份	项目（个）	同比增长%	合同外资额（万美元）	实际利用外资额（万美元）	同比增长%
2005	11	-60.7	899	1 280	-8.8
2006	16	45.5	3 211	3 668	186.6
2007	9	-43.8	12 584	7 787	112.3
2008	10	12.5	8 962	10 608	36.2
2009	24	166.7	8 233	13 382	12.5

资料来源：《安徽统计年鉴》（2005—2009）。

第二节　池州市贸易环境与贸易特色

一、贸易环境

（一）经济环境

整体上看，池州经济以第三产业为主，由于池州市地处安徽“两山一湖”旅游区的中心地带，承接着皖南旅游北部中心城市和游客集散中心的战略地位，九华山及其周边景区的旅游业带动了池州市服务业的发展。同时，得益于池州市丰富的有色金属矿产（铅、锌、锑、锰）和非金属矿产（石灰石、方解石、白云石、石英砂），池州第二产业特别是工业的发展速度也比较快，非金属新材料业、有色金属冶炼及深加工业的基础比较雄厚。表 17.7 列示了 2008 年池州市产业结构的情况。

表 17.7　2008 年池州市产业构成情况

市（县）	生产总值				生产总值指数				人均生产总值（元/人）
	（亿元）	第一产业	第二产业	第三产业	（2006 = 100）	第一产业	第二产业	第三产业	
池州市	192.4	39.2	78.6	74.6	116.0	107.8	125.1	111.5	14 147
东至县	46.8	15.0	15.6	16.2	115.7	108.1	130.1	111.2	8 665
石台县	8.5	2.0	3.6	2.9	115.1	107.8	124.9	109.7	7 775
青阳县	27.4	5.5	13.4	8.5	116.9	107.8	129.0	109.3	10 199

资料来源：《安徽统计年鉴》（2004—2009）。

但是，从安徽省 17 个地市的横向比较看，池州经济总量的水平较低，2008 年池州市第二和第三产业的总产值均排名末位，人均生产总值排名则处于中下游水平，排名第十位（人均生产总值 14 147 元/人，排在亳州、宿州、阜阳、滁州、六安、巢湖和安庆之前）。经济总量与人口规模的劣势影响了池州市的内外贸总量，2008 年其社会商品零售总额（66.5 亿元）排名安徽省末位，商品进出口总额（10 846 万美元）在安徽省地市间排名第十四位。

（二）区位环境

当然，池州内外贸发展的有利条件也非常突出，其中最具优势和潜力的部分集中于旅游业、特色资源和交通位置。

首先，九华山风景区是安徽省独具特色的旅游景点，集花岗岩地貌、佛教信仰与皖南民居于一体，已经成为极具文化气息的宗教道场，吸引了大量的国内外教众与观光者，其营业收入从 2000 年的 1.2 亿元增加到 2007 年的 19.4 亿元，利润总额从 2000 年的 227 万元增加到 2007 年的 5 015 万元，极大地带动了池州市内外贸各分行业的发展。

其次，池州自古就有“江南鱼米之乡”的美誉，盛产水稻、棉花、油料、竹木、茶叶、蚕茧、中药材等农产品，是国家重要的商品粮、优质棉、出口红茶、茧丝绸和速生丰产林基地，特种水产品养殖和畜禽饲养也初具规模，2007 年池州市白酒、精制茶、纱、布的产量都比较突出。同时，池州市矿产资源比较丰富，铅、锌、锑、锰等有色金属矿藏居安徽首位，方解石、石灰石、白云石、石英砂、大理石等非金属矿藏也非常丰富，煤矿资源储量居皖南各市前列，其非金属新材料业、有色金属冶炼及深加工业、能源产业都比较发达。

最后，池州是长江南岸重要的滨江港口城市，拥有长江岸线 162 千米，沿江达海，承东接西，水路运输条件优越。同时，随着“十一五”多条高速公路和铁路的建成，与长三角地区形成“5 小时交通圈”，公路运输不仅成为国家沿江经济带中承东接西的主枢纽地区之一，而且成为国家高速公路网中南北互通的重要接点之一。

总体来看，当前池州经济正处于产业升级与转型的关键时期，第一产业升级的重心集中于生态农产品生产与深加工，优势矿产资源开发和金属加工业（包括机床）发展则构成第二产业增长的核心，第三产业的升级则围绕旅游业展开。随着这些产业布局与重大项目的展开，池州内外贸发展的潜力将不断提升，贸易发展的能力与质量也将获得进一步改善。

二、贸易特色

（一）产业资源优势

1. 矿产资源丰富

目前，池州已探明有工业开采价值的矿藏 40 余种，其中铅、锌、锑、锰、钼等有色金属矿产储量居安徽省首位，金、银储量可观，特别是石灰石、方解石、白云石、石英砂等非金属矿产更是得天独厚。

2. 生态资源优越

森林覆盖率高达 57.5%，共有国家级和省级自然保护区 4 个；未利用的土地资源较多，累计有 95 770 公顷，人口相对稀少，人均资源占有量相对丰富，奠定了良好的生态环境基础。

3. 旅游资源得天独厚

自然风光和人文景观众多，山水洞俱全，各具特色，引人入胜，正成为佛事活动、森林旅游、生态观光、漂流探险、科学考察的热点。“十一五”期间，旅游业成为全市国民经济中的支柱产业。

4. 交通区位优势将进一步显现

随着沿江高速、合铜黄高速、安景高速、东九高速、铜九铁路及沿江城际铁路和九华山旅游机场的开工建设，将基本形成快速便捷的对外通达网络。

5. 岸线资源优势明显

池州拥有 162 千米长江岸线，紧邻长江三角洲，是长江经济带的重要组成部分。池州港是长江干线重点港口之一，为对外国籍船舶开放的港口。随着沿江产业带的形成，池州市的区位和岸线资源优势将进一步显现。

（二）对外贸易优势产品

池州市对外贸易的优势产品按照初级产品和制成品两类可以细分为：第一，初级农产品，包括油料作物（芝麻等）、茶叶等。第二，初级矿产品，包括非金属矿产品，如石灰石、白云石等；有色金属矿产品，如铅、锌、锑、锰等。第三，轻工业制成品，主要是纺织品。第四，化工制成品，主要是硝基化工产品。第五，非金属新材料制成品，主要是耐火材料、石灰石加工品等。第六，机电制成品，主要包括机床产品等。

2009 年，池州市进出口商品的重点企业分类如表 17.8。

表 17.8　2009 年池州市进出口商品的重点企业

企业（或产业园）名称	进口商品	出口商品
安徽铜冠有色金属（池州）有限责任公司	铅精矿	
德国 LWB 禄思伟耐火材料有限公司		耐火材料
东至县纺织服装工业园		纺织品
安徽华泰化学工业公司		浓硝酸
安徽中山化工公司		草甘膦
安徽龙溪外贸麻油公司		芝麻及芝麻油
安徽国润茶叶有限公司		红茶
安徽天方茶叶集团有限公司		保健茶、红茶等
池州龙华医药化工有限公司		聚磷酸、五氧化二磷
安徽祥龙化工有限公司		硫化剂
安徽池州家用机床股份有限公司		机床
安徽省东至县玩具总厂		玩具

资料来源：池州市信息公开网（http：//www.czszwgk.gov.cn/）。

（三）重点商贸市场和商贸企业

1. 池州站前区商贸物流产业园

池州站前区是进入“两山一湖”世界级旅游胜地的北大门，商贸物流产业园是依托城市交通枢纽，按照“打造江南一流商贸物流区”的目标，于 2006 年规划建设的城市新区，功能定位包括：依托城市交通枢纽，将站前区打造成集物流、商贸、休闲和居住于一体的城市新区。产业定位包括：大力发展仓储物流、专业商贸（汽车、装饰、服装、小商品等）、大型零售、房地产开发、休闲娱乐、旅游接待和区域交通等现代服务业和 2.5 产业。

至 2009 年 5 月，站前区一期 7.5 平方千米的框架全面拉开，园区一期三横两纵路网竣工通车，碧桂园五星级酒店暨商务房产、上海城物流商贸中心、池州家居装饰市场、百汇广场、徽商大市场、甲地国际商贸城等相继开工建设。到 2010 年，物流园实现货运量 1 000 万吨，2.5 产业园达到年 20 亿元经营规模，专业市场将建成池州市一流的年销售额 50 亿元以上新型批零市场，房地产业投资建设 250 万平方米商品住宅，旅游、接待、餐饮和娱乐休闲业实现接待国内外游客 50 万人次，旅游总收入 3 亿元。

2. 九华山百亿元旅游综合服务产业园

九华山旅游综合服务产业园区以做大旅游产业规模，形成山上山下功能分明、山里山外联动发展为目标，着力完善旅游服务配套功能，改变当前单一的观光型产品，规划建设集吃、住、行、游、购、娱为一体的旅游综合服务园区，设计出适销对路的休闲度假、体验型旅游产品，形成完整的旅游产业链，打造成为全国旅游产业示范园区。

至2009年5月，九华山柯村旅游综合服务区旅游综合服务功能开始显现，以九华山地藏大铜像工程为代表的九华山佛教文化展示项目接近完工，金九华五星级国际大酒店、龙溪山庄五星级宾馆、旅游购物商业街等旅游宾馆接待、旅游商品购物项目即将投入使用。

3. 特色农产品市场

（1）东至官港茶叶香菇市场。官港茶叶香菇市场位于皖赣交界——东至县官港境内。这里山峦叠嶂，绿树葱蓉，气候温暖湿润，十分适合茶、菌的生长，且品质优良。自古官港就有“茶都”、“菇城”之美誉。1999年9月，得到国家农业综合开发多种经营项目支持，投资建设官港茶叶香菇市场，市场位于官港镇集镇区，206国道与222省道交汇于此，交通便捷。每年入市交易的外地客商4 000余人，常年驻市经营户180人，吸引皖赣两省周边20多个乡镇茶、菌农数十万余人入市交易，产品外销渠道稳定顺畅，沪、苏、浙、闽、鄂等省市客商慕名而来，驻市交易。目前，建有经营门面房110套10 760平方米，交易场坪5 000平方米，交易大棚1 300平方米，停车场3 600平方米，绿化地2 000平方米，循环通道5 500平方米，市场内水、电、邮、冷藏、仓储等设施齐全，布局合理，环境优美。2009年，茶叶香菇市场三期扩建工程已动工，建成后将极大地增强该市场的贸易能力。2009年5月更被批准为第十二批“农业部定点市场”。

（2）富贵陵阳大市场。该市场位于青阳县陵阳镇，1965年董必武在此留下“富贵陵阳镇，风流谢家村”的佳句。该镇建有全市最大的乡镇综合农产品批发市场——富贵陵阳大市场。特色产品众多：“两黄一干”享誉海内外，其中黄石名茶曾获国际金奖，被外交部作为礼品茶馈赠国际友人，黄精蜜饯和陵阳豆制品也畅销县内外。2008年，继富贵凌阳大市场一、二期工程全面完工后，又投入700万元，实施大市场三期工程12 000平方米的商品房开发计划。目前，该市场被列入安徽省农产品批发市场标准化改造项目，并被命名为“安徽省重点农产品批发市场”。

（3）石台秋浦综合农贸市场。秋浦市场位于石台县仁里镇人民南路，主要从事茶叶交易，营业面积 3 000 平方米，但其市场容量与石台县茶叶交易规模相比太小，起不到专业市场的作用。2007 年由县秋浦商贸有限公司并购进行重新改造，总投资 1 250 万元，占地面积 6 亩，建筑面积为 8 400 平方米，并设 2 600 平方米地下停车场一座，主要从事以特色农产品为主旅游特色商品交易。

4. 城市主要商业设施

池州的商业设施主要集中于长江路，以商业设施以及饮食娱乐设施为主。在上世纪 90 年代改造前后，该路段集中了烟柳园商场、万花超市、池州购物中心（现为万佳百货）、贵池市百货公司家电营业部、黑森林歌舞厅、东风大楼、轻纺商场、齐山酒楼、市百货商场（现为宏达家电）、南方商厦（现为华东商场）、新华书店、池州商场、人民影剧院、冶金商场（现为电信大楼）、土产公司、秋江饭店、安徽商之都贵池连锁店和供销商场等。2008 年改造后，池州市政府更是将长江路作为城内的商业动脉来打造，建造或引进了大批商业设施，如百大财富广场、金汇广场、铜锣湾希望财富广场、米兰假日酒店、时代超级购物中心、东方购物中心、商之都池州店和苏宁电器等。

第三节　池州市贸易发展存在的主要问题

尽管池州的内外贸发展成果显著，但整体上讲，其发展水平在安徽省仍处于中等偏下水平，根本原因在于池州的特色资源集中于农产品、旅游景点和初级矿产，第二产业的发展严重滞后，无论是绿色农产品产业化、现代旅游业还是矿产资源深度开发的能力都比较弱，支持内外贸发展的产品竞争优势不充分，产品附加值较低。这就使得池州经济长期处于第三产业较发达，但第一、二产业不发达的状况，而第一、二产业的落后又限制了池州经济的快速增长与居民收入的快速增加，从而制约了池州内外贸发展的质量。

一、贸易发展的外部环境存在不确定性

从国际看，2008 年美国金融危机之后，发达国家的贸易保护主义有所抬头，各种限制进口的贸易壁垒措施层出不穷，贸易争端此起彼伏，这将对池州外向型经济的发展带来不利影响。另外，一些重要资源特别是能源供应的国际环境存在着很大的不确定性，工业原材料价格特别是金属矿产的定价波

动剧烈，都对池州的经济发展产生一定的负面影响；从国内看，各省招商引资的力度都在加强，而安徽财政能力较之发达省份又相对较弱，这对于池州这样一个建市时间不长、各项发展都需要大量投入的新型城市来说，面临的压力将明显加大。从省内产业布局和池州 GDP 在全省所占的份额上看，池州有被边缘化的危险。在“中部崛起”和“东向发展”进程中，由于基础薄弱，池州所能得到的机遇有可能呈非均等态势；在争取发展空间方面，池州也处在并不理想的位置。

二、池州自身经济贸易发展存在不利因素

（一）工业基础薄弱

产业结构不合理，层次不高，仍以传统的资源型高能耗、低产出的初级产品加工业为主，经济增长方式粗放，高附加值的产品比例偏低，对生态环境造成的压力增大。农产品加工、建材、有色金属等不能构成上下游产业链的有机联系，企业之间缺乏协作配套，产业关联度较低，难以充分发挥集聚效应、增值效应和拉动效应。2008 年，池州市规模以上工业企业数为 351 个，在安徽 17 个地市中排名第十四位；规模以上工业企业总产值 147.97 亿元，排名末位；规模以上工业企业销售产值 141.81 亿元，排名末位；规模以上工业企业中轻工业产值 30.15 亿元，排名第十六位，重工业产值 117.81 亿元，排名第十五位。从外商投资和港澳台工业企业规模看，2008 年池州市共有外商投资和港澳台工业企业 20 家，在安徽省排名第十五位，当年实现工业总产值 10.41 亿元，在安徽排名第十五位。从“私营”工业企业规模看，2008 年池州市共有“私营”工业企业 236 家，在安徽排名第十二位，其当年工业总产值 59.31 亿元，在安徽排名第十五位。可以看到，池州工业基础非常薄弱，不仅总体生产规模偏小，而且国有及国有控股企业在工业总产值中所占比重很高，私营与外商企业不发达，这些问题都极大地限制了池州内外贸发展的能力。

（二）农业发展缓慢，县域经济发展的总体水平低

当前，池州市农业种植结构调整缓慢，农产品的加工、转化、增值进程不快，农民增收还有不少困难。2008 年，东至县生产总值 46.83 亿元，在安徽省 61 个县域经济体中排名第四十八位；石台县 8.48 亿元，排名第六十一位；青阳县 27.4 亿元，排名第五十六位。2008 年，东至县财政收入 2.3 亿元，在安徽省 61 个县域经济体中排名第三十一位；石台县 5 243 万元，排名

第六十一位；青阳县2.46亿元，排名第三十位。2008年，县域经济中，东至县职工平均工资为2.16万元，在安徽省61个县域经济体中排名第三十三位；石台县2.12万元，排名第三十五位；青阳县2.21万元，排名第二十六位。2008年，县域经济中，东至县农民年人均收入为4 450.21元，在安徽省61个县域经济体中排名第二十六位；石台县为2 536.26元，排名第六十位；青阳县为4 570.01元，排名为第二十四位。综合来看，池州县域经济的整体规模很小，财政收入、人均收入的水平都比较低，这些因素都制约了池州农产品对外贸易发展的能力。

（三）要素供求矛盾将进一步显现

主要表现在：随着金融商业化改革步伐的加快，资金在利益的驱动下，将加速向发达地区流动，这对以中小企业为主要支撑的池州市经济来说，资金供求矛盾将进一步加剧；煤电油运等其他生产要素供给紧张的局面在短期内不会有大的改观；人力资源供求结构性矛盾依然突出，一方面是经济社会发展对各种人才的需求存在很大缺口，另一方面是社会就业压力增大。以金融机构资金供给能力为例，2008年，池州市金融机构本外币各项存款合计226.97亿元，在安徽17个地市中排名末位，其中企业存款48.22亿元，排名第十六位，储蓄存款141.69亿元，排名末位；金融机构截至年末各项贷款合计122.95亿元，在安徽17个地市中排名末位。可以发现，池州市金融机构的存贷款规模都较小，对企业进出口的支持力度也非常有限。此外，截至2008年末，池州市也是安徽省17个地市中唯一没有上市公司的地区，通过证券市场筹集企业资金的力度仍需加强。

第四节　池州市贸易发展建议

综观池州市当前经济贸易发展的状况，显示池州产业发展与市场建设正处于加速的关键时期，内外贸发展的潜力不断显现出来。首先，经济增长步入上升通道，经济总量跃上新台阶；其次，经济结构与运行质量不断改善，自主增长能力进一步增强；第三，基础设施和重点项目建设明显加快，城市特色和区位优势进一步显现；第四，经济体制改革呈现新局面，对外开放上了一个新水平；第五，人民生活水平明显提高，贸易流通市场日趋活跃。

随着池州市“十一五”计划中“以工业化为核心，以大开放为主战略，以招商引资为抓手，以工业园区为平台，全面落实‘生态立市、工业强市、旅游兴市、商贸活市'"战略举措的落实，不断围绕特色资源的深加工、产业化和专业市场建设展开工作，加快结构调整，转变增长方式，提高发展质量，池州市 2010 年的内外贸发展将开创崭新的局面。

一、优化产业布局，提升工业实力

加快产业发展特别是支柱产业的发展是解决池州面临所有问题的关键。在发展方式上，要充分发挥池州的生态优势和后发优势，坚持跨越式发展与逆（传统）工业化发展相结合，加快经济增长方式的转变，逐步改变目前以矿产资源为主要带动的发展方式，从粗放式、基础资源拉动型转移到资源集约型、创新驱动型发展方式。在发展空间布局上，立足于市经济开发区和各县区工业园区，加大投入，加快基础设施建设，将其打造成为经济发展的增长极、产业发展的聚集地和对外开放的窗口。在发展制度安排上，以政府职能改革为先导，开展政策创新、服务创新，不断优化经济社会发展环境，全面提升发展观，开辟池州发展新空间。

（一）打造支柱产业

按照从资源开采向深度加工转变、分散加工向园区集中转变、园区聚集向产业带转变的发展要求，在市域沿江黄金水道、高速公路和国、省道沿线区域，加快建设一批生产加工基地，推进产业集聚，力争形成若干个支撑工业经济快速发展的重点产业。重点集中于“非金属新材料业”、“有色金属冶炼及深加工业”、“能源产业”、“轻纺工业”、“农副产品深加工业”、“化工产业”和“数控机械装备制造业”等池州具有资源优势和产业基础的工业领域，加大投入，革新管理，兼顾规模与效益，快速形成主导产业突出、产业结构优化、骨干企业优势明显、中小企业集群化发展的新格局。

（二）优化工业结构

要坚持以市场为导向，以改革开放和科技进步为动力，优化工业结构，广泛吸引国内外各类资本，大力发展高新技术产业，改造提升传统产业，积极培育新兴产业，以信息化带动工业化，加速推进新型工业化进程。首先，要兼顾传统产业改造与引进高新技术产业间的平衡，要打破池州市企业的封闭格局，通过对接中央企业、外资企业的方式来落实技术革新与改造，只有获得更先进技术经验与管理能力的经济体的帮助，池州市技术革新的适用性、新技术产品的销售渠道才能获得保证。其次，重视发展关联产业。利用池州市现有资源初级加工产品作源头，延伸产业链条，发展高档涂料、油漆、塑料、造纸、食品饮料等潜在和关联制造业；利用白云石、硅石开发生产氧化镁、硫化镁、轻质碳、特种玻璃、结晶硅等。

二、加快批发零售贸易业的发展

依托池州市生态资源、岸线资源、旅游资源优势和逐步形成的快速便捷的交通网络，大力推进商业零售体系和商贸流通体系建设，形成商贸流通企业集聚地、旅游用品零售企业集聚地和农产品流通企业集聚地的布局。加快市场体系建设，在主城区基本建成建材大市场、农产品批发市场、灯具大市场、商贸大市场、农机大市场和水产品批发市场；在沿线站点、港口码头、高速接口和特色商品生产区建设物流园区和大型批发市场；结合交通体系建设，优化成品油供应站点网络布局。到2010年，在全市基本形成布局合理、初具规模的商贸物流体系。

三、培植壮大旅游主导产业

（一）壮大九华山旅游经济实力

通过推进九华山旅游（集团）增资扩股和九华山旅游股份公司上市、争取国家开行贷款和引进多元投资主体，多渠道筹措资金，加大对九华山旅游景点的开发和旅游基础设施建设的投入。重点实施九华山前后山的整合，提高九华山旅游经济的整体竞争力。

当前，池州市政府的主体规划是推进九华山地藏菩萨露天铜像、西环旅游服务区、东环四星级宾馆服务区、老田旅游度假村、九华街区环境整治、九华山生态环境综合治理、九华山管理机构下迁等重点工程，进一步完善景区旅游服务功能。大力实施九华山旅游景区的品牌化战略、产品精品化战略、营销多元化战略、服务规范化战略、人才集聚化战略，实现景区从单一的门票经济向综合经济转变，从单一的观光礼佛向休闲度假转变，从游客数量型向质量效益型转变，从旅游景区向旅游城市转变，将九华山建成“世界一流旅游胜地和国际一流佛教道场”，并力争进入世界自然与文化遗产预备名录。

这一规划对提升九华山旅游经济意义重大，观察2007—2008年九华山景区的财务数据可以发现，2007年旅游设施收入（7.76亿元）占总营业收入（19.4亿元）的比重仅为40%，绝大多数收入仍来源于门票收入，从2007年接待人数（212.7万人）的角度分析，单个游客花费的旅游设施支出365元，花费的总旅游支出为912.4元，也显示游客支出中住宿、娱乐、餐饮、购物的比重还比较低；再结合2008年数据，接待游客人数（272.35万人）同比增长28%，单个游客花费的旅游设施支出（390元）同比增长6.85%，花费的总旅游支出（975.1元）同比增长6.87%，2008年游客旅游设施支出占总旅游支出的比重（40%）与2007年比重（40%）相比，几乎没有变化。说明九华山景区的休闲度假功能不明显，游客花费在休闲、购物与娱乐上的支出仍然较少。

（二）优化整合旅游资源

要全面实施旅游总体规划。以九华山为龙头，打破市内行政区划的分割，促进九华山与各县区旅游板块的整合，形成中心辐射、区域联动、特色互补、层次配套的大旅游格局。加大旅游招商引资力度，积极引导社会资本参与旅游景区、景点和接待服务设施建设，加快杏花村、齐山—平天湖风景区、梅村霄坑大峡谷和升金湖旅游科考等重点景区、景点的开发和建设。积极推进观光旅游、生态旅游、文化旅游、休闲度假旅游和农家乐旅游等具有地方特色的旅游产品，将池州建设成为集佛教文化、观光、科考、访古、探奇和休闲度假为一体的旅游胜地。

四、大力发展县域经济

（一）县区产业园建设

要加快池州工业化和城镇化进程，引导产业从过去比较分散的空间格局逐渐转向点轴聚集的空间布局：一是围绕中心城镇和景区发展；二是沿着重要的交通干线形成轴线开发。逐渐形成以池州城区为中心，以长江黄金水道、沿江高速、318国道为轴线的产业空间布局。进一步加快开发区和县区工业园区建设步伐，重点抓好市经济开发区、贵池工业园区、马江工业园区、池州大渡口经济开发区、东至香隅化工园区、青阳工业园区和石台永丰综合工业园区建设。逐步形成市县各类园区产业特色鲜明、功能配套完善、经济产业带初现的格局。

（二）县域特色经济发展

2008年，东至、石台、青阳三县生产总值（82.7亿元）仍不足池州市区生产总值（192.4亿元）的50%，距离“十一五”规划末（2010年）的目标仍有不小差距。因此，仍要立足各县区自身优势，大力发展特色经济。

贵池区应立足自身资源、区位、基础等优势，加快非金属矿、建材、机械制造、饮料及安全食品等产业发展；青阳县力争在非金属新材料、旅游服务、高效生态农业上实现突破；东至县要依托自身的区位优势，实施长江岸线资源开发和山区经济综合开发，加快推进新型工业化、农业产业化、农村城镇化进程，着力打造化工原料生产基地、纺织和服装生产基地、农产品深加工基地，大力推进以尧渡镇为依托的玩具制造中心、以龙泉镇为依托的皖赣边贸中心和以大渡口为依托的都市型城郊产业中心建设；石台要以建设"绿色石台，皖南茶乡"为总目标，充分发挥生态资源优势，大力发展绿色工业、绿色农业、绿色旅游，加快脱贫步伐，力争建设成为生态环境协调、人居环境优美、社会发展和谐的皖南优美山乡。

到2010年，按照城乡统筹发展思路，以工业化、城镇化、现代化为方向，进一步简政放权，调动民资、集中民智、激发民力，把民营经济作为县域经济的主体，大力发展配套经济，做大劳务经济，开创县域经济的新局面。

参考文献：

[1] 池州市政府．池州市国民经济和社会发展第十一个五年规划纲要[R]. 2005.

[2] 安徽省统计局．安徽统计年鉴 [R]. 2004—2009. 北京：中国统计出版社，2004—2009.

[3] 安徽省商务厅公众网．http：//www. ahbofcom. gov. cn/.

[4] 安徽省统计局信息公开目录．http：//www. ahzwgk. gov. cn/.

[5] 池州市信息公开网．http：//www. czszwgk. gov. cn/.

第十八章　安庆市贸易发展分析

安庆市位于安徽省西南部皖鄂赣三省交界处，长江中下游北岸。安庆下辖七县一市即怀宁县、枞阳县、潜山县、太湖县、宿松县、望江县、岳西县和桐城市，总面积1.53万平方千米，总人口610万，其中市区面积821平方千米，人口73万，分为四个区：迎江区、大观区、宜秀区与开发区。2009年安庆市的GDP总量为802.66亿元。安庆自古就是商业贸易重镇，长江沿岸重要商埠，是近代较早的对外通商口岸，曾以农产品出口为最，也是近代徽商的重要发祥地。安庆自然环境、文化环境独具特色，经济环境较好，政策环境优良，是承接产业转移的重要城市。近几年来，安庆市商贸市场、产业、企业发展较快，内外贸增幅较大，2009年安庆社会消费品零售总额达287.93亿元，全市外贸进出口总量为49 840.46万美元。但安庆市贸易在全省的位置仍然不容乐观，安庆市贸易结构不够优化，贸易政策、贸易方式等都存在不完善之处。安庆市要把握皖江城市带承接产业转移的政策机遇，聚力做强做大战略性主导产业、扶持拓展性产业、引导发展新型产业，提升产业层次，优化产业结构，改善投资环境，在大力“引进来”的同时，稳步“走出去”，大力开拓国际市场，壮大出口骨干企业，优化出口商品结构，积极扩大对外贸易。

第一节　安庆市贸易发展现状

一、国内贸易现状

（一）社会消费品零售总额平稳增长，全省排名前列

从零售总额上看，2006年以来，安庆社会消费品零售总额平稳增长，2009年零售总额达到287.93亿元，几乎是2006年的两倍。从排名上看，四年来安庆基本保持省内第二的位次。但是，与名列第一的省会合肥相比，两

者还相去甚远，合肥的社会消费品销售总额是安庆的2.4倍之多。

从增长速度上看，四年来上下波动，但增速均在15%以上，基本保持上升的趋势，其中2008年增长速度尤其快，高达22.1%。但与省内其它城市相比，增长速度排名没有总额排名理想，基本居于省内第四位的水平。2006年排在合肥、芜湖和淮南之后与铜陵并列第四；2007年排在合肥、芜湖和宿州之后名列第四；2008年安庆增长速度尽管很快，但与全省各市相比却十分不尽人意，位于全省最后一位；2009年增速虽不高，但名次喜人，与池州并列省内第二。如此看来，四年来，安庆增长速度总体上基本呈现出平缓上升的态势，可喜的是，与合肥增长速度的距离在缩小，从2006年的1.23倍，后逐年缩小到2009年的1.03倍。具体见表18.1。

表18.1 安庆市社会消费品零售总额、排名及同比增速

单位：亿元

年份	安庆社会消费品零售总额	总额省内排名	合肥社会消费品零售总额	合肥总额/安庆总额	安庆同比增速（%）	增速省内排名	合肥同比增速（%）	合肥增速/安庆增速
2006	167.57	2	384.3	2.3	15.1	4	18.5	1.23
2007	198.07	2	469.0	2.4	18.2	4	22.0	1.21
2008	241.76	2	588.4	2.4	22.1	17	25.5	1.15
2009	287.93	2	703.4	2.4	19.1	2	19.6	1.03

资料来源：2006年、2007年、2008年、2009年安庆市与合肥市国民经济和社会发展统计公报。

（二）限额以上批发和零售业、住宿和餐饮业地位突出，增长稳定

1. 批零贸易业主导地位突出

安庆批发零售贸易业销售额从2006年的133.58亿元稳定增长到2009年的226.4亿元，同比增速逐年自2006年的14.7%提高至2008年的22.03%，2009年放缓至17.99%，但四年来平均占比基本稳定在79%以上。从全省来看，批零贸易业比重稳定在84%多，同比增速呈现先增后降的趋势，从2006年的14.7%增长到2008年的22.9%，2009年回落到18.5%的水平上。与全省情况相比，我们发现，安庆批零贸易业比重低于全省平均水平，而同比增速与全省平均水平大致相当。具体见表18.2。

表 18.2　安庆市与安徽省批发零售业销售额、增速与比重情况

单位：亿元;%

年份	安庆市			安徽省		
	批零贸易业销售额	占比	同比增速	批零贸易业销售额	占比	同比增速
2006	133.58	79.72	14.7	1 719.5	84.7	14.7
2007	157.24	79.39	17.74	2 032.2	84.5	18.2
2008	191.88	79.37	22.03	2 497.6	84.2	22.9
2009	226.4	78.64	17.99	2 958.2	83.9	18.5

资料来源：2006 年、2007 年、2008 年、2009 年安庆市与安徽省国民经济和社会发展统计公报。

2. 住宿和餐饮业消费稳定增长

住宿和餐饮业销售额从 2006 年的 31.78 亿元稳定增长到 2009 年的 58.6 亿元，同比增速自 2006 年的 18.97% 提高至 2009 年的 20.35%，但四年来平均占比基本稳定在 20% 的水平上下。从全省来看，住宿和餐饮业比重稳定在 14% 以上，同比增速呈现先增后降的趋势，从 2006 年的 17.8% 增长到 2008 年的 26.3%，2009 年回落到 22% 的水平上。比较于全省情况，我们发现：安庆住宿和餐饮业比重高于全省平均水平，而同比增速则低于后者。具体见表 18.3。

表 18.3　安庆市与安徽省住宿和餐饮业销售额、增速与比重情况

单位：亿元;%

年份	安庆市			安徽省		
	住宿和餐饮业销售额	占比	同比增速	住宿和餐饮业销售额	占比	同比增速
2006	31.78	18.97	17.89	283.8	14.0	17.8
2007	38.35	19.36	20.71	342.8	14.3	20.7
2008	46.99	19.44	22.53	433.3	14.6	26.3
2009	58.6	20.35	24.71	529.1	15.0	22.0

资料来源：2006 年、2007 年、2008 年、2009 年安庆市与安徽省国民经济和社会发展统计公报。

（三）亿元商品交易市场交易额增速逐年放缓

从总交易额上看，安庆市仅次于合肥市，位列省内第二；从亿元商品交易市场个数来看，名次并不理想，2006 年和 2007 年位于全省第十位的水平，2008 年被淮南超过（2007 年淮南仅为 2 个，但 2008 年激增为 6 个），列省内第十一位；从交易额增速来看，增速逐年放缓，从 2006 年的 19.5% 减少为 2007 年的 18%，2008 年下降得更厉害，增速仅为 11.9%，分别比合肥市同期

增速低4.5、8.8和14.6个百分点。具体见表18.4。

表18.4　安庆市亿元商品交易市场

年份	个数（个）	名次（名）	摊位数量（个）	总交易额（亿元）	增速（%）
2006	4	10	5 911	150.2	19.5
2007	4	10	5 795	177.3	18.0
2008	4	11	7 355	198.4	11.9

资料来源：《安徽统计年鉴》（2007—2009）。

（四）城乡消费中县域市场销售贡献大，但增速不太稳定

从销售额上看，市级社会消费品销售额稳定增长，从2006年的77.14亿元增长到2009年的132.8亿元，而县及县以下销售额自2006年的90.43亿元增加到2009年的155.1亿元，基本处于稳定增长状态。

从销售比重上看，市级社会消费品销售额基本占总销售额的46%以上，县及县以下销售额所占比重均超过市级比重，达到将近54%的比重。

从增长速度上看，2006—2008年市、县两级消费品销售额增速逐年增大，但到2009年增速放缓。2007年和2008年市级社会消费品销售总额增速超过全市增速，而2006年和2009年县级消费增速超过全市增速。具体见表18.5。

表18.5　市县消费品销售额、增速与比重情况

单位：亿元；%

年份	社会消费品销售总额	同比增速	市社会消费品销售总额	占比	同比增速	县及县以下社会消费品销售总额	占比	同比增速
2006	167.57	15.1	77.14	46.03	14.2	90.43	53.97	15.92
2007	198.07	18.20	91.72	46.31	18.90	106.35	53.69	17.60
2008	241.76	22.06	112.27	46.44	22.41	129.49	53.56	21.76
2009	287.93	19.10	132.8	46.12	18.29	155.1	53.88	19.78

资料来源：2006年、2007年、2008年、2009年安庆市国民经济和社会发展统计公报。

为了更加清晰地分析安庆社会消费品销售城乡结构，我们将其与安徽省全省进行对比。从比重上看，安庆城市消费比重基本保持在46%左右，低于全省平均水平的55%，而农村消费比重超过50%，高于全省平均水平的45%；从同比增速上看，除2008年以外，安庆城市消费增速低于全省水平，而县域消费增速基本高于全省水平。这反映出安庆经济主要由县域经济带动的特征。具体见表18.6。

表 18.6　安徽省市县消费品销售额、增速与比重情况

单位：亿元；%

年份	市社会消费品销售总额	占比	同比增速	县及县以下社会消费品销售总额	占比	同比增速
2006	1 106. 2	54. 5	16. 4	923. 2	45. 5	13. 3
2007	1 325. 0	55. 1	19. 8	1 078. 7	44. 9	16. 9
2008	1 635. 0	55. 1	23. 7	1 330. 6	44. 9	22. 9
2009	1 938. 2	54. 9	18. 5	1 589. 6	45. 1	19. 4

资料来源：2006 年、2007 年、2008 年、2009 年安徽省国民经济和社会发展统计公报。

二、对外贸易现状

（一）货物贸易

1. 2006—2008 年安庆市货物进出口贸易稳步增长

近几年来，安庆市大力调整出口商品结构，积极开拓国际市场，进出口贸易得到了长足的发展，2006—2008 年，进出口总额保持稳步增长，各年都保持了较高的增长率。如 2008 年进出口总额 53 268 万美元，比上年增长 43. 75%。但进、出口增幅步调不一致：出口稳步增长，年增长率保持在 20% 以上；进口增幅不稳，各年差距很大。具体见表 18. 7。

2. 2009 年安庆市货物进出口贸易总体略有下降，但民企进出口逆势增长

2009 年，受国际金融危机影响，安庆市外贸进口大幅下降。据海关部门统计，2009 年安庆市外贸进出口总量为 49 840. 46 万美元，比上年下降 7. 02%，但下降幅度较小（全国降 13. 90%，安徽省降 22. 54%）。其中出口 38 776. 14 万美元，同比增长 10. 41%，进口 11 064. 32 万美元，同比下降 40. 14%。但总体来说，全市进出口形势已触底回升，2009 年 12 月全市进出口额 5 772 万美元，同比增长 12. 47%，其中当月出口 4 374 万美元，同比增长 36. 14%，增势强劲。

表 18.7 2006—2009 年安庆市进出口情况统计

单位：万美元;%

年份	2006	2007	2008	2009
进出口总额	28 221	37 056.2	53 268	49 840.46
同比增长	24.21	31.31	43.75	-7.02
出口总额	22 073	28 670.38	34 762	38 776.14
同比增长	27.86	29.89	21.25	10.41
进口总额	6 148	8 385.82	18 507	11 064.32
同比增长	12.65	36.41	120.69	-40.14

资料来源：相关年份《安徽统计年鉴》、《安庆统计年鉴》、安庆市国民经济和社会发展统计公报以及安庆市商务局网站。

2009 年，在外贸环境十分困难的情况下，安庆市民企进出口却逆势增长，对外贸易实现较快发展。据海关统计，2009 年安庆市民企外贸进出口总值 33 528.18万美元，比上年增长 19.5%，占全市进出口总值的 67.3%，全市进出口实绩达 1 000 万美元的企业 11 家，实际利用外资企业过亿美元的企业 3 家，有进出口实绩的民企达 175 家，占全市有进出口实绩企业的 78.5%，并占全省民企进出口总值的 7.6%。

3. 出口贸易结构得到较大改善

从出口产品结构来说，机电产品、高新技术产品等技术密集型、资金密集型产品出口大幅增长，2006 年机电产品出口额为 3 296 万美元，同比增长 25.05%，到 2009 年增长到 6 882 万美元，同比增长 6.03%，是 2006 年的 2 倍多。2006 年高新技术产品出口额为 1 243 万美元，同比增长 14.37%，到 2009 年增长到 3 364 万美元，同比增长 41.68%，接近 2006 年的 3 倍。

从产品出口贸易方式来说，一般贸易和加工贸易都稳步增长，一般贸易从 2006 年的 19 867 万美元增长到 2009 年的 33 588.87 万美元。加工贸易基数较小，但加工贸易增幅较大，2006 年仅 2 206 万美元，2009 年为 5 187.27 万美元，是 2006 年的 2 倍多。加工贸易出口占总出口的比重逐渐上升，从 2006 年的 9.99% 上升到 2009 年的 13.16%。具体见表 18.8。

表 18.8　2006—2009 年安庆市产品出口贸易方式结构

单位：万美元；%

年份	2006	2007	2008	2009
出口总额	22 073	28 670.38	34 762	38 776.14
一般贸易出口额	19 867	25 997.43	30 300	33 588.87
同比增长	24.8	30.86	16.55	10.8
加工贸易出口额	2 206	2 670	4 093	5 187.27
同比增长	64.50	21	53.32	26.74
加工贸易出口占总出口的比重	9.99	9.31	13.51	13.16

资料来源：相关年份《安徽统计年鉴》、《安庆统计年鉴》、安庆市国民经济和社会发展统计公报以及安庆市商务局网站。

从产品出口市场结构来说，除了对拉丁美洲出口不稳定以外，对其他各洲出口都获得了稳定增长。其中对亚洲、欧洲出口量较大，2006 年对亚洲出口为 10 316 万美元，到 2009 年已达到 18 460 万美元，而且每年都以 15% 以上的速度稳步增长。对欧洲出口量也稳步增长，从 2006 年的 5 344 万美元，增加到 2009 年的 9 810 万美元，增幅较大。对北美洲出口位居第三，从 2006 年的 3 408 万美元，增加到 2008 年的 5 319 万美元，增幅较大，但 2009 年受金融危机影响略有下降，出口额为 4 789 万美元，比 2008 年同期下降了10%。

（二）服务贸易

1. 安庆市旅游业发展情况

近几年来，安庆市旅游业发展较快，每项指标增长幅度都在 20% 以上。如 2008 年全年接待海外游客 2.51 万人次，增长 28.9%；接待国内游客 1 202 万人次，增长 29.1%。旅游总收入 78 亿元，比上年增长31%。其中，旅游外汇收入 1 180 万美元，增长 31%。具体见表 18.9。

表 18.9　2006—2009 年安庆市旅游业发展情况

年份	旅游总收入（亿元）	同比增长（%）	旅游外汇收入（万美元）	同比增长（%）	接待海外游客（人）	同比增长（%）	接待国内游客（万人）	同比增长（%）
2006	46.36	27.08	729.81	30.31	14 250	20.21	723.84	21.92
2007	59.53	28.40	900.59	22.15	19 471	36.64	930.80	28.59
2008	78	31.0	1 180	31.0	25 100	28.9	1 202	29.1
2009	98.12	25.9	1 515.31	28.38	32 000	27.5	1 492.31	24.41

资料来源：相关年份《安徽统计年鉴》、《安庆统计年鉴》、安庆市国民经济和社会发展统计公报以及安庆市商务局网站。

2. 安庆市对外承包与劳务合作大幅增长

近几年来，安庆市对外承包工程和劳务合作稳步扩大。如 2008 年全年对外承包工程和劳务合作新签合同金额 1 354 万美元，增长 29%；完成营业额 1 228万美元，增长 51%；当年外派劳务人员 257 人，增长 13.7%。2009 年对外经济合作创历史新高。全市对外劳务营业额完成 1 593 万美元，同比增长 30%，总额位居全省第四。具体见表 18.10。

表 18.10 2006—2009 年安庆市对外承包与劳务合作情况

年份	对外承包工程和劳务合作新签合同金额（万美元）	同比增长（%）	完成营业额（万美元）	同比增长（%）	当年外派劳务人员（人）	同比增长（%）
2006	650	41	620	25.8	212	10
2007	1 050	62	806	31	219	3.3
2008	1 354	29	1 228	51	257	13.7
2009	1 350	-0.3	1 593	30	233	-9.3

资料来源：相关年份《安徽统计年鉴》、《安庆统计年鉴》、安庆市国民经济和社会发展统计公报以及安庆市商务局网站。

品牌提升明显增强。2008 年全省挂牌的三个“全国对外劳务行业外派劳务基地”中，安庆市占有一席，同时有两个省级外派劳务基地。外派劳务品牌的不断提升，安庆市的影响力得到扩大。国内外客户、中央大型企业纷纷与安庆市联系招收劳务人员。2008 年太湖、宿松、望江、桐城、枞阳又相继申报“安徽省外派劳务培训基地”。

对外合作空间加大。安庆市“走出去”从对外劳务合作起步，已逐步发展到对外承包工程、对外投资等领域。对外承包工程完成营业额 100 万美元。对外投资、承包工程、劳务合作等业务遍及全世界近 50 个国家和地区，基本形成了“亚洲为主，发展非洲，拓展欧美、拉美和南太”的多元化市场格局。

（三）利用外资

近几年来，安庆市利用外资增长势头良好。从 2006 年全市实际利用外资跨过 1 亿美元大关起，实际完成利用外资增长幅度每年都保持在 15% 以上。如 2008 年实际利用外资额达到 1.7558 亿美元，同比增长 24%。其中外商直接投资实际到位资金每年都在大幅增长。2006 合同利用外商直接投资额 14 126万美元，同比增长 163.1%；到位资金 5 781 万美元，同比增长 29%；2007 合同利用外商直接投资 17 585 万美元，同比增长 24.49%；到位资金

13 372万美元，同比增长130%；2008 年合同利用外商直接投资 9 612 万美元，减少45%；实际到位资金15 486 万美元，比上年增长16%。

2009 年安庆市利用外资增长较快，一举跃上新台阶，首次突破20 000 万美元大关，全市实际利用外资 20 198 万美元，完成市政府下达 19 500 万美元目标任务的 103. 58%，同比增长 15. 04%。其中：外商直接投资 16 518 万美元，比上年同期增长 6. 66%，占总额的 82%，独资企业实际到资 9 069 万美元，同比增长43%。全市对外借款实际用款主要是世行贷款，用款金额 3 680 万美元，比上年同期增长 91%，投入的项目主要是公路、林业及基础设施建设。具体见表 18. 11。

表 18. 11　2006—2009 年安庆市利用外资情况

金额单位：万美元

年份	实际完成	增长（%）	其中：外商直接投资						其它投资	对外借款
			新批项目数	增长（%）	合同外资	增长（%）	到位外资	增长（%）		
2006	11 410	26	38	41	14 126	163	5781	29	5 201	16
2007	14 136	24	46	21	17 585	24	13 372	130	0	764
2008	17 558	24	24	－48	9 612	－45	15 486	16	146	1 926
2009	20 198	15. 04	25	4. 2	9 551	－0. 63	16 518	6. 66	0	3 680

资料来源：相关年份《安徽统计年鉴》、《安庆统计年鉴》、安庆市国民经济和社会发展统计公报以及安庆市商务局网站。

第二节　安庆市贸易环境与贸易特色

一、贸易环境

（一）自然环境

安庆市自然环境独具特色，山水旅游资源丰富。不仅有天柱山、花亭湖等国家4A 级风景名胜区，有大龙山、小孤山、浮山、白崖寨、鹞落坪、妙道山和薛家岗等数十处国家级风景名胜区、国家自然保护区、国家森林公园、国家地质公园或国家文物保护单位，而且是黄山、九华山、庐山等世界著名风景区之间的交通枢纽。潜山县境的古南岳天柱山，一柱擎天，万岳归宗，以雄奇灵秀著称；岳西县境的司空山，为佛教禅宗二祖慧可“遁迹修禅”之处，是著名的佛教圣地；宿松县境的小孤山，耸立大江之中，世称“海门天柱”；“白崖寨”则有“南国小长城”之名；枞阳县境的浮山，幻若水上蓬莱，是典型的火山地质公园；市区的迎江寺振风塔，塔影横江，有“过了安庆不说塔”之誉。丰富的旅游资源，为安庆市发展旅游贸易打下了良好的基础。

（二）经济环境

安庆市区位条件独特，有着通江达海、承东启西和响应南北的独特区位和交通优势。安庆市东临长三角经济发达地区，西接武汉等中西部重要城市，是沟通皖、鄂、赣三省并连接上海、武汉两大经济区的枢纽。随着济广高速、安庆长江公路大桥、合铜黄高速公路等的建成，基本形成公路、铁路、水运、空运的立体交通网络，成为连接长三角和西部地区的主要纽带，在长江中下游区域交通枢纽中心地位基本确立。安庆港是安徽省长江北岸唯一的深水良港和国家一类水运口岸，可常年通航 5000 吨级货轮和万吨级油轮，2004 年被国家公布为 28 个内河主要港口之一。优良的岸线和港口条件为发展大运量、大耗水、大耗能的重化工业提供了有力支撑，这些都将为安庆市内外贸全面发展提供重要基础保证。

（三）文化环境

安庆拥有灿烂的古代文明，为国家历史文化名城之一，是中国革命的摇篮，曾为两千多年前古皖国故地。自 1760 年（清乾隆二十五年）至 1938 年，安庆一直是安徽省省会。安庆素有“文化之邦”、“戏剧之乡”、“禅宗圣地”的美誉。是《孔雀东南飞》、“大乔小乔”等著名故事的发生地，是统治中国文坛近三百年的“桐城派”的故里，是京剧鼻祖程长庚为代表的徽班成长的摇篮，是黄梅戏形成和发展的地方，也是中国新文化运动先驱陈独秀、佛教领袖赵朴初、道教领袖陈撄宁、“两弹元勋”邓稼先等影响中国、闻名世界的杰出人物的故乡。古皖文化、禅宗文化、戏剧文化和桐城派文化在这里交相辉映，形成了独具特色的地方文化。从历史文化积淀的对比来看，人文历史的厚重所构成的人才优势对安庆市贸易的长远发展具有重要的带动优势。

（四）政策环境

中央全面实施促进中部崛起战略，将惠及安庆市农业、优势产业和基础设施建设。2008 年国务院出台的承接产业转移的新政策，安庆市被商务部授予“中部地区加工贸易梯度转移重点承接地”。同时，安庆经济技术开发区被商务部授予“加工贸易产业转移重点承接地”，并成功入驻商务部产业转移促进中心昆山基地。2010年1月12日，国务院正式批复《皖江城市带承接产业转移示范区规划》，标志着皖江城市带承接产业转移示范区建设上升为国家战略。作为此次皖江城市带承接产业转移示范区的成员之一，作为资源环境好、商务成本较低、交通比较便捷的投资热土，安庆在皖江城市带的地位举足轻重，可以承东启西、左右逢源，承接更大范围的产业转移，同时形成更大范围的经济圈。所有迹象表明，“东向发展、无缝对接”正成为安庆发展的主轴线。对安庆市产业转型升级起到了重要的推动作用，对加工贸易的发展作用更是不可低估。

二、贸易特色

（一）市 场

安庆市的商贸市场已形成综合市场与专业市场、大型购物中心与便民店、专业店与商业街、农村连锁店与社区便利店竞相发展的新格局。最近几年，各类大宗生产资料基本实行了集团化经营，特别是形成了几个大的批发市场，仅在安庆市区就有安庆光彩大市场、安庆汽车零件工业城、安庆国际汽车城、钢材大市场、烟草物流配送中心等。其中，安庆光彩大市场居“全国十大工业市场”第六位，是长江下游最大的物流中心。光彩大市场催生了第三方物流市场，成为区域性工业品物流中心，年交易额160亿元，实现就业6万人，是皖西南商贸物流中心。安庆市物流园区和各类批发市场着眼于国际、国内两个市场，建设起点高，具有一定的信息化程度；辐射力强，辐射可达皖鄂赣毗邻地区，起到了“长三角”与内地产品及商品流动的节点作用，同时对皖鄂赣三省周边地区社会商品的流通起到了“二传手”的作用，在当地经济发展中具有重要的地位。

（二）产 业

安庆产业基础较好，粮、油、棉、茶叶、畜禽和水产品是全市优先发展的主导产业，是国家优质棉粮油生产基地，对全市农业产业化发展起到了导向和引领作用。同时，各县（市）区因地制宜选择优先发展的主导产业，初步形成了一批具有一定规模的优势农产品生产基地。比如太湖的肉鸡产业、桐城的羽绒加工业等，均已呈现出非常明显的产业集聚化发展势头。

安庆市工业产业体系较为完备，业已形成“3+5”重点产业发展体系，即石化及精细化工、轻工纺织服装和装备制造三大产业；农产品加工食品业、建材及新型材料、商贸物流、文化旅游、包装印刷五大产业，后发优势正在显现。依托各开发区和工业集中区，基本形成了建材、农副产品加工、纺织和机电制造为主的产业集聚带。其中，石油化工、纺织服装、通用设备制造业和交通运输设备制造业、塑料制品业等产业在全省具有重要地位。石油化工是安庆市第一支柱产业。2008 年，实现主营业务收入 204.2 亿元，占全省同行业大类 80.68%，该行业在全省和全市具有举足轻重的地位。

近年来，安庆市各县（市）区依托丰富的文化旅游资源和良好的区位，大力发展旅游产业，旅游市场以及产业规模不断扩大，初步形成了行、住、游、食、购、娱为一体的综合产业体系，成为安庆市的支柱产业之一。安庆市在打造中国优秀旅游城市、国家历史文化名城、国家园林城市三张“国字号”品牌的同时，及时挖掘和导入本市特有的文化旅游资源，彰显安庆名人、戏曲、禅宗、山水、桐城派等文化特色。其中，“三山两水”旅游扶贫开发工程项目已列入省“861”行动计划，累计完成投资近 5 亿元。

（三）企 业

近几年来，安庆市大力实施骨干企业“翻番计划”，着力培育一批具有核心竞争力、年销售收入超过 10 亿元的企业群体。安庆石化、环新集团、华茂集团、海螺水泥、安徽鸿润和恒昌机械等一批特色企业发展迅猛。安庆石化是安徽石油化工产业的龙头企业，安庆市大力支持和促进安庆石化发展。2010 年 1 月 18 日，列入国家石化产业调整和振兴规划的专项工程的中石化安庆分公司 800 万吨/年炼化一体化项目开工建设。该项目建成相当于再造了一个“安庆石化”，为该企业赶超国内先进、向世界先进水平看齐打下了坚实基础，并将进一步优化调整中国石化的战略发展布局。安庆华茂集团发展也很迅速，为全省第一大规模纺织企业。2008 年实现主营业务收入 25.6 亿元，与排名第二位企业相差近 20 亿元。2007 年中国棉纺织工业协会授予华茂“中国棉纺织精品生产基地”称号，这在中国尚属首家。该企业现发展有本部及三个工业园，集纺织、服装、烧毛丝光、进出口、房地产、综合服务、典当拍卖和金融投资等公司及多家合资企业。

安庆市直接参与进出口贸易的企业数量在逐步增加。据统计，2009 年有实际进出口业务的企业 223 家，比 2008 年增加了 34 家，增幅 18%，更多的企业参与国际市场竞争，壮大了安庆市外贸实力。其中华茂、鸿润、恒昌等企业是安庆市外贸主导力量。据统计，2009 年进出口总值超两千万美元的企业（按独立法人计算）有五家，依次是安徽华茂进出口有限责任公司、安徽鸿润（集团）股份有限公司、安庆中船柴油机有限公司、安庆市恒昌机械制造有限责任公司、龙徽服装（安庆）有限公司，它们的进出口额合计14 559.4万美元，占全市进出口总值近30%。

第三节　安庆市贸易发展存在的主要问题

一、产业政策不完善

（一）优势产业定位不准确

像很多城市一样，安庆没有找准自身的资源禀赋优势，没有找准产业优势，“眉毛胡子一把抓”，而且政策制定没有长效性，最后许多产业都没有抓好，在竞争中失去特色。

（二）政策实施不到位

倾向于新兴产业的政策制定有利于培育新的经济增长点，但遗憾的是，政策往往落不到实处，在实践中实施不到位，影响政策效果和中长期目标的实现。

（三）政府部门和园区分工不明确

各级政府部门职责分工不明确、条块分割，资源浪费现象严重。表现在：(1) 地级政府恶性竞争。各县发展不够平衡，导致地级政府恶性竞争。全市某些县如桐城市已经开始进入良性发展的轨道，而有的县还处在艰难爬坡阶段，有与先进县差距拉大的趋势。(2) 各地园区分工不明，招商工作竞争多于合作；各个园区的产业规划或者不明朗，或者雷同，什么都想搞，在招商引资工作中出现不必要竞争，不利于产业集群发展。

二、贸易结构不够优化

近些年来，安庆市贸易发展虽然进展较快，但对外贸易总量仍然偏低，贸易结构需要进一步改善。

（一）机电产品和高新技术产品在出口中所占的比重仍然不高

2008 年，安庆市外贸进出口总额为 53 268 万美元，其中出口总值 34 762 万美元，比上年增长 21.3%，但在全省各市中仅处于中等水平，而且与发展较好的城市或者沿江城市相比差距较大。2008 年，安徽省机电产品出口 45.5 亿美元，占到总出口额 113.5 亿美元的 40.09%，而安庆市仅占 18.49%，低于安徽省的平均水平，更低于合肥、芜湖和马鞍山这样的城市。高新技术产品占总出口的比重仅为6.82%，低于全省平均水平15.86%，更低于合肥和马鞍山。具体见表18.12。

表18.12　2008年安庆市对外贸易与省内发展较好的城市的横向比较

单位：亿美元

	安庆	合肥	芜湖	马鞍山	铜陵	安徽省
进出口总额	5.326 8	77.08	20.36	33.46	34.72	204.4
出口总额	3.476 2	54.3	14.80	11.03	1.92	113.5
进口总额	1.850 7	22.78	5.56	22.43	32.80	90.8
机电产品出口总额	0.642 9	20.93	12.49	2.680 3	0.337	45.5
占出口总额（%）	18.49	38.55	84.4	24.19	17.5	40.09
高新技术产品出口总额	0.237 2	9.7	—	1.167 8	—	18
占出口总额（%）	6.82	17.86	—	10.59	—	15.86

资料来源：根据2008年安徽省、合肥市、芜湖市、马鞍山市、铜陵市、安庆市国民经济和社会发展统计公报整理得出。

（二）加工贸易份额较小

贸易方式主要包括一般贸易和加工贸易。安庆加工贸易总体发展比较滞后，占总出口的比重比较低，2005年、2006年、2007年三年都没超过10%，2008年有所上升，但也仅为13.51%，2009年比重甚至下降至13.16%（见表18.8），这与全省平均水平相比，有一定差距。例如，2008年安徽省加工贸易额为25.7亿美元，加工贸易出口占总出口的比重为22.64%。与加工贸易在全国出口贸易中占据半壁江山的水平比差距就更大。例如，2008年我国出口总额为14 285.5亿美元，其中，加工贸易出口6 751.8亿美元，尽管由于金融危机的影响有所萎缩，但仍占总出口的47.26%。而且安庆市加工贸易产品技术含量低，产业升级作用有限；与国内产业的关联度低，产业波及效用小；利用加工贸易走私、骗税的情况时有发生。

三、贸易创新和信息化不充分

（一）贸易创新不够

从构成上看，安庆贸易创新不够主要体现在服务贸易比例过低。以2009年为例，安庆全年出口额为38 776万美元，而服务贸易中占较大比例的对外承包工程和劳务完成营业额仅为1 593万美元、旅游外汇收入仅为1 515.31

万美元，两者相加还不到全市出口额的10%。

从工具创新上看，电子商务在贸易中所发挥的作用不够。网络贸易主要是通过计算机网络进行贸易或货物的整个交易过程，包括交易磋商、签约、货物交付、货款收付等，其交易的产品不仅包括数字化产品也包括实物产品。目前，网络贸易在国内与国际贸易中发挥的作用越来越大。但是，从安庆市外贸的发展情况来看，网络贸易的比重较低；内贸中，现代百货店、超市、专卖店、购物中心、无店铺销售等新的流通业态在县级以下的集镇或者农村发展十分缓慢。

（二）信息化不充分

从单个企业来看，全市工业企业中全部实现CAM、OA、MIS系统企业不足6%，作为企业管理信息最核心的ERP系统，目前实施的企业仅有8家，大多数企业未建立有效的信息化管理系统。

从行业来看，目前全市还没有形成行业数据库，这使得安庆各内贸和外贸企业缺乏合作，甚至造成过度激烈竞争。

四、贸易人才短缺

安庆市大部分外经贸企业发展步伐较慢，积极参与国际市场竞争的观念不强，缺少在国际上有影响、有实力的大型外经贸企业骨干集团，缺乏有效的引人和用人机制；人才短缺和流失现象严重，培养的人才外流较多，大中专学生回乡率很低；外出务工人员较多，回乡创业较少，本地工业园区和企业招工难。贸易发展后劲不足。同时，受计划经济长期影响，市场经济意识还不够，观念转变不快，软环境建设滞后，依靠改革开放、市场机制创新发展的动力不足，同东部沿海、甚至省内的一些城市相比差距明显。

五、贸易竞争力不强

随着经济全球化、产业科技化的发展，贸易竞争力的概念已经超出了成本竞争、价格竞争的低层次范围，质量竞争、品牌竞争、营销竞争、服务竞争都已经包括在产品竞争力的扩大内涵中。

而安庆企业仍将竞争定位于低层次水平，忽略了高层次水平的竞争，如品牌竞争力低下，即品牌国内国际知名度不高。截至2008年年底，安庆市品牌战略取得了一定成绩：中国名牌6块，安徽名牌61个，省市质量奖120个，名牌总数居全省第二。[①] 但是，名牌档次不高，级别低，国内知名度不强。2009 年包括马钢、奇瑞、江淮等 11 家安徽企业跻身中国 500 强，但无一家安庆企业，就连曾经在安庆家喻户晓的一枝梅现在也难觅踪迹。

六、贸易基础设施不健全

（一）高速公路网还有待进一步完善

高速公路只有形成网络才能发挥最大的投资效益，全市“四横五纵”的高速公路网满足不了经济发展的需要，沿江高速和安庆向南的高速公路网尚未形成，影响区域间经济合作一体化的推进。目前全市八县（市）中仍有两个县未通高速公路。

（二）地方路网结构不尽合理

全市公路总里程中，二级及二级以上公路占总里程的比重仅为 7.9%，三级以上公路占总里程的 14.5%，高级、次高级路面也仅占公路总里程的 31.8%。偏僻山区、库区和圩区的乡镇、行政村的公路虽经改造，解决了交通的问题，但交通条件仍然落后，公路技术等级整体服务水平仍较低。

（三）水运投资分配不合理

长江黄金水道未得到充分开发和利用。内河航道大多处于自然状态，技术等级低，通过能力小，港口泊位深水少。运输增值服务、信息服务和货物配送服务等现代物流服务起步较晚，与市场经济发展的要求仍有一定的差距。

七、农村市场体系单一

农村商品流通体系不够健全：粮食、医药、通讯、邮政和保险等部门在农村没有设立连锁农家店。以潜山县为例：截至 2008 年年底，人口为 58 万的潜山县农家店已达 305 家，直销店 6 家。与此同时，6 135 万人的安徽省“万村千乡市场工程”连锁农家店约 2 万家，已覆盖全省乡镇和约 40% 的行政村，初步构建了农村连锁经营网络。[②] 这一水平明显优于全省平均水平，但仍然存在不少问题。

---

① 潘法生．安庆大力实施品牌战略［EB/OL］．（2009 - 02 - 19） http：//aq. ahxf. gov. cn/55960. aspx.

② 安徽省商务厅，中国银联安徽分公司．关于积极推动银行卡应用促进流通扩大消费的通知（皖商建字［2009］452 号）［EB/OL］. http：//www. aqsw. gov. cn/include/web_ view. php？ ID = 1585.

（一）不少农家店频繁歇业

许多农家店频繁歇业，有的因为门面房到期，有的因为国家补贴资金未按时到位，但更多的是因为赢利有限，甚至存在亏损。主要原因存在于多方面：商品品种和档次单一；摆放零乱、卫生条件差；同业经营交叉现象严重，竞争过于激烈；新型业态如超级市场等在农家店中所占比重偏低。

（二）商品配送率低

农资店和日用品店商品配送均达不到要求，但农资店配送好于日用品店。究其原因，主要表现在：第一，承办企业规模小、实力弱，资源占有率低，商品配送数量和品种一时难以提高。第二，农家店店主的素质普遍偏低，对“万村千乡市场工程”建设的政策认识不到位，对农村消费群众缺乏正确引导；部分加盟店只顾眼前利益，缺乏长远打算，违反加盟协议，对自己经营的店铺如何搞好搞活经营，增加经济收入考虑的不多。第三，由于农村消费市场长期被劣质商品所占领，部分加盟店认识上还存在模糊，配送质量保证的商品在一定程度上讲有一定难度，尤其是部分商品价格在农村消费这块市场上难以接受，因此给整个配送工作带来一定困难。

第四节　安庆市贸易发展建议

随着中央促进中部崛起战略的全面实施以及《皖江城市带承接产业转移示范区规划》上升为国家战略，安庆追赶跨越的空间越来越大，“东向发展、无缝对接”正成为安庆发展的主轴线。安庆要不断加强自主创新，优化产业结构，并积极承接产业转移，促进加工贸易产业内优化升级；要充分发挥安庆的商贸优势和地缘优势，积极构建区域商贸中心；进一步扩大对外开放，发展开放型经济。

一、加强自主创新，优化产业结构

（一）以自主创新提升产业技术水平

坚定依靠科技创新、自主创新，提升产业层次，进一步提高科技对工业经济增长的贡献率。建立以企业为主体、市场为导向、产学研相结合的技术创新体系。坚持以信息化带动工业化，运用高新技术和先进适用技术改造提升传统产业，推动加工制造业基地建设。聚力做强石化及精细化工、机械及装备制造、纺织服装三大战略性主导产业；扶持壮大造纸及印刷包装、文化旅游、农产品加工、建材及新材料和商贸物流等五大拓展性产业；引导发展电子信息、生物医药、商务会展、环保等四大先导性新型产业，从而提升产业层次，优化产业结构。采取支持自主创新的财政、税收、金融和政府采购政策，完善自主创新的激励和投入机制。加大对品牌产品的培育扶持力度，形成一批拥有自主知识产权的品牌和驰名商标。进一步加大知识产权保护力度。

（二）着力打造优势产业集群

采取“政府主导、市场运作、多元投入、广泛合作”的方式，加强要素资源整合，强化专业分工与协作，促进企业集聚、产业集群。坚持以工业园区为载体，以延伸产业链为抓手，以大企业、大项目为核心，带动中小企业专业化生产和配套服务，促进产业集聚、配套集成，培育一批配套能力强、聚集效应明显、特色突出、竞争力强的产业集群。制定和实施产业集群发展规划，强化组织引导和政策扶持，力争“十二五”期间全市产业集群发展取得大的突破。

（三）优化产业空间布局

充分发挥沿江的区位优势和基础条件，打造若干产业经济带。近期主要发展桐城—怀宁—潜山—太湖—宿松沿路产业带，远期发展以东香高速和长江黄金水道为依托的产业带。市区重点发展石油化工、机械制造、纺织服装、制浆造纸、电子信息、生物医药等产业，桐宿产业带重点发展农产品加工、机械制造、包装印刷、板材加工、日用化工等产业；沿江产业带重点发展临江产业；东香高速产业带重点发展特色农产品加工业等。

二、积极承接产业转移，促进加工贸易产业内优化升级

安庆要发挥皖江城市带重要一极的作用，主动融入长三角，明确全市承接产业转移的方向，加大承接产业转移的力度，促进加工贸易的发展。一方面，扩大加工贸易的规模，促进加工贸易产业链不断延伸，同时还将一些本土产业纳入加工贸易引致的国际生产活动，不断提高技术含量和附加值。另一方面，要促进加工贸易产业内优化升级。要实现加工贸易产业内优化升级，除了在产业链中游精选从事加工制造链增值大的环节之外，还可进入如下三个产业链的重要延伸领域：向产业链上游发展，提高技术研发和产品设计能力；向产业链下游延伸，积极发展国际物流和配送业务；向产业链配套拓展，进入关键零部件和设备制造业。注重引进、消化、吸收和创新，促进加工贸

易由 OEM 向 ODM、OBM 转变，从而促进加工贸易配套产业的发展，使安庆市的加工贸易走在皖江城市带城市中的前列。

三、构建商贸商务中心

依托安庆的商贸优势和与湖北、江西相连的地缘优势，构建皖西南中心商贸商务区，形成以精品展示为龙头的新型商贸经营体系。在商业发展上，从功能角度来看，安庆商贸商务要朝着承担“东接西引、南连北达”的区域性交易的需求发展；从规模角度来看，要满足区域性贸易的极大的人流、物流需求；从功能和规模综合角度来看，中央商贸商务区将成为高度密集的全省性商贸大公司代理中心和商业信息流通中心。

要使安庆的商贸中心地位得以巩固，并建成区域性中心，就必须积极推进现代流通方式。推进连锁经营由传统零售商业向餐饮、医药、修理、健身、书刊等服务业发展；由中心城区向县城、集镇、社区发展，连锁经营销售额占社会消费品零售总额应达到 20% 以上。鼓励大型连锁商业建设配送中心，加快全市零售商业连锁化、网络化进程。整合各种流通资源，提高流通业服务质量，实现规模化、规范化发展，在整合区内资源的基础上，逐步向其他地区拓展。大力发展以生鲜食品为主的农产品超市。鼓励和支持新百百货等现代流通企业发展电子商务。围绕社区发展商业文化，建设一批各具特色的购物休闲商业街。引进世界著名百货品牌，提升商业经营层次，促进国内贸易进一步发展。

四、进一步扩大对外开放，发展开放型经济

坚持把利用外资作为对外开放的突破口，对外开放重心以引资为主向引进各种生产要素并重转变，加大投资力度，开放手段由税费优惠为主向环境优化为主转变，开放空间实现内外并重，在大力“引进来”的同时，稳步“走出去”，有计划、有选择地开展境外投资；大力开拓国际市场，壮大出口骨干企业，促进加工贸易的发展，优化出口商品结构，积极扩大对外贸易；继续大力推进区域经济联合与协作，加快安庆经济技术开发区建设，逐步形成和完善全方位、多层次、宽领域的对外开放格局。

（一）扩大利用外资规模，提高利用外资水平

继续本着“积极、合理、有效”的方针，加大先进设备、技术、管理的引进力度，实现从单个外资项目孤立地引进同安庆市产业结构调整、生产力

布局和城市建设等方面紧密结合的转变，努力提高利用外资的质量。

第一，要增强开放意识，着力优化投资环境。在继续改善城市基础设施的同时，大力增强涉外工作人员的法制观念，全面推广行政公示制，健全外来投资的中介服务机构，坚决制止一切对外来投资企业的乱检查、乱收费、乱摊派、乱罚款行为，树立安庆市良好的对外开放形象。在现有权限范围内，在平等合理的基础上，制定切实可行的优惠政策，特别是对事关全局发展的重大项目，做到"一厂一策"、"一项一策"，有效降低外商投资成本，增强安庆市招商引资的竞争能力。

第二，要以制造业利用外资为主，进一步拓宽利用外资领域。在大力引导外资投向安庆市主导产业的同时，积极引进外资投向高新技术产业和环保产业，尝试和扩大服务、贸易、金融、医疗、社会化服务等无形产品领域利用外资，争取基础设施重大项目利用国外优惠贷款建设。

第三，以吸收外商投资为主，进一步改进利用外资方式。在继续通过合资、合作、独资等方式吸引外资的同时，加强研究国际市场运作的新变化，借鉴国内引资成功范例，利用项目融资、国际租赁、BOT（建设—经营—移交）、TOT（移交—经营—移交）以及新的金融工具等多种手段吸引外资，重点推进企业并购利用外资，切实清除国外公司并购的障碍，适时选择有条件的企业到境外上市。

第四，壮大引资主体，吸引跨国公司前来投资。按照市场化运作方式，组建企业集团，探索以全行业对外合作的模式，吸引国外大公司、大财团；围绕安庆市城市功能分区和工业园区建设，争取跨国大公司、大财团前来投资。同时，支持个体私营企业对外合作，发挥其负担轻、管理环节少、机制灵活的优势，吸引东部地区外资企业再投资。

第五，适应新形势，探索"走出去"道路。鼓励安庆市优势企业在充分做好市场调研和可行性论证的情况下，有侧重点地开展境外投资，尝试国际经营，到发达国家吸取先进科学技术，到发展中国家开辟新的市场。

（二）扩大对外贸易和经济合作，提高经济外向度

第一，大力开拓国际市场。实施外贸出口市场多元化，巩固和拓展日、韩、东盟、欧盟、美国等传统市场，大力拓展东欧、独联体、非洲和拉美等潜力巨大的市场，积极开拓其它新兴市场，加快适应当地贸易方式，努力进入当地营销网络。

第二，大力支持出口企业发展。积极推进外贸经营主体结构调整和优化，加快国有专业外贸、外经公司的改革和转制；加强对出口创汇型外商投资企业的服务，实施适当的政策倾斜；鼓励各种所有制成份企业发展进出口业务，努力形成一批有较大出口规模和跨国经营实力的经贸集团。

第三，大力推进出口商品结构优化。全面提高出口商品质量，加快传统产品更新换代，巩固棉纱、坯布、苎麻等传统优势产品出口，逐步扩大精细化工、精密机床、新型汽车零部件、高档服装等技术含量较高的产品出口，积极发展高附加值产品出口，加强出口商品基地建设，提升技术含量较高的产品在全市外贸出口总量中的比例。

第四，大力扶持对外劳务合作。在巩固和发展传统对外承包工程和劳务输出的基础上，逐步提高服务贸易、技术贸易的比重，推进国际贸易、投资、承包、劳务的联动发展。

参考文献：

[1] 安庆市统计局．安庆统计年鉴 [R]. 2006—2009.

[2] 安庆市统计局．2006—2009 年安庆市国民经济和社会发展统计公报 [R]. 2006—2009.

[3] 安庆市商务局网站．http：//www. aqsw. gov. cn/.

第十九章 黄山市贸易发展分析

黄山市位于安徽省南部，是一个“八山一水一分田”的山区，总面积 9 807平方千米，人口 148 万人。黄山市辖 3 个区、4 个县，分别是：屯溪区、黄山区、徽州区、歙县、休宁县、黟县、祁门县，黄山市人民政府驻屯溪区。黄山市境内群峰参天，山丘屏列，岭谷交错，有高山、峡谷，也有盆地、平原。天目山和黄山山脉是安徽省也是徽州同浙江、江西省的天然分界岭。黄山市最大的特点是旅游资源丰富，景观独特，不仅有大自然造就的天下无双的山水风光，而且有大量展现中国古老文化的人文景观，1985 年，黄山被评选为全国十大风景名胜之一，1990 年被联合国教科文组织列入世界文化遗产和自然遗产名录。黄山市物产丰富，所辖三区四县不仅是闻名中外的茶叶之乡，还盛产各种山菜和优质果品。黄山市近年经济发展呈稳步增长趋势，2009 年全市三次产业比重为 13. 3∶40. 6∶46. 0。2001—2009 年全市生产总值年均保持 11. 8% 的发展速度，其中 2006—2009 年年均递增 12. 3% 。按户籍人口计算，2009 年黄山市人均 GDP 达 17 977 元。[①] 2009 年，全市实现地区生产总值 266. 9 亿元，同比增长 11. 5% 。[②]

第一节 黄山市贸易发展现状

一、国内贸易现状

（一）社会消费品零售总额持续增长，但增速下降，限额以上贸易增长迅速

2009 年，全市实现社会消费品零售总额 107. 56 亿元，增长 19% ，增幅比

---

① 安徽省统计局．安徽统计年鉴 2009 ［R］．北京：中国统计出版社，2009.

② 数据来源于安徽省统计信息网（http：//www. ahtjj. gov. cn）。

升态势，2009 年，黄山市新批项目质量和水平明显提高，新批项目涉及行业广泛，大项目增多。新批外商投资项目 28 个，同比增长 75.0%，其中第一产业 1 家，第二产业 17 家，第三产业 10 家，合同外资额 5 250 万美元，增长 62.7%，实际利用外资 14 424 万美元，增长 11.2%，其中，合同外资额 500 万美元以上的项目有 5 家，比上年多 4 家。①

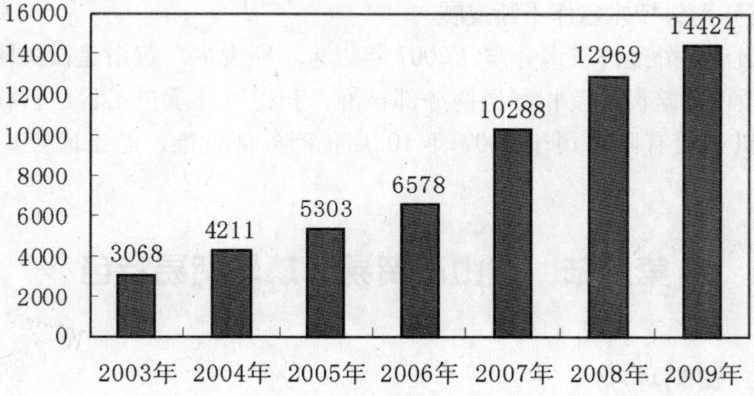

图 19.7　2003—2009 年黄山市实际利用外资额（万美元）

资料来源：根据黄山统计信息网（http：//www.hsstjj.gov.cn）、2008 年黄山市国民经济和社会发展统计公报、2009 年黄山市国民经济和社会发展统计公报整理得到。

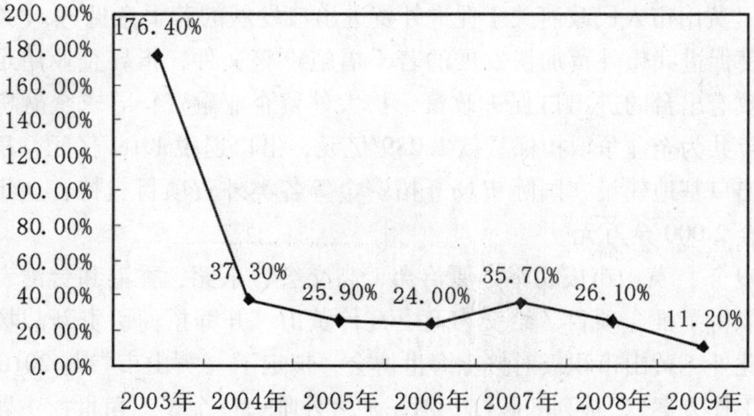

图 19.8　2003—2009 年黄山市实际利用外资额增长率变化趋势

资料来源：根据黄山统计信息网（http：//www.hsstjj.gov.cn）、2008 年黄山市国民经济和社会发展统计公报、2009 年黄山市国民经济和社会发展统计公报整理得到。

---

① 资料来源于黄山市商务局网站（http：//www.huangshan.gov.cn）。

2009 年，黄山市利用外资在金融危机和上年高位增长的巨大压力下，发展形势异常严峻，1—4 月份实际利用外资降幅达 30%。在随后的 8 个月里，在全市各级政府和企业的共同努力下，成功实现了利用外资“V”型反转。全年全市实际利用外资同比增长 11.2%，较本年度最低值回升了 41.2 个百分点。

（三）对外技术合作不断发展

黄山市对外经济技术合作自 2007 年以来不断发展。黄山建设集团、建工集团、黄山建筑设计院相继经商务部核准，获得对外承包工程经营权。屯溪一品有机茶叶有限公司于 2007 年 10 月获商务部批准，赴土库曼斯坦投资办厂。

第二节　黄山市贸易环境与贸易特色

一、贸易环境

（一）政策环境

黄山市着眼于发挥本地资源优势、调整产业结构，促进持续发展，相继出台了《黄山市人民政府关于促进外贸进出口发展的若干意见》、《关于加大支持力度促进我市外贸加快发展的若干措施》等文件，指导企业用足用好国家和省政府出台的进出口促进政策，扩大外贸企业融资，寻求金融机构的支持，全年共为企业争取担保贷款 1.289 亿元，出口退税 1.09 亿元，积极争取农产品出口基地建设、国际市场开拓资金等各类外贸项目支持，全年共争取扶持资金 2 000 余万元。

2009 年，黄山市成功举办厦洽会、高交会、东莞、香港和台湾专题招商活动，取得了推介项目、结交客商、宣传黄山、开辟招商引资新战场的多重效果。此外，黄山市积极对接上海世博会，拟定了《黄山市参与 2010 年上海世博会工作方案》，被列入除江、浙、沪之外唯一一个长三角世博主题示范点城市。①

（二）文化环境

徽派文化底蕴丰富，内涵深广，是我国三大区域文化（藏学、敦煌学、

---

① 资料来源于商务部安徽黄山商务之窗（http://huangshan.mofcom.gov.cn）。

徽学）之一，涵盖了哲、经、史、医、科、艺诸多领域。黄山市位于皖浙赣三省结合部，群山环抱之中，古代徽州历来有“山深不偏远，地少士商多”之说。每当中原战乱之秋，这里就成了藏龙卧虎之地，它既是乱世的世外桃源，又是治世的人才宝库。古徽州文风昌盛，教育发达，历史上以才入仕、以文垂世者，代不乏人，《辞海》的单列条目中，徽州名人有50多人，列全国各州府之首。黄山大地上遍布古桥、古塔、古亭阁、古宗祠、古牌坊，犹如一座天然的历史大博物馆，现已发现地面文物4 900多处，其中列入国家和省级重点保护的45处。

近年来，为体现作为我国爱国主义教育和旅游基地，并与世界自然遗产和文化遗产相匹配的地位和特征，黄山市大力提升城市品位及整个地区的环境质量，把黄山建设成经济繁荣、生态优良、风景秀丽、可持续发展的国际性风景和文化旅游城市，根据地区特点，调整和优化产业结构与布局，重点发展以旅游业为龙头的第三产业，增强经济实力，完善基础设施，加快城镇化进程，强化黄山在皖南地区中心城市的职能，成为安徽省经济发展的重要基地和对外窗口。

（三）经济环境

2009年，黄山市居民消费价格总水平累计上涨5.9%，工业品出厂价格总水平下降0.49%；累计实现社会消费品零售总额107.65亿元，同比增长19%，增幅位居全省前列。

2009年，全市完成财政收入（不含基金收入）突破30亿元，财政支出完成58.04亿元，2009年末，金融机构人民币存款金额达372.98亿元，同比增长24.4%，2009年，成功组建3家农村合作银行、设立8家小额贷款公司、批准设立1家村镇银行。2009年末，全市金融机构人民币贷款余额211.08亿元，同比增长36.4%，全年新增贷款56.34亿元，同比多增29.11亿元。2009年末，黄山市设立保险业务机构14家，共实现保费收入10.67亿元，比上年增长27.1%。[①]

2009年，黄山市投资规模继续扩大，固定资产投资341.34亿元，同比增长28%，三次产业投资比为2.8∶27.1∶70.1。全市完成工业投资66.39亿元，增长18.4%；交通运输、仓储和邮政业、居民服务和其他服务业投资增速分别为9.4%和131.7%；房地产开发投资保持强劲增势，房屋销售旺盛。全市

① 黄山市统计局.2009年黄山市国民经济和社会发展统计公报［R］.2009.

房地产开发完成投资 88.44 亿元，实现商品房屋销售额 41.14 亿元。

2009 年，黄山市基础设施重点工程进展顺利。列入省“861”行动计划重点项目完成投资 152.90 亿元，“十大工程”重点项目完成投资 223.96 亿元，京福（合福）铁路、新安江延伸段综合开发、黄祁高速公路、500 千伏徽州输变电工程和港华黄山燃气等项目已开工建设。黄杭高铁、皖赣铁路扩能改造、黄山东源钨矿和月潭水库等一批重大项目前期工作加速推进。黄山市及周边城市基础设施建设为黄山市发挥区位优势，进一步促进贸易发展打好了坚实的基础。

图 19.9 和图 19.10 是黄山市 2003—2009 年全市生产总值及增长情况。

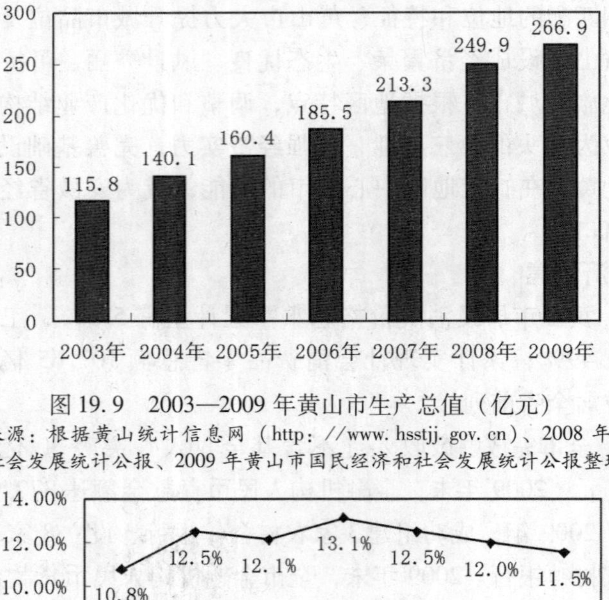

图 19.9　2003—2009 年黄山市生产总值（亿元）

资料来源：根据黄山统计信息网（http://www.hsstjj.gov.cn）、2008 年黄山市国民经济和社会发展统计公报、2009 年黄山市国民经济和社会发展统计公报整理得到。

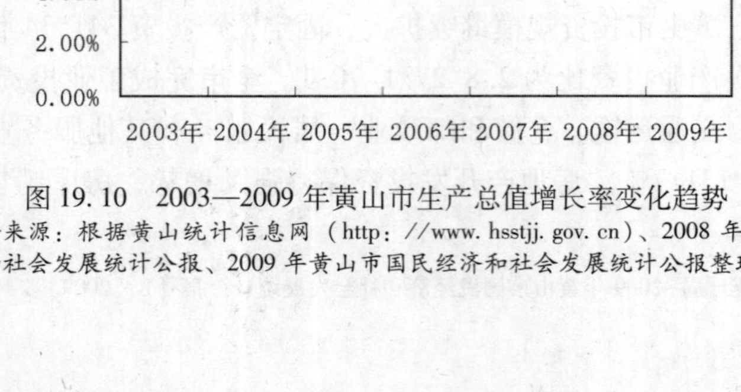

图 19.10　2003—2009 年黄山市生产总值增长率变化趋势

资料来源：根据黄山统计信息网（http://www.hsstjj.gov.cn）、2008 年黄山市国民经济和社会发展统计公报、2009 年黄山市国民经济和社会发展统计公报整理得到。

（四）社会环境

在经济平稳快速增长的同时，黄山市社会事业同步发展。2009 年，全市广播综合人口覆盖率为92%，电视综合人口覆盖率为95.64%，建成500 千米通乡公路；居民最低生活保障标准得到提高，保障范围不断扩大，90%农民参加了新型农村合作医疗制度；全市现有体育场4 个、体育馆5 座、运动场7 个。文化方面，黄山市启动"百村千幢"古民居保护利用工程，积极谋划徽文化艺术长廊、特色文化创意园等一批重大文化项目建设。推出大型多媒体歌舞《徽韵》和《黄梅唱黄山》文化旅游定点演出。

近年来，黄山市教育水平也得到大幅提高。2009 年，全市普通高等学校毕业生3 591 人；各类中等职业教育毕业生5 818 人；普通高中毕业生6 948 人。

黄山市环境保护工作也有新的提高，截至2009 年底，全市已有国家级环境优美乡镇6 个、省级环境优美乡镇18 个、创建省级生态文明村38 个，中心城区空气质量达优率62.2%，黄山风景区空气质量达到一级标准，达优率100%。

（五）人口环境

按公安部门统计，2009 年末全市户籍人口148.6 万人，比上年增加0.26 万人，增长1.72‰，其中非农业人口36.05 万人，比上年增加0.36 万人，增长10.1‰。全年出生人口12 900 人，出生率8.69‰；死亡人口8 708 人，死亡率为5.86‰；自然增长率为2.82‰。

近年来，黄山市人民生活水平显著提高，居民收入较快增长。2009 年，全市城镇居民人均消费性支出11 001 元，增长14.2%。其中，居住、医疗保健、家庭设备用品及服务、衣着和食品支出分别增长69.7%、83.1%、11.8%、2.9%和0.1%。全市城镇居民恩格尔系数为36.6%，农村居民恩格尔系数为45.6%。

表19.1　2008 年黄山市城乡居民每百户主要耐用消费品拥有量

	单位	城镇居民	农村居民
家用汽车	辆	2	1
家用电脑	台	59	5
洗衣机	台	95	18
电冰箱	台	91	37
空调器	台	94	8
固定电话	部	92	86
移动电话	部	170	99
微波炉	台	48	4
照相机	架	34	3

资料来源：《安徽统计年鉴》（2009），商务部安徽黄山商务之窗（http://huangshan.mofcom.gov.cn）。

（六）自然环境

黄山市地处北亚热带，属于湿润性季风气候，具有温和多雨，四季分明的特征。新安江是全市的主要河流，属于钱塘水系。黄山市具有优越自然条件，蕴孕着丰富的森林资源和秀丽的自然景观。境内群峰参天，山丘屏列，岭谷交错，水秀山灵，天目山和黄山是安徽省也是徽州同浙江、江西省的天然分界岭。著名景观包括：坐落在歙县东北部的清凉峰，祁门县境内的牯牛降，休宁西北部的白岳齐云山等。横贯歙县、黄山区、休宁、黟县之间的黄山，是著名的风景胜地。

黄山市把建设皖南中心城市作为发展战略之一。屯溪是黄山市成为皖南中心城市的首要发展对象，通过扩大主城区的人口与用地规模，加快优势区域集聚，构建高效的基础设施和社会设施网络，带动皖南地区、皖浙赣交界地区的社会经济发展和加快城镇化进程。通过发展和完善区域综合交通网络，建设徽杭、合铜黄、屯景、黄衢南、屯宣芜等高速公路，屯溪已成为皖南地区的高速公路枢纽。

二、贸易特色

（一）农村市场快速崛起

自 20 世纪 90 年代以来，黄山市一直坚持“面向市场，发挥优势，以贸牵头，两翼齐飞”的农村市场发展战略，探索产供销、贸工农、旅工农一体化、产业化发展道路。随着“双百市场”、“农超对接”、“现代流通业促进政策”和“省茧丝绸结构调整资金”等项目的实施，黄山市抓住机遇、搞活流通、扩大消费，认真督促项目的前期准备和项目实施。在已建 1 405 个农家店的基础上，2009 年新建和改造农家店 500 个，农家店行政村覆盖率达到 85%以上，家电下乡工程成效显著。2009 年全市累计销售家电下乡产品 66 027 台（件），销售额 1.38 亿元，位居全省第一。[①]

（二）商品交易市场建设起步

近年来，黄山市商业基础设施建设逐步朝特色商业、服务业、专卖商店、专业店、连锁超市、直销配送中心等多种新型业态结构方向发展，全市流通业千方百计开拓市场，扩购促销，培育新的经济增长点，大力发展各类商品交易市场，商务服务业与旅游业和工业的联系逐步增强。随着旅游业的快速

① 资料来源于黄山市商务局网站（http：//www. huangshan. gov. cn）。

发展，一定程度上刺激了商业网点发展，增强了商务服务业的旅游服务功能，同时，全市工业的快速发展，也促进了物流配送等新型业态的发展。据2008年末统计，全市限额以上批发和零售业有34户，住宿业和餐饮业有70户，从数据来看，全市商品交易市场有待进一步扩大规模；从地区看，市中心城区商业相对发达，业态齐整，专业店、专卖店、大卖场、品牌店、折扣店和连锁超市等业态齐全，而县及县以下商业及相关基础设施建设相对落后。

（三）以旅游产业为主导的贸易经济

2009年黄山市旅游总收入达168.15亿元，以旅游为主体的第三产业占全市GDP比重在2009年已达到38.3%，旅游业成为全市支柱产业，是黄山市吸纳劳动力第一大产业。旅游业的快速发展，一定程度上刺激了商业网点发展，增强了商务服务业的旅游服务功能，促使商务服务业更好地满足游客的吃、住、购、娱，也促进了物流配送等新型业态的发展。但是由于黄山市经济总量偏小，市区人口少，消费水平不高，市场消费需求仍然不足。近年来，由于新型旅游项目开发乏力，使得以旅游为主体的第三产业对全市GDP的贡献率由2008年的4.5个百分点降为2009年的4.4个百分点，这预示着黄山市传统旅游产业对经济增长的影响在减弱，而工业经济则进一步加强，黄山市需大力开发具有文化内涵的新型旅游服务项目，并带动相关贸易的发展。

（四）外向型经济发展策略推动对外贸易发展

黄山市抓住国家和省里鼓励和扶持企业“走出去”的契机，因势利导，进一步加大政策宣传和运用力度，借助外汇管理、海关等方面力量，促使有比较优势的企业“走出去”。例如，春天纺织有限公司在香港设立春天亚泰有限公司，黄山徽畅投资有限公司获准在美国西雅图设立企业，黄山一品有机茶叶有限公司“屯绿”绿茶商标在乌兹别克斯坦注册成功，黄山汽车电器有限公司已在美国设立营销网点，等等。

2009年，黄山市利用外资在金融危机的压力下继续稳步提升，全市实际利用外资14 424万美元，同比增长11.2%，新批项目和合同外资额呈不断攀升态势，全年累计新批项目28个，较上年同期多12个，合同外资额5 250万美元，同比增长62.7%。①

由图19.5和图19.6可以看到，2003—2009年，黄山市对外贸易以年均

① 资料来源于黄山统计信息网（http：//www.hsstjj.gov.cn）、2009年黄山市国民经济和社会发展统计公报。

30%左右的速度在增长，其中2009年的对外贸易额达到23 307万美元，比上年增加了30.5%，这种增长幅度是在全球金融危机背景下的逆势增长，增幅居全省第三，这一成绩主要归功于黄山市在外向型经济发展策略的推动下，大量进口先进技术装备和资源性原材料，同时积极开发国际新兴市场。2009年，新兴市场策略使得黄山市对非洲、大洋洲等国家的出口分别增长74.8%、98.2%。

第三节　黄山市贸易发展存在的主要问题

一、本地商贸企业弱小，制约城市旅游快速发展

黄山市是国际性旅游城市，世界著名自然与文化遗产地，皖南地区中心城市，建设国际性风景和文化旅游城市是黄山市发展战略之一。但是，目前黄山市本地商贸企业弱小，制约了旅游业的快速发展。按照国家统计局对批发和零售业、住宿业和餐饮业统计限额划分标准，目前，黄山市限额以上批发和零售业有34户，住宿业和餐饮业有70户。中心城区商贸批零企业以限额以下企业居多，本土流通企业发展不够，连锁网络建设滞后，以中心城区为中心的商贸流通物流配送没有形成规模。全市商务服务业规模不大，同时缺乏起支撑作用的流通企业，对周边地区的商贸集聚度及幅射力较低，游客主要以观光、休闲为主，商务游客比率较低，制约了旅游业快速发展。

二、文化旅游等新型旅游业态开发力度不够

黄山和徽文化是发展黄山旅游最重要的两个方面，黄山风景区已誉满全球，但是以非物质为特征的徽文化开发力度不够，黄山市正通过保留地方特征提高城市综合竞争力。现在，黄山市拥有黄山风景区和皖南古村落（西递、宏村）两处世界遗产，其中黄山风景区集世界文化遗产、世界自然遗产、世界地质公园三顶桂冠于一身，全市共有9大类114项“国”字号旅游景区（点）对外开放，形成了多品种、高品位、高密集度的旅游产业格局。在旅游产业发展中，以文化旅游、生态旅游、乡村旅游、特色旅游等为代表的新型旅游业态应成为黄山市旅游发展新的增长点。

三、专业市场建设滞后

黄山市规模化的专业市场建设不够。现有的一些专业市场功能单一，知名度不高，对周边地区的吸引力、集聚力都很低。造成这种现象的原因一方面是规划引导不够，全市商业网点规划编制滞后。以中心城区为例，商铺建设目前均是房地产开发商结合住宅区开发建设，沿路建筑基本上为住宅，下建店铺，有的还建设内街，商铺建设均是小店面房一个格式，商业集中度较低；另一方面中心城区没有上档次、成规模的商业街。由于黄山市经济总量偏小，市区人口少，消费水平不高，市场消费需求不足，同时围绕旅游要素建设的高档次商贸旅游特色商业街依然滞后，以现有闲置商铺改造难度很大，游客在中心城区的娱乐、购物消费很低，中心城区商贸业的游客人气指数不高。

四、农村市场体系尚未形成

黄山市地方特产品种丰富，尤其以茶叶闻名，黄山市所辖三区四县是闻名中外的茶叶之乡，近年恢复、开发的新老名茶有30多个品种，如祁红、屯绿、黄山毛峰、太平猴魁，等等。除此之外，黄山盛产各种山货和水果，品质优良，历史悠久。但黄山市农产品贸易处于小生产和大市场脱离的阶段，批发市场管理落后、流通困难，未能形成规模化农村市场体系，导致农业生产和农产品加工效率低、风险大，市场对周边地区也缺乏集聚力和辐射力。

五、出口产品结构过度依赖劳动密集型行业

2009年，黄山市一般贸易增长迅猛。一般贸易进出口20 155万美元，同比增长57.8%，占全市外贸进出口总值的86.5%，比上年提高14.9个百分点。但是在出口产品板块中，主要依赖初级农产品出口和纺织服装等劳动密集型产品出口，出口结构单一，而且出口产品附加值低，同时，传统机电产品出口受到很大阻力，出现了负增长。如表19.2所示，在出口四大板块中，农产品出口3 858万美元，增长68%；纺织服装出口3 801万美元，增长23.4%；化工产品出口3 179万美元，增长11.9%；机电产品2 665万美元，下降30.1%。机电产品的出口阻力可能主要来源于传统目标市场的持续金融危机的影响。

表19.2　2009年黄山市出口产品结构及增长

单位：万美元

	农产品	纺织服装	化工产品	机电产品
出口额	3 858	3 801	3 179	2 665
增长率	68.0%	23.4%	11.9%	-30.1%

资料来源：2009年黄山市国民经济和社会发展统计公报。

六、综合化皖南物流基地建设有待加强

黄山市物流管理体制仍然比较分散。物流是跨部门、跨行业的复合型产业，物流的发展涉及多个相关部门，为了避免政出多门，各行其道，黄山市应统筹规划和整体协调，防止物流业盲目发展。

黄山市把建设皖南中心城市作为发展战略之一。2009年，黄山市各项物流基础设施建设取得重大进展，黄杭高铁、皖赣铁路扩能改造；徽杭、合铜黄、屯景、黄衢南、屯宣芜等高速公路，黄山市及周边城市基础设施建设正在加快发展，屯溪已成为皖南地区的高速公路和铁路交通枢纽。

黄山市应进一步打造皖南中心城市，通过扩大主城区的人口与用地规模，加快优势区域集聚，构建高效的基础设施和社会设施网络，带动皖南地区、皖浙赣交界地区的社会经济发展和加快城镇化进程。通过发展和完善区域综合交通网络，建立现代的、综合化的皖南物流基地，大力开创真正意义上的第三方物流企业。

为了发展综合化的皖南物流基地，应放弃传统的物流方式，将取货、集货、分货、加工、送货和信息服务等功能结合起来，同时与商品批发市场、专业街等规划相衔接，在全市范围内形成物流运输网络，同时设立区域性的物流信息枢纽企业，建立物流技术和物流服务规范统一标准，建设多功能、一体化的皖南物流综合基地。

第四节　黄山市贸易发展建议

近年来，黄山市努力拓展市场，扩大内需，加快建立统一、开放、竞争、有序的市场体系，开创全市贸易发展新局面，促进经济稳定增长。未来5~10年，黄山市需要进一步扩大社会消费品零售总额，培育一批骨干流通龙头企业，壮大发展连锁企业，重点发展若干专业市场和区域性市场。加快结构调

整和产业升级，提高全市流通行业的组织化程度和现代化水平。以完善城市服务功能、提高消费水平，适应城市旅游业快速发展。具体来说，市区新建1～2个销售额超3亿元的综合商贸城；在市中心城区及区、县分别新建1～2个交易额超亿元的专业批发交易市场；以加快市场体系建设为重点，着重围绕发展新型业态、区域性农产品批发市场、农村商业网点建设开展工作，使批发市场农产品销售额占社会农产品销售额的50%以上为宜。总之，黄山市应加快结构调整，优化布局，全面提升贸易的组织化程度和现代化水平。

一、搞活流通，扩大消费

采取有力措施，继续做好家电下乡工作，继续推进“万村千乡市场工程”，完善农产品流通体系，继续开展好屯溪区“城市商贸服务示范区试点”，完善城市社区便民服务设施，促进城市耐用品消费升级换代。整顿和规范市场秩序，构建和谐消费环境。进一步加大内贸流通项目谋划和编制，加快市场体系建设。努力扩大消费，确保流通安全。

二、建立农村现代商品流通体系

为巩固和加强农业基础地位，加速农业结构战略性调整和产业化经营，增强农业综合竞争力。黄山市应积极推动骨干流通企业向农村发展，大力发展农资连锁经营，加快日用消费品农家店和农资连锁店建设。发展农村专业合作组织，以促进农产品流通，增强抵御市场风险的能力。加快农产品销售平台建设。实现小生产与大市场对接，推动农业产业化的进程。

三、建设若干辐射力强的亿元以上商品交易市场

建设各具特色的专业商品批发交易市场，强化对批发市场的服务，提高经营管理水平，力争经过三到五年的努力，建成对周边地区集聚力强、辐射区域广的商品批发市场。充分利用信息中心和市县二级信息平台，加强市场运行信息监测和跟踪服务工作，实施网上直报和同步监测，及时发布有关法律法规、方针、政策、工作动态、市场供求等信息，为商品流通和市场建设服务。

四、合理规划城市商业网点布局，增强为旅游业服务的功能

合理规划社区商业网点，逐步形成门类齐全的城市社区服务网络，鼓励

连锁企业参与社区商业建设，采取政府引导、社会参与、市场运作的方式，支持社区商业和新兴服务业发展，创建1～3个省级商业示范社区，并逐步推开，形成辐射带动效应，进一步完善城市服务功能，大力发展住宿业，进一步发展餐饮业，规范发展洗浴、美容美发业，提高居民消费水平，增强为旅游业服务的功能。

五、提高流通业的组织化程度和现代化水平

提高流通业的组织化程度和现代化水平一是要大力发展以连锁经营、物流配送、电子商务为代表的新型营销方式。通过资产重组，企业兼并等行为，促进资产向优势企业和连锁企业集团转移。二是进一步扩大国际国内交流，加大招商引资力度，吸引国内外知名品牌商务企业建立合资、独资和连锁企业。三是加快物流配送中心的建设和管理，充分利用批发企业现有场地、设施，提高统一采购和统一配送比例，形成高效运转的配送网络。四是依靠发展期货市场和运用期货贸易，进行套期保值，规避经营风险。

六、积极培育皖南综合型区域物流中心

充分利用国家交通枢纽城市地位和综合交通优势，充分发挥黄山市作为皖南中心城市的集散功能，培育物流龙头企业和物流园区。通过中外合资、企业重组转型、企业内部配送中心独立创新等方式培育5～10家规模化物流企业，争取将屯溪—休宁发展为皖南综合型区域性物流中心。随着2009年黄山机场改造工程拉开序幕，京福、皖赣、黄杭三条高速铁路将全面开工建设，黄山市的综合交通建设将迎来前所未有的大发展，打造皖浙赣三省交通枢纽目标和皖南综合型区域物流中心指日可待。

七、推进城市对外开放，加大商业政策支持

积极鼓励民间资本参与流通业发展。企业、事业单位及机关后勤服务实行向社会开放。进一步扩大流通业对外开放程度，吸引外埠大型企业投资，鼓励外资以并购、收购、参股等方式参与商贸服务基础设施建设。

政策方面要积极争取财政贴息等政策，加大对农产品批发市场、物流配送中心等基础设施建设的投入力度；设立商贸业引导资金，吸引银行信贷资金和社会资金，加大对商贸业的投入。研究制定促进商贸业发展的政策措施，建立商贸服务业发展的促进机制，扶持商贸企业，促进其提升规模和档次。

八、积极培养和引进外向型经济人才

在黄山市努力扩大进出口，积极吸引外资的同时，必然导致外向型经济人才紧缺，在干部和企业队伍中，迫切需要大量真正懂外向型经济发展、懂外经贸法律法规、会外语及财务管理的人才。为适应商务工作新形势和新要求，政府应积极培养和引进外向型经济人才，加强流通队伍建设，努力吸引更多的优秀人才参与流通业管理，建立多层次的人才培训体系，建立对外联络的窗口，不断提高流通从业人员参与国际竞争的素质。

参考文献：

[1] 安徽省统计局 . 安徽统计年鉴 [R]. 2008—2009. 北京：中国统计出版社，2008—2009.

[2] 黄山市统计信息网 . http：//www. hsstjj. gov. cn/.

[3] 黄山市统计局 . 2009 年黄山市国民经济和社会发展统计公报 [R]. 2009.

第二十章　安徽电子商务发展分析

电子商务是指利用电子的手段开展商务活动，电子手段包括计算机网络、电视、电话等。发展电子商务是以信息化带动农业、工业、服务业的发展，使资源得到有效配置的重要手段，电子商务可以提高商务效率、降低交易成本、优化业务流程、提高管理水平、开拓国内外市场、增强供应链协同运作能力。加快发展电子商务，是贯彻落实科学发展观，提高国民经济运行质量和效率，走新型工业化道路的重大举措，对实现全面建设小康社会的宏伟目标具有重要意义。近年来，在国内外电子商务蓬勃开展的形势下，随着信息技术的日渐发展和普及，安徽电子商务也有所发展，应用初见成效，但同时也存在着诸多问题亟需解决。

第一节　安徽电子商务发展现状

开展电子商务需要政府推动、企业主导和民众的积极参与，需要相应的信息化基础设施、安全措施、电子支付手段和现代物流的支撑。

一、政府推动

安徽信息化建设起步于1996年。在2003年安徽提出的“861计划”中，“信息工程”作为六大工程之一就名列其中，着力打造“数字安徽”成为政府极为推行的工作重点，电子商务作为其构成部分也获得了良好的发展环境。为推进电子商务进一步发展，安徽2007年底正式发布了“安徽电子商务‘十一五’发展规划”，规划正式确立了“十一五”期间电子商务发展的主要目标、六项重点任务及五项重点措施，对安徽电子商务的发展起到很大的推动作用。2009年9月安徽正式发布《数字安徽建设规划纲要（2008—2012）》，规划提出将投资800多亿元打造“数字安徽”，其中特别指出要着力加快电子商务发展，培育新的经济发展模式。安徽省将充分发挥企业主体作用，深化重点行业和骨干企业电子商务应用，优化业务流程，增强供应链协同运作能力。培育面向不同行业、区域和消费者的电子商务服务，推动中小企业利用电子商务手段开拓国际市场，鼓励专业市场利用信息技术创新交易模式、丰富服务内容。推进政府采购电子商务应用，强化国际贸易电子商务服务。加快发展基于信息技术的现代物流体系，完善金融服务和信用服务体系。加强电子商务政策法规体系建设，加快信用、认证、支付、物流等标准制定，规范电子商务秩序。着力推动信息技术和网络技术在商贸、金融、旅游、文化、房地产等传统服务业和科教、中介、社区等新兴服务业的普及应用。

为了进一步推动电子商务的发展，2003 年 9 月安徽电子商务协会成立。电子商务协会的成立，可以更好地发挥桥梁和纽带作用，整合全省电子商务资源，积极帮助各种所有制企业开展电子商务活动，对电子商务在安徽的推广应用具有十分积极的意义。

二、互联网基础资源

互联网基础资源是开展电子商务的基础。互联网基础资源主要包括拥有 IPv4 地址[①]数、域名[②]数、网站数、国际出口带宽等。截至 2009 年底，全国 IPv4 地址已经达到 2.3 亿，数量仅次于美国，是全球第二大 IPv4 地址拥有国，有力地保障了中国互联网的稳步发展，目前中国 IPv4 地址数量仍旧增长迅速，年增长率为 28.2%。2009 年底全国域名总数为 1 682 万，其中 80% 为 .CN 域名。全国网站数量继续平稳增长，达到 323 万个。国际出口带宽达到866 367 Mbps，增长迅速，年增长率达到 35.3%。

IPv4 地址容量有限，2012 年现有的 IP 地址将分配完毕。尽管中国的 IPv4 地址数量增长迅速，但安徽所拥有的 IPv4 地址占全国比例在持续下降，从 2005 年底的 2.5% 下降到 2009 年底的 1.65%（见表 20.1）。

表 20.1　安徽拥有 IPv4 地址占全国比例

年份	2005	2006	2007	2008	2009
占全国比例	2.5%	2.2%	2.1%	2.0%	1.65%

资料来源：中国互联网络发展状况统计报告。

① IP 地址的作用是标识上网计算机、服务器或者网络中的其他设备，是互联网中的基础资源，只有获得 IP 地址（无论以何种形式存在），才能和互联网相连。

② 是与 IP 地址相对应的层次结构式互联网地址标识。

域名是互联网上企业或机构间相互联络的网络地址，一个公司如果希望在网络上建立自己的网站，就必须取得一个域名。虽然安徽的域名总数在不断增加，但占全国域名比例在持续下降，从2005年底的1.6%下降到2009年底的1%（见表20.2）。

表20.2 安徽拥有域名数及占全国的比例

年份	2005	2006	2007	2008	2009
域名总数（个）	42 308	56 267	148 827	197 537	171 045
占全国域名比例	1.6%	1.4%	1.2%	1.2%	1.0%

资料来源：中国互联网络发展状况统计报告。

安徽的网站数在不断增加，从2005年底12 034个网站增加到2009年底25 917个，但占全国网站比例在持续下降，从2005年底的1.7%下降到2009年底的0.8%（见表20.3）。

表20.3 安徽拥有网站数及占全国的比例

年份	2005	2006	2007	2008	2009
网站数（个）	12 034	11 294	20 089	33 117	25 917
占全国网站比例	1.7%	1.3%	1.3%	1.2%	0.8%

资料来源：中国互联网络发展状况统计报告。

光缆、宽带（多媒体）数据网、广播电视网络已经覆盖全省所有市、县、乡镇和大部分行政村，形成了以光纤传输为主、微波和卫星通信为辅、能承载各种通信业务和数字电视的信息传输网络。

另外，网民是电子商务的潜在客户，目前，全国互联网普及率为28.9%，高于世界平均水平，但是各省的互联网发展状况差异较大。安徽的网民数以及互联网普及率都在逐年增长，网民数从2005年底的276万人增加到2009年底的1 069万人，互联网普及率从2005年底的4.3%增加到2009年底的17.4%（见表20.4），但是与全国其他省相比还有很大的差距。安徽的互联网发展水平较为滞后，网络普及率低于全国平均水平，2009年安徽在中国大陆31个省、直辖市、自治区中互联网普及率排名第三十位，仅排在贵州省的前面。2009年安徽的网民增加的速度较快，增速排在第六位，增长率为47.9%。

表 20.4　安徽网民规模及普及率

年份	2005	2006	2007	2008	2009
网民数（万人）	276	337	587	723	1 069
互联网普及率	4.3%	5.5%	9.6%	11.8%	17.4%

资料来源：中国互联网络发展状况统计报告。

网页的规模反映了互联网内容的丰富程度，网页的更新周期反映了网站的维护状况。2009 年底安徽的网页总数在 31 个省、直辖市、自治区中排在第十四位，网页的周更新率为 7.08%，排在第十九位，低于全国平均周更新率 7.69%，安徽网页的月更新率为 21.30%，排在第十二位，高于全国平均月更新率 21.18%。

表 20.5　安徽按更新周期分类的网页比例

	一周更新	一个月更新	三个月更新	六个月更新	六个月以上更新
安徽	7.08%	21.30%	30.05%	18.12%	23.45%
全国	7.69%	21.18%	28.09%	18.75%	24.28%

资料来源：中国互联网络发展状况统计报告。

三、支撑系统

安徽数字认证中心（www.ahca.org.cn）于 2001 年 10 月正式成立，作为公正的第三方机构，从事电子政务、电子商务和公众计算机网的数字认证服务，为集团和个人用户（包括个人、机关企业事业单位、网站服务器、软件代码）等提供数字证书的申请、颁发、存储、查询、废止等服务，提供网上身份认证、数字签名、安全信息传输和数字证书应用嵌入等服务，为安徽电子商务的发展提供了安全保障。网络信息安全体系建设开始起步，对信息安全保障工作重要性的认识进一步提高。

目前，各大银行在安徽都开通了个人网上银行、企业网上银行、手机银行，都能提供网上支付的功能，越来越多的网民开始使用网上支付。银行已做到网络互联，彼此都能进行及时的资金划拨。

全省基础数据库建设取得一定进展，初步建成全省空间地理基础信息数据库、人口信息数据库、法人单位数据库和部分重点基础性数据库。

全省电子政务专网基本建成，网站群建设取得积极进展，已拥有省市县三级政府网站 170 多个，县以上政府网站全面建立，“乡乡有网站”工程取得积极进展。各类“金”字头工程进展顺利，部分工程处于全国先进行列。各地各部门将电子政务与业务流程紧密结合，在政务公开和为民服务等方面均取得了显著成效。

目前，安徽物流行业整体发展尚处在起步阶段，信息化水平偏低，很大程度上影响了物流业尤其是现代物流业的发展。安徽初步形成了公路、铁路、水运、民航和管道5种方式并存的综合运输体系。安徽物流与采购联合会于2008年上半年开始，着手筹建安徽物流公共信息平台（www. ah56. com. cn），历经一年多的规划建设，信息平台前期建设工作基本完成。安徽物流公共信息平台定位是集物流公共信息服务、商务信息服务为一体的综合平台。安徽物流公共信息平台已经成功将物流引入互联网时代，物流公共信息服务方面开辟有“行业资讯”、“物流统计”、“聚焦长三角”、“商检报关”、“车辆信息查询”、“身份证查询”等栏目；商务信息服务方面开辟有“找车”、“找货”、“找专线”、“找仓库”、“找公司”、“网上投保”等栏目；还与南京天泽信息公司合作推出了“物流GPS”等特色服务，下一步还将在运营基础上进一步丰富和完善信息平台，强化电子商务服务功能，扩大与政府相关职能部门业务系统的衔接，与长三角地区其他物流信息平台互连互通。还有中国物通网安徽分站（anhui. chinawutong. com）提供各种物流信息。并已建成一些大型的物流工业园，中小规模的物流公司已达几十家，为电子商务的发展提供了一定保证。

四、安徽市场电子交易系统和B2B电子商务

近年来，安徽涌现出了安徽粮食批发交易市场、安徽烟草电子商务交易平台、亳州中药材交易市场、中国安徽进出口商品网上交易会等一大批开展电子商务的典范。

安徽粮食批发交易市场（合肥国家粮食交易中心）设立了粮油交易、电子商务、履约协调、资金结算、客户服务、粮油信息和样品展示7个中心，截至2007年5月底，安徽粮食批发交易市场（合肥国家粮食交易中心）共举办41次最低收购价稻谷竞价销售交易会和26次最低收购价小麦竞价销售交易会，同时进行网上挂牌交易，累计成交粮食2 000多万吨，成交额300多亿元。安徽粮食批发交易市场引领了粮油产品交易方式的转变：由传统的举牌竞价到现场电子竞价，再到现场电子竞价、分会场和远程网上交易同步进行的新模式，实现了粮食竞价方式的历史性飞跃。

安徽烟草电子商务交易平台在2002年开始运行，安徽5家卷烟厂、17家地市烟草公司、63家县级烟草公司已全部实现了网上交易，成为国内首批网上大额交易的烟草企业。通过电子商务平台把物流、资金流和信息流有效整合为一体。2006年，安徽烟草行业内部电子商务网上交易额为200亿元，2007年近300亿元，网上交易带来的经济效益十分可观。安徽烟草已经成为国内同行业电子商务改善经营管理的一面旗帜。

亳州中药材交易市场。1994年，亳州世纪国药有限公司斥资3亿元人民币建成了全国最大的药材交易中心——亳州药材交易中心。截至2006年7月，亳州药材交易中心经营的药材品种多达2 000余种，日上市量达5 000吨以上，年成交额100亿元以上，直接从业人员达15万之众。同时，亳州药材交易中心还与中国中药材期货交易所、中国中药材信息中心建立药材需求和交易信息联网发布机制，成为国内中草药交易市场定价采样单位。目前是中国在经营规模、档次、品种上最具竞争力的四大中药材专业市场之首。"立足交易中心面向世界"是多家信息咨询类公司的服务定位目标，依托亳州中药材交易市场建立的网站有药通网（www. yt1998. com）、中华药材网（www. zhyaocai. com）、中华药都药材网（www. cnyaodu. com）、华佗中药材网（www. bz888. cn）等。各家网站都有志于中药材行业的电子商务应用，以网络中药材信息咨询服务业务起步，大有通过信息咨询服务星星之火，可以实现中药材网上交易燎原之势。

安徽进出口商品网上交易会（www. ahexporter. com）启动于2004年，截至2009年底已经成功举办了6届。安徽进出口商品网上交易会由安徽商务厅主办，安徽商务厅对外贸易发展处承办，是一个基于提供在全球企业间（B－TO－B）电子市场（E－market）中进行贸易与交流的平台及服务的大型网站。突破时间、空间的限制，为更多的企业提供展示自己产品的机会、提供网上洽谈业务功能和多种信息检索方式，全球互联网用户可免费查询所有内容。为企业扩大出口、增加贸易机会等方面发挥着积极、有效的作用。目前网交会基本覆盖省内有进出口经营权的公司7 000多家，国外采购商12 000家以上，国外供应商达到1 000家，商品达8 000种。安徽进出口商品网上交易会已成为安徽出口商品的展示平台、外经贸企业的销售平台和外贸业务员扩大成交的交易平台。

安徽经委信息中心主办的中国安徽企业网（www. anhui. net. cn），是安徽"数字安徽"电子商务示范平台、重点建设项目，已成为安徽乃至华东最具影响力的企业门户网站之一。

徽商集团建设的钢材交易网。安徽钢材中心批发市场是经国务院和安徽省人民政府批准设立的专业性钢材中心批发市场。安徽徽商钢材电子交易中心有限公司是市场电子商务业务的管理与运营机构，主要组织钢材电子交易活动，并提供信息咨询、中介、代购、代销和代办储运等服务。运用先进的电子商务技术，构建钢材供求信息、电子结算和电子交易平台，实现钢材的供需衔接，将信息流、资金流、物流有机结合，创造了全新的网络商业模式。目前日点击率超过万次，年交易量达 360 万吨左右，累计交易额约达 105 亿元。

安徽食品网（www. aheat. cn）依托前沿生物科技丰富的信息服务经验，采用“公司 + 基地 + 网络 + 服务”的经营模式，利用互联网，在省内外食品企业、食品经销商、餐饮酒店服务商与广大消费者之间架设起一条最直接、最有效的信息互动桥梁。

另外，安徽粮食、煤炭、钢材、有色、叉车、汽车等行业或企业亦在有效地运行 B2B 电子商务。安徽政府采购网（www. ahzfcg. gov. cn）在 2009 年 1 月 1 日正式启用，安徽招标网（www. anhuizbw. com）及各地市的分站，合肥招标投资中心（www. hfztb. cn）、各地市招标中心正在开展 B2G 或企业采购电子商务试点。

五、安徽 B2C 电子商务

安徽农业资源丰富，农产品品种多、规模大。丰富的农产品资源不仅满足省内需求，而且在国内和国外市场都占有一定的份额。近几年来，安徽的经济发展促使农业电子商务雏形逐渐形成，全省农村信息服务体系基本形成。形成了省、市、县农业信息管理服务机构，90% 以上的乡镇建立了农业信息服务站，80% 以上的行政村建有信息服务点，阜阳、芜湖市被列为首批国家农村信息化综合信息服务试点，舒城、宁国被批准为国家级县域经济信息化试点单位，安徽农业信息网（www. ahny. gov. cn）、安徽农网（www. ahnw. gov. cn）、党员干部现代远程教育工程在促进农村信息化建设中发挥了重要作用。这些网站广泛应用于农产品流通、订单农业、网上招商引资、农村科技培训等，发挥了信息导航作用。其中安徽农网辐射 30 多个国家和地区，年交易额预计超过 6 亿元；安徽农业信息网在农业部信息中心测评中，位列全国各省市农业系统第 5 位。目前，全省建有 30 个农业统计物价调查点、18个农村固定观察点、26个农业部定点批发市场。结合农业管理业务实际，相继建设了“农业决策物价调度系统”、“农经管理与财务电算化系统”、“农业统计物价分析系统”、“菜篮子产品质量安全检测系统”、“农业监管应用系统”等一批管理应用系统，初步建立信息化管理手段，提高了农业管理部门决策支持能力。安徽农业信息网站群和“一站通”系统集成后，促成了安徽网上农产品供求市场的建立。通过开展“农技110”、12316热线咨询、“农科教电波入户工程”、农村供求信息“一站通”联播等，农业信息服务覆盖面明显扩大，收到了明显的社会经济效益。

另外，还有一批电子商务网站涌现出来。如徽商网（www. ahco. cn）、黄山旅游服务网（www. 0559U. com）、黄山旅游信息网（www. intohuangshan. com）、安徽民营企业网（www. ahmq. com. cn）以及诸多省内企业在网上设立的商务站点都已赢得了国内外的广泛注意。

六、企业的信息化水平及人才培养

据悉，安徽大型工业企业财务管理应用率已经达到100%；营销管理的应用率达到50%；企业ERP系统的覆盖率达到70%，建立企业网站的比率达到80%，电子信息、纺织、建材、家电、机械等行业的CAD应用率达到70%；工业企业数控技术应用率达到70%。江淮汽车集团、安徽烟草公司、马钢公司等一批企业的信息化水平已经成为全国的领跑者。全省规模以上工业企业的信息化基础指标大幅度提高，培育出江淮汽车、合力叉车、奇瑞汽车等150多家制造业信息化示范企业，合肥、芜湖等市成为国家级制造业信息化示范重点城市。

为了适应社会对电子商务人才的需求，目前安徽的大中专院校基本上都设有电子商务、物流等专业，合肥工业大学电子商务专业已有硕士毕业生，合肥工业大学、安徽工贸职业技术学院、淮南职业技术学院、安徽工商职业学院、安徽商贸职业技术学院已成为安徽电子商务师资格鉴定站，为安徽电子商务的发展培养了大批人才。

第二节 安徽电子商务发展存在的问题

安徽电子商务虽有所发展，但与发达省份相比差距较大，甚至低于全国平均水平。

一、互联网基础资源薄弱

IPv4 地址是紧缺资源，是建设网站、开展电子商务的基础，它可以反映出一个地区互联网及电子商务的发展状况。2009 年底安徽的 IPv4 地址仅占全国 IPv4 地址总数的 1.65%，在 31 个省、直辖市、自治区中排在第十五位，在中部六省中排在第四位，位于河南、湖北、湖南之后。

域名也是建设网站、开展电子商务不可缺少的资源，它可以反映出一个地区政府、企事业单位的信息化意识，开展电子商务的热情。一些知名企业或知名品牌，如果不及时注册域名，就有可能被别人抢注。2009 年底安徽所拥有的域名仅占全国域名总数的 1%，在 31 个省、直辖市、自治区中排在第十八位，在中部六省中排在第五位，位于河南、湖北、湖南、江西之后。

网站是开展电子商务的基础性平台，它直接反映一个地区电子商务发展的基础，2009 年底安徽的网站数仅占全国网站数的 0.8%，在 31 个省、直辖市、自治区中与山西并列第十九位，在中部六省中仅排在江西省之前。

一个地区的互联网普及率是指一个地区的网民数占该地区人数的比例，2009 年底安徽的互联网普及率为 17.4%，远远低于全国平均互联网普及率 28.9% 的水平，在 31 个省、直辖市、自治区中仅排在贵州省前面（贵州省互联网普及率为 15.1%），位于第三十位，与排在第一位的北京市相差甚远（北京市互联网普及率为 65.1%）。互联网发展程度与地区经济发展水平正相关，即地区经济越发达，其互联网也就越发达，互联网普及率可以作为地区经济发展水平的表征。

网页的规模反映了互联网内容的丰富程度，网页的更新周期反映了网站维护状况，这些都可以间接地反映一个地区电子商务开展的情况，2009 年底安徽的网页总数在 31 个省、直辖市、自治区中排在第十四位，位置不算太后，但也仅占全国网页总数的 1.28%，网页的周更新率就比较低了，仅为 7.08%，排在第十九位，低于全国平均周更新率 7.69%，这说明安徽重建设轻应用，不利于电子商务的开展。

二、对电子商务认识不足

很多人认为电子商务就是网上购物，不知道它的内容很广泛，网上购物只是其中很小的一部分，实际上一个完善的电子商务系统应该有三个功能：一是信息发布功能，如企事业单位的产品供给、需求信息发布，这是电子商务的基本功能；二是管理功能，主要是整合或再造应用单位的业务流程及管理流程，使业务活动、管理活动对内部透明化、网络化、自动化，减少信息不对称或部门缺乏沟通所导致的效率低下或信息传导扭曲现象，有效提高公共资源利用程度，促进信息共享程度，如电子政务，就是电子商务管理功能的实现，对一个企业而言，这部分功能还要求能实现外部订单同企业内部财务、生产、仓库等部门的自动衔接；三是最终实现商务活动的功能。如对一个企业的销售网站，电子商务必须能够在网站上实现产品询价、价格谈判、电子转账以及就产品配送达成协议，这个功能的实现需要来自银行、税务、工商、物流公司配送等多方面的支持和协调。

开展电子商务企业是主体，安徽的一些企业领导对电子商务认识不足，对电子商务了解甚少，或者认为电子商务太高深莫测了，或者认为电子商务是赔钱赚吆喝，不认可这种贸易方式。实际上开展电子商务是一个循序渐进的过程，一般来说，不可能一步到位，开始就建设一个功能完善的电子商务系统，而是先建一个具有电子商务基本功能的网站，宣传自己的企业，发布供求信息，然后再逐步完善电子商务系统的功能。安徽的一些企业过多的强调外部环境，惧怕风险，不敢尝试电子商务。从安徽所拥有的网站数和域名数以及占全国的比例上可以看出，安徽还有很多企业没有网站，更谈不上开展电子商务了，甚至一些知名企业，知名品牌都被别人抢注了，如安徽的四方、江淮、海螺等品牌都被浙江、山东、上海等地企业抢注。

安徽是个农业大省，农村普遍比较落后，农民思想也比较保守，这就决定了农民很难迅速的接受新事物，许多农民根本不知道通过农业网站可以学习新的农业技术，了解国家政策，调整种养结构，买卖农产品等。电子商务作为新型的交易手段，在城市还没有达到广泛的普及，在农村实施更加困难。

三、重建设、轻应用，重技术、轻商务

安徽的很多企业，把开展电子商务简单化，认为开展电子商务，就是建设一个企业的门户网站，认为网站建成了，工作就完成了，长期停留在电子商务的初级阶段，就是初级阶段的基本功能都没有很好的发挥，长期不更新网站的内容，如安徽的网页周更新率仅为7.08%，低于全国平均周更新率7.69%，在31个省、直辖市、自治区中排在第十九位。网站没有起到扩大企业影响，发布供求信息的基本功能。

开展电子商务的根本目的是降低企业运营成本，扩大产品销路，提高办

事效率，追求更高利润。要达到这样的目的，就要不断的完善电子商务系统的功能，提高企业内部信息化程度，建立采购、销售、财务等基础数据库，优化业务流程，实行数字化管理。而安徽的一些企业并未意识到企业自身信息化建设的重要性，对企业自身的基础数据库建设不重视，使电子商务成了无源之水，结果导致网站形同摆设，不仅没有发挥应有的作用，反而给企业增加了负担。

安徽还有一些企业没有充分地认识到电子商务是一种新型的商业模式，认为电子商务就是找一些懂IT技术的人，建设一个网站，然后是几个技术人员管理网站，根本没有商务人员参与。实际上电子商务是三分技术，七分商务，是通过电子这种手段更好的开展商务活动。安徽一些企业没有研究这种新型的商业模式的运行规律，还是用传统的方式开展电子商务，这必然不能给企业带来利润，最终可能是企业投入了大量的人力、物力、财力，不但没有给企业带来效益，反而增加了企业的运营成本，使企业放弃电子商务这种商业模式。

四、缺乏有效的信息共享机制

安徽一些企业内部虽然也开展了信息化建设，但各个部门所建立的基础数据库都是相互独立的，形成了一个个信息孤岛，财务、采购、仓储、生产、销售等之间的数据没有形成有效的共享机制，不能实现电子商务的管理功能，不能优化业务流程，不能给企业的决策提供支持。

外部的信息共享机制也没有形成，上下游企业之间、企业与政府之间、行业内企业之间、行业之间的信息不能达到共享，各企业的信息化程度也不一样，甚至还有一些企业或行业没有基础数据，这就更谈不上共享了。这些都严重地影响电子商务作用的发挥。

五、发展电子商务的环境有待进一步优化

首先体现在经济环境上，安徽整体经济水平较为落后，制约了电子商务的发展，据中国互联网络信息中心研究表明，网络普及率与经济发展水平成正相关关系。

其次表现在物流环境不配套。安徽的物流公司已有很多家，但现代化的物流中心、配送中心和仓储设施发展缓慢，物流企业的信息化程度相对滞后，物流企业与电子商务企业没有很好的衔接。

再次是信用环境不容乐观。缺乏较为完善的信用体系，当然这一情况在全国普遍存在。企业供需双方的网上交易，相互信任是成交的根本保证，而面对信用程度较低的现实商业环境，对电子商务望而却步是极为自然的。

第四是安全环境。电子商务的运作，涉及多方面的安全问题，资金安全、信息安全、货物安全、商业信用和商业秘密等。安徽许多企业不愿进行网上交易，也是因为对网上交易的安全性、可靠性和保密性持怀疑态度。虽然安徽在 2001 年就建立了数字认证中心（www. ahca. org. cn），但数字证书发放率不高，宣传不够，安徽的很多企业和个人不知道数字证书、安全邮件证书，不知道通过数字证书、数字签名等手段可以提高安全性，更不知道如何使用数字证书。安徽的数字证书缺乏一个免费推广阶段，让一个不了解数字证书作用的人去买是不现实的，只有通过试用，大家都知道数字证书的作用，才能得到有效的推广。

第五是电子商务建设的局部性。安徽有很多企业已经意识到电子商务的重要性并且已经开展，但由于认识上的误区，他们只是忙于外部网的建设而忽略了起基础作用的内部网，有的甚至内部还处于完全手工操作状态，严重制约了电子商务优势的发挥。时间一长，有些企业会发觉电子商务不仅没有帮助他们提高效益，反而成了掣肘的因素，故而放弃。

六、对电子商务专业人才的认识有偏差

电子商务需要战略管理人才、项目管理人才、工程技术人员、商务策划人员和业务操作人员等不同知识结构与不同层次的人才，也需要营销、采购、仓储、生产和财务等部门的配合。而安徽大多数企业在应用电子商务时只重视技术人员，忽略了商务策划等人才和一些部门的作用。这种状况会造成电子商务的应用效率下降，严重影响电子商务应用的成功率。

虽然安徽一些高校、高职、高专都开设了电子商务专业，但就目前情况来看，一方面，电子商务专业普遍存在规模小、力量薄弱等问题，而另一方面，电子商务专业的毕业生在安徽就业困难。很多企业认为开展电子商务就是建网站，他们认为建网站，电子商务专业的学生不如计算机专业的学生，因此，他们愿意招计算机专业的学生回去开展电子商务，而不愿意要电子商务专业的学生，致使电子商务专业的毕业生大部分流失到省外。因此，安徽真正懂电子商务的高层次人才十分缺乏，已经成为制约安徽电子商务发展的瓶颈。

七、企业领导重视不够

开展电子商务是一个系统工程，需要多部门的配合与协调，甚至需要全企业人员的参与，这就要求企业的领导亲自抓，成立一个由各部门领导组成的信息化领导小组，制定符合企业实际情况的电子商务发展战略，在组织上保证电子商务的顺利开展。但是，目前安徽大部分企业都没有这样的机构，都没有把电子商务摆在重要的议事日程中，缺乏符合企业实际情况的电子商务发展战略和具体的实施计划。

第三节　安徽电子商务发展对策

电子商务是信息化建设的重要领域，是贯彻落实科学发展观，促进产业结构调整，提升产业水平，积极应对金融危机，扩大内需的战略举措。大力推进电子商务有利于促进安徽产业结构调整，推动经济增长方式由粗放型向集约型转变，提高国民经济运行质量和效率，形成国民经济发展的新动力，实现经济社会的全面协调可持续发展。同时加快电子商务发展还是应对经济全球化挑战、把握发展主动权、提高国际竞争力的必然选择，有利于提高安徽在全球范围内配置资源的能力，促进商品和各种要素的流动，消除妨碍公平竞争的制约因素，降低交易成本，推动全省统一市场的形成与完善，更好地实现市场对资源的基础性配置作用。根据安徽实际情况应该采取针对性的对策。

一、进一步发挥政府的推动作用

安徽已经出台了《安徽电子商务“十一五”发展规划》、《数字安徽建设规划纲要（2008—2012）》和《安徽省现代物流业发展规划》等，为发展安徽的电子商务做出了一系列规划，下一步是如何落实这些规划，政府如何发挥推动作用。

（一）出台与规划配套的措施

做好了规划只是画了一个美丽的蓝图，安徽政府应该与有关部门共同制定与规划配套的具体措施，保证规划能够实现。

（二）认真做好各类电子商务试点的总结和推广

安徽政府要收集企业通过电子商务给企业带来的经济效益、提高企业竞争力、降低成本、扩大市场等的相关资料，并组织相关专家对企业所取得的经验进行总结，通过案例大力宣传，帮助安徽企业领导正确认识电子商务，组织企业领导到开展电子商务比较好的企业参观学习，对已经开展电子商务但没有取得效益的企业，组织相关专家对其会诊，找出存在的问题，并对其进行指导和帮助。

（三）优化电子商务发展的环境

安徽政府要通过税收、财政等经济杠杆，促进网络基础设施建设和互联网基础资源建设；从企业和消费者的信用记录起步，建立企业和个人信用信息库，逐步发展信用评估和咨询业务，建立安徽联合诚信信息系统，开展信用服务；安徽政府要积极宣传和推广数字证书，让更多的企业和个人了解数字证书在电子商务中的作用，并通过试用等手段，让更多的人掌握数字证书、数字签名、发加密邮件的使用方法，尽快完善电子商务安全体系建设，保障电子商务健康有序发展，为电子商务的发展构建一个安全的环境；安徽政府要通过立项等手段，鼓励发展现代物流，按照专业化、一体化、标准化的要求，建立具有多种功能的与电子商务应用相配套的物流配送体系；安徽政府在大力推进电子商务应用的同时，建立有利于电子商务健康发展的管理体制，加强网络环境下的市场监管，规范在线交易行为，保障信息安全，维护电子商务活动的正常秩序。总之，政府要积极营造电子商务发展的良好环境，以环境建设促进应用发展，以应用发展带动环境建设。

（四）积极推动广大企业投身网络经济

安徽政府要继续完善电子政务平台，使电子政务真正发挥作用，通过电子政务推动电子商务，以政府上网为推动，促进企业、政府和家庭对网络的应用。逐步完善政府主办的安徽进出口商品网上交易会、安徽农业信息网、安徽农网、安徽农业招商网、中国安徽企业网等一系列集商机发布、信息查询、招商引资为统一服务网站的功能，促进安徽的工业、农业、服务业电子商务的应用。通过制定优惠政策，吸引电子商务企业来安徽落户，并积极支持电子商务的创业。建立政府与企业的良性互动机制，促进电子商务与电子政务协调发展。

（五）促进基础数据库的建设和共享机制

安徽政府要通过电子税务、电子财务等电子政务平台，积极推动企业和行业的基础数据库建设，进一步完善全省空间地理基础信息数据库、人口信息数据库、法人单位数据库和部分重点基础性数据库，为安徽全面开展电子商务打下基础。

安徽政府要通过行业协会等组织，积极推进数据的共享机制，促进上下游企业之间、企业与政府之间、行业内企业之间、行业之间的信息达到共享。

（六）推动人才培养与引进

电子商务高级人才的培养不仅学校要重视、要有长远眼光，而且政府也要极力推动。安徽政府要敢于投入，聘请高级电子商务人才，也可以聘请电子商务专家到安徽讲学，让广大教师和企业职工都能受益，这样不仅培养面广，而且从总体上来讲也节约成本。同时为了增强教师的实践能力，还要尽可能的在企业与学校之间牵线搭桥，加强彼此之间的沟通和互助。

二、企业积极发挥主导作用

企业是开展电子商务的主体，在电子商务发展过程中起着主导作用，安徽企业该如何抓住电子商务发展的战略机遇，开展电子商务呢？

（一）正确认识电子商务

企业，特别是企业的领导要对电子商务有一个全面的认识。首先要正确认识电子商务的作用，正确的使用电子商务可以降低企业的运营成本，扩大产品市场，增加企业的知名度，优化业务流程，提高企业的竞争力，也可以极大地弥补安徽处于中西部地区这一地理上的劣势，是融入商业圈的重要手段。

其次要认识到电子商务是一个系统工程，不是由几个计算机人员建设一个网站这么简单的事情，在企业内部，是从原材料和设备的采购、原材料和产品的仓储、产品的生产、产品的销售、企业的管理和决策等全员参与的工程，在企业外部，要与企业的上下游企业、现代物流企业、银行、税务相互配合才能完成的工程。

再次要认识到电子商务最终是商务，电子只是手段。要投入大量的商务人员和管理人员参与到电子商务中来，探索这种新型商务模式的运行规律，赢利模式等。

（二）开展电子商务的组织保证

开展电子商务是一个系统工程，需要多部门的配合与协调，甚至需要全企业人员的参与，这就要求企业的领导亲自抓，成立一个由各部门领导组成的信息化领导小组，制定符合企业实际情况的电子商务发展战略，在组织上保证电子商务的顺利开展。

（三）具备循序渐进的发展策略

建设一个功能齐全的电子商务系统，是一个庞大的系统工程，不可能一蹴而就，电子商务发展需要循序渐进，企业电子商务开发和应用分为四个相互关联的阶段，每个阶段有独立的建设目标。

第一阶段：网上发布信息、企业与产品的介绍、广告宣传、与客户交流、收集客户信息、客户服务等。

第二阶段：除达到第一阶段的目标外，还要能够实现网上接受订单、采购商品等。

第三阶段：除达到前两阶段的目标外，还要能够实现在网上完成结算、物流、配送等。

第四阶段：除达到前三阶段的目标外，还要能够整合企业内部各部门的业务流程（如采购、生产、销售、财务、人事等），使企业业务流程信息化，提供决策支持等。

目标的实现是有层次和有条件的，企业要根据自己的实际情况确定近期目标，并随着网上业务的开展逐步提高目标的层次。

企业可以考察目前存在的问题和建站的目的来确定目标，再根据建设网站的目标确定功能。如目的是实现电子采购，其目标就要定为网上采购，其结构与功能要满足库存管理、采购管理、与供应商连接等方面的需要。

（四）重视基础数据库的建设和信息共享

企业内部的基础数据库是完整地开展电子商务的基础，是实现管理功能、优化业务流程、提供决策支持必不可少的。因此，安徽企业要重视基础数据库的建设，基础数据库主要包括采购、生产、仓储、销售、财务、人事等信息。要把这些独立的数据信息孤岛，通过电子商务联成一片绿洲。

（五）重应用、重商务

只要企业领导重视，一个初级的电子商务网站建设并不难，重点要不断的完善电子商务的功能，要转变过去重建设轻应用的局面，要把电子商务网站用起来，不断更新网站的内容，使电子商务网站真正发挥其应有的作用。要重应用，就要重视商务、管理方面人才的使用，就要转变过去重技术轻商务的做法，要投入大量的商务、管理人员，使电子商务给企业带来经济效益，提高企业的竞争力。

参考文献：

［1］中国互联网络发展状况统计报告（17 次—25 次）［EB/OL］. 中国互联网络信息中心 http：//www. cnnic. net. cn。

［2］安徽电子商务“十一五”发展规划［EB/OL］. http：//www. csip. org. cn/zhengce/104. html.

［3］数字安徽建设规划纲要（2008—2012）［EB/OL］. http：//www. law_ star. com/cacnew/200909/2 90045110. hem.

第二十一章　安徽零售产业发展分析

零售产业是指从事点多面广的零星交易，在安徽经济发展中也起着非常重要的作用。本章以安徽为例，对零售产业在区域经济中作用进行实证分析。结果表明零售产业对于安徽经济的城市化、工业化及协调城乡消费都起着明显的促进积极作用。但安徽零售产业仍存在很多问题，例如组织水平低、城市零售商业过度竞争等。安徽零售产业发展需要根据不同的经济地理位置、人口密度和消费水平，设置合理的零售网点层次和空间布局，应实行"流通主导战略"，加强区域零售市场秩序的治理与规范，加快完善农村商品市场体系及网络，加强零售组织创新和服务创新。

第一节　安徽零售产业整体概况

一、2009 年安徽零售业总体概貌

2008 年，国际金融危机开始从金融领域蔓延到实体经济，发达国家经济已经陷入衰退，全球经济增长速度大幅放慢。但是中国政府连续出台 10 项刺激内需政策，2009 年全国全年社会消费品零售总额 125 343 亿元，比上年增长 15.5%。扣除价格因素，实际增长 16.9%，实际增速比上年同期加快 2.1 个百分点。而安徽经济同样取得了较好的发展，2009 年全年生产总值（GDP）10 052.9 亿元，按可比价格计算，比上年增长 12.9%。

2009 年安徽全年社会消费品零售总额 3 527.8 亿元，比上年增长 19%。分城乡看，城市消费品零售额增长 23.7%，县及县以下消费品零售额增长 23%。分行业看，批发和零售业零售额增长 22.9%，住宿和餐饮业零售额增长 26.3%，其他行业零售额增长 19.3%。

在限额以上批发零售业零售额中，食品、饮料、烟酒类比上年增长 37.1%，服装、鞋帽、针纺织品类增长 19%，日用品类增长 36.2%，金银珠

宝类增长35.7%，中西药品类增长24.2%，书报杂志类增长17.1%，家用电器和音像器材类增长14.1%，建筑装潢材料类增长36.6%，汽车类增长39.3%，石油及制品类增长33%。

二、2009年安徽零售企业经营绩效

2008年，安徽登记注册的零售法人企业493家，从业人员83 977人。其中国有及国有控股企业116家，从业人员23 868人。国有企业仍然在安徽零售业中占据非常重要的地位。在中国2009年连锁百强排名中，安徽徽商集团有限公司和合肥百货大楼集团股份有限公司分别排名第8位和17位。

表21.1 2009年中国连锁百强中的安徽企业

企业名称	销售规模（万元）	增幅（%）	门店总数（个）	增幅（%）
安徽徽商集团有限公司	3 437 883	13.5	2 884	15.5
其中：安徽商之都股份有限公司	726 413	14.6	928	41.9
安徽徽商农家福有限公司	184 490	4.9	1 918	6.2
合肥百货大楼集团股份有限公司	2 090 000	7.7	136	8.8
其中：合肥百大合家福连锁超市有限责任公司	202 560	12.4	102	15.9

资料来源：中国连锁经营协会网站（http：//www.ccfa.org.cn）。

但是安徽零售企业资本规模仍较小，与国内大型零售企业资本规模与技术实力差距较大。合肥百货大楼集团股份有限公司2009年总资产32.99亿元，而国内最大的零售企业上海百联集团总资产128.65亿元，与沃尔玛、家乐福等已进入安徽的国际零售巨头差距更大。一些专业消费品市场主要由国内专业零售厂商占据，如家用电器零售业的国美与苏宁。在销售收入上，合肥百货大楼集团2009年实现销售额209亿元，安徽徽商集团销售额为343亿元，而百联集团实现销售额为979亿元，邻近省份的苏果超市为332亿元，东北的大商集团销售额为705亿元。虽然目前安徽零售企业大多处于快速发展阶段，综合实力有所提高，但与国内及国际零售企业相比，差距还很大，在经营领域上还未跨出安徽，而临近的苏果在马鞍山等城市都开有分店。在技术方面，世界各大跨国零售企业十分强调将最新科研成果转化为实用技术，并推动先进业态的出现与成熟，其所装备技术已发展到卫星全球定位、数据仓库、供应链体系、物流管理系统和金融商业POS电子转账系统等高层次技术

领域，国内大型零售商的技术革新也快于安徽零售企业。如苏果集团投入巨资，在南京拥有雨花区南大门的城南和马群配送中心，其中马群配送中心投资2.3亿元，建筑面积4.5万平方米，配送中心广泛运用先进技术及设备，如专业仓库管理软件，实现导向性任务管理与实时库存状态管理；无线网络和手持射频终端等技术实现物流无纸化作业。2007年马群配送中心最大日吞吐量已突破30万箱，年配送量达4 300多万箱，年商品吞吐总额超过70亿元，物流服务可同时满足300千米半径内的1 000余家连锁店商品配送需要，普通订单可以在24小时内履行，配送商品品类1.5万种。决策者随时可以了解到商品的销售情况和库存情况，动态的商品销售信息为决策者们提供了可靠的信息决策支持。而安徽零售企业，技术设备和技术手段远远落后于国外及国内同行。大部分零售企业由于落后的管理模式和人力资本的低素质，远远没有发挥出技术设备和技术手段对于现代零售企业的作用和优势。一些零售企业甚至靠经验、感觉与手工技术来运作业务流程。

表21.2　2009年中国连锁百强排名前10企业

企业名称	销售规模（万元）	增幅（%）	门店总数（个）	增幅（%）
苏宁电器集团	11 700 267	14.3	94 115.9	
国美电器有限公司	10 680 165	2.1	1 170	−14.1
其中：三联商社股份有限公司	137 996	−27.0	5	−37.5
百联集团有限公司	9 791 537	3.8	6 153	−4.1
其中：联华超市股份有限公司（含华联）	6 716 978	3.2	5 599	−4.7
华联集团吉买盛购物中心有限公司	392 618	−2.9	22	4.8
好美家装潢建材有限公司	210 000	−17.0	14	−44.0
大商集团有限公司	7 053 590	12.8	160	6.7
华润万家有限公司	6 800 000	6.6	2 926	8.5
其中：苏果超市有限公司	3 323 600	9.5	1 852	2.8
康成投资（中国）有限公司（大润发）	4 043 169	20.5	121	19.8
家乐福（中国）管理咨询服务有限公司	3 660 000	8.2	156	16.4
安徽徽商集团有限公司	3 437 883	13.5	2 884	15.5
其中：安徽商之都股份有限公司	726 413	14.6	928	41.9
安徽徽商农家福有限公司	184 490	4.9	1 918	6.2
沃尔玛（中国）投资有限公司	3 400 000	22.2	175	45.8
物美控股集团有限公司	3 270 000	6.7	2 333	16.1
其中：北京美廉美连锁商业有限公司	436 596	6.6	35	12.9
浙江供销超市有限公司	220 207	10.1	2 000	4.2

资料来源：中国连锁经营协会网站（http：//www.ccfa.org.cn）。

三、外资零售业在安徽的发展

1992年，外资零售企业开始进入中国市场，受我国政府市场准入政策的影响，只能进入深圳、珠海、汕头、厦门和海南5个经济特区和北京、上海、天津、广州、大连和青岛6个城市。但随着2001年加入世界贸易组织和2004年零售市场对外资全面开放，外资零售业此前已在中国形成较为完整的物流配送网络和本土化战略，加之大城市和东部区域的商业零售业态布局趋向饱和，外资零售业在中西部二三线城市加快开设新店铺，安徽临近经济较发达的江苏、浙江等省份，因此成为外资零售业实施等级扩散的市场区域。以家乐福在安徽空间扩张为例，2004年其在合肥开设安徽境内的第一家分店，2006年进入马鞍山，2007年进入蚌埠。马鞍山、蚌埠两市不仅距离省会合肥较近，也临近家乐福进入较早的南京地区。这可以充分发挥物流配送上的规模经济效应，也大大降低公司物流成本。另外沃尔玛、麦德龙、欧尚、百盛、易初莲花等外资巨头也已进入安徽（如表21.3所示），并拥有相当的市场份额。截至2009年，安徽现有外资零售企业9家，从业人数1 810人。在经营业态上主要集中于大型综合超市。

表21.3　主要外资大型零售集团进入安徽市场时间表

集团名称	来源地构成	进入年份	进入城市及店名	业态类型
家乐福	法国	2004	合肥长江店	大型超市
		2005	合肥环球广场店	大型超市
		2007	合肥恒丰店	大型超市
		2006	马鞍山湖东店	大型超市
		2007	蚌埠华夏店	大型超市
沃尔玛	美国	2005	芜湖中山北路分店	大型超市/仓储会员店
		2008	合肥胜利路店	大型超市/仓储会员店
		2009	六安梅山路分店	大型超市/仓储会员店
麦德龙	德国	2007	合肥包河商场店	大型超市
欧尚	法国	2008	芜湖天门山店	大型超市
百盛	马来西亚	2001	合肥百盛购物中心	百货店
易初莲花	泰国	2005	合肥合安店	大型超市
大润发	中国台湾	2007	马鞍山、淮南	大型超市

资料来源：各外资零售企业公司网站。

另外，2009年6月，世界500强、全球三大零售商之一的英国特易购集团与安徽博澳置业公司签约，特易购集团斥资3.5亿元一举购下总面积49100平方米的商业楼。而沃尔玛、家乐福也分别在蚌埠、芜湖增开新店。

第二节 零售产业在安徽经济中的作用

一、零售业推动安徽经济城市化进程

零售业是与城市居民生活直接相关的服务产业，零售商业促进了交易效率的提高，而交易效率的提高使得不同工业的分工变得有利可图，为了节省他们之间的交易费用，这些工业集中于城市。如果一个零售商的销售额会随着其他零售商的靠近而上升，那么就出现了购物的外在性，这种聚集化效应促成了聚集行为，为工业和商业在城市的集聚和提高效率。于是城市开始出现，并开始了城市化的进程。[①] 以不同业态、不同业种集聚而成的各种商业形态，包括市级商业中心、商业广场、商业一条街、步行街，以及现代购物中心，成为城市的标志和窗口，是城市繁华和特色的体现。城市的发达与繁荣，完全取决于商业发展所迸发的内聚力和辐射力。[②] 因此居民生活质量的高低和区域城市化的水平在很大程度上取决于区域零售业的发展水平。

根据克拉森（L. H. Klaassen）等人提出的城市的发展阶段模型，由于人口要经过向城市中心部集中与向郊外分散的动态过程，因此城市发展也具有生命周期，即要经过成长、饱和与衰退等发展阶段。第一阶段是“城市化阶段”，在这一阶段，通过人口及产业向城市中心部的集聚，从而使城市得到发展，城市经济的辐射范围扩大到郊外及周边地区；第二阶段是“郊外化阶段”，在这一阶段，城市中心部的人口与产业逐渐向郊外分散，城市空间进一步扩大；第三阶段是“逆城市化阶段”，在这一阶段，城市中心部的人口与产业进一步向郊外分散，从而使城市中心部出现空洞化，城市发展也开始陷入停滞或衰退状态；第四阶段是“再城市化阶段”，在这一阶段，通过民间投资或政府的城市再开发政策以缓解或消除逆城市化问题，从而使城市中心部的

① 夏春玉．城市与流通的互动城市流通系统——城市与流通问题研究的新视角［J］．财贸经济，2005，（11）．

② 黄国雄．论流通产业是基础产业［J］．财贸经济，2005，（4）．

人口与产业再度增加，进而实现再度向城市中心部的集中。城市的发展阶段不同，城市零售流通系统的空间特征也不同。城市流通系统的空间布局是通过城市内部或城市之间的流通活动和多重竞争关系，即集中、分散过程而实现的。在城市化的第一阶段，为了有效地提供商品与服务，商品流通应该是集中的，为追求集中的正效用，资本商品流通及人口等就会向城市集中。但是集中的正效应遵循着边际报酬递减规律，当集中到一定程度后，就会出现集中区地价高昂、交通拥挤等负效应，从而又会促使零售商业向城市的外部空间分散。

在我国目前大部分区域正处于城市化的第一阶段，以安徽为例，改革开放以来，尽管安徽城市化建设取得了很大的发展，但与经济较发达的省份相比，安徽城市化水平是滞后的。在区域的经济发展中，需要提高城市化的水平和发展速度。而在城市化的第一阶段，零售产业对于吸纳农村剩余劳动力，形成区域工业产业的集聚，实现区域产业结构的调整和升级，提高区域城市功能都具有重要的作用。

为了研究零售业与安徽经济城市化的实证关系，本文以零售产业产值（以 X 表示），以城镇人口占总人口的比重代表城市化率（以 Y 表示）。以安徽 1991—2009 年的实际统计数据进行回归分析，以验证零售产业对安徽城市化的影响作用。

$$Y = 13.57 + 0.046X$$
$$R^2 = 0.93$$

回归方程拟合结果表明，$R^2 = 0.93$，表明模型的拟合效果非常好，方程的解释能力为93%，F 检验的相伴概率为 0.00，反映城市化率与零售产业产值之间呈高度线性，回归方程高度显著，参数 T 统计量也通过检验。方程回归系数说明零售产业产值对区域城市化率的发展起到较为显著的促进作用，零售产业产值每提高 1 亿元，将带来区域城市化率 4.6 个百分点的增长。

二、零售业促进安徽工业化的进程

零售业发展对安徽经济工业化最重要的影响是经济贡献率效应，其次是零售商业与安徽工业部门关联度高，再次是零售业的发展所带来的直接或间接的就业创造效应。零售业的协调发展是安徽工业化顺利推进的重要条件之一。

（一）贡献率大

零售商业对安徽工业化的作用首先表现为对国民经济的增长产生基础性的贡献率，零售商业的增加值在区域经济生产总值中占有十分重要的比重，发达国家零售业占国民经济的比重，一般都在12%～14%。随着第三产业在国民经济发展中的比重越来越大，区域零售商业的贡献率也随着增长。为了研究零售业对区域经济的贡献率关系，以安徽为例，以X3表示零售产业产值，以Y表示国内生产总值，以X1表示第一产业产值，以X2表示第二产业产值。以安徽17个地市的2009年的实际统计数据构造横截面数据进行回归分析，以验证零售产业对安徽经济的贡献。

回归结果为

$$Y = 0.90X1 + 1.25X2 + 4.25X3$$
$$R^2 = 0.92$$

回归方程拟合结果表明，$R^2 = 0.92$，表明模型的拟合效果非常好，方程的解释能力为92%，X1、X2、X3参数T统计量也通过检验。方程回归系数说明零售产业产值对区域经济贡献率较为显著，零售产业产值每提高1亿元，将带来区域生产总值4.25亿的增长。

（二）零售商业与安徽工业部门关联度高

零售商业起着最终实现商品使用价值和价值的作用，为社会再生产提供必要条件，促进社会再生产顺利进行。它处于国民经济各部门的结合部和社会再生产产业链的关节点，与其它部门、单位的关联程度极高，是生产与生产、生产与消费的中介，是国民经济各部门的桥梁和纽带，特别对于中小企业众多的区域经济的发展起着重要的推动作用。

零售作为生产与消费的中介，还能起到满足市场需求和开拓市场需求的特殊功能，而这正是工业化顺利进行的动力。商业作为交易的专业化，以集中交易替代了生产者之间的分散交易，商业集中交易减少了交易次数，缩短了交易距离，降低了交易风险，充分实现了交易上的规模经济。商业集中交易使生产者不需要直接相互交易，每个生产者都只和中间商交易，这无疑减少了交易次数，从而降低了交易费用。零售产业的发展有利于生产环节与交易环节的动态联盟组合，最大限度地节约生产者的交易成本，提高产品产业竞争力。商品经济越发展，社会分工越细，交易成本就越高，就越需要完善的零售商业服务体系。以安徽为例，2008年三次产业产值比为15.98∶46.62∶37.40，安徽正处于初级工业化向中级工业化阶段过渡的时期，安徽新型工量和伪劣产品则逐渐充斥农村市场。在此过程中，农民对产品质量的预期也逐步降低，对产品的出价也越来越低，最后充斥在农村市场上的都是质量最差的产品。农民作为市场的弱者在信息不对称的市场上进行博弈，很容易使其丧失对市场的信心，弱化其购买能力。

解决信息不对称问题就需要销售高质量产品的零售厂商利用广告、公共宣传等对农村消费群体散发出各种信息，建立和完善农村商贸市场。零售商可以通过价格、信息、展销和各种宣传活动，对农村消费者进行演示，向消费者传授消费知识和技术。通过市场的信息扩散和聚集机制，使供需双方的信息都得到有效扩散，信息不对称现象得到极大改善，这有助于高质量产品在农村的扩散，也有助于提高农民消费水平。

第三节 安徽零售产业发展面临的问题

一、零售产业组织化程度较低

当前，安徽零售产业组织规模偏小，零售产业集中度偏低，以安徽为例，小型的、个体的零售组织在零售业中所占比重较高。衡量产业集中度，产业经济学一般使用前 4 或前 8 家企业在一个行业中所占的份额。如 2009 年，前 4 家零售企业零售额占全省零售额的比例（CR_4）为 3.36%，而上海为 20.52%，北京为 12.91%。

表 21.6 2009 年安徽省前 4 家零售企业市场集中度及与国内其它地区比较

年份	2002	2003	2004	2005	2006	2007	2008
安徽	0.025 9	0.023 548	0.020 467	—	0.037 899	0.042 558	0.033 647
北京	0.042 852	0.059 443	0.070 613	0.269 309	0.124 344	0.131 753	0.129 141
天津	0.066 07	0.061 559	0.061 296	—	—	0.077 613	0.075 293
上海	0.138 982	0.114 86	0.132 775	0.444 794	0.195 131	0.240 895	0.205 385
辽宁	0.047 602	0.049 513	0.024 004	0.026 095	0.033 046	0.107 777	0.030 27
江苏	0.027 176	0.033 992	0.041 192	0.127 435	0.026 475	0.034 291	0.032 181
浙江	0.016 626	0.0159 63	0.021 917	0.028 927	0.028 044	0.029 801	0.021 834
福建	0.043 124	0.008 37	0.014 386	—	0.013 891	0.031 829	0.016 386
山东	0.019 2	0.017 932	0.020 148	0.029 779	0.016 933	0.023 849	0.024 872

资料来源：根据《中国贸易外经统计年鉴》（2009）相关数据计算而得。

二、城市零售产业组织空间布局不合理

城市零售产业组织的空间布局，主要是指城市网点的比例和配置。科学的城市网点空间结构应和城市的人口规模、消费水平和消费观念相一致。安徽城市零售产业组织空间布局不合理主要表现在，商业布局不能与城市规模和人口分布状况相适应，零售超市企业大多以连锁的形式迅速扩张来占领区域市场，缺乏有效的统筹的市场规划，未带来整体经济效益的增长。消费者收入的增加，伴随而来的是消费层次、消费观念、消费结构、消费方式的变化，随着生活水平节奏的日益加快，大部分都市人口主要在市内或近郊消费和娱乐，顾客希望在某一销售点内采购齐自己所需的物品，这就使百货商场、超级市场、购物中心都趋向涵盖顾客所需的所有物品。这使得不同零售业态都向消费者偏好集中的某一商圈内集中，从而使该商圈容易形成不同零售业态的过度竞争的状况。

从安徽的城市规模看，大部分城市属于中小城市，而中小城市，中心城区和市郊地价差别不大，但城区和郊区人口密度却差别巨大。而当前在安徽中等城市，大中型零售业布局相对集中在中心城区，且大型超市的连锁店较为集中。以安徽蚌埠为例，城市居民日常购物的超市主要集中在百货大楼、华运、华联、家乐福和乐购等几家超市的地区总店，连锁店过多会造成资源的浪费，加大企业运营成本。

三、农产品流通体系滞后

特别是在农村，存在大量分散的个体经营的零售主体，规模偏小，组织化程度极低。流通作为区域新农村建设的龙头作用没有发挥出来。在现实中交替出现着农产品卖难和买难的问题。农产品流通体系滞后，缺乏先进的零售产业组织形式。以安徽为例，安徽农村仍以分散、狭小的个体经营门市及摊点为主，部分地区的农村集贸市场仍以棚户市场、马路市场为主，主要业态是狭小的零售门市及原始零售摊点，基本是以小规模的个体经营网点为主，大都分散经营，场地狭小，交易工具落后，而且简单重复建设，以原始的价格手段进行竞争，缺乏必要的演示和售后服务。

四、零售市场秩序急需治理

经过长期的治理，现今安徽零售市场假冒伪劣等扰乱市场秩序的现象已

明显减少，但是随着零售市场集中，一些区域和外资大型零售商滥收“通道费”，已损害了中小企业的经营利润和市场效率，这导致制造商和零售商之间渠道关系冲突，对于征收通道费的分歧在一些产品的销售渠道中已经达到了非常高的水平以至它破坏了成员间合作。① 另外对于外资零售企业给予较多优惠待遇，而忽视对外资零售企业的引导和经营行为的规范。这不可避免地挤占安徽中小零售企业的市场空间，迫使一些中小零售企业退出市场，有些城市甚至出现外资超市开一家，周围小商店倒一片的现象。

第四节 安徽零售产业发展目标

零售产业在区域经济中起着非常重要的作用，区域零售产业组织仍存在很多问题，例如组织水平低，城市零售商业过度竞争等。区域零售产业组织优化需要根据不同的经济地理位置、人口密度和消费水平，设置合理的零售网点层次和空间布局，而具体的实现途径则主要通过城市区域产业区位结构优化和城乡之间、地区之间零售产业资源重新配置，达到提高区域零售产业的经营绩效和区域零售市场的有序竞争的目的。

安徽零售产业发展的目标应遵循以下的指导思想和设置原则：首先，要有利于搞活市场，实行多渠道流通，发挥各种经济形式、经营方式的优势，合理分工、综合配套，最大限度地方便群众购买。其次，要根据“有利生产，方便生活”的原则，网点设置灵活多样，结构合理。做到专业和综合相结合，在一个城市或一个地区的范围内，统一规划，合理布局，使各种类型的商业网点合理配套。再次，要根据不同的经济地理位置、人口密度和消费水平，设置合理的网点层次。在主要街道和居民区内，应分散设置各种必要的商业网点。最后，要根据方便群众和经济核算相结合的原则，合理设置县、乡商业网点。

零售产业组织区域结构优化是决定零售产业组织经济绩效、零售产业运行效率和资源配置效率的关键因素之一。具体包括城市区域产业区位结构优化和城乡之间、地区之间零售产业资源配置的动态均衡。

---

① Dagnoli, Judann and Lori Freeman. Marketers Seek SlottingFee Truce: Promotions Would Help Retailers [J]. AdvertisingAge, 59 (February 22), 12, 68. 1998.

第五节 安徽零售产业发展的若干政策建议

一、实行“流通主导战略”，加快区域城市化进程

对于类似于安徽城市化水平较低的区域，应实行“流通主导战略”，特别应重视零售业对于区域城市化的促进作用。在城市发展的总体规划中，必须充分考虑城市零售流通系统的功能及其空间分布规律，针对目前安徽这样城市化所处的较低发展阶段，应努力使零售流通系统向城市中心部集中，形成零售商业集聚。在省会及具有带动作用的区域增长极的城市建设大城市商业街，在区域地市中心建设城市商业街，形成中心商业街及各类专业商务区店铺的合理业态选择与网点布局。

二、加快完善农村商品市场体系及网络

推行城乡零售区域产业组织优化，合理布局城市商业中心，形成能够带动消费升级和创造都市商业氛围的消费中心。以小城镇建设为依托开拓农村消费品市场，鼓励各类投资主体投资农村商业设施建设。支持国内外大中型零售企业向小城镇延伸。商务部 2004 年颁布的《全国商品市场体系建设纲要》已经做出了具体规划和部署，提出要在全国部分县市开展“万村千乡”市场工程建设，计划三年内在试点区域培育 25 万家农村连锁超市，覆盖全国 50% 以上的行政村和 70% 以上的乡镇，形成现代流通方式的农村消费经营网络。安徽应对参与“万村千乡”市场工程的企业和农家店给予资金支持。确定进一步放开搞活中小零售企业，鼓励民营、私营流通企业发展，有步骤地放开行业准入限制，制定并落实对各类农民合作经济组织的扶持政策。建立各类农产品购销合作组织、行业协会，提高农民进入市场的组织化程度。形成以县城为重点、乡镇为骨干、村为基础的农村消费品零售网络。加快发展贴近和方便居民生活的便利店、折扣店和中小型综合超市，发展专业性较强的家电、食品和建材等专业连锁超市。重视发展仓储式商场、专业店和专卖店等新的业态形式。适度发展大型综合超市，控制发展大型购物中心。要进一步规范农村乡镇商品市场。对原始农村市场通过市场就近搬迁或易地，使农村一批商品市场真正向专业化、区域化、现代化方向发展。

三、加强零售组织创新和服务创新

零售组织创新是零售业不断适应新的经济发展水平、技术发展水平并在相应的技术支持下不断发展、进化的动态过程，其中心主题是零售效率的提高。从零售组织创新与工业化进程的相互关系看，安徽应注意在零售领域普及标准化、社会化工艺观念和标准，包括经营商品结构开发、售价、分类、保管、运输、售货现场设计、布局、商品陈列、店内广告、促销、支付方法和服务等经营过程的各环节。安徽大型零售企业应该广泛应用电子商务，降低企业成本，提高企业竞争力。其次加强零售业的服务创新，建立有效率的配送系统，加速推进物流的社会化和合理化。改变分散和分割的零售格局，形成规模经济和高效率、合理化的零售格局。

四、加强零售市场秩序的治理与规范

在安徽零售市场中，还存在一些市场秩序混乱的现象，这严重损害了消费者的利益，例如阜阳劣质奶粉案。为了充分发挥零售产业在区域经济中的功能，必须加强区域零售市场秩序的治理与规范。完善商品流通领域的法制建设，依法严厉打击假冒伪劣、不正当竞争等不规范的市场行为，保护消费者特别是农民对于消费市场的信心，提高政府管理市场的效率，建立有序的零售市场体系。同时对于一些拥有市场势力而收取不合理通道费的零售企业，应出台相关的法规予以经济规制，保护和促进零售市场的竞争，实现市场公平交易，也更有利于发挥零售业带动区域工业特别是一些中小企业的发展。

五、安徽零售市场规制及竞争法的完善

安徽目前对通道费的规制还不完善，一些地方政府部门认为通道费是企业的市场行为，是市场自发力量形成的结果，因此没有必要行使政府干预，因此现阶段对于通道费主要任由生产商和零售商相互搏杀。大型零售商滥收通道费，是买方垄断势力滥用交易中优势地位的具体表现，其结果导致市场绩效的低效率，这种市场失灵必须借助政府规制政策加以纠正。完善安徽竞争法的法律体系，特别是加快反垄断法的出台。对于我国市场经济中买方垄断的行为实行竞争政策和竞争法的约束。整顿和规范安徽相关市场中的市场行为与市场秩序。对买方垄断的不正当竞争行为，利用专门的法律法规进行有效规制。设立省级专门的执行监督机关，完善相关执法和监督体系，改变

由县级以上工商行政管理部门监督检查的局面。同时制定详细的通道费规制条款，通道费的征收在一定程度提高了新产品的销售效率，通过作为信号和甄别新产品的方法，在制造商和零售商之间实现有效的成本分享和风险分担。通道费补偿零售商销售和管理新产品的成本，是一种有效平衡新产品销售风险的机制。因此零售商对一些新产品收取相应的通道费具有合理性，但必须规范透明。可仿照上海市颁布的《关于规范超市收费的意见》做法，对哪些是合理的收费及其量化标准做出具体的规定并推广实施。对吸引外资零售业不应盲目，应考虑具体城市的商业规划和零售市场规模，逐步取消给予外资零售企业的超国民待遇。

参考文献：

［1］徐从才．现代商品流通：转型与发展［M］．北京：人民出版社，2000.

［2］纪宝成．商品流通论——体制与运行［M］．北京：中国人民大学出版社，1993.

［3］陈阿兴．我国零售组织结构优化与政策［M］．北京：中国商务出版社，2004.

［4］黄国雄．论流通产业是基础产业［J］．财贸经济，2005，(4).

［5］文启湘，赵玻．新时期我国流通产业政策创新研究［J］．财贸经济，2003，(7).

［6］晏维龙．城市化与商品流通的关系研究——理论与实证［J］．经济研究，2004，(2).

［7］柳思维．努力实现城乡消费品市场协调发展的思考［J］．财贸经济，2004，(4).

［8］夏春玉．城市与流通的互动城市流通系统——城市与流通问题研究的新视角［J］．财贸经济，2005，(11).

［9］国务院发展研究中心课题组．深化流通体制改革的思路和重点［J］．经贸实践，2004，(10).

第二十二章　安徽旅游服务贸易发展分析

旅游业是当今世界发展快速、前景广阔、关联度大、资源消耗少的综合性产业。旅游服务贸易在旅游业中占有很重要的地位，入境旅游人数及外汇收入是衡量一个国家或地区旅游实力的重要指标。安徽省拥有丰富的旅游资源，发展旅游产业具有资源比较优势。安徽省旅游服务贸易在改革开放的三十余年经历了从小到大、从弱到强的发展历程。特别是进入上世纪 90 年代后，国际旅游人数持续增长，旅游创汇能力不断增强，旅游服务已成为推动安徽经济发展的新动力。2009 年，安徽省旅游业继续保持平稳快速的发展势头，总接待游客 1.24 亿人次，同比增长 23.38%，旅游总收入 908.9 亿元，同比增长 23.3%。同时期共接待海外旅游者 156.2 万人次，同比增长 18.22%，旅游外汇收入 66 400 万美元，同比增长 22.32%。[①]

第一节　安徽旅游服务贸易的现状

一、入境旅游规模扩大，创汇能力提高

（一）入境旅游人数增长率高于全国水平

以 2000 年为基础年，计算 2000—2009 各年相对于基础年的增长指数，绘制出安徽省和全国入境游客增长指数曲线（图 22.1）。

从图 22.1 看出，除了 2003 年，其余年份安徽省入境旅游人数的增长指数均超过全国平均水平，且呈强劲发展态势。在金融危机和甲型 H1N1 流感的双重压力下，2009 年安徽省共接待入境旅游者 156.2 万人次，同比增长 18.22%。这表明安徽入境旅游业发展势头良好，在实现高增长的同时，应力

① 资料来源于安徽旅游政务网（http：//www.ahta.com.cn）。

求保持增长的平稳性。

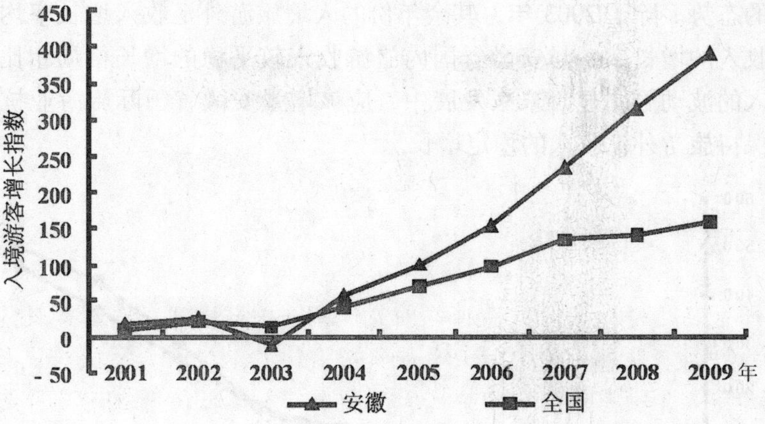

图 22.1　2000—2009 年安徽省和全国入境旅游人次增长指数曲线

资料来源：《安徽统计年鉴》(2000—2009)。

(二) 创汇能力不断提高

国际旅游外汇收入同入境游客人数的增长率变化呈同步状态。从图 22.2 中看出，除 2003 年外，安徽省国际旅游收入逐年递增。2009 年，安徽省的旅游外汇收入达到 66 400 万美元，同比增长 22.32%，较国内入境旅游收入 21% 的平均增长率，安徽的入境旅游外汇收入的平均增长率高达 30%，表现出持续增长的态势。

图 22.2　2000—2009 年安徽国际旅游外汇收入

资料来源：《安徽统计年鉴》(2000—2009)。

同样以 2000 年为基础年，旅游收入确定为 100，计算出以后各年相当于基础年的增长指数，得出安徽省国际旅游外汇收入和国内旅游收入的增长指数曲线图，以比较安徽省入境旅游收入与国内旅游收入的变化。

从图 22. 3 中看出，安徽省入境旅游外汇收入与国内旅游收入均表现出持续增长的态势。除了 2003 年，其余年份的入境旅游外汇收入增长率均高于国内旅游收入的增长率。与安徽省国内旅游收入较平稳的增长格局相比，旅游外汇收入的波动更明显。未来发展中，应该增强安徽省国际旅游业抗风险的能力，保持旅游外汇收入的稳定增长。

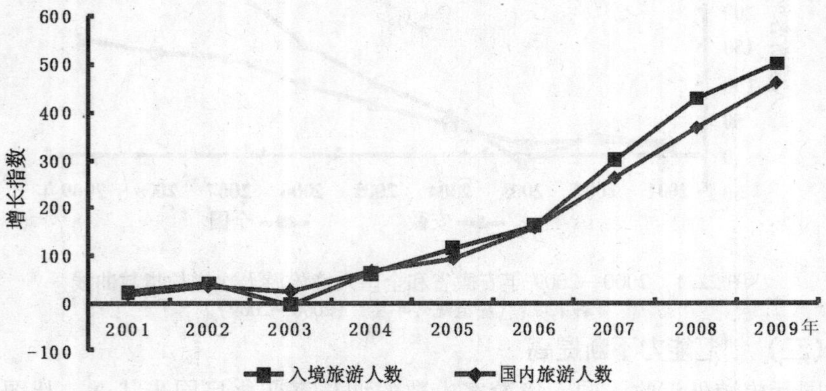

图 22. 3　2001—2009 年安徽入境旅游收入和国内旅游收入增长指数曲线

资料来源：《安徽统计年鉴》（2001—2009）、安徽旅游政务网（http: //www. ahta. com. cn）。

二、入境旅游消费结构不合理

旅游属于关联性很强的产业，涉及很多部门和产业，一国国际旅游外汇收入是否合理，主要取决于商品销售、游览和娱乐在总收入中所占比重的高低。① 图 22. 4 给出了 2000—2008 年安徽入境旅游各个消费项目所占外汇总收入的比重。入境游客在安徽省内的最大一项开支是长途交通，居于前四位的长途交通、商品销售、住宿和餐饮占了所有外汇收入的 76%，游览、娱乐、邮电通讯和市内交通的比重非常少。

① 万红先，等. 中国服务贸易国际竞争力研究 [M]. 合肥：中国科学技术大学出版社，2008.

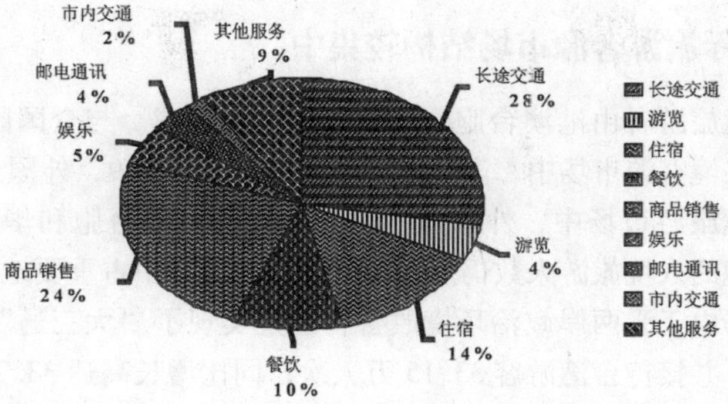

图 22.4　安徽入境旅游者消费结构

资料来源：中华人民共和国国家旅游局（http：//www. cnta. com/）。

通过表 22.1 比较 2000 年和 2008 年安徽入境旅游外汇收入的消费构成情况，来分析安徽入境旅游消费结构的变化。除游览、娱乐、市内交通、其他服务外，其余的消费项目在绝对数额上都较 2000 年有大幅度增长。其中商品销售所占的比重由 2000 年的 0.7% 上升到 24.1%，增长幅度高达 140%。但一些附加值较高的项目在国际旅游外汇中所占比重一直很低，特别表现在娱乐和通讯方面。娱乐和邮电通讯所占的比重由 2000 年的 3.4%、14% 分别下降到 2.7%、5%。这说明安徽省的弹性旅游消费不足，旅游消费结构明显不协调。同时也说明，安徽省的旅游资源尚有潜力可挖，应该尽快充实、丰富这些旅游资源，促进安徽省国际旅游业总体经济效益的提高。

表 22.1　2000 年和 2008 年安徽入境旅游外汇收入的消费结构

指标	2000 年		2008 年	
	数额（万美元）	比重（%）	数额（万美元）	比重（%）
总计	8 621.45	100.00	45 445.40	100.00
长途交通	1 888.10	21.90	1 8087.20	33.80
游览	1 215.62	14.10	1 181.60	2.60
住宿	327.62	3.80	3 862.90	8.50
餐饮	284.51	3.30	3 363.00	7.40
商品销售	60.35	0.70	10 952.30	24.10
娱乐	293.13	3.40	1 227.00	2.70
邮电通讯	1 207.00	14.00	2 272.30	5.00
市内交通	1 077.68	12.50	727.10	1.60
其他服务	1 681.18	19.50	3 772.00	8.30

资料来源：《安徽统计年鉴》（2000，2009）。

三、国际旅游客源市场结构较集中

中国入境旅游者由港澳台胞、华侨和外国人构成。与全国国际旅游市场不同，全国入境客源市场中，港澳台同胞和华侨约占8/9，外国人约占1/9，① 而在安徽入境旅游市场中，外国人占了67.7%，港澳台胞和华侨占32.3%。但是港澳台胞的入境旅游人数仍然在安徽的国际游客中占重要地位。2009年，台湾游客市场由于受两岸政治环境改善特别是实现了“大三通”的影响，增势明显加大，共接待台湾游客33.15万人次，同比增长高达33.77%，保持安徽省最大的入境旅游市场地位。2009年香港游客数量激增，共接待20.54万人次，同比增长高达51.5%。港台游客占安徽省入境旅游者总数的比例从去年同期的27.96%，跃升到今年的37.41%，提高了6.16个百分点。

从外国游客来源地看，安徽省国际客源市场一直以亚州为中心，北美和欧洲做补充。日本、韩国和美国是安徽省的一级客源市场，2009年所占份额达到35.65%。韩国是个新兴并且充满朝气的客源市场，从1995年开始韩国游客开始大幅度增长，1997年超过美国，居第三位，随后又超新加坡，稳居第二位。在2009年，韩国来皖旅游人数占全年安徽省国际游客的35.96%。

欧洲市场一直都比较平稳，并且保持稳定增长。2009年累计接待欧洲游客18.84万人次，同比增长35.50%。其中法国游客4.43万人次，同比增长57.96%。英国游客3.69万人次，同比增长23.98%。德国游客4.11万人次，同比增长30.71%。俄罗斯游客1.69万人次，同比增长49.53%。

如果把比较的年份延伸至20世纪90年代，会发现新加坡的客源市场呈逐年下降趋势，游客量排名从1994—1997年的第二位下降到2008年的第八位。这主要是因为新加坡市场的人口基数相对有限，再访率相对较高，一段时间后公众的注意力又会转向下一个旅游地点。这就要求旅游景点在保持特色之外要注重多元化开发新资源，提升旅游资源的整体质量。

四、新型旅游规模逐渐扩大

传统旅游是指旅游者为了休闲、娱乐等目的离开自己惯常的生活环境到其他地方进行玩乐的活动，主要是对自然风光和人文景观的欣赏和享受，旅游对象或客体主要是自然和人文景观，其目的在于消遣和娱乐。新型旅游是

---

① 黄成林．安徽省旅游业竞争力研究［M］．合肥：安徽人民出版社，2006：181.

相对于传统旅游而言的，主要包括生态旅游、工业旅游和经贸游。

安徽省的新型旅游正处在发展的基础阶段，其中的会展旅游发展势头强劲。安徽省的会展业起步于20世纪末，2002年安徽国际会展中心的建成并投入使用，标志着安徽省会展经济全面启动。合肥、芜湖、蚌埠等城市的会展经济发展很快，2008年合肥市举办展会约120场，对社会消费品零售总额增长的贡献率达20%，综合经济拉动效益已达到1:7，成为拉动经济增长的动力之一。芜湖是安徽省所拥有的六个全国优秀旅游城市之一，它以会展旅游为依托，逐步改变着自身的旅游形象，丰富着自身的旅游内涵。

五、出境旅游呈上升态势

中国的出境旅游正处于一个高速发展的预备期，经济发展以及政府对公民出境旅游政策的放宽，使得中国出境旅游有着广阔的发展前景。据世界旅游组织预测，1995—2020年间，中国的出境游将以年均12.5%的速度增长，相当于同期世界出境旅游增长速度的3倍。截至2009年，已有104个国家和地区成为对中国公民开放的旅游目的地。2009年中国出境旅游人数达4 761万人次，在全球出境游为负增长的状况下，中国的出境游同比增长约3.5%。

安徽的出境旅游在全国出境旅游发展的大背景下，也表现出了强劲的发展势头。表22.2给出了安徽旅游发展四个阶段的出境游情况。

表22.2　安徽出境旅游的发展状况

年份	发展阶段	出境旅游的发展情况
1978—1987	起步阶段	除了因公出境和部分商务人员外很少有其他出境游客，出境目的地集中在港澳地区。
1988—1995	调整、恢复阶段	除公务、商务人员外，此阶段已出现少量探亲和观光游客，1995年全省出境游客达7 000多人，“新马泰”成为这一时期热点出境目的地。
1996—2005	加快发展阶段	出境游客从1996年9 200多人发展到2005年164 000多人，出境旅游已逐渐成为生活时尚。此阶段的出境目的地更加广泛，涉及到欧洲、中东的大部分地区，但仍然以港澳游为重点。
2006年至今	快速发展阶段	2007年旅游总收入相当于全省GDP的7.84%，其增长幅度为历史之最，出境旅游也取得快速发展，2008年出境旅游人数将近30万人。由于2008年台湾对安徽等25个省市开放，带动了安徽游客旅台的人次大幅增加。

资料来源：安徽旅游政务网（http://www.ahta.com.cn）。

第二节 制约安徽旅游服务贸易发展的因素

一、旅游服务整体竞争力较弱

安徽省旅游在三十余年的发展中，取得了很大成就，区域旅游整体竞争力在不断上升。但总的来看，其整体竞争力仍然较低，主要从两个方面说明。

（一）安徽入境旅游人数及旅游外汇收入占全国比重偏低

2009 年，安徽入境旅游人数为 1 562 000 人次，旅游外汇收入 66 400 万美元，分别占全国总量的 1.9% 和 1.0%，在全国 31 个省市中分别位居第 11 位和 15 位。[①] 2009 年接待外国游客人数超过 10 万人次的城市中，安徽只有黄山市，在全国 60 个主要城市中列 22 位，国际旅游外汇收入 5 015 万美元，列 35 位。

（二）安徽省各地市入境旅游发展不平衡

从主要城市入境旅游接待人数和外汇收入的情况来看，安徽省目前的旅游格局依然是皖南热、皖北偏冷，黄山和九华山热、其他旅游景点偏冷的格局。2009 年，皖南地区累计接待入境游客 120.82 万人次，所占比重为 77.37%。合肥经济圈累计接待入境游客 29.52 万人次，高于全省平均同比增长 16.26 个百分点，所占比重为 18.9，而皖北板块累计接待入境游客 5.82 万人次，仅占全省 3.73% 的比重。

表 22.3 给出了 2007 年全省各市入境旅游人数和旅游外汇收入情况，从表中看出安徽各市的入境旅游发展极不平衡。

表 22.3　2007 年安徽省各市入境旅游情况

名次	入境旅游人数（人次）		旅游外汇收入（万美元）	
1	黄山市	685 501	黄山市	17 506.54
2	合肥市	108 130	合肥市	6 294.22
3	池州市	94 006	池州市	3 836.12
4	芜湖市	44 368	马鞍山市	1 890.98
5	马鞍山市	19 630	安庆市	900.59

① 资料来源于 2000—2009 年安徽省国民经济和社会发展统计公报。

续表

名次	入境旅游人数（人次）		旅游外汇收入（万美元）	
6	安庆市	19 471	芜湖市	848.96
7	滁州市	18 392	滁州市	578.95
8	宣城市	12 943	蚌埠市	381.58
9	巢湖市	10 245	淮南市	327.37
10	蚌埠市	9 935	六安市	306.52
11	淮南市	9 103	铜陵市	279.99
12	铜陵市	8 579	宿州市	274.32
13	六安市	5 944	巢湖市	235.69
14	淮北市	4 910	宣城市	220.51
15	宿州市	4 806	阜阳市	208.54
16	亳州市	4 272	亳州市	155.29
17	阜阳市	4 071	淮北市	154.30

资料来源：合肥统计信息公众网（http：//tjj. hefei. gov. cn/main/）。

前三位的黄山、合肥和池州三市的入境旅游人数和旅游外汇收入分别占全省的 80.4%、80.34%，其中仅黄山市这两项的比重就达到 64.4%、50.9%。而皖北的淮北、宿州、亳州和阜阳四市的入境旅游人数和旅游外汇收入总和只占全省水平的 1.7%、2.3%。2009 年，接待入境游客超过万人次的有黄山、池州、合肥、芜湖、滁州、安庆、马鞍山、宣城、蚌埠、巢湖、淮南、铜陵和六安等十三个市，其中黄山、池州和合肥三个市接待入境游客超过十万人次。黄山市接待入境游客依然占据全省半壁江山，全年接待入境游客 87.71 万人次，超过全省其他市的接待量总和，占全省累计接待量的 56.17%。旅游外汇收入超过千万美元的有黄山、合肥、池州、马鞍山、芜湖、安庆和滁州等七个市，其中黄山和合肥旅游外汇收入过亿美元。旅游资源的严重不平衡，不仅制约着旅游业整体竞争力的提升，也会给重点景区带来可持续发展的压力，从而使旅游资源难以形成整体优势，全省大旅游市场还没有形成。

二、旅游产业结构不合理

安徽省与旅游直接相关的吃、住、行、游、购、娱六大要素的发展不均衡，配套不完善，直接制约了旅游业的发展。

旅行社在旅游产业链条中担负着组织者、引导者、服务者的多重角色，起着举足轻重的作用。安徽省的一般性旅行社仅限于旅游服务，整体实力不强，难以形成产业优势，使得旅游产业整体竞争力不足。至2008年，安徽省共有433个旅游宾馆（饭店），其中三星级以上的宾馆（饭店）有239个，占总数的55.19%。从综合实力来看，各旅游企业平均资产只有100多万元，抗风险能力差，难以做大做强。就各地而言，合肥、黄山、芜湖等地旅游开发较早，旅游产业发展水平相对较高。而旅游开发较晚的皖北、皖西等地区，旅游发展水平低，产业之间的协调程度差。

三、国际旅游市场抗风险能力差

安徽省入境旅游市场受国内外政治经济形势的影响较大，对外部的干扰因素较敏感，较全国入境旅游及安徽省内旅游更易受外部因素的影响。如果数据扩展到上世纪90年代，安徽入境旅游受外部因素影响的波动更大。

1997年东南亚金融危机使得安徽入境旅游业遭受重大损失，入境旅游人次和外汇收入大幅下降。1998年安徽省入境旅游人数、创汇收入比1997年分别下降36%、14%，而全国同期的入境旅游人数比1997年仅下降了4.31%，创汇收入则是不降反升。这次金融危机同样给安徽入境旅游带来了较大的负面影响。2009年安徽省累计接待亚洲游客60.43万人次，同比下降10.77%。原最大客源国韩国同比下降了34.67%，最大月降幅甚至高达78.29%。亚洲旅游市场所占海外市场比重与去年同期相比下降了14.55%。而此阶段安徽省的国内旅游仍以25%的速度增长。

2003年受“非典”的影响，安徽和全国的入境旅游接待量都有不同程度的下降，但安徽的下降幅度达38.8%，明显高于全国6.8%的下降比例。目前流行的甲型H1N1型流感同样给安徽省的入境旅游市场带来了不利的影响。2009年5月份，美洲游客由爆发甲型H1N1型流感前27.07%的正增长突变为5.13%的负增长，到6月份，更是达到了11.22%的负增长。

四、旅游开发建设和促销投入资金不足

现代旅游业以资本高投入为基础，没有较高的投入，旅游发展的机会就会减少，阻碍了旅游业发展的国际化水平和旅游经济效益的发挥。而安徽省是中国经济较落后的地区，2008年全省实现GDP总值8 874.2亿元，占全国

GDP 的比重仅为 3.1%，经济容量的限制导致旅游投资总量不足。而省外、民营资本投入额比例也较低，相关配套政策不到位，招商引资受到影响。

旅游促销资金的不足，直接导致了安徽省旅游宣传力度不够，降低了安徽省旅游产品的市场吸引力。近年来，安徽国际旅游业以“大旅游、大产业、大市场”思想为指导，加大促销资金投入力度，采取灵活多样的宣传方式。但力度还不够，宣传促销方式落后，使得许多入境旅游者对安徽的旅游市场的感知度非常低，阻碍了安徽国际旅游业的进一步发展。

五、特色旅游资源开发滞后

目前，安徽省很大一部分旅游资源开发水平不高，资源开发深度不够。一些城市追随式地盲目开发旅游资源，毫无特色，造成城市景观同质化、自然景区城市化、农村景观庸俗化等问题。

从安徽所处的长三角地区来看，区内的其他省市大多都已形成了观光旅游、度假旅游、学习旅游等特种旅游产品并存的多元化旅游产品供给结构，而整个安徽旅游市场仍是以观光旅游产品为主，即使在观光旅游线路中也存在着大量的重复现象。山水类观光旅游资源虽有其优势，但受气候、季节影响较大，本身的劣势难以弥补。

安徽省旅游资源丰富，北有老子、庄子等思想家为代表的历史文化资源，南有徽文化为代表的历史文化资源和以黄山为代表的自然景观资源，西有大别山为代表的红色旅游资源，以及以芜湖方特为中心的高科技旅游资源。而目前整个安徽旅游市场，仍是以观光旅游为主，导致旅游产品结构单一。旅游产品开发缺乏对旅游文化内涵、景观审美特征、地域文化背景进行综合考虑，导致旅游产品结构比较单一，缺少多元化的旅游“精品”。无特色的旅游资源对国际旅游业发展所带来的负面影响更大，因为入境旅游者获得的信息相对缺乏，国际游客的旅游路线往往是直接奔向目的地，游览完后就会离开，没有更多特色旅游的吸引，导致入境旅游者在安徽省的景区内滞留时间短，消费支出低，影响了旅游业的整体效益。

六、交通区位是制约安徽旅游服务贸易发展的重要制约因素

交通区位是指区域在交通大格局中的位置、客源地到旅游区的空间距离及可达程度。安徽省位于华东腹地，地理位置优越，然而安徽主要景区景点缺少便捷的在全国居重要地位的干线交通。安徽主要旅游区大多为资源型旅

游地、山岳型景观，地处偏僻山区，交通条件较差，严重制约了旅游经济的发展。民航是国际游客出入境的主要交通方式，而目前安徽尚无固定的国际航线，国外游客不能直接到达省内主要旅游城市和旅游目的地，基本上是以国内主要旅游城市和口岸城市中转而来，造成来皖游客转机次数多，周转时间长，逗留时间短，无法产生足够的旅游消费。

第三节　加快安徽旅游服务贸易发展的对策

一、强化政府的旅游服务主导地位

政府主导型旅游发展战略就是按照旅游业自身的特点，在以市场为主体配置资源的基础上，充分发挥政府的主导作用，争取旅游业更大的发展。①

（一）政府宏观调控作用

旅游产业本身是一个产业群体，涉及到文化事业、资源保护事业，不能简单套用市场经济的做法。政府应在旅游业发展中发挥宏观调配作用，制定相关政策以保障安徽国际旅游业的发展。目前，安徽政府应主抓入境旅游，改善旅游市场结构。2008 年安徽入境旅游创汇全国排名第十六位，低于国内旅游收入的全国排名位次，并且安徽的国际游较国内游易受社会因素的影响。为改变国内外旅游比例失衡状况，政府近阶段应该把入境旅游作为重点，为国际旅游的发展提供政策支持。

（二）完善旅游投资导向机制，加大政府投资力度

安徽对旅游业投入资金太少，宣传促销经费不足，影响客源市场向纵深发展。所以各级政府要积极创造条件建立旅游发展基金，保障每年有一定资金投入。但财政资金的数量有限，旅游业的发展不能完全依靠于财政资金。政府应该完善旅游投资的导向机制，降低旅游投资进入的门槛，让外资、民资和其他部门的资金投入，广泛争取多种投融资渠道，促进安徽省旅游多元化投入体系的建立。

（三）加强旅游市场管理规范

积极贯彻国家和省加强质量建设的各项部署，大力实施“安徽旅游服务质量提升计划”。一是要加强旅游市场监管，旅游景区、旅游饭店、旅行社分

---

① 张军．政府主导型旅游发展战略研究综述［J］．金陵科技学院学报：社会科学版，2009，(1)．